ROMANCERO

Romancero

Edición, estudio y notas

de

MICHELLE DÉBAX

Primera edición, 1982

EDITORIAL ALHAMBRA, S. A.
R. E. 182
Madrid-1. Claudio Coello, 76

Delegaciones:

Barcelona-8. Enrique Granados, 61
Bilbao-14. Doctor Albiñana, 12
La Coruña. Pasadizo de Pernas, 13
Málaga-9. La Regente, 5
Oviedo. Avda. del Cristo, 9
Santa Cruz de Tenerife. General Porlier, 14
Sevilla-12. Reina Mercedes, 35
Valencia-3. Cabillers, 5
Zaragoza-5. Concepción Arenal, 25

México

Editorial Alhambra Mexicana, S. A.
Avda. División del Norte, 2412
México-13, D.F.

Rep. Argentina

Editorial Siluetas, S. A.
Buenos Aires-1201. Bartolomé Mitre, 3745/49

n c 13020262

Cubierta: Antonio Tello

ISBN 84-205-0877-2

Depósito legal: M. 6857-1982

Impreso en España - Printed in Spain

Imprime A. G. Fernández, S. A. Oudrid, 11. Madrid-20

ÍNDICE

ESTUDIO PRELIMINAR

I. ¿QUÉ ES UN ROMANCE?

A la hora de contestar a esta pregunta nos damos cuenta de que no es tan fácil como parece.

Dar una definición es establecer las relaciones que existen entre una expresión lingüística —«romance» en nuestro caso— y los objetos a los que se refiere: «los romances». Definir es delimitar el significado de tal expresión (o significante), cotejándola con otras, entresacando sus rasgos distintivos y es, a la vez, deslindar sus fronteras de uso, de función, su área de dispersión en el espacio y en el tiempo. Proceso doble que puede escindirse en dos operaciones: definición en cuanto al significado y definición en cuanto al referente.

Si la tarea es ya ardua y muy controvertida cuando se trata de un significante que se aplica a un objeto del mundo natural (v. gr., manzana o coche), ¡cuánto más cuando se trata de un objeto literario!

Intentaremos aplicar ese esquema definidor a «romance».

1. Definición en cuanto al significado

¿Cuáles son los rasgos definidores de «romance»? Podemos valernos de los diccionarios, en un primer tiempo, y nos encontramos con una primera dificultad, fácil de salvar sin embargo. Es que «romance» tiene dos series de rasgos, según se aplique a una lengua o a una composición poética. Dejemos de lado la primera serie, lengua derivada del latín por oposición al latín[1], puesto que nuestro propósito es hablar aquí

---

[1] Sobre la palabra «romance», vid. R. Menéndez Pidal, *Romancero hispánico...*, I, pp. 1-8 (abreviado aquí en *RH*).

de los romances en cuanto objetos literarios y entresaque-
mos de los diccionarios[2] los rasgos pertinentes:

genérico: / composición en versos.
específico: / rima asonante en los versos pares /
　　　　　　 verso octosílabo / (si va la palabra sin otro
　　　　　　 determinante.)

Queda todo reducido a un esqueleto formal que, por cierto,
permite reconocer un romance entre otras composiciones en
versos (soneto, redondilla, etc.), pero no pasa de esto. Sin embargo, estos rasgos son la condición mínima para que haya
romance y los únicos comunes a todos los romances.

Otro punto aparece aquí en el segundo rasgo específico
y es que el sustantivo «romance» necesita otro determinante.
Si no tiene más determinante que el antepuesto (artículo,
demostrativo, etc.) se refiere a cierta clase de romances: los

---

[2] *DRAE:* 4) «Combinación métrica de origen español que consiste en repetir al final de todos los versos pares una misma asonancia y en no dar a los impares rima de ninguna especie.»
5) «Sin calificativo, romance de versos octosílabos.»
6) «Composición poética escrita en romance.»

María Moliner, *Diccionario de uso del español:*

3) «Composición poética, muy cultivada en España desde la
Edad Media, en que riman con asonancias los versos pares, siendo
libres los impares.»
«Si no especifica otra cosa, se entiende de versos octosílabos.»
«Combinación métrica propia de los **romances.**»

Martín Alonso, *Enciclopedia del idioma:*

4) «S. XVI al XX. Combinación métrica de origen español que
consiste en repetir al fin de todos los versos pares una misma
asonancia y en no dar a los impares rima de ninguna clase.»
5) «S. XIX al XX. Sin calificativo, romance de versos octosílabos.»
6) «S. XVII al XX. Composición poética escrita en romance.»

Esa relación es incompleta por no ser aquí el propósito hacer
un trabajo lexicográfico, aunque sería éste de mucho interés, cote-
jando los intentos de definición de los diccionarios que, por
supuesto, mezclan varios criterios. (En el Siglo de Oro, no está en
Covarrubias la palabra «romance».)

de versos octosílabos. Apunta aquí la necesidad de aclarar, con la ayuda de un determinante especificativo, la imprecisión de «romance».

Una primera clasificación puede hacerse, pues, respecto a la medida de los versos:

— romance + ∅ = octosílabo;
— romance + X = no-octosílabo.

Ese determinante X puede ser [3]:

— romance heroico: endecasílabo;
— romance endecha (o endecha): heptasílabo;
— romancillo: hexasílabo.

(Nótese que en el último caso ha cambiado el significante por adición del sufijo diminutivo, lo que es otro recurso lingüístico para separar dos significados.)

Si no llegamos muy lejos con ese primer intento de definición, por lo menos nos damos cuenta de que el sustantivo «romance» a secas es insuficiente, por demasiado amplio, para dar a entender lo que son los objetos concretos «romances».

Falta por examinar ahora la otra modalidad de la definición.

2. Definición en cuanto al referente

Se trata ahora —recordémoslo— no de separar los componentes internos, sino de averiguar a qué objetos concretos, X_1, X_2, etc., se aplica la palabra «romances», haciendo su recuento y clasificándolos a ser posible.

Ya en la definición de María Moliner se nota el criterio: «muy cultivada en España desde la Edad Media», con alusión a la geografía —España— y a la historia —«desde la Edad Media»—. Si nos valemos de la prolífica literatura sobre romances, nos encontramos con un verdadero cajón de sastre por lo diversas que son las subclases mentadas: romances viejos, romances juglarescos, romances eruditos, romances

---

[3] Vid., sobre los problemas de métrica, Rudolf Baehr, *Manual de versificación española*, p. 219.

nuevos, romances de ciego, romances vulgares, romances de
tradición oral, romances de América, romances judeoespaño-
les, romances anónimos, romances de tal o cual autor (desde
Góngora hasta García Lorca), ¡y faltan muchos!
¿Cómo ordenar tal maraña? Se pueden entresacar por lo
menos algunos hilos según la índole del determinante de «romance»:

a) Historia

Romance primitivo, romance viejo, romance nuevo, romance (de tradición oral) moderno.

b) Geografía

Romance de X, siendo aquí X cada una de las partes del
mundo donde permanece uno de los idiomas peninsulares
(castellano, catalán, gallego, portugués) [4].

c) Autor

Romance anónimo, romance trovadoresco, romance juglaresco, romance de X, siendo aquí X tal o cual autor que ha
firmado el romance.

d) Transmisor

Romance de ciego, romance de tradición oral, romance
de tradición escrita, romance de cordel [5].

e) Función

Romance noticiero, romance para bailar (mejor dicho baile
romancesco), romance petitorio, romance de siega, etc.

f) Materia o asunto

Según el origen del tema: romance caballeresco, romance
épico-nacional, romance carolingio, romance histórico, romance bíblico, romance clásico, romance fronterizo, romance
morisco, romance novelesco, romance religioso.
Según el contenido: romances de mocedades del héroe,

---

[4] De eso trataremos más detalladamente en el capítulo III,
«Geografía del Romancero».
[5] No se trata aquí de una clasificación ordenada, sino de regis-
trar varias denominaciones.

romances de cautivos y presos, de la vuelta del marido (o de tema odiseico), de amor fiel, de amor desgraciado, de esposa desgraciada, de adúlteras, de mujeres matadoras, de raptos y forzadores, de incesto, de mujeres seductoras, de mujeres seducidas, de aventuras amorosas varias, de burlas y astucias, romances religiosos, de la muerte personificada, de animales, de asuntos varios, etc. [6].

Según los protagonistas: romances del Cid, de Bernardo del Carpio, de Fernán González, del rey Rodrigo, del rey don Pedro, de Montesinos, de Gaiferos, de Durandarte, del conde Claros, del marqués de Mantua, de Valdovinos, de Calainos, de Gerineldo, del conde Niño, de Delgadina, de Silvana.

g) Estilo

Romance épico, épico-lírico, lírico, romance erudito, artificioso, tradicional, vulgar [7].

Quiero dejar bien sentado que no se trata aquí de una clasificación más sino de un registro que no pretende ser exhaustivo de los determinantes especificativos que se vienen aplicando a «romance». Se pueden hacer varias observaciones:

1) Todos esos romances, por muy dispares que sean, obedecen por lo menos a la obligación mínima de la definición dada en apartado 1. Definición en cuanto al significado.

2) Aparte de ese elemento común, muy restringido, poco tienen que ver a veces unos con otros, y es obvio que la voz «romance» no puede ir sola. Si se habla de romances o de romancero (conjunto de romances), es imprescindible precisar de *qué* clase de romances se trata. Por no hacerlo o por

---

[6] Éstas son las diferentes clases de romances que distinguen los editores (S. G. Armistead *et alii*) de *El Romancero judeo-español en el Archivo Menéndez Pidal*, I, p. 32 (abreviado aquí en *Cat. Ind.*), apoyándose en la clasificación de los cajones de dicho Archivo aunque modificándola (vid. «Índice de cajones», *Cat. Ind.*, III, p. 203). Es sólo una muestra de lo que se puede distinguir a tal respecto, muy valiosa, por cierto, pero mucho queda por hacer en ese campo.

[7] Adrede no incluyo en este apartado las sub-clases: romance viejo, romance juglaresco, romance nuevo, aunque muchas veces se usan para diferenciar los romances según su modo de composición. De ese problema se tratará en el debido momento.

aplicar a los romances, o al romancero en general, conclusiones sólo válidas para una categoría de ellos se cae a veces en generalizaciones arriesgadas. Y correlativamente no se pueden estudiar todos los romances a la vez, no se puede hablar de «romance» o «romancero» como si fuera un objeto único.

3) Para aclarar de qué clase de romances se trata, es necesario atenerse a una clasificación previa y para clasificar es imprescindible atenerse a criterios claros.

Pero aquí está lo espinoso del caso: ¿qué criterios adoptar? Establecer una tipología rigurosa y científica supone una definición de cada uno de sus componentes con sus rasgos distintivos que lo oponen a los demás.

La verdad es que estamos aún lejos de poder hacer esa tipología ideal que sigue siendo una meta por alcanzar en el horizonte de la crítica romancística por la misma razón que los criterios de definición son muy dispares, enrevesados y poco claros [8].

Así las cosas, lo que se debe hacer antes de cualquier intento de agrupación de romances es dar los criterios que la rigen. Y es lo que trataré de hacer para los romances de esta edición. No se pretende aquí —por la mera razón que es tarea fuera de alcance de uno solo— cambiar todos esos criterios que se han venido aplicando, a veces desde hace siglos, pero por lo menos se intentará aclararlos, y la selección se hará en función de ellos.

Para esto, es imprescindible primero ahondar un poco en esos conceptos bajo los cuales hemos clasificado los determinantes de romances: historia, geografía, autor, transmisor, materias, función, forma.

---

[8] Por ejemplo, aunque es expresión muy usada en la crítica, queda muy dudoso lo que es un «romance viejo». A criterios histórico-temporales obvios (viejo *vs* nuevo), se suman criterios formales poco explícitos. No todos los romances más antiguos por su fecha son «viejos» con las connotaciones que ha ido adquiriendo ese determinante en la crítica. Y, aunque sería lo más satisfactorio, no se pueden siempre contraponer los determinantes dejando bien delineadas sus respectivas áreas de uso.

3. Apéndice

A «romancero» (colección de romances) se le pueden aplicar los mismos determinantes que a «romance», y sin determinante alguno tiene la misma extensión máxima que «romance» solo.

Es de notar que la palabra es menos antigua que «romance», ya que las primeras colecciones de romances se llamaban *Cancionero de romances, Silva de romances, Flor* y no aparece *Romancero* hasta los años 1600.

En la actualidad, es el título más usado por cuantos editan romances.

II. HISTORIA

Las relaciones de los romances y de la historia pueden considerarse bajo dos aspectos:

1) Los romances en la historia: su inscripción en la historia es cuestión de cronología.

2) La historia en los romances: los hechos históricos, a través de los romances, son cuestión de materia y de visión de esa materia.

1. Los romances en la historia

ORÍGENES

Hay varias formas de plantear el problema de los orígenes, sea en un plano meramente histórico registrando los primeros testimonios en los textos de romances conservados o los textos que aluden a ellos, sea en un plano genético, buscando sus antecedentes.

Los dos planos se han venido entremezclando, con lo que se ha enrevesado un poco más esa cuestión candente de los orígenes; trataremos aquí de separarlos.

Los textos más antiguos

El primer romance de que queda fe está anotado en un cartapacio manuscrito de un estudiante mallorquín, Jaume de Olesa, con fecha de 1421. Se trata del romance *Gentil dona, gentil dona* (en castellano pero con muchos catalanismos), refundición moralizada del romance de la *Dama y el pastor*.

Luego, en el *Cancionero de Londres* de fines del siglo xv, se incluyen, entre las obras del trovador Juan Rodríguez del Padrón, tres romances: *Rosaflorida, El Conde Arnaldos* y *La hija del rey de Francia* (o *Caballero burlado;* vid el núm. 87 de esta edición)[1]. Es discutida la autoría de Juan Rodríguez del Padrón (vid. *Composición de romances,* p. 65), pero que éste los compusiera o sólo los arreglara tomándolos de la tradición oral no pone en entredicho el que sean anteriores a 1450 (fecha supuesta de su muerte). Con más certidumbre se puede dar la fecha (hacia 1454) del romance sobre la reina doña María de Nápoles: *Retraída estava la reina;* es imitación de *Retraída está la Infanta,* o sea, *el romance del Conde Alarcos* (vid. el núm. 71 en esta edición), lo cual prueba, de rechazo, que existía ya ese romance juglaresco por aquellos años. El romance sobre la reina de Nápoles se atribuye a Carvajal en el *Cancionero de Estúñiga,* recopilado en la corte de Nápoles por los años 1460[2]. En la segunda mitad del siglo xv se encuentran muchos *Cancioneros* (como el ya citado *Cancionero de Londres*) que incluyen romances, o manuscritos (como el de Londres que contiene *La jura de Santa Gadea* editada por Menéndez Pidal; vid. nuestro núm. 18) o citas de romances en obras que no tienen por finalidad recoger composiciones poéticas[3].

Aluden a romances además, bien de modo genérico («se cantan romances») o bien refiriéndose a tal o cual romance, cantidad de historiadores o de literatos, a veces para despre-

---

[1] Se pueden leer los tres romances en M. Menéndez Pelayo, *Antología de poetas líricos castellanos,* IX, pp. 454-455 (abreviado aquí en *Ant. Lír. Cast.*).

[2] Nicasio Salvador Miguel, *La poesía cancioneril. El «Cancionero de Estúñiga»,* p. 32 para la fecha del cancionero y pp. 70-71 para la fecha *de Retraída estava la reina.*

[3] V. gr., el *Cancionero musical de palacio,* de principios del siglo xvi, editado por Asenjo Barbieri en 1890 y reeditado por Higinio Anglés: es recopilación de las composiciones poéticas en boga en la corte con sus melodías, o la *Gramática castellana* de Antonio de Nebrija que cita versos de varios romances.

Para la cronología de esos primeros tiempos, vid. S. G. Morley, «Chronological list...».

ciarlos (Juan de Mena, Santillana) o, un poco más tarde, para ensalzarlos y ejercitarse en componerlos (Juan del Encina) [4].

Es cierto, por esos recuerdos esparcidos, que existían, se conocían, se cantaban en el siglo XV más romances que los pocos que quedan en cartapacios y cancioneros. Los romances se repetían, vivían por vía oral, se cantaban y sólo unos pocos fueron apuntados por escrito. De ahí la importancia de las alusiones que a ellos se hacen, por ejemplo, en la corte de los Reyes Católicos.

Fechación por la materia narrada

Muchos romances, llamados por eso históricos (con la especificación de fronterizos si aluden a las guerras de frontera contra los moros), narran hechos históricos, cuya fecha es más o menos fácil de establecer. Esos mismos son los que se dicen también noticieros por la función que desempeñan como medios de divulgación (vid. cap. V. «Función del romance»).

Si se sabe la fecha del acontecimiento narrado, se deduce la fecha de su aparición, aunque muchas veces sólo queden testimonios textuales posteriores y no se pueda afirmar que se remonten a la época de los hechos.

Los hechos más antiguos son del siglo XIV y hasta puede que del siglo XIII. En efecto, el romance de la muerte de *Fernando IV el Emplazado* (que ocurre en 1312, vid. núm. 34 de esta edición), en la versión que conocemos del siglo XVI, parece haberse contaminado con otro romance anterior que contaría las penitencias de Fernando III el Santo en sus primeros versos. Menéndez Pidal conjetura, pues, la existencia de romances perdidos en el siglo XIII.

Aunque se ha dicho que se refería a la época de Pedro el Cruel, el romance del *Prior de San Juan* (vid. en esta edición el núm. 35) alude a la rebelión de éste contra el rey Alfonso XI en 1328 [5].

---

[4] Vid. *RH*, II, cap. XI, XII.

[5] Sobre este romance, vid. D. Catalán, *Siete siglos de Romancero*, cap. I.

El primer romance fronterizo conservado, *Cercada tiene a Baeza*, alude a un cerco de Baeza (hacia 1368) (vid. en esta edición el núm. 37). No podemos pasar revista a todos los romances de esta clase que cuentan sucesos que se escalonan a lo largo de los siglos XIV y XV, desde la época de Pedro el Cruel hasta la de los Reyes Católicos. Aunque la fechación de tales romances por el postulado de que se compusieron a raíz del suceso narrado es muchas veces mera conjetura, sirven de *terminus a quo* para fijar cierta cronología.

Orígenes genéticos

¿De dónde salen los romances? ¿Se autoengendran o se entroncan con una tradición anterior?

Ese fue el debate del siglo XIX, abogando a favor de la primera solución los románticos alemanes, sobre todo por considerar los romances «poesía natural», poesía primitiva nacida del pueblo y anterior a la «poesía artística», obra individual. Así se remontarían a una edad áurea indefinida y remota (¿siglo X?) en que habrían aparecido esos cantos «populares», «naturales», que ulteriormente se habrían modificado[6].

Contra esa posición reaccionaron muy pronto otros críticos, como Milá y después Menéndez Pelayo, que, apoyándose en las fechas de romances conocidos, creen que los romances son más recientes (siglo XV) y obra de un autor individual que puede, eso sí, refundir, a veces, un cantar de gesta o una crónica anterior. Y entonces llegó Menéndez Pidal, cuya obra sobre el romancero empezó en 1896 con un estudio sobre los infantes de Lara en que muestra la filiación de los romances respecto a las gestas. No podemos aquí exponer toda la trayectoria de las ideas de Pidal, de las cuales trataremos bajo otros aspectos, pero, si abordamos sus conclusiones, repetidas en cantidad de estudios, nos encontramos con que para él los romances no son originarios, sino que derivan más o menos directamente de la poesía épica de la Edad Media; esos primeros romances, trozos de gesta desgajados, son los

---

[6] Vid. p. 37.

que él llama «primitivos». Sobre el mismo molde se compusieron más tarde los romances históricos acerca de sucesos coetáneos o se adaptaron los temas baladísticos paneuropeos (romances novelescos). Si su primera aparición escrita es tardía (siglo xv o siglo xvi), es porque no se habían apuntado antes por escrito o porque se perdieron los textos anteriores, pero se venían transmitiendo por vía oral de generación en generación y, al mismo tiempo, se transformaban perpetuamente. Así es como resulta imposible fechar los romances por entroncarse éstos con una tradición poética ininterrumpida. Tales son las teorías básicas de la llamada escuela tradicionalista, o mejor dicho neotradicionalista, que son admitidas hoy mayoritariamente, aunque con más o menos reparos, por los estudiosos del romancero. No se trata sólo, evidentemente, en esa teoría de la fecha de los romances (falso problema en tal perspectiva), sino de su modo de engendrarse con elementos ya existentes en la tradición. Tendremos ocasión de tratar más a fondo del neotradicionalismo pidalino en lo que se refiere a la reelaboración perpetua de los romances que perduran en la tradición (llamados por eso «tradicionales»). De momento, sobre el punto de los orígenes de los romances más antiguos, quiero hacer constar que, para la escuela neotradicionalista, éstos son inalcanzables, no por haberse perdido casualmente los textos, sino por la índole misma del producto, fabricado con materias primas y en moldes heredados.

Siglo xvi

El siglo xvi nos parece el periodo de auge del Romancero por varias razones.

Con la aparición y la extensión de la imprenta se estamparon los romances y nos quedan muchos más que de la época en que transcribían a mano. Por otra parte, ese nuevo modo de divulgación cambió la vida de los romances ya que dio lugar a una tradición escrita que vino a sumarse a la tradición oral. Y nació una verdadera moda literaria de los romances, pasando éstos a los círculos poéticos y, por lo mismo, transmutándose en romances «nuevos». No por eso

dejaban de cantarse y transmitirse oralmente los romances
«viejos», como se les llamaba en aquel entonces (con un criterio meramente cronológico para oponerlos a los de creación
reciente) [7].

Distinguiremos aquí varios periodos, de acuerdo con el criterio cronológico de este apartado, pero tan diversos son los
romances a lo largo del siglo XVI que, a la fuerza, tendremos
que acudir, o por lo menos aludir, a otros criterios.

1511-1550

Estas dos fechas se escogen por ser la primera la del *Cancionero general* de Hernando del Castillo; la segunda, la del
segundo *Cancionero* de romances de Amberes y de las *Silvas*
de Zaragoza. Es el principio de la gran actividad editorial en
torno al romancero. Si la historia del romancero no puede
ceñirse a la historia de las ediciones, en aquellos años tampoco se puede prescindir de ellas, tanto por la cantidad de
textos recogidos como por lo que revelan sobre los gustos y
su evolución.

1511: El Cancionero recopilado por Hernando del Castillo
contiene composiciones poéticas de toda clase (canciones,
sobre todo) y cuarenta y ocho textos de romances con glosas
y sin ellas. En efecto, estaba de moda en la época sea para-
frasear cada verso de romance en una glosa, sea contrahacer-
los (en estilo amoroso). No interesan, pues, en los medios
cultos los romances antiguos en sí (cualquiera que sea su
tema), sino como juego literario, como alarde de ingenio.
Y sólo en esa medida los acogió Hernando del Castillo y además incluyó catorce romances con nombre de autor, o sea,
romances trovadorescos. Ese *Cancionero* tuvo varias reelaboraciones y derivaciones, hasta los años 1550, lo que muestra
su éxito [8].

---

[7] Prueba de ello son las alusiones a romances entre los conquistadores de América como en la corte de Felipe II quien, de
niño, contestó a un cortesano que le importunaba: «Hulano mucho
me aprietas y cras me besarás la mano» (recuerdo del romance de
la *Jura de Santa Gadea*, vid. en esta edición el número 18).

[8] A. Rodríguez Moñino, *Poesía y Cancioneros (siglo XVI).*

Los pliegos. Tal era el eco del romancero entre los literatos, pero seguían los romances su vida propia en boca del
pueblo (esto no se puede comprobar sino de modo indirecto
por alusiones dispersas) y en los pliegos, otra forma de difusión escrita más popular que los libros, por ser más barata.
Empiezan a aparecer con la imprenta esos folletos que se
pueden adquirir por unas monedas y a los que pasa la poesía
hasta entonces divulgada entre la masa sólo por vía oral [9].
Es de suponer que tuvieron mucho éxito, ya que se estamparon a montones («por millones» dice Rodríguez Moñino), pero
nos quedan pocos por su carácter deleznable. Tenemos desde
hace poco el material bibliográfico para estudiarlos con el
monumental *Diccionario* de Rodríguez Moñino [10]. A menudo,
esos pliegos no tienen fecha pero lo probable es que muchos,
aunque más tardíos y fechables por la tipografía o la imprenta
de donde salen, son mera reedición de otros anteriores que
ya se estampaban a principios de siglo, y se puede decir que
su auge empezó verdaderamente en la primera mitad del siglo XVI. Incluyen los pliegos romances de todas clases con
glosas o sin ellas.

Tenemos un buen testimonio de los pliegos que andaban
impresos por aquellos años en la colección que reunió Fernando Colón: Rodríguez Moñino dice que poseía unos quinientos antes de 1539 [11]. Aun sin mostrar tal interés bibliográfico por los pliegos, suponemos que muchas personas
debieron comprarlos, puesto que se reeditaban tanto.

Años 1550: Aparte de ese éxito editorial o a causa de él, en
los años 1550 aparecen por primera vez [12] libros que conte-

---

[9] Vid. capítulo IV. «Autor/transmisor».

[10] A. Rodríguez Moñino, *Diccionario de pliegos sueltos poéticos
(siglo XVI).* (Abreviado aquí en *DPS*.)

[11] Desgraciadamente, se perdieron todos esos pliegos de la Biblioteca Colombina pero queda fe de ellos en el *Regestrum* y el
Abecedarium (catálogos de la Biblioteca); vid. A. Rodríguez Moñino, *La Silva de romances de 1561*, p. 36.

[12] Antes (¿1525-1530?) había aparecido un *Libro en el cual se
contienen cincuenta romances con sus villancicos y desechas* que
fue en realidad el primero en acoger sólo romances, pero con el
criterio quinientista de servir de pretexto a ejercicios poéticos
(villancicos y deshechas). Se conserva además sólo un ejemplar

nían colecciones de romances. El primero fue el *Cancionero
de romances* de un librero de Amberes, Martín Nucio, sin
fecha de edición y llamado, por eso, sin año. Parece que salió
en 1547 o 1548 y, según los estudios bibliográficos de Menéndez Pidal[13] y de Rodríguez Moñino[14], Martín Nucio —que
dice haber reunido él mismo los textos editados— los sacó
sea del *Cancionero general* (en sus varias ediciones) o de
pliegos sueltos (identificados en los citados trabajos bibliográficos), sea, en algunos casos, de la tradición oral. Son unos
ciento cincuenta los romances editados por primera vez en
libro y solos, ya que Martín Nucio rechazó en los textos
procedentes del *Cancionero general* o de los pliegos, las glosas, villancicos y otros adornos en metros varios que solían
acompañar los romances. Admitió toda clase de romances,
salvo los religiosos.

Su libro, de pequeño tamaño («de faldriquera»), fue probablemente bien acogido por corresponder a una necesidad
y a los gustos del público, ya que se reimprimió sin quitarle
nada, salvo el prólogo, en 1550 en Medina del Campo. Y el
mismo Martín Nucio, también en 1550, sacó una segunda edición (fechada ésta), enmendando los textos, suprimiendo unos
pocos y añadiendo treinta y dos. Esta segunda edición se volvió a imprimir tres veces en el siglo XVI (1555, 1568, 1581).
En España, un impresor de Zaragoza, Esteban G. de Nájera,
buen conocedor de poesía (¡y buen negociante!), aprovechó la
idea de Martín Nucio y publicó la *Silva de varios romances*
en tres partes (la Primera y la Segunda en 1550 también; la
Tercera, en 1551). La mayor parte de los romances proceden
del *Cancionero sin año* pero eliminó algunos y añadió otros
(particularmente los de tema religioso, rechazados por Martín
Nucio). Ese mismo año (1550) salió una reimpresión en Barcelona de la *Primera Parte de la Silva*, seguida de otra en 1552.

---

muy estropeado (sólo un pliego) en la biblioteca del Marqués
de Morbecq (936 del *DPS*).

[13] Introducción a la edición facsímil de Menéndez Pidal del
Cancionero de romances, sin año, pp. X-XLIV (abreviado aquí
en *Canc. s. a.*).

[14] A. Rodríguez Moñino, *La Silva de Barcelona, 1561*, pp. 79-81.

En cuanto a la *Segunda Parte* también la volvió a estampar en 1552, en Zaragoza, el mismo Nájera.

Muy enrevesada es la historia editorial de los romances por esos años; sólo ahora, gracias a la labor de Rodríguez Moñino, empezamos a ver claro en tal maraña de ediciones y reediciones. No se puede aquí rastrear toda la actividad editorial en torno al Romancero [15], pero lo que es de notar es la aparición casi simultánea de tantas colecciones de romances considerados por primera vez como dignos de la imprenta, sin perifollos de poetas conocidos (aunque tales colecciones se siguieran llamando *Cancionero* o *Silva* y no *Romancero*).

¿Qué romances se editan?

La principal novedad es que los romances van sin glosa ni otras añadiduras. Aparte de esto, son los mismos que se venían publicando en pliegos desde principios del XVI. Los de las recolecciones que no figuran en pliegos conservados puede que sea por haberse perdido muchos pliegos o, en ocasiones, por haberse tomado directamente de la tradición oral. Algunos también presentan una versión diferente de la de los pliegos conocidos, porque los impresores los enmendaron, o porque los sacaron de otro pliego perdido. Esto comprueba por lo menos el carácter abierto del texto del romance que no queda fijado de una vez para siempre, sino que es susceptible de variaciones.

En cuanto a la antigüedad de los romances de todo hay, desde aquellos cuya existencia ya consta en el siglo XV [16], hasta los de reciente composición [17] y los que, aunque no impresos antes, son también de viejo abolengo [18].

---

[15] Para esto, consúltense las obras citadas de Rodríguez Moñino.

[16] Por ejemplo, el famoso romance del *Infante Arnaldos* está ya en el *Cancionero* del British Museum (está atribuido ahí a Juan Rodríguez del Padrón, vid. II, nota 1, *supra*) y se recoge en otra versión en el *Cancionero s. a.* de Amberes (vid. en nuestra edición el número 62*a*).

[17] Por ejemplo, romance sobre el saco de Roma en 1527, *Triste estava el Padre Santo...*, *Canc. s. a.*, fol. 215.

[18] *Tres hijuelos avía el Rey...*, o sea el romance de *Lanzarote y el ciervo del pie blanco,* se conoce por una versión del *Cancio-*

Si nos referimos a las materias tratadas, notamos que, cuando a principios de siglo se recogían y preferían los de tema carolingio, de tema novelesco (baladística europea) o de tema coetáneo, desde los años 1530 empiezan a encontrarse romances de temas históricos antiguos españoles (romances del Cid, por ejemplo).

1550-1580

a) Reediciones

Por una parte, es la época de las reediciones más o menos enmendadas de lo que se había publicado antes, tanto de los pliegos como de los *Cancioneros* y *Silvas*. Por ejemplo, de la *Silva* de Esteban de Nájera (en tres partes) se saca un compendio en Barcelona en 1561 [19] que se reedita varias veces (cinco veces en el siglo XVI y puede que existieran otras ediciones perdidas). Es un verdadero embrollo la historia de las ediciones de romances en esa segunda mitad del siglo XVI que Rodríguez Moñino ha contribuido a aclarar [20].

Algunos estudiosos empiezan a echar mano de esas bases bibliográficas, como Di Stefano, que estudia la fortuna editorial de cada romance —de un *corpus* que delimita como el del Romancero antiguo— en unas cincuenta y cuatro Antologías *(Cancioneros* y *Romanceros)* y en unos doscientos treinta y tres *Pliegos* [21]. Llega a interesantes conclusiones en cuanto a la diferencia entre pliegos y libros, en cuanto a la categoría temática de los romances más editados (prevalecen los romances novelescos y caballerescos sobre los histórico-nacionales, sobre todo en los pliegos) que revelan algo sobre los

nero de romances de Amberes, 1550, cuando se sabe (por citas de Nebrija entre otras cosas) que era muy conocido en el siglo XV (vid. D. Catalán, *Por campos del romancero*, p. 88).

[19] Rodríguez Moñino le ha dedicado un libro *(La Silva de romances de Barcelona, 1561)* en que establece los cimientos bibliográficos del Romancero hasta 1561.

[20] Cf. *Diccionario de pliegos sueltos poéticos (siglo XVI)*, y *Manual bibliográfico de Cancioneros y Romanceros*.

[21] G. di Stefano, «La difusión impresa del romancero antiguo en el siglo XVI».

gustos del público. Y no deja de hacer la importante salvedad, sobre la cual hay que volver a insistir, de que no todos los romances que existían y se cantaban propagándose por vía oral fueron editados.

b) *Tradición oral*

Como siempre que se trata de la tradición oral en aquellas épocas, hay que acudir, para conocer algo de ella, a las alusiones diversas en obras que la mientan. Así, por los cronistas se sabe que Felipe II ensartaba versos de romances en su conversación; por los músicos y los tratados que publican se ve la afición de la alta sociedad por los romances y sus melodías, sacadas de cantos populares y más o menos arregladas [22]; por los juegos literarios de moda se han salvado algunos versos de romances no editados enteramente [23]. O bien en el teatro popular muy parco en maquinaria, el acompañamiento musical lo hacían músicos que tañían y cantaban romances antiguos [24], aunque nada tuvieran que ver con la acción representada. Más tarde, con Juan de la Cueva, hacia 1580, los versos de romances antiguos empiezan a penetrar en el diálogo escénico y éste será, en todo el periodo de más auge del teatro, un recurso muy usado que nos permite ahora conocer romances desaparecidos.

Sea todo esto un testimonio de la popularidad de los romances en todas las capas de la sociedad, popularidad que también se colige de su éxito editorial.

c) *Romances eruditos*

Por otra parte, otra clase de romances empiezan a aparecer hacia 1550 y son llamados «eruditos», al ser éstos obra

---

[22] El músico Salinas, tan apreciado por Fray Luis de León, en su *De musica libri septem* (1577), teorizó sobre la melodía de los romances.

[23] Se llamaban *Ensaladas* esas composiciones poéticas donde había que introducir versos de romances. Queda una en un pliego poético de Praga (707 del *DPS*).

[24] El mismo Cervantes lo cuenta en el Prólogo de sus *Ocho comedias*, 1615.

de eruditos. Su propósito es poner al alcance de todos la antigua historia de España, ya que sus autores opinaban que ésta quedaba maltrecha en los antiguos romances. Sacaron la materia histórica de sus romances de la reedición hecha en 1541 por Florián de Ocampo, cronista de Carlos V, de la *Crónica* de Alfonso el Sabio: por eso, se llaman también romances «cronísticos». Uno de los más importantes de estos romancistas, Lorenzo de Sepúlveda, en el Prólogo «a un amigo», deja bien clara la finalidad de su obra: enseñar deleitando con la historia «más verdadera que yo pude hallar» (dicha *Crónica*) y puesta «en metro castellano y en tono de Romances viejos que es lo que agora se usa» [25].

Son reveladoras estas palabras de los gustos del público que apreciaba los «romances viejos». La historia de las ediciones de los Romances de Sepúlveda es muy confusa. Habiéndose perdido la edición *princeps* de Sevilla (antes de 1550), quedan dos de Amberes, la de Steelsio en 1551 y la de Martín Nucio, reelaborada hacia 1553, que añade romances de un «tal caballero Cesáreo» de cuya identidad nada se sabe. Otras reediciones y reelaboraciones hubo hasta 1584, que cumplieron el propósito de Sepúlveda de divulgar la antigua historia de España. En esas reediciones se agregaron, muchas veces, romances precedentes del *Cancionero* de Martín Nucio y de las *Silvas* de Nájera y hasta en la primera edición conocida, la de 1551, algunos romances no son de Sepúlveda, ya que aparecen antes en pliegos sueltos [26].

Al mismo tiempo, sale en Sevilla en 1550 el libro de los *Cuarenta cantos* de Alonso de Fuentes con romances históricos

---

[25] Facsímil del Prólogo de la edición de Amberes de 1551 en casa de Juan Steelsio en A. Rodríguez Moñino, *La Silva de romances de Barcelona, 1561*, p. 299. Además Sepúlveda precisa: «Servirá para dos provechos. El uno para leerlas (las mejores materias de la *Crónica*) en este traslado, a falta de el *(sic)* original de donde fueron sacados *(sic):* que por ser grande volumen, los que poco tienen carecerán dél por no tener para comprarlo. Y lo otro para aprovecharse los que cantarlos quisieren en lugar de otros muchos que yo he visto impresos harto mentirosos, y de muy poco fructo».

[26] Para todo este asunto bibliográfico, vid. A. Rodríguez Moñino, *La Silva de romances de Barcelona, 1561*, cap. IV y cap. VII A.

comentados (de Sagrada Escritura, de historia antigua y de historia española).

Anteriormente, había compuesto ya gran cantidad de romances, con la misma base de la *Crónica general*, Burguillos (del cual se sabe muy poco), pero no llegaron a publicarse (salvo algunos en pliegos sueltos), conservándose en un cancionero manuscrito. De ellos entresacó algunos Martín Nucio en el *Cancionero s. a.* (sobre todo los de Bernardo del Carpio).

Aunque este ejercicio de verter en metro de romance la *Crónica general* dé romances muy pormenorizados y pesados, salvo excepciones [27], acertaron dichos romancistas en su propósito de vulgarización, como se ve por el número de reediciones y por el provecho que sacaron de ellos las demás colecciones y los pliegos. En aquellos años (1550-1580), el público gustaba de esas historias «viejas» y «nuevas» (como gustaba de aquellos otros romances más antiguos, cuya fortuna editorial ha seguido Di Stefano).

En efecto, hay que subrayar que los que hicieron tales romances nunca dejaban de apuntar que estaban «nuevamente sacados», «nuevamente hechos» sobre materia antigua, a veces conocida por vía de la tradición, a veces no [28]. Parece haber competencia entre lo «viejo» y lo «nuevo» y se aprecia al principio ese elemento de novedad en cuanto va unido a materia vieja y, según van pasando los años, se impone cada vez más el gusto por la novedad, incluso en la materia tratada.

d) *Otros romances*

Desde antiguo, desde los años en que estaban de moda en la corte de los Reyes Católicos y aun antes, viene una corriente

---

[27] «El prosaísmo de estos romances eruditos sólo suele desaparecer cuando el texto de la crónica que riman deriva de un antiguo cantar de gesta, como a menudo sucede, pues entonces, si se conserva en la prosa algo de la poesía antigua, ésta reanima un poco los versos del romancista historiador», *RH*, II, pp. 111-112.

[28] Al lado de los romances de viejo abolengo de Bernardo del Carpio, de Fernán González o del Cid, los eruditos divulgaron con pelos y señales su vida y hazañas en todos sus aspectos, a veces no recordados por los romances más antiguos, o referidos en ellos de otra forma.

que suma al romancero antiguo los romances de nueva invención de los poetas (Juan del Encina, Gil Vicente, v. gr.). Se llaman «trovadorescos» los de finales del siglo xv y principios del xvi y «artificiosos» los de mediados y finales del xvi. De temas amorosos casi exclusivamente en los primeros tiempos, pasaron a tratar de los temas de moda en otras ramas del romancero; históricos, caballerescos, etc. *Grosso modo*, lo que los distingue [29] es que, más que por la narración de sucesos, cualquiera que sea su índole, se interesan por destacar un episodio y revestirle de un ropaje sentimental o lírico o «emotivo» (término de Pidal), valgan lo que valgan tales epítetos.

Romances de esta clase se vienen editando en pliegos y entran en los *Cancioneros* y *Silvas*. Pero, ya avanzado el siglo xvi, de acuerdo con la afición cada vez mayor por lo nuevo, salen libros enteros de esos romances. Así, las *Rosas* del valenciano Juan de Timoneda *(Rosa de amores, Rosa española, Rosa gentil y Rosa real)* en 1573 y el *Romancero historiado* de Lucas Rodríguez en 1579, en Alcalá. No deja Timoneda de recoger «romances viejos» (según sus propias palabras) con variantes notables respecto a las versiones ya publicadas, pero las más son de propia invención y versan, como los de Lucas Rodríguez, sobre asuntos trillados y también sobre temas nuevos: moriscos, ariotescos o pastoriles. Señalan la introducción al acervo tradicional de tales temas que pronto prevalecerán.

Hay que mentar también obras que incluyen romances, aunque su propósito primero no sea el de editar tales textos. Así sucede con los historiógrafos del siglo xvi [30], entre los cuales hay que destacar a Argote de Molina quien, en *Nobleza del Andaluzía*, de 1588, toma como fuente principal los romances y da a conocer algunos no incluidos en ediciones anteriores (es el caso de *Cercada tiene a Baeza;* vid. nuestro número 37) o de versión diferente (vid. aquí el núm. 42: *Moricos, los mis moricos*). Pérez de Hita en su *Historia de las guerras*

---

[29] Otra vez volvemos a insistir sobre lo difícil que es definir exactamente cada una de esas clasificaciones por mezclarse criterios cronológicos y criterios de «estilo» muy imprecisos.

[30] *RH*, II, pp. 101-103.

civiles de Granada, de 1595, historia muy novelada, inserta romances fronterizos «viejos» (disculpándose de incluirlos en pleno auge del Romancero nuevo) y muchos nuevos moriscos que son sus preferidos [31].

1580-1600

Por estos años triunfa lo que se ha llamado Romancero nuevo. ¿Por qué nuevo? Porque, primero y antes de nada, así lo proclamaban todos, ufanándose de ello: «nuevo» o «moderno» se encuentra en la mayoría de los títulos de pliegos o libros. Nuevo por los títulos: *Cuadernos* se llama a los folletos y *Flores* a los libros. Desde 1589 hasta 1597 salen Nueve Partes de *Flores* en varios lugares. Se recopilan en 1600 en el *Romancero general* que en 1604 se volvió a editar ampliado con cuatro partes más de *Flores* y se siguieron después reeditando tanto las *Flores* como el *Romancero*. Es muy enrevesada la historia de sus ediciones y reediciones que son, a la vez, reelaboraciones. Por otra parte, no todo fue editado y quedan muchos romances en manuscrito. Nuevo, ¿en qué? En los temas, por lo menos en los primeros años de este período: moriscos (guerras de Granada desde el punto de vista moro), pastoriles (siguiendo la boga de las novelas pastoriles). En los últimos años del XVI, en reacción contra la moda inmediatamente anterior —y por razones políticas obvias (expulsión de los moriscos)— se extingue la producción de romances moriscos y se vuelve a los temas históricos tratados, eso sí, al «nuevo» estilo. Se inventan nuevas situaciones y nuevas escenas sobre antiguos héroes, adaptando la antigua temática a una nueva problemática [32].

Son nuevos también estos romances por ser obra de poetas más o menos famosos (Lope de Vega, Salinas, Góngora), aunque no llevan firma alguna en las *Flores*, creando un problema de identificación de los autores. Además éstos se sirven de los

---

[31] *RH*, II, pp. 131-132. Cf. en nuestra edición el número 46*b*, romance de *Abenámar*, en la versión de Pérez de Hita.

[32] Véase en «El casamiento del Cid» de Bénichou, cómo cambia el papel del rey que es quien propone el casamiento (en especial p. 328).

romances para contar aventuras amorosas propias, disfrazadas con vario ropaje, o sucesos coetáneos, ocultados bajo los temas consabidos [33]. Cierto color de actualidad adquieren los romances de este tipo dentro del círculo bastante cerrado del mundillo literario pero están en clave. Y para quien no conoce la clave por estar fuera de cierto ámbito o fuera de la época en que aparecieron nada le dicen porque no se sabe quién habla ni de qué exactamente.

Son nuevos en otro aspecto. Si bien los primeros romances nuevos se popularizaron por ser cantados y, así, transformados en boca de los sucesivos transmisores, para aparecer a veces impresos muy diferentes de como habían salido al principio, en reacción contra esto, vinieron a considerarlos sus genitores en los primeros años de 1600 como textos poéticos que se valían por sí solos y que no necesitaban música ni repeticiones orales ni enmiendas en manos de editores [34]. Y esta actitud va a volverse, en el Prólogo del *Romancero general* de 1604 (anónimo), defensa del romance como género poético más perfecto, porque está más cerca de la naturaleza que los que son producto del «arte» (entiéndase, los preceptos retóricos). Curioso es notar que esos romancistas, apoyándose en la tradición neoplatónica de la naturaleza superior al arte, componían romances que se llaman hoy precisamente «artificiosos» por lo que de arte o técnica consciente contienen.

En efecto, a pesar de ufanarse de tanta novedad, no todo es nuevo en los romances «nuevos». Ya hemos visto que, pasada la moda de los moros, vuelven mayoritariamente los temas de siempre [35]. Además se valen los romancistas de un artificio que poco tiene que ver con la naturaleza y es que visten a la antigua sus composiciones, creando una lengua artificial, remedo más o menos acertado de un estado de lengua

---

[33] Hasta con romances históricos de tema tradicional (El Cid) se puede aludir a la más candente actualidad política; vid. *RH*, II, p. 143.

[34] Así opina Gabriel Lasso de la Vega en su *Manojuelo de romances de 1601*. Sobre el romancero nuevo, vid. el estudio de José F. Montesinos, «Algunos problemas del Romancero nuevo».

[35] Prueba de ello es la aparición en 1605 del *Romancero del Cid* de Juan de Escobar, que retoca y reelabora la materia cidiana para ponerla al gusto del monarquismo de época.

ya pretérito. Es lo que se llama «fabla» por usar «f» inicial (fablar) y del mismo jaez son otros arcaísmos a veces disparatados (se usan palabras a la antigua que nunca existieron). No todos escribían en fabla pero muchos se ejercían en contrahacer romances viejos o bien otros llevaban a los romances técnicas verbales heredadas de la tradición culta. Y así se pueden llamar «artificiosos» estos romances por llevar el sello de una fabricación según marcas registradas. Otro deje de la tradición es su anonimato. Aunque todos han salido de la pluma de tal o cual poeta y, aunque entre los entendidos se sabía quién era el autor de este o aquel texto, el público no. En las *Flores*, los romances no van firmados y muchas veces se imprimen ya cambiados y poco menos que irreconocibles por sus mismos autores. Aunque algunos, como el ya citado Gabriel Lasso de la Vega (cf. II, nota 34), reaccionan contra tal estado de cosas, los compositores de romances, incluso los más famosos, dejan en general editar sus composiciones como anónimas y en una forma no siempre fiel a su primera redacción. Algunas de éstas llegaron a popularizarse y hasta perpetuarse en el recuerdo de la tradición oral posterior[36]. Así, el romancero nuevo viene a acrecentar el caudal tradicional, a veces con felices invenciones, aunque en su mayor parte pertenece más bien a otro sector de la historia literaria, el de la poesía culta de las postrimerías del siglo XVI y principios del XVII.

Hay que advertir también que, junto a las obras novedosas (*Flores* y *Romancero general*), se seguían imprimiendo y editando algunas de las colecciones de mediados de siglo, como la *Silva* de Barcelona. Para renovarse se adaptaban al gusto del día, se suprimían romances y se añadían otros «nuevos».

Por muy complicada que sea la historia de los romances en el siglo XVI, por muy diferente que sea la tonalidad domi-

---

[36] Es el caso de *Mira, Zaide, que te aviso* que alude, con nombres y ambiente moriscos, a los amoríos de Lope y que se ha conservado en la tradición oral marroquí. Vid. el estudio muy logrado de P. Bénichou, *Romancero judeo-español de Marruecos*, p. 260 y pp. 318-329 (abreviado aquí en *RJEM*). Al comparar las versiones modernas con la antigua de Durán, Bénichou demuestra el origen libresco y las transformaciones sufridas en la reelaboración oral.

nante según los periodos, insistiremos en algunos puntos básicos comunes:

1) Al lado de la tradición libresca y folletinesca se mantiene una tradición oral, de la cual se sabe poco. Comprendería los mismos romances editados (aunque con variantes) y otros descartados por los editores [37].

2) Dentro de la tradición impresa corren dos vetas paralelas que se interpenetran muchas veces: la de los romances antiguos heredados de la tradición y la de los romances nuevamente compuestos con criterios varios según las épocas. Éstos vienen a veces a sumarse a aquéllos, llegando a formar parte de la tradición algunos años más tarde.

3) En el transcurso del tiempo, los romances cambian y se adaptan a los gustos e intereses de la época tanto por su temática y planteamiento como por la solución que aportan a los problemas.

4) En cuanto a crítica textual es imposible reconstruir un texto primero e incorrupto, siendo característica intrínseca su cambio cuando cae en el acervo común. (Variantes según los impresores y hasta según las ediciones cuando se trata de un mismo impresor. Compárese el *Cancionero sin año* y el *Cancionero de 1550* del mismo Martín Nucio.) Se pueden notar las diferencias y se pueden estudiar los cambios según la época, el editor, los gustos del público. Si se aplica la misma labor filológica que en los textos firmados por un autor, no es para reconstruir un texto originario inalcanzable, sino para señalar la orientación y, a ser posible, el sentido de las variaciones.

5) Las varias denominaciones con las cuales se designa a los romances no pueden ceñirse a criterios cronológicos puros ya que, en una misma época (aun de corta duración), caben muchas clases de romances. Y es así como incluso los determinantes que parecen cronológicos (viejo y nuevo) están sobrecargados de otras connotaciones que varían además según la época en que se contraponen «viejos» y «nuevos».

---

[37] V. gr., los romances de esta Antología: 70, 72, 76 *a*, 76 *b*, 77, 80, 89.

SIGLO XVII

Reediciones

Del siglo XVII son en rigor las primeras ediciones del *Romancero general* (1600-1604) ya mentadas, por rematar la época de los romances «nuevos», y también el *Romancero e historia del Cid* de Escobar, de 1605. A partir de entonces se imprimen reediciones que, al mismo tiempo, son reelaboraciones perpetuas. Quedan descartados algunos romances, introduciéndose otros. Así, de la *Silva de Barcelona de 1561* registra Rodríguez Moñino las ediciones conocidas o supuestas con base segura (unas veintiocho en el siglo XVII) y analiza los cambios sufridos [38].

También siguen imprimiéndose y reimprimiéndose pliegos, aunque se sabe menos de ellos que de los del siglo XVI por haber sido menos estudiados. Sin embargo, el hispanista inglés Edward M. Wilson ha reeditado y estudiado varias series de pliegos de las bibliotecas inglesas y María Cruz García de Enterría ha sacado con mucho rigor científico las conclusiones de su amplio trabajo sobre pliegos [39]. Aunque muy atinadamente se niega a generalizaciones, en el material que ha estudiado constata que quedan pocos pliegos (unos trece) con romances tradicionales y otros pocos, aunque más numerosos (dieciséis), con romances nuevos. Aun teniendo en cuenta lo reducido del muestrario, se puede notar ese cambio de orientación entre los pliegos del siglo XVI (grandes transmisores del Romancero) y los del siglo XVII (divulgadores de una literatura hecha para el vulgo; cf. después, *De romance a jácara*).

La tradición oral

Aunque aquí también andamos por terreno inseguro, las alusiones a romances, los versos de romances desparramados por cantidad de obras (*El Quijote*, v. gr.) dan idea de lo conocidos que eran. Algunos versos se hicieron proverbiales (Co-

---

[38] En el mismo año de 1675 se reedita tres veces la *Silva* de 1561 en Barcelona y una vez en Zaragoza.

[39] María Cruz García de Enterría, *Sociedad y poesía de cordel en el barroco*.

rreas tiene registrados varios en su *Vocabulario de refranes y frases proverbiales*), y se ensartaban a menudo en la conversación.

Se puede inferir de ello la gran popularidad que alcanzaron ciertos romances no sólo entre las personas letradas (en las escuelas se aprendía a leer en los pliegos)[40], sino probablemente en todas las capas de la sociedad. Por vía del canto es como los romances se divulgaban y repetían oralmente entre los que no los podían leer. Es difícil saber cuál era el repertorio, pero parece que seguían cantándose romances «viejos» y también nuevos, los del día, las canciones de moda de la época.

El teatro

Un buen instrumento de divulgación fue también el teatro desde que se incluyeron los romances en el texto de las comedias. Al principio, se cantaban romances como acompañamiento musical, diversión, pero, desde fines del XVI, empiezan a emplearse en el texto mismo trozos en metro de romance. Y por otra parte, se incluyen romances conocidos de todos, más o menos adaptados al diálogo. Y hasta pasan a ser fuente de comedias los temas romancescos o los ciclos de romances acerca de un mismo héroe *(Las mocedades del Cid* es uno de los ejemplos más famosos, pero hay otros muchos) [41].

De todas formas, en la época de auge del teatro, en muchas obras se encuentran versos de romances que, a veces, dan una versión diferente de la que se había editado en *Cancioneros*, a veces son la única huella antigua de romances no recolectados [42]. Mucho se ha hecho y mucho queda por hacer para rastrear en toda la producción teatral del XVII los recuerdos de romances.

---

[40] Vid. *RH*, II, pp. 184-189, donde se recogen las alusiones a esta costumbre.

[41] Vid. Francisco E. Porrata, *Incorporación del romancero a la temática de la comedia española*.

[42] Vid. Jesús Antonio Cid, «Calderón y el Romance de 'El bonetero de la trapería'». Romance estudiado por D. Catalán, *Por campos...*, y descubierto en una comedia poco conocida de Calderón, *El Alcaide de sí mismo*.

De romance a jácara

Los romances desperdigados, enteros o no, por tantos impresos de toda clase en el siglo XVII eran, a veces, los antiguos, pero también los de moda; y una moda que empieza a arraigar desde fines del XVI es la de convertir los romances consabidos en romances burlescos, o sea, de hacer burla de los temas heroicos. En esto se ejercitaron y se lucieron Góngora y Quevedo parodiando romances conocidos para volverlos jocosos. Y cuando, dejando de lado héroes pasados, versa la composición sobre la vida y milagros de los jaques y del mundo del hampa se la llama jácara [43]. Si bien la jácara (canto y baile) nació entre la gente de mala vida, se puso de moda cuando la cultivaron los poetas, y en especial Quevedo. Y así paulatinamente se pasa del relato de las hazañas de héroes antiguos o modernos al de las proezas de otra clase de héroes: jaques y rufianes. Con el apoyo del canto y del baile se hacen cada vez más populares. Se recogen en pliegos y vienen a ser el manjar favorito de la mayoría. Se tacha de vulgares esta clase de composiciones que versan sobre valientes, bandidos, mujeres de mala vida, milagros, casos portentosos, etc., ya sea por el origen de sus protagonistas ya por la aceptación que tenían en el pueblo [44].

Son testimonios de una época y del divorcio que empieza a efectuarse entre la poesía culta de minorías y la poesía para

---

[43] La palabra «jácara», no registrada por Covarrubias en 1611, con el enorme éxito de las jácaras quevedescas (la de Escarramán sobre todo) se difunde rápidamente. Es de notar que para esa nueva modalidad de romance se crea una palabra específica. Es quizá prueba de una ruptura el no querer aplicar el mismo significante romance —que para todo servía— a esos temas rufianescos.

[44] Esta denominación de «vulgares» se justifica por destinarse al vulgo, como lo comprueba la licencia dada por el padre Niseño para que se imprima una jácara con estas palabras: «es para lo que quiere el vulgo»; y de otros romances a los cuáles da también licencia, él mismo dice: «que son muy de su tiempo» (fecha 1656). Sacado de «El archivo de un jacarista», piezas manuscritas descritas y editadas en parte por A. Rodríguez Moñino, *La transmisión de la poesía española en los siglos de oro*, pp. 287-307 (en especial, para las citas, pp. 290-291).

la masa difundida en pliegos, mientras que anteriormente los romances viejos o nuevos eran cantados por todos. Merecen otra cosa que el desprecio en que los ha tenido la crítica por considerarlos de baja calidad, degeneración del romance. Habría que estudiarlos en sí, destacar su composición particular y su relación con el marco histórico en que nacen [45].

En resumen, del siglo XVII se pueden destacar:

1) Gran popularidad de los romances en todos los medios, comprobada y, a la par, apoyada por su introducción en el teatro.

2) Aparición de los romances vulgares y jácaras (una especificación de ellos) y divorcio entre la minoría culta que, después de ejercitarse en ellos (Quevedo), los condena (Lope en la *Gatomaquia*, 1634) y la mayoría que se deleita en cantarlos.

SIGLO XVIII

En la crítica romancesca, desde el siglo XIX hasta nuestros días, el siglo XVIII aparecía como un siglo en blanco por no darse en él más que los romances vulgares, calificados también de «plebeyos» (Pidal) y rechazados por ende. Desde hace poco, con los estudios de María Cruz García de Enterría, de Caro Baroja [46] y Aguilar Piñal [47] se reacciona contra tal desprecio y se enfoca desde un punto de vista sociológico la valoración de estos romances. Se vuelven a editar los pliegos que los contenían [48], pero sólo está esbozado un estudio de sus peculiaridades formales en la obra de Joaquín Marco y en la citada

---

[45] Para ese tipo de romances, vid. A. Durán, *Romancero general*, I, «Catálogo de pliegos sueltos», pp. LXXX-XCVI y II, pp. 584-597 («Sección de jácaras»), y María Cruz García de Enterría, *Sociedad y poesía de cordel en el barroco*. Éste es el estudio más documentado y que mejor plantea los problemas anejos al género «pliego» y a su público.

[46] Julio Caro Baroja, *Ensayo sobre la literatura de cordel*.

[47] Francisco Aguilar Piñal, *Romancero popular del siglo XVIII*.

[48] Julio Caro Baroja, *Romances de ciego*; Manuel Alvar, *Romances en pliegos de cordel*; J. Marco, *Literatura popular en España en los siglos XVIII y XIX*.

de María Cruz García de Enterría (se refiere al siglo XVII, pero sus conclusiones sobre los pliegos son válidas para el XVIII).

Son los mismos romances que acabamos de ver florecer en el siglo XVII. Se imprimen en pliegos «a millares», según Aguilar Piñal[49]. Se vuelven a imprimir, según la costumbre bien arraigada de los pliegos, y se componen otros nuevos sobre sucesos del día (de bandidos o de casos extraordinarios, sobre todo). Se encuentran pocas reediciones de romances viejos, aunque quedan algunos de Bernardo del Carpio y el del Conde Alarcos, sobre todo: también hay otros de temas antiguos (Carlomagno), pero contaminados con héroes extraños a la vieja epopeya (Fierabrás, Floripés, etc.). La mayoría pertenece a la categoría de los «vulgares»[50] con los temas consabidos de la mala vida. Como los pliegos los vendían y cantaban casi exclusivamente los ciegos callejeros, a esos romances se les llama «de ciego» y, como los folletos se exponían a la venta en puestos, atados con cuerdas, se les dice pliegos de cordel y romances de cordel.

Se aprendía a leer en los pliegos, según se documenta en muchas partes, y después la gente conservaba afición a tal literatura. Los que no sabían leer oían cantar o recitar los romances en boca de ciegos. A causa precisamente de su éxito, ese género de romances fue objeto de los ataques de los cultos, de los ilustrados y hasta de prohibiciones legales[51] que... no tuvieron ningún efecto. Pero, al lado de los vituperios contra los romances vulgares, los mismos literatos no dejaron de componer romances (Nicolás Fernández de Moratín, Jovellanos) y de ensalzar los romances antiguos (Meléndez Valdés).

Aunque hay pocos testimonios[52], posiblemente se seguían

---

[49] Ob. cit., p. XI.

[50] Este epíteto «vulgar», si es inequívoco cuando se refiere al público al que se destinaban tales romances, resulta mucho menos claro cuando se aplica a temas o a estilo.

[51] *Novísima Recopilación*, VIII, 18, 4 *a* de Carlos III citada por Menéndez Pidal, *RH*, II, p. 249. Sobre ese punto, vid. Aguilar Piñal, ob. cit., pp. XIV-XVII; y Joaquín Marco, ob. cit., I, p. 104.

[52] Destaca por su rareza la descripción que hace Jovellanos de la *danza prima* en Asturias (baile romancesco). Por otra parte, Armistead y Silverman han editado manuscritos sefardíes —en los que se transcribieron romances—, de los cuales algunos tienen

cantando los romances antiguos conservados por tradición oral (en los medios rurales por lo menos), ya que la prueba de que nunca se extinguieron nos es dada por su actual pervivencia.

Mucho queda por hacer para deslindar campos en el Romancero del siglo XVIII, para precisar y valorar su alcance y para aclarar el concepto de romance vulgar.

SIGLO XIX

Romances en pliegos de cordel

Aunque no es el aspecto más estudiado, todo lo que acabo de decir del romancero vulgar del siglo XVIII es válido en gran parte para el siglo XIX. Los estudios más específicamente dedicados a esta centuria son los de Caro Baroja y Joaquín Marco (vid. notas 46 y 48). Se siguen editando pliegos a montones, los ciegos continúan con el monopolio de su distribución y a veces de su edición [53]. Amén de reimprimir pliegos con romances que gustaban, viejos o nuevos —*Gerineldos, el Marqués de Mantua, el Conde Alarcos, Bernaldo del Carpio* o bien *Rosaura la del guante* o *la Renegada de Valladolid* [54]—, los editores encargaban romances sobre crímenes, robos, etc.... a poetas necesitados. De modo que perdura, aplicada al campo del sensacionalismo por supuesto, la creación de romances en torno a sucesos de actualidad. Lo que desaparece es el uso en las escuelas de pliegos de cordel, sustituidos por el *Arte de hablar* de Hermosilla a partir de 1826.

---

letra del siglo XVIII. Vid. S. A. Armistead y J. H. Silverman, *Judeo-Spanish Ballads from Bosnia*, pp. 13-15 (abreviado aquí *Bosnia*); y *Tres calas en el Romancero sefardí*, A, «El Manuscrito de Yakov Hazán (Rodas, siglos XVIII-XX)», pp. 11-24 (abreviado aquí en *Tres calas*).

[53] Vid. J. Caro Baroja, *Ensayo sobre la literatura de cordel*, p. 55, donde da el testimonio de don Julio Nombela y Tabares, quien en sus memorias habla de un ciego convertido de vendedor en editor de romances.

[54] Vid. Frédéric Serralta, «Poesía de cordel y modas literarias: tres versiones decimonónicas de un pliego tradicional» (sobre *La Renegada de Valladolid*).

Un problema importante aparece en esos estudios críticos de reivindicación a favor de los romances en pliegos de cordel y es el de las relaciones de esa literatura escrita e impresa con los romances de tradición oral. Volveremos a hablar de ello (vid. *Los transmisores*, p. 68).

Redescubrimiento del Romancero

Lo que más llama la atención en el siglo XIX no es la actividad creadora del Romancero, sino el redescubrimiento del antiguo romancero por parte de la clase culta. Si en el siglo anterior los ilustrados tenían sentimientos mitigados acerca del romancero, condenando por motivos éticos los romances vulgares y apreciando, sin embargo, a veces la forma «romance», con tal que expresase temas ejemplares, en 1826, en cambio, se llegó al extremo de rechazar totalmente el romance en el *Arte de hablar*, ya citado, de Hermosilla. Y esto tanto por razones de contenido (por asociarse el romance a los temas «bajos» y «vulgares») como por razones de forma, considerándose como metro «bajo» también.

Y lo extraordinario del caso es que, mientras tales opiniones se daban en España, los extranjeros llevaban ya muchos años ensalzando el romancero español. Esta admiración se había iniciado con los románticos alemanes (Herder, Schlegel), quienes se entusiasmaron por los romances antiguos, y siguió con la primera reedición de romances en tiempos modernos (*Silva de romances viejos* del alemán Grimm en 1815). Después vinieron los aprecios nada menos que de Goethe, Heine y Hegel con su fórmula famosa de los romances como «sartal de perlas» y su equiparación con los poemas homéricos. Entre los ingleses, que volvían también a apreciar sus baladas, pasó lo mismo: elogios, ediciones y hasta traducciones. Y lo mismo también en Francia con los hermanos Hugo, Viardot y Dumas Hinard. Cierto es que los juicios encomiásticos sobre el Romancero español se debían a las ideas románticas de la poesía natural, la poesía de los orígenes, más bella por no estar contaminada por el arte y por brotar espontáneamente del pueblo. El mayor elogio, repetido varias veces, era considerar el romancero como «una Iliada sin Homero». Y sólo sería por el contacto con esas ideas románticas, ya trilladas en otros países, como los propios españoles se fijaron en su romancero y ésta fue la razón por la que volvió a ser cultivado y apreciado entre los literatos.

Se dieron dos modalidades de reactivación del romancero que vamos a examinar a continuación.

Composición de nuevos romances

Ciertos poetas siguieron con la costumbre antigua de refundir los romances viejos adaptándolos, y volvieron a cultivar el metro octosílabo despreciado por los poetas neoclásicos del XVIII. El primero en este retorno a formas y temas antiguos fue el portugués Almeida Garret que compuso, a base de tradición oral —otro hecho muy novedoso— y de tradición escrita, lo que él mismo llama «romances reconstruidos». En España, el Duque de Rivas publica los *Romances históricos* (1841), Espronceda, García Gutiérrez y Zorrilla aprovechan leyendas medievales y usan también a veces del metro de romance. Otros poetas escriben romanceros de varios héroes que no habían sido cantados en romances o de hechos coetáneos (romancero de Colón, de Hernán Cortés, de don Quijote, de la guerra de África, etc.) [55].

El romance en cuanto forma, en cuanto vehículo privilegiado de los temas nacionales, en cuanto continente apto a recibir sucesos nuevos vuelve a adquirir derecho de ciudadanía en la república de las letras; pero se le tiene por una producción poética más, al igual que otras, firmada por los poetas, y no por poesía anónima, destinada a ser cantada y por tanto sometida a variantes según ocurrió en el siglo XVI.

Edición de romances antiguos

Hay que recordar que en Alemania fue donde se inició la reedición de viejos romances con la *Silva* de Grimm, seguida por las selecciones de Depping y Díez por los años de 1815 a 1821.

En España, sólo unos años más tarde (1828 para su primer

---

[55] Vid. Narciso Alonso Cortés, *Estudios hispánicos. Homenaje a A. M. Huntington*, p. 4.

romancero), Agustín Durán emprende la tarea de reeditar los romances sacados de las colecciones antiguas que él conocía, en cinco tomos clasificados por su temática (moriscos en 1828; doctrinales, amatorios y festivos en 1829 [2 vols.]; caballerescos e históricos en 1832 [2 vols.]) para culminar con la publicación del *Romancero general* en dos tomos (1849 y 1851) con mil novecientos un romances; aprovechó para ello, además de sus primeras publicaciones, lo ya publicado en el extranjero, especialmente las *Rosas* de Timoneda, reeditadas por Wolf en Alemania. En su obra se encuentra, por primera vez, un intento de clasificación según las épocas (tres: tradicional, erudita, artística) y según «las cualidades, carácter y esencia» [56] y así distingue ocho clases [57].

Siguiendo el decurso histórico, después de la ingente obra de Durán tenemos que volver a Alemania para encontrarnos con la *Primavera y flor de romances* o *Colección de los más viejos y más populares romances castellanos*, publicada en Berlín, en 1856, por Fernando José Wolf y Conrado Hofmann. No se trata en ella de acopiar *todos* los romances conocidos (por el editor), como en el caso de Durán, sino de seleccionar «los más viejos y más populares» [58], otro punto conflictivo en la crítica romancesca.

Aprovecharon los editores, por primera vez, el *Cancionero sin año* de Amberes y la *Silva* de Zaragoza (1.ª y 2.ª parte), por tenerlos a mano en las bibliotecas alemanas, e intentaron una

---

[56] Según las mismas palabras de A. Durán, *Romancero general*, I, p. XLII, que revelan la mezcla de criterios de contenido y forma que se dará tantas veces después en los estudios sobre el romancero.

[57] Vid. las definiciones de Durán en el «Catálogo de documentos», *Romancero general*, II, p. 682.

[58] «Ahora está claro también por qué hemos escogido este título de *Primavera y flor de romances*, queriendo presentar en nuestra colección a los aficionados un ramillete de flores, recogido no entre las más lozanas del jardín de la poesía artística, sino entre las más genuinas y sencillas de los prados y montes de la popular, nacidas espontáneamente, y crecidas sin cultura y arte, sí, pero hijas de la fuerza creadora del sol de verano: en fin, flores de primavera de un suelo tan poético como el de España»; Advertencia de los editores de *Primavera y flor...*, *Ant. Lír. Cast.*, VIII, p. 3.

edición crítica indicando a pie de página las variantes de las diversas fuentes. En cuanto a los criterios de clasificación, después de recordar y comentar los de Durán, por atenerse sólo a «los romances populares viejos o popularizados antiguos», distinguen sólo tres clases:

«I. Romances primitivos o tradicionales (pertenecientes a las clases 1.ª y 2.ª del Sr. Durán, las cuáles, como queda dicho, en nuestro sentir no forman más que una sola).

II. Romances primitivos refundidos por los eruditos o poetas artísticos (atribuidos por el Sr. Durán a la clase 4.ª ó 5.ª).

III. Romances juglarescos (también la clase 3.ª del Sr. Durán» [59].

A esta clasificación se añade otra por materias en tres secciones:

«1.ª: Romances históricos,
2.ª: Romances novelescos y caballerescos sueltos,
3.ª: Romances caballerescos del ciclo carlovingio» [60].

Tanto Wolf como Durán (éste un tanto bajo la influencia de los estudios de aquél) estaban penetrados de las ideas románticas sobre el pueblo autor y creían que los romances originarios eran romances populares, orales, nacidos espontáneamente para cantar hazañas de héroes que después se habían ensanchado en epopeyas, adulterados por el arte de juglares, trovadores y poetas.

En reacción contra esta corriente, el gran crítico Milá y Fontanals invierte los términos, pensando que los romances o derivan de las gestas o son compuestos por un poeta profesional para caer después en manos del pueblo que los conserva adulterándolos [61]. Más que a los antiguos romances impresos,

---

[59] «Introducción» a *Primavera y flor...*, *Ant. Lír. Cast.*, VIII, página 33.
[60] «Introducción» a *Primavera y flor...*, *Ant. Lír. Cast.*, VIII, página 60.
[61] Manuel Milá y Fontanals, *Observaciones sobre la poesía popular con muestras de romances catalanes inéditos*, Barcelona, 1853, y *De la poesía heroico-popular*, Barcelona, 1874.

Milá presta atención a los que perduran en la tradición oral, como veremos más adelante.

En cuanto a clasificación, distingue los romances juglarescos y los «populares más breves y animados». Y por su materia, los que tratan de «los antiguos asuntos tradicionales» (carolingios, derivados de las canciones de gesta francesas, y nacionales, para los cuales se conjetura igual origen, ya que en tiempos de Milá se sabía menos que ahora de los antiguos cantares épicos), «los romances históricos de nuevos asuntos» y «los que no se refieren a una época histórica determinada», de «asuntos venidos de fuera». Notemos el afán de clasificar según criterios históricos, aunque sean negativos (la tercera categoría). A continuación, comparando los romances con las gestas, insiste Milá en la influencia de la tradición oral y en la influencia de la poesía lírica y artística.

Discípulo de Milá, Menéndez Pelayo desarrolló las posiciones teóricas del maestro en cuanto a los orígenes de los romances (derivan de las gestas) en el *Tratado de los romances viejos* (1903-1906) [62] que, según palabras de Menéndez Pidal [63], «hizo que éstos comenzasen a ser conocidos y gustados por el público en general». Otra faceta de la labor de Menéndez Pelayo en torno al romancero es la reedición de la *Primavera y flor* de Wolf [64], añadiéndole, en un segundo tomo, dos clases de romances: «los que se derivan de la tradición escrita (ya en los libros, ya en el teatro)» y «los que proceden de la tradición oral» [65]. Dejemos éstos de momento. Para los de la primera clase, Menéndez Pelayo inicia la compilación bibliográfica de los romances antiguos en todas las fuentes por él conocidas, pliegos, libros de diversas procedencias [66] (sobre todo la Tercera parte de la *Silva* de Zaragoza desconocida en tiempos de Wolf).

Han sido y siguen siendo las reediciones de Menéndez Pelayo la *vulgata* de los críticos del Romancero, ya que hasta

---

[62] M. Menéndez Pelayo, *Ant. Lír. Cast.*, VI y VII.

[63] *RH*, II, p. 289.

[64] M. Menéndez Pelayo, *Ant. Lír. Cast.*, VIII.

[65] *Ant. Lír. Cast.*, IX, Advertencia.

[66] Así el *Cancionero musical de los siglos XV y XVI*, editado en 1890 por Asenjo Barbieri (cf. *Ant. Lír. Cast.*, IX, p. 27).

estos últimos años eran el texto más accesible de los romances antiguos, establecido científica y esmeradamente.

Para clasificar, Menéndez Pelayo plantea a las claras los problemas: hay que atenerse a tres criterios: «el cronológico, el de materias o asuntos y el de las formas artísticas», y, antes que nada, seleccionar —lo que no hizo Durán— los romances viejos, ya que no se puede «confundir en un mismo libro y bajo un mismo nombre producciones que no tienen de común más que estar en el mismo metro y ni siquiera tratado y entendido de la misma manera» [67]. Pero ¿cómo distinguir los romances viejos? El criterio cronológico no vale por ser inasequible la cronología de un romance viejo. De modo que incluye bajo el título de romance «viejo»:

1) los romances documentados en el siglo XV;
2) los romances editados en la primera mitad del siglo XVI (hasta 1550 incluido);
3) los romances orales modernos que son variantes de los viejos.

Lo que más llama la atención por su novedad es el punto 3; volveremos a tratar de esto.

En cuanto a distribución por materias sigue la tradicional de Wolf y de Milá:

— Romances históricos con varios ciclos en torno a un mismo héroe o una misma situación (romances fronterizos);
— romances del ciclo carolingio;
— romances del ciclo bretón;
— romances novelescos sueltos;
— romances líricos.

Y este orden viene a ser para él un orden también cronológico desde los históricos —más antiguos— hasta los novelescos —más modernos—.

Por lo que se refiere al estilo —o técnica— (según la equivalencia que establece el mismo Menéndez Pelayo), distingue dos categorías: los *populares* por antonomasia, «fragmentos

---

[67] «Tratado de los romances viejos», *Ant. Lír. Cast.*, VI, p. 113. Es exactamente la definición del principio de este estudio con sus insuficiencias.

de antiguas canciones de gesta», caracterizados «por la absoluta impersonalidad del narrador»; y los *juglarescos*, de más extensión, «que difieren todavía más en el modo de la narración» y «tienen ciertos visos de composición artificial, revelando la mano de un versificador más o menos hábil».

Esta cuestión candente del «estilo» que permite discriminar los romances (y que volveremos a hallar en el centro de las preocupaciones posteriores) está planteada aquí en términos de modo de narración. Aunque basada en la oposición implícita naturaleza/arte (heredada del Romanticismo por más que Menéndez Pelayo reaccione contra sus postulados en otros aspectos), aunque bastante imprecisa todavía, esa postulación no deja de ser un punto de partida aprovechable. De todo esto podemos entresacar algunos puntos básicos:

1)   Dificultad de clasificar y, en particular, de clasificar cronológicamente. La clasificación por materias parece más fácil, aunque encontramos siempre la sección «novelescos» sueltos o varios en la que cabe todo lo no clasificable. Puede parecer una preocupación muy del siglo XIX ese afán de clasificar, pero hay que reconocer que, ante la producción heterogénea de los llamados romances, es difícil, por su índole diversa, abarcar de una vez *todos* los romances (como lo hizo Durán) y que a la hora de seleccionar se nos plantea a todos el problema: ¿qué romances?, ¿con qué criterios?

2)   Lo que aparece desde Grimm y Wolf hasta Menéndez Pelayo (y que no se había dado claramente hasta entonces) es la separación de los romances llamados «populares», «viejos» y de los romances «artificiosos» con el postulado más o menos explícito de que los primeros son «naturales» y los segundos obra de arte. La diferencia fundamental entre unos y otros no llega a explicarse sino en términos imprecisos de oposición de «estilo». Con formulaciones diversas este problema básico sigue planteándose hasta la fecha y sigue sin resolverse satisfactoriamente.

3)   Una aportación original de Menéndez Pelayo es la equiparación de los romances orales modernos con los «viejos», editados en el siglo XVI; Menéndez Pidal ampliará ese punto en su teoría neotradicionalista que imperará hasta nuestros días en que empieza a ser rebatida en algunos aspectos.

El romancero oral

Aparte de la gran actividad editorial del siglo XIX en torno a los romances del XVI, lo que más destaca en esa centuria es el interés, poco manifestado antes, hacia los romances que aún se cantan, los transmitidos por vía oral. Ya los primeros alemanes que se ocuparon de romances (Grimm) tenían noticia de la permanencia de viejos romances en el pueblo. El portugués Almeida Garrett fue el primero, en su *Romanceiro*, en estampar romances sacados de la tradición oral, aunque «reconstituidos» por él. En la misma época (1840-1850) varios escritores se interesaron por esos romances e insertaron en sus obras algunos: así, Estébanez Calderón en sus *Escenas andaluzas* (1847) y Fernán Caballero (hija de Bölh de Faber, hispanista que también estudió los romances) en *La gaviota* (1849). El mismo Durán introduce unos pocos romances orales en su obra (tres asturianos en «Apéndice al discurso preliminar» y cinco andaluces «tradicionales») y Wolf menos aún (cuatro). En Cataluña, tanto Aguiló y Fuster como Milá y Fontanals recogían romances y Milá editó los suyos en su *Romancerillo catalán* (primera edición en 1853; segunda edición ampliada en 1882). Milá da todas las versiones que conoce mientras que Aguiló, en su *Romancer popular de la terra catalana* (más tardío, 1893), arregla y rehace los romances, apoyándose en las versiones recogidas, pero sin darlas a conocer. Lo mismo había hecho otro catalán, Briz, en los cinco tomos de *Cansons de la terra*, con la novedad, sin embargo, de añadir la melodía con que se cantaban.

Se dan, pues, dos actitudes ante los romances orales: sea arreglarlos, rehacerlos (Garret, Briz, Aguiló), sea publicarlos tales como salieron por imperfectos que sean. Esta última es, por supuesto, la única actitud que puede dar cuenta del estado de la tradición oral, pero muchos eruditos locales se han dejado llevar por el prurito de pulir los romances que recogían, por juzgarlos imperfectos, de modo que hay que andar con tiento a la hora de valorar la recolección «oral» de fines del XIX.

A finales de siglo, en efecto, en relación con el retorno a lo genuino, se fue ampliando la recolección (Juan Menéndez Pidal en Asturias; sociedades y revistas de folklore, por

ejemplo la de Sevilla, dirigida por Demófilo, seudónimo de
Antonio Machado padre). Todo esto fue recogido, como ya
se dijo, en el suplemento a la *Primavera y flor* de Menéndez
Pelayo [68]. Este crítico fue verdaderamente precursor en su
preocupación por reunir romances de tradición oral de todas
partes, separando en este terreno los «populares» de los
«vulgares» y añadiéndoles notas eruditas sobre su procedencia.
Además, introduce estos romances orales en la línea continua
de la tradición que viene desde los supuestos orígenes: son
también romances «viejos» como los recogidos en el siglo XVI,
lo que será posición básica del neotradicionalismo pidalino.

SIGLO XX

Es obvio que la crítica romancesca del siglo XX está domi-
nada y determinada por Menéndez Pidal, ya por asentimiento
a sus teorías, aunque matizándolas a veces, ya por asentar las
suyas los que de ellas difieren en contra de las posiciones
pidalinas.

No es posible seguir aquí toda la trayectoria de Menéndez
Pidal desde sus comienzos, a fines del XIX, hasta su muerte,
hace poco más de diez años. Pero lo encontraremos en casi
todos los campos del romancero y creo que es preciso hacer
un breve resumen de lo que es el neotradicionalismo pidalino.

Neotradicionalismo

En sus primeros trabajos [69], Menéndez Pidal, desarrollando
las ideas de Milá y de Menéndez Pelayo, tiene, sobre todo, el
propósito de demostrar cómo el Romancero arranca de las
canciones de gesta (conservadas o perdidas y conocidas a

---

[68] *Ant. Lír. Cast.*, IX, pp. 151-465. Comprende romances de Asturias (sesenta y seis romances), de Andalucía y Extremadura
(treinta y dos romances), de varias provincias (catorce romances,
más fragmentos), de Portugal (tres de origen castellano), de Cataluña (treinta más fragmentos), de los judíos (cuarenta y cuatro romances más doce canciones).

[69] *La leyenda de los Infantes de Lara* y «Notas para el romancero de Fernán González».

través de sus prosificaciones en las Crónicas). Es la primera faceta del tradicionalismo: la tradición épica se mantiene a través del romancero. Luego, al relacionar los romances orales modernos con los antiguos, define otra tradicionalidad oral que mantiene con el silencio editorial de siglos (estado latente) la pervivencia de temas antiguos, no ya sólo los épicos, sino todos aquellos cuya existencia consta en los documentos de los siglos xv y xvi. Y dando un paso teórico que muchos critican, postula por el principio de analogía la misma vida oral en los tiempos ignotos de la Edad Media. Junto a este aspecto historicista —cadena ininterrumpida desde la Edad Media hasta nuestros días—, el tradicionalismo es un postulado sobre la esencia misma de los romances, de esos que se llamaron confusamente «populares», obra de la colectividad y no de un individuo. Se afirmó y confirmó esa teoría en contra de los excesos de la reacción antirromántica que quería dar a cada romance *un* autor, *una* fecha, *un* origen. Y no es, por eso, un retorno a las vagas ideas románticas del pueblo autor, de la espontaneidad creadora, como algunos dijeron con mala fe al atacar a Pidal. Éste, más que en un acto creador originario, se fija en la multitud y diversidad de repeticiones —cada una individual, por supuesto— de una materia heredada. Es lo que llama Pidal el «autor-legión», lo que significa que, en un momento dado, un romance es el resultado de las múltiples actualizaciones que se han dado de él, aunque cada vez sea un solo individuo el que lo tome a cargo. El transmisor es, a la vez, autor y, según se insista en el primero o en el segundo término, se insistirá en la parte de tradición (lo que no cambia) o en la parte de renovación, de reelaboración que paulatinamente hace cambiar el romance. Y este proceso puede darse cualquiera que sea el origen y la categoría temática de los romances, desde los épicos (cuyo punto de partida no siempre se conoce) hasta los romances de autor (obra de un trovador, o de un juglar del siglo xv y hasta de un poeta de fines del xvi y, en ocasiones, de un autor de pliegos de cordel), pasando por los romances derivados de baladas de origen extranjero. Así concebido, el término de «tradicional» define un modo de ser, de perdurar, de cambiar, de «vivir en variantes», y viene a ser ahistórico en cuanto a sus aplicaciones, ya que puede darse en cualquier época. Ha sustituido a «popular» en la terminología pidalina y designa la clase de romances que han rodado por la tradición, abarcando todas las épocas y todos los temas [70].

El neotradicionalismo ha servido de base a muchos estudios sobre la historia de tal o cual romance particular, ha sido matizado, a veces, al insistir más en el aspecto creador de cada nueva actualización del romance, como puede verse en los títulos mismos de ciertos estudios [71].

Ediciones de romances antiguos

Menéndez Pidal. Aunque éste no fue su principal centro de interés, el mismo Menéndez Pidal volvió a imprimir en facsímil el *Cancionero s. a.* de Nucio en 1914, con un amplio Prólogo en que rastrea las fuentes de los romances (cancioneros, pliegos y tradición oral). Se hizo una segunda edición en 1945.

En torno a Pidal, se inició la ingente tarea de editar todos los romances tradicionales ya impresos o inéditos. Se trata del *Romancero tradicional* a cargo del Seminario Menéndez Pidal (11 volúmenes hasta la fecha: 1980) [72]. Los inéditos son, sobre todo, versiones orales, acopiadas por el mismo Pidal a lo largo de su vida en su Archivo; pero pueden ser textos de pliegos y cancioneros manuscritos poco accesibles. Los dos primeros tomos (1957 y 1963) versan sobre los ciclos históricos

---

[70] La bibliografía de Menéndez Pidal sobre el asunto es muy amplia. Los principales estudios dispersos se han reunido en *Estudios sobre el romancero*. La obra en que expone sus concepciones y su saber enciclopédico sobre el Romancero es: *Romancero hispánico (hispano-portugués, americano y sefardí). Teoría e historia* (que se abrevia aquí en *RH*).

[71] Bibliografía de los estudios al respecto, en Diego Catalán, «Memoria e invención en el Romancero de tradición oral», 1971, páginas 462-463. Obras más importantes: Paul Bénichou, *Creación poética en el romancero tradicional;* Giuseppe di Stefano, *Sincronia e diacronia nel Romanzero;* Manuel Alvar, *El Romancero. Tradicionalidad y pervivencia;* Diego Catalán, *Siete siglos de romancero (Historia y Poesía); Por campos del Romancero. Estudios sobre la tradición oral moderna.*

[72] Vid. en nuestra Bibliografía, R. Menéndez Pidal, 1957.

del Rey Rodrigo y de Bernardo del Carpio (I), de los Condes de Castilla y de los Infantes de Lara (II) y contienen todos los romances conocidos por los editores repartidos en cuatro secciones:

«*Romances primitivos*, cuyos orígenes inciertos se sitúan en tiempos medievales.

Romances viejos, de estilo puramente juglaresco o con reciente tradicionalidad en la primera mitad del siglo XVI.

Romances eruditos de los rimadores de Crónicas a mediados del siglo XVI (Romancero medio).

Romances artificiosos de los poetas del Romancero nuevo (fines del siglo XVI, comienzos del XVII» [73].

Es obvio que las dos últimas clases no tienen nada que ver con el Romancero tradicional, pero se incluyeron por corresponder al interés de Pidal por la permanencia de los temas épicos. No pretenden los editores hacer una obra exhaustiva, sino sacar a luz todo lo reunido por Pidal. Hay que notar que los romances orales modernos se incluyen a continuación de los antiguos, de los cuáles derivan, cualquiera que sea su clase.

Rodríguez Moñino. Gracias a la ingente labor bibliográfica y editorial de Rodríguez Moñino conocemos ahora con bases seguras el romancero antiguo impreso. Ya hemos aludido varias veces a los trabajos de Moñino (vid. Siglo XVI, páginas 16 y 18). Para la bibliografía de Moñino, debe verse la que viene al final del artículo de Diego Catalán, «Memoria e invención...» (nota 71). Hay que añadir la reedición de la *Silva* de Zaragoza (con sus tres partes), el *Diccionario de pliegos sueltos poéticos* y la obra póstuma el *Manual bibliográfico de cancioneros y romanceros.* Con todo esto se pueden estudiar los instrumentos de transmisión del romancero y se puede esbozar la fortuna editorial de cada romance como intenta hacerlo Di Stefano en uno de sus artículos (vid. nota 21).

Al buscar, ordenar, estudiar tantos y tantos pliegos, base de los cancioneros y romanceros, Rodríguez Moñino se ha percatado de su importancia numérica en primer lugar (y reprocha a sus predecesores haberse atenido a lo fácilmente

---

[73] *Romancero tradicional*, II, p. V.

accesible en España, mientras que la mayoría de ellos han ido a parar a bibliotecas extranjeras), de su importancia como medio de transmisión después, rebatiendo así un poco la tradicionalidad oral [74]. Volveremos sobre esta divergencia de fondo hecha tal vez de incomprensiones mutuas.

Siendo propiamente bibliográfico su propósito, Rodríguez Moñino recoge, acopia, fecha todo lo publicado —lo que ya es mucho— sin preocuparse de clasificar; no es el romancero sólo lo que estudia, sino toda clase de poesía, y su preocupación primera son los medios de transmisión, no los contenidos.

Otros. Habría que mentar otros muchos trabajos bibliográficos (María Cruz García de Enterría y editor, el hispanista inglés E. M. Wilson y Antonio Pérez Gómez, bibliógrafo y editor) que tienden todos a la misma meta que Rodríguez Moñino: poner al alcance de todos materiales poco conocidos (pliegos, sobre todo), para que se pueda valorar más justamente la historia de los textos. Cabe destacar la publicación en la colección «Joyas bibliográficas» de los pliegos de Madrid y de los pliegos de Praga (vid. Bibliografía).

En esas ediciones se dan dos corrientes contrarias: la que quiere editar todo el material almacenado en bibliotecas y archivos y que, al encontrarse con tantas obras desconocidas, echa una mirada escéptica sobre lo que se ha venido diciendo del Romancero hasta la fecha; y la que vuelve a editar textos antiguos, trata de clasificarlos según épocas y modos de composición, y de seleccionarlos según su categoría [75].

---

[74] «La crítica ha desconocido un principio que, a mi modo de ver, es fundamental y es que, sin esta permanente difusión (de los pliegos de cordel), sería imposible encontrar apoyo a la transmisión oral, no exclusiva en la tradicionalización del romancero, por ejemplo. El pliego ha actuado como rodrigón de lo transmitido oralmente y sin él no se puede comprender aquélla sino como un milagro. Y los milagros en historia literaria no son firme base de apoyo en la cual sustentar teorías»; *Construcción crítica y realidad histórica en la poesía española de los siglos XVI y XVII*, páginas 50-51.

[75] Así, María Cruz García de Enterría, en su Estudio preliminar a la edición en facsímil de los *Pliegos poéticos españoles de la*

Romancero oral

Recolección. Siguiendo el camino abierto en el siglo XIX, por Menéndez Pelayo sobre todo, se amplió en este siglo la búsqueda de romances orales por doquier, donde existen todavía. El jefe de filas fue también en ese campo Menéndez Pidal. Bien conocida es la anécdota de su descubrimiento con María Goyri en su viaje de recién casados (1900) de romances antiguos en Osma. Tuvo que vencer el escepticismo general y hallar él mismo con su esposa romances en partes donde se afirmaba que ya nadie los sabía para que una red de informantes se formara aumentando el material recogido por él mismo. Así es como puede decir: «Mi primera convicción (de que existían aún romances en la memoria de la gente) se había robustecido y pronto se amplió en una afirmación dogmática: en toda España y en todos los países del globo donde se extiende la lengua española se hallarán romances orales, como haya quien los sepa buscar» [76]. Podemos añadir que este juicio puede referirse no sólo a lengua española sino a las portuguesa y catalana [77]. Desde entonces, la búsqueda de romances no ha cesado en todos los países de habla hispánica (portugués, castellano, gallego y catalán). Muchas personas desde América hasta los Balcanes mandaban los romances que recogían a Menéndez Pidal que así constituyó su archivo impresionante; otros publicaban sus hallazgos y otros... los conservaban para quién sabe qué fruición propia. Aunque de esta última categoría se sabe poco, por razones obvias, es posible que duerman aún en archivos familiares unas cuantas versiones orales, cosa lamentable por supuesto.

Edición. Otra vez Menéndez Pidal y su gran proyecto que no pudo llevar a cabo de editar todas las versiones atesoradas en su archivo: es el *Romancero tradicional* publicado por el

---

Biblioteca nacional de Viena, crítica en cierta forma a Di Stefano, que excluye los pliegos del romancero nuevo en su estudio «Il *pliego suelto* cinquecentesco e il Romancero».

[76] *RH*, II, pp. 298-299.

[77] Hay que recordar que la recolección de romances catalanes y portugueses había empezado antes y con mucha mayor amplitud en el siglo XIX, llevando a algunos a concluir que en Castilla ya habían desaparecido los romances.

Seminario Menéndez Pidal y la Editorial Gredos. Sólo dos tomos (ya apuntados; vid. *Ediciones de romances antiguos*, página 44) salieron en vida del maestro. Su nieto Diego Catalán, con sus colaboradores, sigue con la empresa, empresa magna con medios parcos que impiden que se haga más rápidamente. Hasta la fecha (1980) han salido once tomos (vid. Bibliografía). Es la edición más importante por su exhaustividad: se publican todos los romances ya editados en libros, revistas, periódicos y los romances inéditos del Archivo.

Algunas colecciones amplias siguen estampándose en libros, pero a veces el colector ocasional publica un par de romances en la prensa local, de modo que se plantea ahora un problema bibliográfico de romancero oral que promete ser casi tan arduo como el del romancero del siglo xvi con el que se enfrentó Rodríguez Moñino.

Problema bibliográfico del romancero oral... paradoja que es otra dificultad. Esta producción oral, efímera por esencia, no tuvieron más remedio los primeros colectores que estamparla en letra de molde para salvarla del olvido, y se ha convertido, a pesar de su carácter oral, en otra categoría del romancero, que conserva su determinante —oral—, pero que viene a sumarse a los romances editados desde hace siglos y se estudia y considera casi con los mismos criterios.

Como esos romances orales suelen ser cantados, los primeros colectores anotaban a veces la melodía y la editaban junto a la letra[78]. Después se usaron los medios modernos, y se grabaron en discos, cintas magnetofónicas y cassettes los romances, tal cual salían, transcribiéndose después la letra[79].

El hecho es que se dispone ahora de una gran cantidad

---

[78] El precursor a este respecto fue el catalán Briz en sus *Cansons de la terra*.

[79] Uno de los últimos libros publicados (dentro de la colección *Catálogo folklórico* de la provincia de Valladolid) por la Institución Cultural Simancas, titulado *Romances tradicionales* (1978), lleva anejas al libro dos cassettes, innovación muy valiosa. El estudio y las notas de los tres colectores (Joaquín Díaz, José Delfín Vial y Luis Díaz Viana) son de lo más logrado que se ha hecho al respecto.

de romanceros de provincias, pueblos, comunidades (sefardíes de la diáspora) que es una buena base a la hora de valorar la especificidad del romancero oral.

Valoración. Es uno de los puntos cruciales de la actual crítica romancística.

Menéndez Pidal, al acercarse primero al romancero como eslabón en la tradición de los viejos cantares épicos, dio con la tradición oral; de ahí que forjara el concepto de tradicionalismo como básico. Y, a la par, lo que más le llamó la atención en los romances conservados oralmente fue la pervivencia de los antiguos temas, de modo que equiparó la tradición actual con la antigua. Así unió, con el paréntesis de siglos, la tradición actual con aquélla de los siglos XV y XVI. Esto le ha sido reprochado muchas veces y bajo varios aspectos.

Primero, por los que no conceden a la tradición oral tanta importancia como a la tradición escrita de los pliegos (vid. Transmisores). Segundo, por otros que, estando de acuerdo con la valoración de la tradición oral, la acentúan aún más y consideran los romances orales como dignos de atención en sí y no sólo como recuerdo o apoyo a la reconstrucción del pasado (Bénichou).

Y en cuanto a la clasificación del romancero oral o, mejor dicho, al deslinde de orígenes, se da el caso de que no se pueden rechazar sin más los romances orales, aunque su tema no entre dentro de las clases establecidas. Hay que buscar otras coordenadas y considerarlo en sí, en su peculiaridad en todos los aspectos (transmisor, función, estructura) y no como mera supervivencia arqueológica. Es lo que intentan hacer algunos estudios recientes, apoyándose en los aportes de la ciencia folklórica.

Clasificación. Dentro del grupo de los romances orales, así calificados por su procedencia, no son muy válidas las subclases del romancero antiguo en torno a materias y temas. Se han intentado otras agrupaciones según el tipo genérico de historia narrada (mujeres forzadas, adúlteras, etc.) [80], o según el origen de los romances; los de tradición oral propiamente

---

[80] Es la que adopta Armistead en *Cat. Ind.* (vid. p. 7, nota 6).

dicha (que podrían llamarse de «tradición popular») y los de pliegos, semicultos o semipopulares [81].

Demasiado cerca de nosotros, y no resueltos aún, están los problemas que se plantea la crítica del siglo XX, para poder abarcarlos todos y tomar distancia. Los dejaremos de momento pendientes y veremos si otros criterios pueden ayudarnos a discriminar los romances y definir cada clase de ellos.

Queda, sin embargo, sentado con la autoridad pidalina el concepto de romance tradicional —aunque necesite aclaraciones—, a la par que la importancia cuantitativa y cualitativa del romancero oral.

2. La historia en el romancero

Se puede estudiar la huella de la historia en el romancero bajo varios aspectos.

El primero es la materia histórica narrada por el romancero: es un aspecto más bien sincrónico.

El segundo consiste en ver cómo la historia, entendida en su sentido más amplio, entorno sociocultural, influye sobre la configuración misma de un romance, puede cambiarlo, «informarlo»: es un aspecto más bien diacrónico, ya que no se puede analizar en un romance dado, sino comparándolo con sus antecesores.

LOS ROMANCES HISTÓRICOS

Así se llaman, desde que se empezaron a clasificar los romances por materias, aquellos que versan sobre sucesos históricos. Pero, ¿qué sucesos?

La respuesta podría ser: cualquiera, con tal que tuviera relación con un hecho histórico averiguado por otras fuentes.

¿Entran en esa categoría los romances que cuentan la historia más antigua y menos documentada, aquélla de los tiempos remotos de los «orígenes» o considerados como tales

---

[81] Así los tres editores de *Romances tradicionales* de la provincia de Valladolid ya citados (nota 79).

de España, la del Rey Rodrigo y la de los Infantes de Lara o aun la del mismo Cid?

Depende del concepto que se tenga del romance. Los románticos, creyendo que los romances eran la forma primera, pensaban que nacieron en una remota Edad Media, coetáneos de los sucesos que narran. Como reacción contra esta tesis, Milá, Menéndez Pelayo y Menéndez Pidal los consideraron como trozos desgajados de las gestas. La historia ya transformada en materia de epopeya no pasa directamente a los romances. Esto parece innegable hoy; nadie toma los romances del Cid, pongamos por caso, como base fidedigna. Lo que cabe preguntarse es por qué, en qué época y de qué manera se volvió a presentar esa historia del Cid en los romances.

Muy diferente para algunos es el caso de los romances que narran hechos históricos que no pasaron por la mediatización de la epopeya: guerra contra los moros o muerte de tal o tal rey o suceso histórico cualquiera de los siglos XIV, XV y hasta XVI. Así se escribieron romances sobre el Saco de Roma, la victoria de Lepanto o la conquista de México. Entonces se intenta buscar la fuente histórica precisa que originó el romance; qué batalla, qué disensiones, qué personaje histórico está en la base del romance. Ya que eran estos romances noticieros, un medio de difusión de las noticias, desempeñaban —*mutatis mutandis*— la misma función que la prensa de hoy[82]. No sabemos si *todos* los sucesos históricos proporcionaban materia para relatos cantados en forma de romance, pero sabemos que sólo algunos de esos relatos se salvaron del olvido y la forma en que han permanecido, en que se recolectaron —incluso un siglo o dos siglos más tarde— poco tendrá que ver con su forma originaria y con el suceso mismo. Así, en el caso de *Río verde, río verde*, Seco de Lucena demuestra, en contra de Pidal que lo consideraba «perfectamente histórico», que posiblemente haya nacido más tarde a base de crónicas y arreglando la historia[83]. Además no son siempre los

[82] Durante el reinado de los Reyes Católicos, se componían y cantaban romances sobre lo que ocurría en la guerra con los moros (conservados en los libros de música).

[83] Para la controversia acerca de este romance, vid. R. Menéndez Pidal, *Estudios sobre el romancero*, pp. 155-163; L. Seco de

hechos más sonados los que se recordaron. Parece un poco
vano el propósito de algunos historiadores que, a la fuerza,
quieren ver en los romances el reflejo fiel de tal o tal suceso.
Así, Juan Torres Fontes, en un estudio muy documentado de
las relaciones entre los reyes de Granada y los de Castilla,
afirma: «Conforme a estas noticias el conjunto del romance
de Abenámar tiene poco de ficción poética que, si bien no
puede faltar en un romance fronterizo, en éste, por lo apreciado, no es mucha, por cuanto los hechos que cuenta son
todos ellos perfectamente aceptables» [84]. Ya, pero nos parece
que lo esencial es cómo se cuentan y modifican estos hechos
y no si son verdaderos o verosímiles.

La fortuna de estos romances históricos antiguos es muy
diversa: algunos llegaron a popularizarse y hasta pasaron a la
tradición, otros parece que no rebasaron su redacción primera
circunstanciada (sobre todo, los del siglo XVI).

En los siglos XVII, XVIII y XIX, si no se cantaban las grandes
empresas, los crímenes y hechos sensacionales de todas clases
constituyeron la actualidad que pasó en forma de romances
(«vulgares») y a pesar del descrédito en que se tienen, son una
fuente digna de interés como documento sociológico para una
historia de las mentalidades. Es lo que esbozan los estudios
ya citados de María Cruz García de Enterría para el siglo XVII,
Joaquín Marco y Caro Baroja para los siglos XIX y XX.

La impronta de la historia

Sólo puede ser esbozado aquí este aspecto diacrónico, muy
importante por supuesto.

No se trata sólo de los romances históricos, sino de cualquier romance documentado en varias épocas. ¿Cómo cambia
el romance al pasar el tiempo? Este estudio puede hacerse
a varios niveles: transformación de la materia narrada misma
o de estructura narrativa, supresiones, cruces con otros romances, etc. Esos cambios señalan o acompañan los cambios del

---

Lucena, «La historicidad del romance 'Río verde, río verde'»; y
respuesta de R. Menéndez Pidal, *Estudios...*, pp. 465-488.

[84] Juan Torres Fontes, «La historicidad del romance '*Abenámar,
Abenámar*'», p. 254.

entorno del romance: condiciones socioeconómicas, público, función, mentalidad, ideología.

Varios estudios se han hecho a este respecto sobre romances particulares. El más amplio y conocido, cuyo título habla por sí solo, *Sincronia e diacronia nel Romanzero* (ya citado en la nota 71 de este capítulo II) de Di Stefano, versa sobre el romance cidiano *Helo, helo por do viene*... Para Di Stefano, la primera etapa imprescindible es el estudio estructural de cada una de las versiones antiguas y modernas, considerada como un conjunto significativo, y sólo después se examina la evolución, la diacronía.

Dicho romance *Helo, helo por do viene*... ha inspirado otros dos estudios (vid. nota 71) de dos grandes maestros del romancero —Bénichou *(Creación...)* y Catalán *(Siete siglos...)*—, que en los libros citados analizan precisamente la evolución de este romance. Además Catalán, en su artículo *Memoria e invención*..., señala las diferencias entre las posiciones de sus colegas y las suyas.

·Es, pues, este asunto del cambio estructural un tema que interesa ahora a los especialistas [85] y que presupone un estudio precisamente estructural de cada versión. Éste revela cómo el sentido nace de la copresencia y de la relación particular de los elementos constitutivos (a todos los niveles) [86], y hacer variar sólo uno de esos elementos lleva consigo una variación del sentido global; la causa que produce esas variaciones puede relacionarse con los cambios históricos (en sentido lato).

Con las antologías de romances pasa algo parecido: el que selecciona, clasifica (¡y, a veces, rehace!) los romances no puede dejar de actuar bajo la presión de criterios conscientes o inconscientes que revelan las influencias del entorno.

A principios del siglo XVII, Escobar, en su *Romancero del Cid*, hace una verdadera labor de reelaboración de la materia cidiana, suprimiendo romances o versos, rehaciendo otros,

---

[85] Otros estudios del mismo tipo: sobre Gaiferos de Dorothy S. Severin, «Gaiferos, rescues of his wife Melisenda», o P. Bénichou, «El romance de '*La muerte del Príncipe de Portugal*' en la tradición moderna».

[86] Vid. apartado 7. Narración, p. 116.

presentándolos en tal forma que viene a ser en conjunto una apología de la monarquía. Aquí sí que parece consciente el propósito: pensemos en la fecha, 1605 [87].

En las antologías del siglo XIX (la obra de Durán no es antología, ya que todo lo abarca), la de Wolf por ejemplo, la selección opera en función de lo que se cree ser un romance «viejo», en relación con las ideas románticas de la poesía natural, excluyendo la poesía considerada «artificiosa».

A finales del siglo XIX e incluso en este siglo, lo que más llamó la atención, lo que más se editó, estudió y comentó fueron los romances de contenido nacional (ya sea épicos, ya históricos). Y no es fortuito este interés. Como señala el mismo Diego Catalán respecto a Menéndez Pidal [88], algo tiene que ver con las posiciones noventayochistas, viniendo a considerarse el romancero como la «esencia» de España.

Y esta tendencia a privilegiar los temas épicos e histórico-nacionales ha seguido dándose en las antologías, hasta las más recientes [89], por considerarse que lo genuino del romancero

---

[87] Un trabajo se ha hecho sobre Escobar: Françoise Cazals, *Le Cid dans la poésie du Siècle d'Or: Le «Romancero e historia del Cid» de Juan de Escobar* y las conclusiones vienen en un artículo: «L'idéologie du compilateur de romances: Remodelage du personnage du Cid dans le 'Romancero e historia del Cid' de Juan de Escobar (1605)», *L'idéologique dans le texte...*, pp. 197-209. Sobre la ideología en el Romancero, dos artículos más en la misma publicación: M. Débax, «Problèmes idéologiques dans le Romancero traditionnel», pp. 141-163, y G. Martin, «Idéologique, chevauchée», páginas 165-196 (sobre *Cavalga Diego Laínez*, en nuestra edición, número 12).

[88] «No hay duda que Menéndez Pidal fue un miembro de la "generación del noventa y ocho", aunque, en verdad, un miembro *sui generis*. Consagró su vida al arduo propósito de devolver a España una conciencia de su pasado y de su razón de ser como colectividad»; Diego Catalán, «Memoria e invención...», p. 14, nota 51.

[89] Es lo que dice Di Stefano en su estudio sobre «La difusión impresa del romancero antiguo en el XVI», p. 391; y añade (sacando estas conclusiones de los romances efectivamente más difundidos en el siglo XVI): «Por ello, un género caracterizado de manera más acentuada por los temas novelescos y caballerescos, entretejido de motivos amorosos y salpicado de erotismo, pudo llegar a ser

eran los romances que cantaban el pasado en España o por la
sencilla razón de haberse impuesto esto como un credo.

Tal sigue siendo hasta la fecha la corriente dominante en
la presentación del romancero, y... ¡difícil es ir a contra corriente!

Por eso la presente Antología también incluirá una gran
proporción de romances históricos, pero tratará de mantener
el equilibrio con los de «temas novelescos y caballerescos».

---

presentado esencialmente como el archivo poético de la historia
nacional y como la expresión típica del sentimiento ético y heroico
de los españoles» (ibidem, p. 393).

III. GEOGRAFÍA DEL ROMANCERO

Ya hemos dicho que se encuentran romances en todas las partes del mundo donde se habla una de las lenguas peninsulares: castellano, catalán, gallego y portugués. Hemos visto también que el primer romance documentado por escrito lo fue por un mallorquín, Jaume de Olesa, lo que indica que, ya desde tiempos antiguos, los romances se cantaban en todo el ámbito hispánico.

1. Difusión geográfica antigua

En el siglo XIX se decía (Menéndez Pelayo e incluso Milá) que los romances en versos octosílabos habían venido de Castilla y no se habían difundido en Cataluña y en Portugal sino en el siglo XVI, después de la gran época de las ediciones y de la reunión política de los tres reinos. Menéndez Pidal[1] aduce testimonios en contra de ese parecer. Muestra cómo en Cataluña, antes del XVI, se hallan romances «con mezcla de palabras castellanas y catalanas» (el más famoso es el de Jaume de Olesa) y cómo la unión de los reinos de Castilla y Aragón no hizo sino acrecentar una compenetración ya existente entre los romances castellanos y las canciones catalanas. Para Portugal, se apoya Pidal en la obra de Carolina Michaëlis[2], que

[1] *RH*, II, cap. XIV. En ese capítulo se recogen las menciones antiguas de romances, tanto en Cataluña como en Valencia, Galicia y Portugal.

[2] Carolina Michaëlis de Vasconcellos, *Estudos sobre o romanceiro peninsular: Romances velhos en Portugal.*

ha reunido todas las citas y alusiones a romances desde el siglo xv al xvii. En general, se hacen en castellano pero no faltan los casos en que van traducidos los versos al portugués (romance del Cid y del rey moro en el *Auto de Lusitania* de Gil Vicente).

Según parece, si el metro de romance partió de Castilla y del castellano, se aclimató en los reinos limítrofes desde el siglo xv, por lo menos.

Diferente es el caso de los judíos: después de la expulsión de la Península (que duró casi hasta finales del siglo xvi), se sabe que se esparcieron éstos por toda Europa y hasta por el imperio turco, donde conservaron su lengua y su cultura. Así es como, hasta la gran dispersión del siglo xx, las colonias de Grecia, Balcanes y África del Norte conservaron los romances. En contra de lo que se pensó cuando se descubrió esa veta romancística, conocían no sólo los romances de la época del destierro, sino otros más recientes llevados por nuevos emigrantes o aprendidos de los españoles, con los cuales seguían teniendo trato.

Diferente también es el caso de América y de todas las colonias castellanas o portuguesas esparcidas por el mundo, a las que los conquistadores y colonizadores llevaron el patrimonio cultural. Las relaciones con la metrópoli hicieron que pasaran allí tanto los pliegos como los romances orales, de tal modo que su patrimonio romancístico es casi igual al de la Península, y su vida y etapas también [3].

2. Dispersión geográfica moderna

Por las razones aducidas en el párrafo anterior, hoy se encuentran romances donde quiera que haya o haya habido presencia española o portuguesa.

Desde el redescubrimiento de la tradición oral, bajo el impulso de Pidal al principio, se han buscado y recolectado los romances por todas partes [4]. No se puede dar aquí una

---

[3] Vid., por ejemplo, Guillermo Lohmann Villena, «Romances, coplas y cantares en la conquista del Perú».

[4] Vid. R. Menéndez Pidal, *Los romances de América y otros*

bibliografía exhaustiva de todos los romanceros publicados desde entonces. Una bastante completa es la que se incluye en *El romancero en la tradición oral moderna* (Catalán *et alii*, 1972, pp. 303-337). Recojo aquí las divisiones territoriales que se hacen en dicha bibliografía:

1) Dominio lingüístico castellano peninsular
2) Islas Canarias
3) América española
4) Sefardíes de Marruecos
5) Sefardíes de Oriente
6) Galicia
7) Portugal continental
8) Portugal insular y comunidades ultramarinas
9) Brasil
10) Dominio lingüístico catalán.

Desde la fecha (1972) han salido otros muchos romanceros o publicaciones sobre romances recogidos en la tradición oral.

Los trabajos de más amplitud son los que versan sobre el romancero judeo-español, bajo la dirección de Samuel G. Armistead y Joseph H. Silverman, dos hispanistas norteamericanos que llevan muchos años indagando sobre todos los aspectos y vestigios de tal romancero. Cito por su importancia sus obras de más reciente publicación, que, además del interés documental que tienen, son de lo más valioso que se ha hecho sobre el romancero por el enfoque de los estudios y lo exhaustivo de la bibliografía.

---

estudios. El primer estudio de este libro, que ha tenido muchas ediciones, «Los romances tradicionales en América» (pp. 13-45), se publicó por primera vez en 1906 y en él da cuenta Pidal de los romances que descubrió en un viaje en 1905 (sea directamente, sea por medio de colectores) y pide la indagación sistemática de romances en América. Veinticinco años más tarde (*Post scriptum* de 1927, p. 46), se habían publicado ya varios romances americanos. En el mismo libro de Pidal viene el «Catálogo del romancero judío-español», publicado también por primera vez en 1906 (páginas 114-179).

— *The judeo-spanish ballad chapbooks of Jacob Abraham Yoná*, University of California Press, 1971.

— *Romances judeo-españoles de Tánger*, recogidos por Zarita Nahón, Madrid, 1977.

— *El romancero judeo-español en el Archivo Menéndez Pidal. Catálogo-Índice*, Madrid, 1978, 3 vols.

Otros romanceros van saliendo a cargo de varias entidades provinciales [5], sin hablar de los romances sueltos que se publican en revistas o periódicos.

En efecto, la agrupación de romanceros con criterio geográfico puede hacerse, sea en torno a un país *(v. gr., Romancero de Colombia*, por Gisela Beutler); a una provincia (verbigracia, *La flor de la marañuela*, que recoge todas las colecciones de romances canarios); a una comarca *(v. gr., «Romancerillo Sanabrés»*, de Hans Kundert); a un pueblo *(v. gr., «Romancero de Güéjar Sierra, Granada»*, de Juan Martínez Ruiz) [6].

Las colecciones de romances procedentes de un mismo ámbito geográfico, sobre todo si es reducido, comarca o pueblo, pueden servir de base a estudios más precisos sobre las relaciones entre el marco sociocultural y la producción de romances.

Estas publicaciones contienen, en efecto, muchas veces, además de los textos, precisiones sobre las condiciones en que se han recolectado los romances y en que siguen viviendo. Pero su propósito esencial suele ser el de hacer asequibles los textos, lo que es de por sí suficiente.

---

[5] Así, el *Romancero aragonés* de José Gella Iturriaga, editado por la Caja General de Ahorros de la Inmaculada Concepción o los *Romances tradicionales* de J. Díaz, J. Delfín Val y Luis Díaz Viana, Valladolid, 1978, libro editado por la Institución Cultural Simancas.

[6] Gisela Beutler, *Estudios sobre el romancero español en Colombia; La flor de la marañuela*, ed. Diego Catalán *et alii*, 2 vols.; Hans Kundert, «Romancerillo Sanabrés» (romances de Sanabria, región fronteriza entre España, Portugal y Galicia); Juan Martínez Ruiz, «Romancero de Güéjar Sierra (Granada)» (Güéjar Sierra es un pueblo de Sierra Nevada).

3. El método geográfico

Se trata aquí de otro enfoque, pidalino también en un principio, que considera la geografía no sólo como factor externo para agrupar romances de un mismo sector, sino como factor interno en la vida del romance, que pone de manifiesto y explica las modificaciones sufridas.

El primero de estos estudios fue el de Menéndez Pidal de 1920, titulado *Sobre geografía folklórica. Ensayo de un método*. Toma como base dos romances de los más difundidos de la tradición oral, el de *Gerineldos* y el de la *Boda estorbada*, de los cuales Menéndez Pidal tenía a la sazón más de ciento sesenta versiones, todas distintas. Analizando de modo pormenorizado sus diferentes componentes, lo que él llama entonces las variantes, estudia cómo éstas emigran, apoyándose en los principios y métodos de la geografía lingüística, aplicados por analogía a los romances[7]. Así llega a distinguir áreas, según la presencia o no de tal o tal «variante», y llega a la conclusión de que cada «variante» tiene vida autónoma y dispersión geográfica propia.

Después, en 1950, Diego Catalán y Álvaro Galmés de Fuentes vuelven a estudiar los dos mismos romances, sólo que con «centenares de versiones nuevas» aparecidas en los treinta años que los separan del libro de Pidal. Además unen a los criterios meramente espaciales criterios temporales[8], y así ponen de manifiesto la «fuerza expansiva» moderna de las versiones del Sureste que se han propagado hacia el

---

[7] «Por tan estrechas analogías observadas, se comprende que el estudio de la geografía folklórica, lo mismo que el de la geografía lingüística, puede conducir a deducciones científicas acerca de la propagación de la literatura tradicional»; *Cómo vive un romance*, p. 121.

[8] «En consecuencia, el método geográfico, que estudia las versiones y variantes en su proyección *espacial*, ha resultado complementado por un estudio *temporal* de las mismas, hasta el punto de poder plasmar en mapas cuatro y aun cinco momentos sucesivos en la evolución de los romances»; *Cómo vive un romance*, página 147. (Los subrayados son de los autores.)

Norte, sustituyendo a las propias de las regiones nórdicas. Son fenómenos de «moda» que, originados en una innovación individual, se propagan imponiéndose a una colectividad que puede ensancharse por ondas concéntricas. La mejor representación de tales migraciones son los mapas que ilustran la difusión de tal o tal variante y dan lugar a tipos (tipo cántabro, tipo asturiano, tipo andaluz, por ejemplo). También los autores equiparan sus métodos con los de la geografía lingüística (los atlas con mapas de isoglosas).

Estos dos estudios marcan toda una época de la crítica romancística. Manuel Alvar ha aplicado, en su estudio del romance de Amnón y Tamar [9], el mismo método, subrayando la misma analogía con la geografía lingüística [10].

Pero también el llamado método geográfico ha dado lugar a críticas. Una muy matizada en su forma es la que se encuentra en un artículo de Jules Horrent [11], a pesar de elogios repetidos («*Cómo vive un romance* es un gran libro»): la escuela pidalina encarece demasiado las diferencias entre la poesía tradicional (que vive en variantes dentro de una tradición colectiva) y la poesía individual; en efecto, Horrent afirma la existencia en todo caso de un poeta creador, principio del romance y además el carácter de creación individual de cada una de las variantes. Un poco en la misma línea se sitúa Bénichou, cuando recalca la parte de creación [12]. Di Stefano pone el acento sobre las transformaciones que sufre el romance y el sentido de éstas en relación con el medio sociocultural y, si reconoce los aportes innegables del méto-

---

[9] Manuel Alvar, *El Romancero. Tradicionalidad y pervivencia:* «Sobre tradicionalidad y geografía folklórica», pp. 161-239 y veinticuatro mapas.

[10] «El romance presenta mil formas cambiantes pero podemos identificar sus líneas maestras. Por más que en la narración se haya entremezclado, combinado, desarrollado en infinitas variantes. Cada una de ellas es como una isoglosa que permite llegar a conocer la lengua en su integridad o, en nuestro ámbito, al poema» (ob. cit., p. 219).

[11] Jules Horrent, «Comment vit un romance».

[12] *Creación poética en el Romancero tradicional* y *RJEM*, páginas 326-330 (donde se discute el método geográfico).

do geográfico pidalino, le reprocha no buscar las razones de la «vida» del romance y de sus cambios [13].

Pero la oposición más radical se encuentra en el artículo de D. Devoto, principio de una polémica sonada con Diego Catalán [14]. Devoto extrema la crítica hasta el punto de negar cualquier valor al método geográfico, ya que para él lo esencial es el contenido latente simbólico, del cual tal método se desinteresa totalmente [15]. La controversia lleva a cada uno de los dos críticos a posiciones extremas, irreconciliables, cuando en realidad se trata de dos modos de aprehensión del romancero, válidos los dos, parciales los dos, complementarios más que antagónicos como el tono polémico lo sugiere.

---

[13] *Sincronia e diacronia nel Romanzero*, pp. 119-123.

[14] Daniel Devoto, «Sobre el estudio folklórico del romancero español. Proposiciones para un método de estudio de la transmisión tradicional». Respuesta de D. Catalán, «El 'motivo' y la 'variación' en la transmisión tradicional del romancero», y última réplica de D. Devoto, «Un no aprehendido canto. Sobre el estudio del romancero tradicional y el llamado 'método geográfico'».

[15] Devoto ha publicado varios estudios muy sugestivos al respecto: «Un ejemplo de la labor tradicional en el romancero viejo»; «Entre las siete y las ocho»; «El mal cazador»; «Mudo como un pescado».

IV. AUTOR/TRANSMISOR

Ya es tomar partido reunir en un mismo capítulo al autor
y al transmisor de romances, pero no significa que se asimi-
len sin más en todos los casos. Más bien lo que me propongo
es mostrar, en base a los estudios realizados hasta la fecha,
cómo se interpenetran estas dos funciones en una red in-
trincada de relaciones que difícilmente se pueden separar en
dos vertientes distintas.

1. Problema del anonimato

Una gran cantidad de romances de toda índole son anónimos, y la anonimia es tan consubstancial a los romances,
que hasta los poetas de fines del XVI, que componían romances «nuevos», no los firmaban (según dijimos ya). Por otra
parte, no por afirmar que el primer creador de un romance
es inalcanzable las más de las veces, vamos a caer en el
extremo romántico de creer los romances obras del «pueblo»,
de una colectividad indeterminada, de donde brotarían por
generación espontánea.

Y ya que no existe un objeto romance único, como venimos diciendo y repitiendo, hay que distinguir, según la índole
y la época de aparición de tal o tal romance.

Ese anonimato puede, en efecto, ocultar dos procesos diferentes: se debe a un origen remoto e incierto, basado en
recuerdos de poemas anteriores (las gestas medievales, o las
canciones de fondo folklórico paneuropeo). Alguien plasmaría
en un momento dado estos elementos heredados, pero quién,
cuándo y por qué no se sabe exactamente. O bien en el caso

de que el origen sea más fácilmente fechable (romances noticieros), el autor no dejó firma y, si algunos de estos romances fueron de encargo (los Reyes Católicos que querían celebrar sus hazañas), los encargados de hacerlos dejaron pocas veces constancia de su identidad.

2. ¿Quiénes fueron los autores de romances?

Descartando los romances ya mentados, derivados de tradiciones anteriores, y atendiendo sólo a aquéllos en que es más patente la impronta de un autor, vamos a tratar de calificar sus modalidades. Veamos, en efecto, las diversas escuelas de romancistas.

JUGLARES

La primera escuela conocida es la de los juglares, cuya función era divertir «con la música y el canto al público de todas las clases sociales», según palabras de Menéndez Pidal [1].

Acabada la edad de las gestas de gran amplitud, se dedicaron los juglares a cantar trozos de ellas, a reelaborar su materia y hasta a inventar sobre modelos consabidos nuevas historias (así, el romance del *Conde Dirlos*, el más famoso de los romances juglarescos, y el más largo). Se puede hablar de una escuela poética por la uniformidad de los procedimientos que utilizan [2].

TROVADORES

Son los poetas cortesanos que, cuando se pusieron de moda los romances en las cortes regias (a partir del reinado

---

[1] R. Menéndez Pidal, *Poesía juglaresca y juglares*, p. 239.

[2] Éstos han sido objeto de varios trabajos, entre los cuales entresaco dos, por aplicarse más bien a la definición del «estilo» juglaresco: Orest Ochrymowycz, *Aspects of the oral style in the «Romances juglarescos» of the carolingian cycle;* Ruth Webber, «Formulistic diction in the Spanish ballad».

de Enrique IV, según Menéndez Pidal), los componían o arreglaban los antiguos para el canto. Las dos actividades se dan en la segunda mitad del siglo xv.

Contrahacimientos y glosas de romances viejos

Los poetas toman romances conocidos y los vierten al estilo amoroso. Al mismo tiempo los adaptan para el canto, acortándolos, eliminando versos, conservando sólo los imprescindibles para la narración y creando así nuevas versiones.

Las glosas imponían la misma labor de selección[3].

Estos romances, así reelaborados al gusto cortesano, los conocemos por los Cancioneros (*Cancionero de Londres, Cancionero general, Cancionero musical de palacio*) y en ellos siempre es mencionado el nombre del poeta refundidor.

Composición de romances

A petición de los reyes (ya en tiempos de Enrique IV), se hicieron romances para divulgar y enaltecer los sucesos de actualidad más importantes. La capilla de los reyes era un taller poético donde se componían letra y música, después se cantaban los romances en la corte y algunos pasaron a la tradición (no todos). En estos romances, se dan tanto los anónimos como los firmados (por Juan del Encina entre otros)[4]. Con uno de estos romances de circunstancia se plantea el problema central de la autoría: es el que se hizo a la muerte del Príncipe de Portugal, conservado en dos versiones: la de Fray Ambrosio de Montesino (publicada en su *Cancionero de* 1508) y una versión anónima más corta, conservada en un cancionero francés, descubierta y publicada por Gaston Paris a finales del siglo xix. Dio lugar a una controversia sobre cuál de las dos versiones es fuente de la otra, lo que está por resolver, pues unos (Milá, Pidal) abogan a favor de

---

[3] Vid. para esto *RH*, II, cap. XII, en especial § 2, 3, 4, 11.
[4] Vid. *RH*, II, cap. XII, § 2, 5, 6, 7.

Montesino, y otros a favor del romance corto, reelaborado luego por Montesino [5].

Otro caso dudoso es el de tres romances de los más famosos *(Rosaflorida, La hija del Rey de Francia* y el *Infante Arnaldos)* que, en el *Cancionero de Londres,* se atribuyen a Juan Rodríguez del Padrón. Para Pidal, no cabe duda de que Rodríguez del Padrón «es sólo quien los arregló por escrito, tomándolos de la tradición oral» [6]. Pero María Rosa Lida de Malkiel [7] es mucho menos afirmativa y considera posible que Rodríguez del Padrón los compusiera a base de elementos folklóricos.

Si insistimos en esas discrepancias es porque están en el centro del problema: ¿Quién es el autor de los romances?, ¿al componer un romance, no se impone a todos una herencia tradicional? Dicho de otra manera, ¿no son todos los autores meros refundidores y al fin y al cabo transmisores?

ROMANCISTAS HISTORIÓGRAFOS

Son los que en el siglo XVI se inspiraron en las crónicas para divulgar la historia antigua en forma de romances. Éstos sí son conocidos: Burguillos, Alonso de Fuentes, Sepúlveda, el misterioso caballero Cesáreo, Pedro de Padilla. Si su estilo prosaico, vituperado por Menéndez Pidal, es impronta personal, su materia por lo menos es tradicional, y algunas de sus producciones llegaron a confundirse con romances viejos (romances de Burguillos, recogidos como anó-

---

[5] Sobre esta controversia, vid. M. Pidal, *RH,* II, cap. XII, § 8, 9, 10, y Bénichou, «Romance de *La muerte del Príncipe de Portugal* en la tradición moderna», pp. 113-124. Bénichou examina las versiones modernas portuguesas, pero, al principio del estudio, sin impugnar totalmente las aserciones pidalinas, considera posible que Montesino rehiciera su poema a base del oral más corto. Vid. en nuestra edición los dos textos: 40 *a* y 40 *b.*

[6] *RH,* II, p. 29.

[7] M. R. Lida de Malkiel, «Juan Rodríguez del Padrón: vida y obras», en *Estudios sobre la literatura española del siglo XV,* páginas 21-77.

nimos por el *Cancionero s. a.* de Amberes). Estos autores son los versificadores de la historia nacional y su papel es más bien de difusores que de creadores.

POETAS DEL ROMANCERO NUEVO

Ya aludimos a los problemas de paternidad de los romances «nuevos», ya hablamos de la mezcla de temas tradicionales y nuevos derivados de modas literarias (pastoriles, moriscos). Si es difícil atribuir a tal o tal poeta tal o tal romance, es por dos razones: porque los poetas no se preocuparon por afirmar su autoría y porque, por otra parte, al adoptar todos un mismo estilo, una misma técnica (mezcla de remedo de lo viejo tradicional y de modas nuevas cultas), no quieren tanto distinguirse por creaciones personales como integrarse en una impersonalidad colectiva (salvo excepciones).

Firmados o no, los romances nuevos son innegablemente obra de un autor, pero las circunstancias mismas de su difusión los asemejan a los antiguos, convirtiéndolos en textos variables.

LOS ROMANCISTAS DE PLIEGOS DE CORDEL

Desde el siglo XVIII al XIX y hasta el XX sabemos la importancia de los romances en pliegos de cordel. ¿Quién los componía? No se sabe exactamente: a veces, los ciegos mismos que los iban divulgando; a veces, otros, a quienes se encargaban sobre un tema dado. Pero, como han mostrado los estudios sobre este género, para el autor eran impuestos e imprescindibles los moldes de su composición. Los nombres que aparecen son a veces los de los impresores o refundidores y a veces los de los autores. El problema es siempre el mismo cuando se trata de romances: ¿Qué parte tiene cada uno en su elaboración? Se crea una nueva tradición, escrita (aunque destinada al canto), y dentro de esa tradición obra cada nuevo autor y además, el romance, al imprimirse o reimprimirse, se vuelve patrimonio del que se lo apropia.

Entendámonos: no se trata de igualar todos los romances

de todas las épocas ni de rebasar diferencias de funciones y de estructuras, pero hay que subrayar cuán huidizo es en todos los casos el concepto de «autor» de romances. El producto «romance» tiene un productor, pero luego es lanzado por esos mundos en que, en unas condiciones u otras, será recogido y cambiado. Sólo en nuestros tiempos modernos (desde el XIX) serán reivindicados como obra propia por poetas que pueden insertarse en una tradición (romance de *Amnón y Tamar*, de García Lorca), pero en nuestra sociedad basada en el derecho de propiedad individual es imposible que no sean romances de García Lorca o de Machado.

3. Los transmisores

Es imprescindible distinguir las dos modalidades de transmisión del romancero; la transmisión escrita y la transmisión oral. La importancia de cada una y sus relaciones son uno de los puntos más problemáticos del estudio del romancero.

TRANSMISIÓN ESCRITA

Es la única que nos da acceso a los romances de los siglos pasados.

Los instrumentos de transmisión

En el siglo XV, los cancioneros manuscritos, los cartapacios en que se reunían poesías varias son los pocos testimonios que quedan de una producción romancística que hubo de ser mucho más importante: o no se transcribieron muchos romances (por despreciarlos los que sabían escribir y por ser destinados al canto y a la transmisión oral) o se perdieron muchos manuscritos.

Con la aparición de la imprenta, que coincide además con la valoración del romance en los medios cultos, cambian las cosas. Salen los pliegos y los cancioneros impresos. Y cambia profundamente el modo de ser del romance. Copio aquí del estudio de Di Stefano, ya aludido varias veces, lo que dice al respecto:

> Un aspecto que representa, sin duda, una media-
> ción cultural en sentido lato, con rasgos de selección
> y presentación de los textos que expresan un tipo de
> consumo y al mismo tiempo lo encauzan. La imprenta
> es procedimiento de propagación del romancero que
> no se agrega a las dos corrientes, oral y manuscrita,
> con una identidad puramente exterior y mecánica.
> Reciente todavía y bastante impropia para la difu-
> sión de una literatura esencialmente oral y cantada,
> multiplica para un sinnúmero de destinatarios un es-
> pacio material de relaciones simultáneas que es la
> página y la serie de páginas con sus textos alineados
> y en lecciones relativamente fijas. Se instaura una
> manera nueva de acercarse al romancero mediante
> una lectura en buena parte orientada y que implica
> un público en cierto modo nuevo también [8].

El romancero se vuelve producto de consumo para los que saben leer y con los pliegos baratos se ensanchan las fronteras de los pequeños círculos de letrados. De instrumento de transmisión, el texto impreso se convierte en otro texto, autónomo con relación al texto oral, instaurando otra tradicionalidad. Sabemos por los estudios recientes ya mentados cómo las ediciones (tanto de pliegos como de libros) se copian y se divulgan por esa vía impresa; no sólo las novedades, sino también ciertos textos antiguos, siempre los mismos *(Gerineldos* y *Conde Alarcos*, reimpresos en pliegos hasta el siglo XX).

Para el contenido de los impresos, pueden verse los estudios especializados para cada siglo (Di Stefano, Rodríguez Moñino, María Cruz García de Enterría, Aguilar Piñal, Caro Baroja, Joaquín Marco).

La imprenta no elimina la propagación por manuscritos, en el siglo XVI por lo menos, pero ésta quedaría reducida a un público selecto y limitado. Rodríguez Moñino ha insistido varias veces en la cantidad de poesía no editada, y no estudiada por ende. Pero tendría ésta muy escasa difusión.

---

[8] G. di Stefano, «La difusión impresa...», p. 377.

El papel de los editores

Los que recopilan romances para la impresión tienen a
la fuerza que hacer una labor de selección, de ordenación,
esto en todas las épocas, con criterios consciente o inconscientemente guiados por sus propios gustos y opiniones. Siendo como es el *corpus* romancístico infinito y cambiante, los
editores no son neutrales, toman partido, descartan y acogen
tal o tal texto procedente de tal o tal antecesor. Así intervienen no como meros transmisores sino como reelaboradores
al presentar a su manera la materia heredada.

En el siglo XVI, su papel no se limita a la agrupación y
selección, sino que muchas veces corrigen lo que les parece
corrupto [9], añaden o quitan versos. A nivel propiamente lingüístico también hacen una labor de adaptación como
ha demostrado muy bien Manuel Alvar [10]. Las intervenciones
de un editor en todos los aspectos, desde la selección y la
presentación de romances, hasta la refección textual, han
sido analizadas minuciosamente por Françoise Cazals en el trabajo ya aludido (cf. p. 54, nota 87). Y después de este examen
detenido, se puede llegar a conclusiones de orden ideológico
sobre los propósitos de los editores.

Los editores modernos son más escrupulosos respecto a
los textos (de origen oral, sólo transcritos) que editan, aunque algunos se toman la libertad de modificarlos. Sin embargo, siempre queda el gran problema: ¿cómo agruparlos?
Y los criterios elegidos ya son una orientación personal que
puede cambiar el significado del conjunto.

Una excepción muy importante por su divulgación es la
Flor nueva de romances viejos del mismo Pidal. Él, muy
conscientemente, obra como un editor del siglo XVI, eligiendo,
refundiendo, rehaciendo textos:

> Al introducir esas variantes creo que no hago sino
> seguir los mismos procedimientos tradicionales por
> los que se han elaborado todos los textos conocidos.

---

[9] «Y no me ha sido poco trabajo juntarlos y enmendar y añadir
algunos que estaban imperfectos»; Prólogo del impresor (Martín
Nucio) a su edición del *Cancionero s. a.*

[10] M. Alvar, «Transmisión lingüística en los romances antiguos».

> La mezcla de dos o más versiones de un mismo romance se observa en todos los cancioneros viejos; y por su parte, todo recitador, tanto antiguo como moderno, retoca y refunde el romance que canta. La tradición, como todo lo que vive, se transforma de continuo; vivir es variar. (Proemio de *Flor nueva*.)

Es legítimo el orgullo de Pidal que se siente autorizado para decir:

> Yo me encuentro así que soy el español de todos los tiempos que haya oído y leído más romances (ibidem).

Y es seguro también que los textos de *Flor nueva*... han sido durante mucho tiempo la base del conocimiento del Romancero y se da el caso que, entre las más recientes recitaciones, algunos conocen los romances tales como los arregló Pidal. Cumplió así Pidal su propósito de ser «una partecilla de la tradición». Pero nadie en la actualidad puede ni quiere transformarse en refundidor, ya que prevalecen criterios científicos más rigurosos.

TRANSMISIÓN ORAL

Transmisión oral en los siglos pasados

El que los romances fuesen cantados y propagados por esa vía consta en muchos testimonios escritos antiguos.

En un principio, los romances eran considerados como diversión de «gentes de baja y servil condición», según palabras de Santillana, o de «rústicos», según Juan de Mena[11]. Luego, cuando pasaron a los ambientes cortesanos y fueron pasatiempo favorito de los reyes, seguirían cantándose entre el pueblo. Pero ¿eran los mismos romances en los dos casos? ¿La misma música? Hemos hablado ya (vid. p. 15) de la utilización de romances viejos sabidos de todos, como pretexto

---

[11] *RH*, II, p. 21.

para variaciones textuales y posiblemente variaciones musicales [12].

Parece, digo bien, parece, por la cantidad de citas de romances, que éstos formaban parte de un patrimonio común (de casi todos), lo que no significa que todos los utilizaran en las mismas condiciones.

En cuanto a los romances de composición culta, si alguno llegó a popularizarse, posiblemente la mayor parte no rebasó los círculos cortesanos (fin del siglo xv) o cultos (fin del siglo xvi).

A partir del siglo xvii, se produce una escisión entre la poesía de los letrados y la poesía del pueblo. Entre el pueblo se conservaron, repitiéndose de generación en generación, los romances antiguos, ya que llegaron éstos hasta nuestros días. Parece que hubo, sin embargo, dos clases de transmisores: los que aprendían y transmitían lo aprendido en las varias circunstancias colectivas o familiares en que se cantaban romances (vid. cap. V. «Función del romance») y los que eran cantores especializados. Uno de los últimos conocidos de esta clase puede que sea Juan José Niño de Sevilla, analfabeto, pero que proporcionó a Manrique de Lara en 1916 un caudal de romances asombroso [13]. Otro caso, en otro entorno por supuesto (el de las comunidades sefardíes) es el de Yacob Abraham Yoná, cantor público de Salónica [14].

---

[12] Vid. Isabel Pope, «Notas sobre la melodía del *Conde Claros*», y Daniel Devoto, «Poésie et musique dans l'oeuvre des vihuelistes».

[13] Vid. D. Catalán, «El archivo Menéndez Pidal y la exploración del Romancero castellano, catalán y gallego», en *El Romancero en la tradición oral moderna*, pp. 86-94 y, en especial, pp. 88-90 sobre Juan José Niño con la conclusión: «A diferencia del Romancero folklórico, popular, que podemos encontrar hoy en las diversas regiones de España, este Romancero parece ser un Romancero de especialistas en el canto narrativo oral, es decir, un Romancero mucho más juglaresco y libresco que el que vive hoy día refugiado en la memoria de los cantores campesinos».

[14] S. G. Armistead y J. H. Silverman, *The judeo spanish ballad of Yacob Abraham Yoná*, pp. 5-8 (abreviado aquí en *Yoná*).

Papel del transmisor oral

Menéndez Pidal quiso ver dos periodos distintos en la historia del Romancero: el periodo aédico (hasta el siglo XVI), en que los «aedas» (cualesquiera que fueran) eran capaces de componer, y el periodo rapsódico en que sólo se repetía lo heredado, adulterándolo muchas veces. Es uno de los puntos de la teoría pidalina que más impugnado ha sido en la crítica reciente: por una parte, por aquellos que en la línea de Bénichou muestran cómo no hay tal adulteración sino «creación» continua en la transmisión oral (Bénichou lo muestra hasta en casos considerados por Menéndez Pelayo y Pidal como procesos de degradación, *La muerte del Príncipe de Portugal; v. gr.,* en sus versiones orales portuguesas); por otra parte, por otros que quieren sacar a luz el proceso de creación oral en su peculiaridad. Algunos de éstos se fundan en los estudios de la llamada escuela oralista [15] para demostrar que, desde un principio, los romances, ciertos romances por lo menos, fueron compuestos oralmente. Es el caso de los trabajos de Ruth Webber y Orest Ochrymowycz (cf. nota 2), que proporcionan una gran cantidad de datos y de cifras y son muy sugestivos por cierto, pero que adolecen de un grave defecto: el de aplicar esta teoría oralista a un *corpus* bastante reducido y reunido a base de varias fuentes escritas: la *Primavera y flor* de Wolf.

El mismo Catalán, desde hace unos diez años por lo menos, centra sus estudios y los de sus colaboradores en el proceso de transmisión de la poesía oral. Un primer simposio sobre el romancero de tradición oral tuvo lugar en Madrid en 1971 [16] y un segundo en California en 1977 (cuyas actas están en prensa). De ese nuevo enfoque intentaré resumir las características esenciales:

1) acento puesto en la especificidad de la transmisión oral en su variabilidad, en su renovación;

---

[15] Milman Parry, «Studies in the epic techniques of oral verse making. I, Homer and homeric style»; Albert B. Lord, *The singer of tales.*

[16] D. Catalán *et alii*, eds., *El Romancero en la tradición oral moderna.* Incluye amplia bibliografía sobre las publicaciones de romanceros de la tradición moderna, pp. 304-337.

2) uso de métodos cuantitativos (análisis estadísticos primero, luego con ayuda de un ordenador) para valorar y medir las variaciones;

3) transmisión oral vista como proceso de comunicación, teniendo en cuenta las circunstancias (entorno colectivo espacial, temporal y socioeconómico). El transmisor es, primero, receptor que descodifica el mensaje y lo transmite tal como lo ha entendido.

Del análisis formal llevado a cabo por Catalán y su escuela hablaremos en su debido lugar [17]. Lo que interesa aquí es lo que tienen en común todas estas aproximaciones con bases teóricas y métodos diversos: el considerar la transmisión oral como «producción y re-producción» perpetuas, según los términos utilizados por Catalán, preferibles al de creación, que conlleva connotaciones culturales muy marcadas. Una de las metas de la crítica en la actualidad es llegar a elaborar una poética de la poesía de transmisión oral. Una buena exposición de los problemas de la oralidad —que quedan sin resolver— se encontrará en un artículo reciente de P. Zumthor que insiste reiteradamente en la necesidad de hallar instrumentos de análisis peculiares para una producción oral que tiene que ser considerada en su especifidad [18].

RELACIONES DE LA TRANSMISIÓN ESCRITA Y LA ORAL

A favor de la transmisión escrita

Los que manejan textos con una formación filológica desconfían mucho de la oralidad. En el pasado, es verdad que no tenemos medio alguno de aprehender lo que pudo ser la transmisión oral. El mismo Martín Nucio introdujo, sin darse cuenta por supuesto, el germen del debate, al hablar en su Prólogo de «la flaqueza de la memoria de algunos que me los dictaron que no se podían acordar dellos perfectamente», para explicar la imperfección de algunos de sus

---

[17] Vid. p. 120.
[18] P. Zumthor, «Pour une poétique de la voix».

romances. Pidal, al identificar las fuentes (en su reimpresión del *Cancionero s. a.)*, indica los romances que cree de procedencia oral. Rodríguez Moñino, sin negar esta procedencia, la considera restringida a unos pocos casos, y, en general, en todos sus estudios bibliográficos, no toma en cuenta la transmisión oral por atenerse a lo único tangible, los textos editados, cuyo caudal él ha contribuido a ampliar considerablemente. Así, en la «Advertencia preliminar» al estudio bibliográfico de la *Silva de 1561*, dice: «Creemos, frente a lo hasta aquí establecido, que las dos grandes fuentes de difusión del romancero español entre la masa popular han sido los pliegos sueltos poéticos y esta *Silva* en sus diferentes versiones». Para él, pues, existe preeminencia indudable del escrito (vid. p. 46, nota 74).

Lo mismo ocurre con los estudiosos de los pliegos de los siglos XVII a XIX. María Cruz García de Enterría separa cuidadosamente la poesía tradicional, tal como la define Pidal, y la poesía de cordel que llama «semipopular» [19]. Joaquín Marco es menos prudente: él se ocupa del romance de ciego, de su estructura particular, pero, al atacar las posiciones tradicionalistas («fruto de concepciones románticas»), confunde la transmisión oral y la transmisión escrita, teniendo en cuenta sólo ésta. Y así escribe: «La concepción de un transmisor poseedor de inconscientes secretos poéticos está muy cerca de las teorías románticas de la creación popular — y desde luego muy lejos de la realidad»; y añade: «el creador popular, carpintero de oficio, soldado o tejedor, cuando *escribe* una canción o un romance *para pliegos* se sujeta conscientemente a los esquemas establecidos» [20] (los subrayados son míos). Posición extrema que mezcla las dos modalidades de transmisión en beneficio de la escrita, y refuta de modo poco satisfactorio lo peculiar de la oralidad.

Una apreciación correcta y matizada de lo que fue la tradición de los pliegos, de cómo evolucionó acogiendo nuevas modas y conservando inmutable un fondo antiguo, de cómo

---

[19] María Cruz García de Enterría, *Sociedad y poesía de cordel en el barroco*, p. 42.
[20] *Literatura popular en España*, I, pp. 54-55.

llegó a toda clase de público, es la del hispanista inglés Edward M. Wilson [21].

A favor de la transmisión oral

La concepción exactamente inversa que afirma la «independencia de las versiones orales respecto de las impresas», según las propias palabras de Menéndez Pidal [22], se expresa en todos sus estudios. En la época moderna, no niega Pidal la tradición de los pliegos —que desprecia por otra parte en general—, pero la considera completamente separada de la tradición oral. Al estudiar las ciento sesenta versiones orales de *Gerineldo*, encuentra sólo influencia del pliego en unas seis y en detalles (como llamar «sultán» al rey) y concluye: «El hombre del pueblo que lee un pliego suelto lo mira como cosa aparte, como poesía para ser leída, a diferencia de la que todos saben para cantar» [23].

Sin embargo, la poesía de los pliegos no sólo se leía, sino que los ciegos la cantaban y quizá Pidal exagere la heterogeneidad de las dos corrientes. Es lo que revela un fenómeno que él no desconoce sin embargo: los romances de ciegos que pasan a la tradición oral. Pero lo importante es que, al cambiar de circuito de transmisión, también cambian de naturaleza (acortamiento, elección de episodios, reestructuración del conjunto) [24].

Un paso más da la doctrina pidalina cuando une la tradición antigua a la moderna tradición oral. Por una parte, para reconstruir, apoyándose en las versiones actuales, un hipotético texto antiguo más puro [25]; por otra parte, para

---

[21] Edward M. Wilson, «Algunos aspectos de la historia de la literatura española», en *Entre las jarchas y Cernuda*, pp. 17-54.

[22] *RH*, II, p. 418.

[23] *Cómo vive un romance...*, p. 49.

[24] Véase un estudio de estos problemas en dos casos de romances de ciegos recogidos oralmente *(Atropellado por un tren* y *Laura Gómez)* en Joaquín Díaz *et alii, Romances tradicionales* (cf. p. 48, nota 79), p. 278 y p. 288.

[25] As en la conclusión del *Romancero hispánico:* «Tanto entre los caracteres góticos de un pliego suelto antiguo como entre las notas del canto campesino actual surgirá, cuando cese el estado

explicar analógicamente la formación de los primeros romances épicos a partir de las gestas (tradición oral ininterrumpida); y, finalmente, para ensalzar un modo de ser panhispánico a pesar de las diferencias de condiciones, siglos, países.

Discrepando del maestro en este último aspecto, ideológicamente marcado con el sello de su época, otros han querido ver en el Romancero tradicional el modelo en acción de otras formas que se suelen considerar de índole muy diversa. Así, Bénichou equipara la «creación» de la tradición y la creación individual [26]; así, Diego Catalán, con otro enfoque por cierto, considera el modelo romancero aplicable a otros géneros medievales, estructuras abiertas como la del romancero [27].

Estamos en los antípodas de las posiciones de Rodríguez Moñino, ya que la transmisión oral viene a considerarse no sólo como un modo de transmisión sino como un modo de producción particular y además posiblemente ejemplar para otras clases de textos.

Asimilando la poesía de tradición oral a un hecho folklórico, el folklorista catalán Josep Romeu i Figueras separa también la «transmissiò folklórica» de «la transmissiò literaria», aun cuando versa ésta sobre temas poéticos relacio-

---

de disgregación que lamentamos, la variante más auténtica, la forma más bella del romance, la imagen más sugerente para el estudio filológico y literario»; *RH*, II, p. 452.

[26] «Ese modo de operar del poeta innumerable de la tradición, tan visible y evidente, nos permite, tal vez, formarnos una mejor idea de lo que sucede, más disimuladamente, en toda creación literaria. Quizás no sea diferente, *mutatis mutandis,* el proceso de creación en el poeta culto y rijan las mismas fuerzas y normas en el taller abierto de la tradición y en aquel otro, más tapado e inaccesible, de la creación individual»; *Creación poética...*, p. 88.

[27] «Por otra parte, la experiencia adquirida al intentar describir el 'modelo dinámico' ejemplificado por el romancero tradicional creo que podrá también sernos de una gran utilidad para mejor entender la tradición manuscrita de un buen número de obras y géneros medievales»; «Los modos de producción y 'reproducción' del texto literario y la noción de apertura», p. 265.

nados con el folklore, por ser de función radicalmente diferente [28].

Para concluir, después de exponer todas las controversias que se dan en este campo, se puede decir que el autor de romances es siempre transmisor de algo que no sale de su propia inventiva y que el transmisor es siempre autor en cierta medida al imprimir consciente o inconscientemente su sello a lo que transmite.

Sin embargo, parece imponerse una diferenciación en dos clases: una de ellas la constituirían los romances, cualquiera que sea su época, bastante fijos, sin variantes relevantes, con el marco de una escuela; otra la formarían los romances, cualquiera que sea su origen, que han pasado por equis transmisores, sea oral o escrita la forma de la transmisión.

No pudiendo abarcarlo todo en una Antología, digamos que aquí se encontrarán romances de la segunda clase, aquéllos que se suelen llamar «tradicionales» (a falta de mejor término, sigo utilizando éste que tiene el respaldo de... cierta tradición). Ahora bien, se incluirán, distinguiéndolos, los que vienen de la tradición escrita del siglo XVI y algunos que vienen de la tradición oral moderna. Se descartan por las mismas razones de restricción y no por desprecio los procedentes de la tradición de los pliegos de ciegos.

---

[28] Josep Romeu i Figueras, *Poesia popular i literatura*, «Nota introductoria».

V. FUNCIÓN DEL ROMANCE

No se trata de unificar los romances bajo este punto de vista y diversas han de ser las funciones según las épocas, los niveles sociales y, quizá dentro de una misma comunidad, según las circunstancias en que se cantan.

1. Función noticiera

PROPAGANDA

Desde muy antiguo, se utiliza el romance como medio de difusión, pero también de propaganda. Así, los romances conservados de la época de Pedro el Cruel presentan el punto de vista del triunfador (se le llama al rey «el traidor de Pero Gil» en *Cercada tiene a Baeza),* aunque habría romances del bando adverso perdidos (¿por razones políticas?), de los cuales el único recuerdo son tres versos del llamado romance de los jaboneros (estudiado por Catalán en *Siete siglos...).* Del mismo estilo es el romance antipapista del Saco de Roma *(Triste estaba el Padre Santo...)* o los romances circunstanciados sobre la batalla de Lepanto, etc. Ya sean fruto de una presión directa (Enrique IV que manda componer un romance sobre una victoria contra los moros) o de un deseo de halagar a los poderosos, el resultado es el mismo: presentar el punto de vista oficial con el propósito de difundirlo. A éstos se pueden agregar los romances cronísticos del siglo XVI elaborados para difundir la historia de España. Tienen más bien en este caso una función didáctica, pero no se puede separar del propósito de afianzar la monarquía.

DIVULGACIÓN DE NOTICIAS

Se ha exagerado quizá esta función, al hablar de la antigua épica o de los romances noticieros. Más que divulgar, a secas, hechos (suponiendo que sea posible), estos romances, cuando no tenían un propósito de adoctrinamiento, por lo menos manifestaban una reelaboración novelizada, tomándose muchas libertades con la rigurosa verdad histórica (vid. el ejemplo de *Río verde...* o de *Abenámar...* que, si tienen un fondo histórico, lo transponen e integran otros elementos). Lo que se difunde y perdura es la ejemplaridad de tal o cual hecho, la ejemplaridad que se le quiere dar por supuesto y que resiste al interés anecdótico de actualidad. Prueba de ello es la adaptación a un nuevo entorno como se ve en las anécdotas de los romances citados por o para Felipe II.

2. Función de diversión

Yendo como va el romance unido al canto y a la música, es natural que sirviera antes que nada para el recreo y esto hasta tal punto que las funciones anteriormente aludidas sólo son plenamente eficientes si llega a cantarse el romance fuera de su círculo de origen.

Ya sabemos cómo en las cortes regias del siglo xv era pasatiempo favorito cantar con acompañamiento de laúd o vihuela, y cómo se alude ya, por otra parte, a los romances como cantos de los «rústicos». De ahí que se venga a decir que en aquellas épocas *todos* conocían y cantaban romances. Creo exagerado confundir la función del romance entre las minorías cultas y entre la mayoría iletrada. Para unos sería alarde de ingeniosidad y de brillantez (contrahacimientos, glosas, romances artísticos y arreglos musicales de los vihuelistas); para el pueblo, el acompañamiento musical tradicional. Algunos romances puede que sirvieran de soporte al baile cortesano como el del *Conde Claros*, aludido por varios músicos a mediados del siglo xvi, pero ¿era exactamente la misma danza, la misma música entre todos los públicos, como supone Pidal? ¿No se trataría aquí también, en la corte, de una estilización, de una variación sobre modelos populares?

En el siglo XVIII, el romance, abandonado a favor de otras formas de bailes y de cantos en las clases altas, sobrevive en el teatro.

En el «pueblo», entidad muy imprecisa en la que habría que distinguir varias capas (ya se diferenciaría el pueblo del campo del pueblo de la corte), permanecieron las danzas con romance y el canto de romances en fiestas y reuniones.

Si Larra cuenta, en 1833, cómo se divertía el pueblo de Madrid [1], no sabemos si lo que se cantaba «con agria voz» eran romances, pero por lo menos deja así constancia de que existían aún en Madrid las danzas con acompañamiento de canto. Éstas se conservaron más tiempo, acompañadas de romances, en el campo. La danza prima ya presenciada y descrita por Jovellanos pudo verla Pidal en 1930 en Asturias, lo mismo que el baile de tres en las Navas del Marqués (Ávila), acompañada por *Gerineldo* en 1905 [2]. Pérez Vidal describe, por su parte, el baile de las jilanderas o baile jilado en Canarias [3]. Estos bailes de ascendencia señoril y su acompañamiento de romances eran excepcionales, sin embargo, a principios de este siglo, en que los romances fueron sustituidos por coplas y han desaparecido completamente hoy.

El canto de romances en coro se daba también en todas las fiestas campesinas, aun sin danzas. En Canarias, el coro

---

[1] «Para el pueblo bajo, el día más alegre del año redúcese su diversión a calzarse las castañuelas (digo calzarse porque en ciertas gentes las manos parecen pies) y agitarse violentamente en medio de la calle, en corro, al desapacible son de la agria voz y del desigual pandero»; M. J. Larra, *Artículos de costumbre*, Madrid, 1965, p. 137.

[2] Supervivencia escasa de un baile de tres cortesano mencionado por Milán en el siglo XVI; vid. *RH*, II, pp. 296-299 y pp. 378-379.

[3] «El canto monótono de un romance, entonado desde un extremo por un cantador, acompaña y conduce el baile al compás del inevitable tamboril. Y un coro de entusiastas acompañantes, agrupado en torno del cantador, entona el responder y contribuye a marcar el ritmo, dando golpes en el suelo con sus recios bastones»; José Pérez Vidal, «Romances con estribillos y bailes romancescos», p. 204.

entonaba un estribillo (llamado allí «responder») cada cuatro versos (octosílabos), mientras que el romance lo cantaba sólo un cantor llevando el compás con el tamboril[4]. De todo esto tiene que hablarse en pasado, ya que quedan pocos ejemplos de tales usos en la actualidad. Joanne B. Purcell, que ha recolectado recientemente romances en las islas Azores, señala: «Assim, o romanceiro como passatempo realmente não tem função, excepto em poucos lugares e em raros casos»[5]. Sin embargo, una fotografía incluida en El Romancero en la tradición oral moderna viene con este comentario: «Acompañados de los címbalos y de unos tambores, este grupo de hombres cantó el romance de «O Nicolae Francoilo» (Bernal Francés) y otros varios «folioes» mientras acompañaban la corona y distribuían la carne durante «A festa do Espíritu Santo». Ponta Delgada (Ilha das Flores, Açores), 19 de julio de 1969».

Es una de las últimas manifestaciones registradas de lo que fue costumbre general (con modalidades diversas) de todas las fiestas populares hasta la invasión arrolladora y unificadora de los medios de comunicación modernos (radio, televisión, cine).

Otro campo de supervivencia del romance son los juegos de niños, que conservan, entre otras canciones, una cantidad de romances antiguos arreglados por y para su público como el Conde Olinos, Las tres cautivas, La muerte ocultada, etc., y de romances de pliegos como La muerte del General Prim[6].

3. Función utilitaria

No sólo sirvieron los romances de diversión sino que muchas veces cumplían una función precisa, y se especificaba a veces un romance para una función. Se pueden distinguir dos ámbitos: un ámbito público y un ámbito familiar[7].

---

[4] José Pérez Vidal, ibid., pp. 201-203.
[5] Joanne B. Purcell, «Sobre o Romanceiro Português: Continental, Insular e transatlantico. Una recolha recente», p. 62.
[6] Vid. Bonifacio Gil, Cancionero infantil (Antología).
[7] Tomo estas dos denominaciones de J. Díaz et alii, Romances tradicionales (cf. p. 48, nota 79), pp. 17-18.

El «ámbito público» es el de las festividades, pero también de los trabajos en común. La siega, por ejemplo, se hacía en ciertas regiones al compás del romance de *La princesa bastarda y el segador* (vid. en esta edición el número 84), alternando dos grupos, el de los segadores y el de los cantores, y Joanne B. Purcell refiere que, en Tras os Montes y en Madeira, llaman a los cantos de siega «segadas». En una recolección muy reciente (1975), un informante, al recitar *La loba parda* con un estribillo repetido después de cada verso *(La serena de la noche, la clara de la mañana)*, explicó cómo se cantaba en la siega: «Uno de los segadores cantaba los versos y toda la cuadrilla repetía el estribillo. Añadió que por la tarde se oía a gran distancia el canto de la «serena» y que servía para llevar con gran precisión el ritmo de las brazadas segadas»[8].

Función, pues, muy explícita, aquí, de ayudar a seguir el ritmo, todos a un tiempo. Casi todos los trabajos colectivos, sobre todo monótonos y repetitivos, en todos los países y comarcas podían acompañarse de cantos de romances, los del campo como los de los talleres, y a veces pervive este uso hasta nuestros días (talleres de bordadoras mentados por Alvar en la recogida realizada por él y sus alumnos en Andalucía de 1948 a 1968)[9].

Puede ser que a un romance en una comarca le corresponda un cuadro específico: así, *La Condesita* se cantaba en la cosecha del azafrán en Albacete[10]. Otro ejemplo de especialización es el de los romances petitorios que en las Pascuas o las Marzas servían a los jóvenes para ir solicitando obsequios por las casas. Contienen versos que aluden directamente a la circunstancia (bien sea añadidos, o bien presentes ya en el romance que se ha escogido para tal fin por eso mismo)[11].

---

[8] *Romancero tradicional*, IX *(Romancero rústico)*, p. 95.

[9] Manuel Alvar, «Una recogida de romances en Andalucía (1948-1968)».

[10] *Romancero tradicional*, IV, pp. 209-210.

[11] El romance de la *Muerte del Maestre de Santiago* contaminado con las *Quejas de Jimena* el día de Reyes, por contener el verso «cuando damas y doncellas al rey piden aguinaldo» se usaba la víspera de Reyes en el pedido de aguinaldo; vid. *RH*, II, p. 383 y vid. aquí el texto 36 *b*.

Han sido agrupados aparte estos romances en el *Romancero popular de la Montaña* de Cossío y Maza Solano.

Conforme han ido desapareciendo todas esas formas de vida comunitaria [12], han desaparecido también estas ocasiones de cantar romances que eran un rodrigón importante de la transmisión por mezclarse en ellas varias generaciones.

El «ámbito familiar» queda tal vez más protegido de las influencias exteriores y más difícilmente asequible también. En las reuniones familiares, como las bodas, se cantaban romances y posiblemente, a veces, al velar a los difuntos (entre los judíos pero también en las islas Azores). En los trabajos solitarios servían de entretenimiento en ciertos oficios masculinos como el de sastre (testimonio de Milá), pero sobre todo en las actividades caseras de las mujeres. Muchos de los informantes actuales dicen haber aprendido los romances de su madre o de su abuela (las abuelas tenían un papel importante al cantar para los niños lo mismo que las niñeras). Estos recuerdos familiares entrañables son quizá el mejor amparo contra la desaparición completa de los romances, que han sido sustituidos en sus otras funciones por otras formas (bailes y canciones de moda, televisión, radio...). Manuel Alvar y su equipo, al hacer su encuesta en Andalucía por los años 50 y 60, se dirigían en un principio a las viejas con «resultados bastante negativos». Y añade que

> sin embargo, los mejores resultados se obtuvieron con mujeres de catorce a cuarenta años, y particularmente entre chicas de catorce a veintitantos. Se dio el caso paradójico de que eran las jóvenes quienes gustaban de cantar y retener de memoria los romances que oyeron cantar a sus madres; en tanto éstas, con los azares de la vida, han ido olvidándose de la tradición de que un día fueron depositarias [13].

En la clasificación de los romances podría pensarse en una distribución por funciones pero ésta se revela imposible

---

[12] Joanne B. Purcell dice que, en las islas Azores, aunque persisten las actividades tradicionales, ya no se hacen con acompañamiento de romances (vid. nota 5).

[13] Manuel Alvar, «Una recogida de romances en Andalucía (1948-1968)», p. 98.

para todo el romancero, y ello por dos razones. Por falta de datos precisos sobre la función de tal o cual romance, en el pasado sobre todo, y por la no especialización estricta de un romance para una función determinada. Se podría sólo concebir tal clasificación dentro de una comunidad restringida en la que, aunque hubiera interferencias para un mismo romance, se le podrían asignar a éste funciones precisas. Es lo que hace Bonifacio Gil en el *Cancionero popular de Extremadura* (ateniéndose a toda clase de canciones y no sólo a romances).

4. Función simbólica

No estamos en el mismo terreno y es más difícil estudiar qué representa el Romancero, o más bien qué representan tal o cual romance o clase de romances en el mundo imaginario colectivo. Es bien conocido el ejemplo de *Paz en la guerra* de Unamuno, cuando Ignacio sueña con todo el mundo fantástico de los romances de pliegos.

Muchos críticos aluden más o menos a esa función, aun sin nombrarla, y muchas veces lo que reflejan sus opiniones al respecto es más bien la proyección de su propia ideología.

Así es como Menéndez Pidal (vid. p. 54, nota 88), en su noventayochismo particular, considera el romancero como «esencia» de la hispanidad [14]. Pero no es el único ni mucho menos y se ha convertido en tópico aprovechado para diversos fines el que el Romancero sea en cierta forma «el espíritu de la raza» [15]. Así se explica la predominancia de los romances his-

---

[14] «Siempre que España quiere hallarse a sí misma, en su esencia histórica y poética, vuelve los ojos a ese romancero elaborado en siglos y siglos por las generaciones pretéritas»; *RH*, II, p. 451.

[15] Aurelio M. Espinosa, folklorista estimable por otra parte, escribe: «El romancero español es la poesía narrativa, popular-nacional, por excelencia de la literatura española. Por su origen, por su historia y por su carácter eminentemente realista llegó a expresar mejor que cualquier otro género poético las ambiciones, los sentimientos, el alma verdadera del espíritu nacional. Es la quintaesencia del carácter español, una expresión emocional de su naciente vida nacional, de sus glorias pasadas, una contribu-

tóricos en las antologías y del mismo modo el interés por el
romancero de la Sección Femenina de Falange (que, por supuesto, ha sido un factor de conservación y los textos librescos
—*Flor nueva* sobre todo— aprendidos en ese marco reapare-
cen hoy, más o menos cambiados, en las encuestas).

Lo que se puede poner en tela de juicio es la universalidad
ahistórica de este planteamiento, como si España fuera desde
siempre una entidad, como si existiera y hubiera existido tal
espíritu nacional desde la época del Cid hasta la actualidad.
Si se quiere buscar una razón de ser del romancero en ese
sentido es obvio que hay que distinguir aquí también épocas,
modalidades, públicos interesados.

El hispanista inglés C. C. Smith, en un estudio reciente,
define las líneas directrices del «romancero viejo» (un *corpus*
previamente definido) y llega a rebatir todos los tópicos que
se vienen diciendo sobre la ejemplaridad política, social, moral
del romancero viejo, para llegar a la conclusión de que los
romances viejos manifiestan una actitud reservada respecto
al «establishment» [16].

Si esta posición es válida para el núcleo de romances llamados «viejos», no habría que generalizarla sin más a todas las
clases de romances. Cada una tiene su historia y sus particu-
laridades y, sin embargo, se puede decir que, en cualquier
época, los romances más abiertamente propagandísticos no
han arraigado en la tradición o lo han hecho transformándose
(romances fronterizos). Tampoco parece que existan romances
meramente de protesta [45]. Los romances no reflejan directamente a nivel superficial las posiciones éticas de una sociedad (de suceder así, posiblemente no habrían perdurado).
Pero, a nivel intratextual, presentan unas situaciones más o
menos arquetípicas que pueden reactualizarse para cada
oyente o lector.

---

ción de valor permanente en la literatura universal»; *El romancero español,* p. 130.

[16] Colin C. Smith, «On the ethos of the 'Romancero viejo'».

[17] María Cruz García de Enterría titula uno de los apartados
de su *Sociedad y poesía de cordel en el barroco:* «El bandolerismo
en la literatura de cordel, ¿protesta social?», con prudentes inte-
rrogantes.

Algunos estudios recientes se orientan hacia esa aproximación; los más conocidos son los de Devoto (vid. p. 62, notas 14 y 15) que, apoyándose en una gran erudición, muestra cómo se dan en el romancero situaciones y expresiones heredadas de una vieja tradición. Otros, basándose en el psicoanálisis, encuentran fundamentos psíquicos inconscientes —tanto más eficaces cuanto más inconscientes— en los romances [18].

Efectivamente, lo que puede llamar la atención en el Romancero —más que la exaltación patriótica— es el número de incestos, adulterios, problemas matrimoniales o extramatrimoniales, etc. Si bien el desenlace —parte más cambiante— fue adaptándose a la moral dominante, a veces torpemente (la mayoría de los romances modernos terminan por un casamiento), ¿no se explicará el atractivo que siguieron ejerciendo tales composiciones por razones de adecuación profunda con un trasfondo no por ocultado menos presente?

J. Rodríguez Puértolas, al considerar el Romancero antiguo (siglos xv-xvi) en una perspectiva marxista, ve en él «la historia de una frustración y de un extrañamiento, la del ser humano en un momento de crisis religiosa, política, social y económica» [19]. Son sugestivos, aunque parciales, los análisis de romances de frustraciones (*El Caballero burlado* o *La Infantina*,

---

[18] Cito algunos de los estudios recientes más significativos al respecto: Manuel Gutiérrez Esteve, «Sobre el sentido de cuatro romances de incesto»; Julian Palley, «La estructura onírica de 'El enamorado y la muerte'».

Sobre el *Conde Arnaldos*, es imposible citar todo lo que se ha escrito. Vid. Francisco Caravaca, «Hermenéutica del 'Romance del Conde Arnaldos', Ensayo de interpretación» (amén de otros estudios textuales del mismo sobre *Arnaldos*, en *BBMP*, 1970, 1972, 1973); Aquilino Suárez Pallasá, «Romance del Conde Arnaldos. Interpretación de sus formas simbólicas», y el estudio de Leo Spitzer, «Período folklórico del 'Romance del Conde Arnaldos'» (publicado en inglés en *HR*, e incluido ahora en *Sobre antigua poesía española*, pp. 87-103).

Magistral estudio —como suyo— el de Marcel Bataillon, «La tortolica de '*Fontefrida*' y del '*Cántico espiritual*'», sobre la adaptación de un símbolo antiguo a varias clases de poesía.

[19] *Historia social de la literatura española*, I, p. 154. Véase también Rodríguez Puértolas, «El Romancero, historia de una frustración».

verbigracia; vid. en nuestra edición los núms. 87 y 88), pero
no se puede suscribir sin más esa explicación global demasiado simplista, por derivar mecánicamente el Romancero
en conjunto de determinado estado de sociedad (cuando de
sobra se sabe que presenta múltiples facetas) y, sobre todo,
por relacionar directamente el contenido aprehendido a nivel
superficial con la sociedad.

Es complicada la cuestión de la función simbólica del
Romancero y no puede simplificarse demasiado (cada romance
es un caso aparte que estructura de modo diferente esos elementos primarios y a veces cada versión o grupo de versiones
es un caso aparte; vid. *Gerineldo* y sus diferentes modalidades, aquí los números 82 *a*, 82 *b*, 82 *c*). Hay que hacer un
estudio microscópico antes de sacar conclusiones generales.
Pero, ateniéndose a un hecho irrebatible, la conservación de
todas esas historias que poco o nada tienen que ver muchas
veces con la realidad cotidiana de los transmisores (historias
de reyes, condes, princesas, etc.), cabe decir que, si han perdurado, deben encerrar algo que sigue atrayendo.

VI. MATERIAS

De muy antiguo viene la clasificación de los romances según la materia. Martín Nucio, aunque después no se atiene a sus principios, dice en el Prólogo:

> También quise que tuviesen alguna orden y puse primero los que hablan de las cosas de Francia y de los doce pares, después los que cuentan historias castellanas y después los de Troya y últimamente los que tratan cosas de amores pero esto no se pudo hacer tanto a punto (por ser la primera vez) que al fin no quedase alguna mezcla de unos con otros.

Ya hemos aludido a las clasificaciones de las grandes antologías básicas del siglo pasado (vid. p. 37).

La última clasificación, en la línea tradicional, es la que se da en una encuesta realizada con el propósito de definir un *corpus* del «romancero viejo». Aunque los autores de la encuesta son conscientes de que estas categorías son insatisfactorias, las siguen utilizando por ser las más corrientes. Las cito a continuación: «novelesco, trovadoresco, caballeresco, carolingio, pseudocarolingio, histórico, histórico-fronterizo, épico, clásico, bíblico, religioso».

Es evidente que cada una de ellas merecería una definición previa, ya que siguen mezclándose varios criterios.

Es más bien la clase del referente la que sirve en estas clasificaciones; si se cuenta la historia de Melisenda, será un romance seudo-carolingio; si se cuenta la de Amnón y Tamar, será bíblico; y, si se cuenta la de la reina Elena, será clásico; y así por el estilo. Y, sin embargo, ¿no son tres casos de amor con modalidades diversas, por supuesto (seducción, incesto)?

En el Archivo Menéndez Pidal se da el caso de que: «Empieza por clasificar los textos según su origen (épico, histórico, bíblico, etc.), para luego arrepentirse a mitad de camino y proseguir la ordenación a base del contenido de los poemas (vuelta del marido, amor fiel, adúlteras, etc.)» [1].

Ocurre lo mismo con la publicación del *Romancero tradicional;* habiendo empezado por los Romanceros del Rey Rodrigo y de Bernardo del Carpio (1957) y los Romanceros de los Condes de Castilla y de los Infantes de Lara (1963), prosigue, cuando se esperaba el Romancero del Cid en la misma línea histórica, con los romances de tema odiseico (1969, 1970, 1971-72), o sea, todos los romances relacionados con la partida y vuelta del esposo; después viene el romance de *Gerineldo* en tres tomos (1975-1976) por razones evidentes (base del método geográfico, número elevado de versiones, más de ochocientas), *La Dama y el Pastor* en dos tomos (1977-78), *Romancero rústico* (1978).

Aquí también se nota la distorsión entre un plano histórico y un plano temático y la dificultad de deslindar criterios se hace patente en el último tomo, el *Romancero rústico*, en que los editores advierten que los cuatro romances *(La loba parda, La mujer del pastor, Él reguñir, yo regañar, La malcasada del pastor)* se han reunido bajo ese título por su tema (en relación con las cosas del campo y las gentes del campo) y por la rusticidad «en la lengua y el espíritu», con la salvedad de que el cuarto *(La malcasada del pastor)* no es tan rústico. Esta agrupación no es, por otra parte, de su propia inventiva sino que aparece ya con este título en el Archivo Menéndez Pidal.

Estas clasificaciones parecen a la vez ilimitadas (por poder siempre ampliarse con nuevas reagrupaciones; v. gr. *Romancero rústico*), mudables (por poder entrar un romance en varias categorías según como se le considere), y subjetivas a veces.

Sería de desear una clasificación más rigurosa que no se atuviera sólo al aspecto superficial (historias de gentes del campo o de héroes carolingios), sino a una tipología de situaciones más o menos arquetípicas.

---

[1] Samuel G. Armistead, *Cat. Ind.*, I, p. 30.

En esa línea, el Archivo Menéndez Pidal clasifica, ciertos romances en cajones bajo los títulos: mujer fiel, esposa desdichada, adúlteras, mala suegra, aventuras amorosas: burlas, incestos [2]. A partir de ahí, Armistead ha elaborado su clasificación del romancero judeo-español del Archivo, especificando particularmente las «aventuras amorosas» (vid. su clasificación reproducida, pp. 6 y 7 y nota 6). Armistead reconoce cuán poco satisfactorio es tal esquema con categorías «determinadas *a posteriori* por la frecuencia de los temas presentes en la tradición y no por ningún criterio exterior o pre-establecido» [3], pero lo conserva por razones de comodidad práctica: es el mismo que se viene utilizando en las recopilaciones básicas, como el *Romancero judeo-español* de Bénichou, el *Romancero popular de la Montaña* de Cossío y Maza Solano, el *Romanceiro portugués* de Leite de Vasconcellos, y es el más común y conocido entre los estudiosos del Romancero.

Este problema clasificatorio no es exclusivo del Romancero español y se están haciendo en varias partes (Alemania, Estados Unidos, Dinamarca), sobre las baladas de los respectivos países, trabajos preparatorios para una tipología, basada en los aportes de la ciencia folklórica y que pretenden abarcar la balada paneuropea. Con atisbos muy valiosos queda en ciernes tal proyecto que, de realizarse, sería una base más rigurosa a la hora de clasificar según la temática.

Depende en efecto, como venimos repitiendo, de lo que se entiende por temática y del nivel en que se sitúan dichos temas.

Si se deja de lado la clasificación por el referente y se intenta analizar los motivos que encierra un romance, se puede acudir al repertorio más conocido y completo de motivos folklóricos, el de Thompson [4].

Siendo estos motivos pequeñas unidades arquetípicas, un romance es una constelación de motivos cuya organización es peculiar de cada uno. Bénichou, al estudiar el motivo de «La

---

[2] Cito según el «Índice de cajones», *Cat. Ind.*, III, p. 203, descartando los demás títulos por corresponder a otro tipo de criterios.

[3] *Cat. Ind.*, I, p. 30.

[4] S. Thompson, *Motif-Index of Folk-Literature*.

belle qui ne saurait chanter» y rastrear sus apariciones en canciones europeas y en romances hispánicos, muestra cómo ese mismo tópico de la bella que no puede cantar por tristeza puede encontrarse en composiciones heterogéneas por otra parte [5].

Diferente de la tradicional vendría a ser la distribución de los romances, si se tomaran en cuenta tales motivos. Pero como un romance contiene varios motivos, el problema sería la determinación del motivo principal. Es cuestión de lógica narrativa y es seguro que una clasificación basada en los motivos de Thompson plantearía muchos problemas. De todos modos, lo interesante, sin pensar ahora en esquemas clasificatorios, es analizar la materia de los romances en términos de motivos folklóricos y no sólo de origen, lo que permite relacionar romances a veces completamente disgregados (castigo por amor es *La penitencia del Rey Rodrigo* que se suele unir a los ciclos épicos tanto como *Landarico* o *La adúltera*, aunque con modalidades diversas). Y lo que se puede comprobar en el decurso de la tradicionalización es cómo se han depurado los romances de los elementos ligados a una circunstancia histórica precisa, para conservar sólo aquellos que tienen que ver con un fondo arquetípico (así, *Helo, helo por do viene...* estudiado por Bénichou, Catalán y Di Stefano, que cada uno a su modo muestran cómo el punto focal no es ya la rivalidad Cid/Rey moro, sino la seducción de Búcar por la hija del Cid).

En esta Antología, por las mismas razones obvias que da Armistead, se seguirá la clasificación más usual con mezcla de los dos criterios: origen y contenido, y en concreto se adoptará la de Armistead ya citada, algo adaptada.

---

[5] Paul Bénichou, «La belle qui ne saurait chanter. Notes sur un motif de poésie populaire» (véase un ejemplo de su utilización en el número 91 de esta edición).

VII. FORMA

a) Tratar de la «forma» después de las «materias» no es nada satisfactorio, ya que esto puede dar a entender que la forma es sólo un molde vacío que recibe la materia exterior ya existente y dotada de significación. Eterna dualidad difícil de superar, por lo menos en una Introducción como ésta; esta discriminación no es un postulado teórico sino una comodidad de exposición. Mucho más complejas son las relaciones que se establecen a todos los niveles como trataremos de demostrar.

b) Si hemos visto hasta ahora cómo los objetos «romances» se diferenciaban bajo casi todos los aspectos en varias categorías según su fecha, su lugar de origen, su modo de transmisión, su función, su materia, ¿será su forma un elemento unificador? Desde el principio dejamos sentado como definición una relativa homogeneidad métrica pero, más allá de ese elemento común, ¿habrá también en los demás aspectos formales un factor de unidad? Podemos temernos que no, ya que sólo el aspecto métrico está considerado como rasgo definidor común y no otros, y ya que, por los orígenes y las funciones diferentes de los romances, sería de extrañar que tuviesen una uniformidad formal.

1. ¿Qué se entiende por forma?

Es obvio que «forma» no es término unívoco y que, según los sistemas teóricos, puede adquirir acepciones muy diversas. Sin adentrarnos aquí en las disquisiciones que origina la palabra «forma» (que lo mismo sirve para barridos que para fregados), la usaremos a falta de otro términos genérico que pueda abarcar juntos todos los aspectos de que vamos a tratar a continuación.

¿CÓMO SE HA APLICADO AL ROMANCERO?

Desde el siglo XIX, se ha hablado de la particular «forma» del romance (empleando a veces la misma palabra «forma», a veces «estilo»), y se ha tratado de caracterizarla con respecto a los géneros literarios aristotélicos (épico, lírico, dramático) o de distinguir varias «formas» con la especificación de un epíteto (primitiva, juglaresca, artística), cuando en realidad lo que se hace así es trasponer los problemas; en efecto, tampoco son claros e inequívocos estos adjetivos.

En concreto, lo que se ha estudiado casi exclusivamente es la versificación y la asonancia, quedando muy borrosos, por lo general, los demás aspectos.

Pidal, si muchas veces en sus estudios tiene atisbos muy sugestivos sobre los problemas formales, no los formula claramente por no ser éste su enfoque fundamental. Lo que propone es sustituir el tradicional rótulo «épico-lírico», aplicado al estilo de los romances, por «épico-intuitivo».

Desde hace algunos años se han intentado varios estudios con bases diversas, pero más rigurosas, que aprovecharemos aquí (los de la llamada escuela oralista o los de la «escuela» de Diego Catalán).

Aquí se presentarán sólo esbozos, líneas de estudio posibles, partiendo del aspecto más externo e inmediatamente perceptible hasta las estructuras más profundas que sólo revela el análisis (lo que no significa una jerarquía de valores; es mera cuestión de presentación práctica y no teórica, ya que las teorías narrativas parten a la inversa de las estructuras profundas del relato hasta las estructuras superficiales que las actualizan).

Así se estudiarán sucesivamente: la métrica, la música, la sintaxis, el léxico y la narración.

2. Métrica

La forma métrica, según apuntamos ya al mentar la definición académica, parece ser la misma en toda obra que se llame romance: versos octosílabos asonantados en los versos pares. Pero en seguida surgen varios problemas.

¿La unidad métrica es el verso octosílabo o el verso largo de dieciséis sílabas?

Si nos atenemos a la tradición gráfica, notamos que, desde los primeros textos escritos de romances, éstos se presentan en versos octosílabos, aunque no faltan en todas las épocas los romances en versos de dieciséis sílabas (Nebrija, Salinas, Grimm en Alemania, seguido en esto por Milá, y luego Menéndez Pelayo que reimprime la *Primavera...* de Wolf en versos largos).

Si la costumbre de escribir los romances en versos cortos se debe a motivos de comodidad editorial o de lectura, como piensa Pidal [1], esto no tiene nada que ver con el problema de la unidad métrica. Y el mismo Pidal aboga a favor del verso largo, dividido en dos hemistiquios, como unidad nuclear.

Sirve de apoyo a su tesis la frase musical de dieciséis o treinta y dos notas desde antiguo hasta la actualidad, y también el que el sentido cabal se dé en dos octosílabos y no en uno.

En efecto, si medimos la unidad métrica por la unidad sintáctica mínima (frase), se nota que, muchas veces, un octosílabo no forma una frase completa, siendo el dieciseisílabo la unidad frástica (esto en los romances «tradicionales» y con la salvedad de tendencias estróficas esporádicas; vid. Formas estróficas, p. 98).

En las glosas, no se toma como base un octosílabo solo sino un grupo de dos octosílabos, lo que parece indicar también que la unidad es el dieciseisílabo. Pero las desfechas («versión condensada y lírica de algún romance o decir que

---

[1] *RH*, cap. IV, 8.

servía de terminación»[2] iban en octosílabos y «la desfecha usa casi exclusivamente la misma clase de verso que el de la composición a la que se añade»[3].

De modo que hay argumentos tanto a favor de una como de otra solución y lo único que se puede sacar en claro es que compiten las dos formas (octosílabo y dieciseisílabo).

Sobre el origen del verso de romance, las controversias son las mismas que sobre el origen de los romances, según se consideren éstos como procedentes directamente de las formas épicas anteriores o no. Se ha renovado un poco el enfoque de estos problemas con el descubrimiento de la antigua poesía lírica hispano-árabe (jarchas) que parece obedecer a normas de isosilabismo (mientras que la poesía épica de las gestas era anisosilábica) y que pudo influir por lo tanto en la métrica de los romances. Ésta, pues, sería de otra raíz que el consabido origen épico o, por lo menos, puede que hubiera cruce entre una forma métrica (cantada) popular y octosilábica y otra de medida irregular (tiradas asonantadas más o menos largas) de origen épico.

Apéndice. El romancillo es romance de versos inferiores a ocho sílabas y particularmente el de seis (mientras que el de siete se llama romance endecha o endecha). Aunque menos frecuente que los octosílabos, se da sobre todo entre los poetas cultos del XVII y algunas veces en romances tradicionales (*Don Bueso*), con probable origen en la canción lírica (en *Don Bueso* van unidos los hexasílabos con la forma estrófica). La tendencia de la tradición ha sido uniformar todos los romances en metro octosílabo.

LA RIMA

a) Si se admite (como la escuela tradicionalista de Pidal) que el romance deriva, en un principio, de la gesta, no extraña que su rima prístina sea la asonancia y que el cambio de asonancia en un romance señale su mayor antigüedad (como recuerdo de la gesta con la que se entronca).

Pero también hay que decir que alternan las rimas conso-

---

[2] T. Navarro Tomás, *Métrica española*, p. 533.
[3] R. Baehr, *Manual de versificación española*, p. 211.

nantes y las rimas asonantes en los textos más antiguos. Entre los poetas de fines del xv la rima consonante prevalece y seguirá en el siglo xvi hasta que por los años 1580 predomine la rima asonante, no como retorno a una forma primitiva, sino como reacción contra la moda inmediatamente anterior [4].

b) Otra cuestión muy controvertida en el campo de la asonancia es la presencia de la *e* llamada paragógica para unificar rimas graves y agudas, llegándose al extremo de crear formas antietimológicas como *hane, sone, allae,* etc. Esta adjunción de la *e* puede que se deba a las necesidades de la música (según testimonios de Nebrija y del músico Salinas). Pidal, después de estudiar los orígenes del español en la obra que lleva tal título, llega a la conclusión de que no se trata, como lo creyeron varios críticos del xix (Wolf, Dozy), de aberraciones debidas a impresores del xvi, sino de formas antiguas de los siglos x y xi conservadas en la poesía épica y que pasaron al Romancero [5].

Cambios de asonantes

En un mismo romance el cambio de asonantes puede ser considerado como prueba de su antigüedad y de su entronque con las gestas, siendo recuerdo de las varias tiradas, según Pidal (v. gr., *Castellanos y leoneses,* correspondiente, en esta edición, a los núms. 7.*b* y 7*c*).

En cuanto a los romances «novelescos», se piensa en un origen estrófico (vid. Formas estróficas, en página siguiente).

Cuando existen varias versiones de un mismo romance, suele ocurrir que se unifiquen las asonancias, como en el romance de *Las bodas de Doña Lambra,* del cual se conocen dos versiones (*Primavera,* 17 y 25), una en *a-o* y *a a;* otra refundida en *a-a* exclusivamente.

En el caso de ser el cambio de asonantes recuerdo del origen estrófico, perdura a veces, como en el romance *A tan alta va la luna* (*Primavera,* 170), que en la tradición portuguesa

---

[4] D. Saunal, «Une conquête définitive du 'Romancero nuevo': le romance assonancé».

[5] *RH,* I, pp. 108-121.

y en la tradición sefardí queda en forma estrófica [6]; o en el romance de *La muerte ocultada* (vid. núm. 70 de esta edición).

También la actividad refundidora puede ejercerse sobre un romance cambiéndole la asonancia aunque sea única. Así, en dos versiones de la *Primavera* (84 y 84 *a*):

1) *Moro alcaide, moro alcaide, el de la barba vellida;*
2) *Moro alcaide, moro alcaide, el de la vellida barba.*

Y en la tradición moderna, muchas veces, un romance, que era de asonantes varios, se regulariza en un solo asonante. Así, el *Veneno de Moriana* (del que, aunque no recolectado en el siglo XVI, quedan versos pareados sueltos) se encuentra ahora asonantado en *i - o* o en *á*.

Por ser la rima una de las células generadoras del romance, el cambiarla o uniformarla obliga a un proceso de adaptación y de recreación: el elemento invariante es el molde métrico con rima asonante cada dos octosílabos; el variable es el tipo de asonante.

Para un registro de las asonancias predilectas (graves y agudas) y su distribución entre las diferentes clases de romances, puede consultarse lo que dice al respecto Menéndez Pidal [7].

FORMAS ESTRÓFICAS

Se ha querido ver un principio de estrofismo en la agrupación de los versos en varias series asonánticas y también en la agrupación en cuartetas.

En un principio, varios romances que tienen parecido con baladas extranjeras fueron quizá de forma estrófica (como en tales baladas). Recuerdo de ello pueden ser los cambios de asonantes (sin regularidad), como en el *Conde Alemán* (*Primavera*, 170). El deterioro de las estrofas primitivas hace que las series asonantadas no abarquen el mismo número de versos. En la actualidad, el romance más famoso que guarda el principio de división estrófica con cambio de asonantes es el de *Don Bueso* (además hexasílabo) en la tradi-

---

[6] Vid. *Cat. Ind.*, II, pp. 84-85. Las ocho versiones del Archivo son de forma estrófica.

[7] *RH*, II, pp. 24-25.

ción judía (vid. nuestro núm. 60), mientras que en la tradición peninsular se ha convertido en monorrimo y hasta ha cambiado el metro en octosílabo (tendencia uniformizadora).

La cuarteta

Algunos, como Wolf, creyeron que la estrofa predilecta y hasta originaria era la cuarteta (cuatro octosílabos). Los estudios de Morley y Cirot [8] muestran que no hay tal división estrófica en los romances viejos, opinión compartida por Pidal.

Por influjo de la música cortesana —que abarcaba un periodo de treinta y dos sílabas, o sea la famosa cuarteta— los romances trovadorescos tendieron a agrupar los octosílabos de cuatro en cuatro. En el siglo XVI, no se nota mucho esa propensión hasta que, a finales de siglo, con la aparición de las *Flores*, cunden y predominan los romances en cuartetas, convirtiéndose éstas en característica de los romances nuevos (aunque no de todos, es más bien tendencia mayoritaria).

Mercedes Díaz Roig ha estudiado de modo muy pormenorizado la agrupación en cuartetas con un esquema enumerativo de tres elementos (en los tres primeros versos) con un cuarto verso añadido o integrado (así el tercer elemento abarca dos versos). Se encuentra ese esquema en el Romancero antiguo (ejemplos de la *Primavera*) y en el romancero moderno, lo mismo que en la poesía lírica (para formar coplas). Es muy interesante ese enfoque por unir indisolublemente forma y contenido mostrando cómo la necesidad de redondear la cuarteta es un elemento motor (entre otros) de la composición del romance [9]. No significa esto que todo el romance esté

---

[8] S. G. Morley, «Are the Spanish Romances written in quatrains? and other questions»; G. Cirot, «Le mouvement quaternaire dans les romances».

[9] Mercedes Díaz Roig, «Un rasgo estilístico del Romancero y de la lírica popular». Algunos ejemplos citados:

Maldiré mi hermosura, maldiré mi mocedad,
maldiré aquel triste día que con vos quise casar (Primavera, 164);
que la trancabas el vino, que la trancabas el pan,
que la trancabas la seda con que solía bordar (Cossío, Romancero popular de la Montaña, 150).

formado de cuartetas (como en la época del Romancero nuevo), pero señala una tendencia que puede que sea más consustancial de lo que se ha dicho.

El estribillo

La introducción de un estribillo se debe al canto. En los tratados de música más antiguos, no había por lo general tales estribillos en el canto cortesano; sin embargo, en la *Pérdida de Alhama* se encuentra después de cada cuarteta: «*¡Ay de mi Alhama!*». En los otros casos de los pocos romances anotados con estribillo, éste viene a contrapelo, rompiendo las unidades sintácticas.

En tiempos del Romancero nuevo, a la par que el de la cuarteta, se generalizó el uso del estribillo, después de cada cuarteta o después de cada dos cuartetas.

En los romances modernos con estribillo, éste suele seguir también cada cuarteta (en Canarias, v. gr.), pero en un romance curioso *El reguñir, yo regañar* (publicado recientemente en el *Romancero rústico*) el estribillo va después de dos cuartetas (en casi todas las versiones).

La costumbre de cantar los romances con estribillo se debe a su uso como acompañamiento de los bailes (estribillo coreado por todos, mientras que un solo cantor se hace cargo de los demás versos), sin que sea forzosa su presencia en todos los romances bailables (*Gerineldo* se baila sin estribillo). Precisamente el de *El reguñir, yo regañar* se canta en las «danzas de paloteo» en Condemios (Guadalajara), según informa A. Aragonés Subero, que recogió allí una versión [10].

Es muy variable la presencia del estribillo según las áreas; parece darse más en Cataluña (Milá) y, sobre todo, en Canarias (aunque no falta en otras regiones, como lo vimos en el ejemplo precedente). Allí el romance usado para la danza va siempre con su estribillo (llamado «responder»), siendo uno de ellos el que da su título a la hermosa colección de romances canarios: *La flor de la marañuela*.

---

[10] *Romancero tradicional*, IX (*Romancero rústico*), versión III, 14, p 271.

A veces, esos estribillos tienen que ver con los demás versos del romance *(El reguñir, yo regañar);* otras veces, no. José Pérez Vidal, que estudia los «responderes» de Canarias (vid. p. 81, nota 3), piensa que éstos fueron compuestos las más veces en Canarias en relación con las fiestas o costumbres en que se cantan y con la toponimia y la flora canarias *(«Por el aire va que vuela / la flor de la marañuela)* y muchas veces en forma dialectal *(«Bonita flor si goliera / la flor de la marañuela»).* Pérez Vidal, en el citado artículo, incluye ciento treinta «responderes» y dice conocer muchos más. Los «responderes» no son propios de un romance sino que pueden intercambiarse, con la salvedad de corresponder la rima a la del romance, y se cantan con la misma entonación que la de todo el romance.

De ese rápido vistazo a los problemas de métrica de los romances podemos sacar la conclusión de que éstos están muy íntimamente ligados a los del canto y de la música, pero de modo complejo. No siempre se amoldan los cánones métricos con los musicales: la tendencia a la armonía entre letra y música parece ser más bien un anhelo culto, que se nota sobre todo entre los poetas del Romancero nuevo. En la tradición prevalece más bien la bipolarización ritmo métrico/ritmo musical en oposición, en tensión.

3. Música

Trataremos de la música sólo en la medida en que está relacionada con la letra (según acabamos de verlo en el apartado anterior), y no en su especificidad técnica.

Desde antiguo va el romance unido a la música. Y los grandes músicos de los siglos XV y XVI se ejercitaban sobre textos romancescos.

Varios problemas aparecen: ¿De dónde viene la melodía? ¿Es composición personal o adaptación de una melodía ya existente? ¿Cómo se adapta a la letra de los romances?

Lo que sabemos de esa música para romances procede de los cancioneros musicales (editados en 1890 bajo el título de *Cancionero musical de palacio,* por Francisco Asenjo Barbieri; otras ediciones parciales de Eduardo Martínez Torner, Pedrell,

Higinio Anglés, Romeu i Figueras). Estos cancioneros han
servido de base tanto a estudios musicales como a estudios
textuales (Menéndez Pidal cita los romances publicados por
los vihuelistas [11]), pero suelen ir separados los dos aspectos.
Daniel Devoto procede a la inversa, tratando de relacionar
letra y música y de dar direcciones posibles de estudio [12].

Para él, en el plano musical como en el textual, se trata
de variaciones sobre una base melódica ya existente. A la
misma conclusión llega Isabel Pope en su estudio técnico sobre la melodía del *Conde Claros* [13]. Salinas transcribe esta
melodía (de la cual dice «cantus antiquissimus et simplicis-
simus est») para ilustrar cierta composición métrica, y así la
da a conocer en su escueta sencillez. Del mismo romance se
conoce otra melodía de Juan del Encina que, según dice Isabel
Pope, «no tiene nada que ver con la sencillísima tonada del
romance citado por Salinas. Es música sabia, obra de un
artista muy versado en el arte contrapuntístico de la época».
En efecto, los músicos cortesanos aplicaban a la melodía heredada y conocida de todos la técnica de la variación, lo que se
llamó hacer «diferencias» sobre un tema dado. Cito otra vez
a Isabel Pope: «La base es siempre la misma. La variedad
musical consiste en los adornos y floreos característicos de la
técnica del instrumento, siempre sobre esa constante rítmica».

Si insisto en ese asunto (eludiendo los aspectos más técnicos) es porque me parece que esas observaciones, como las
de Devoto, ponen de manifiesto que, en el plano musical como
en el plano textual, se trata de reelaboración de elementos
preexistentes, de abolengo «tradicional» (cualquiera que sea
el origen de la tradición, éste es otro problema).

Un punto interesante de notar es cómo, un siglo después
del arreglo de Juan del Encina, puede Salinas transcribir la
melodía sencilla, lo que da a entender que ésta seguía vigente
y conocida de todos. Es una prueba de cómo permanecía al
lado de las composiciones y arreglos cultos, la veta «popular»
y viene a ser por lo mismo, de rechazo, un testimonio de

---

[11] *RH*, II, pp. 81-84.
[12] Daniel Devoto, «Poésie et musique dans l'oeuvre des vihuelistes».
[13] Isabel Pope, «Notas sobre la melodía del 'Conde Claros'».

la persistencia de la tradición oral paralela a la tradición culta.

En la recolección moderna del romancero oral, muchos de los primeros colectores (los catalanes Aguiló y Briz, v. gr.) recogieron las melodías, pero las publicaron arreglándolas a su modo. Manrique de Lara, al contrario, era muy escrupuloso en su labor de transcripción, tratando de respetar cada producción, incluso de un mismo sujeto, que podía variar al repetir el romance (exactamente como varía el texto) [14]. Eduardo Martínez Torner, musicólogo muy eminente, dedicó su vida a recoger testimonios de la música popular, que él estudió y consideró por primera vez en sí y no como elemento externo añadido a la letra. Así es como trata de clasificar las melodías sin considerar a qué letra se aplican. Varios de sus trabajos son muy técnicos y muy precisos [15].

Fue Torner uno de los colaboradores de Menéndez Pidal más eficaces, proporcionándole textos inéditos, pero también, y sobre todo, melodías. Colaboró con el norteamericano Kurt Schindler, folklorista destacado que murió sin poder llevar a cabo la exploración folklórica de la Península que se proponía hacer, pero dejó él también buen muestrario de la música y poesía popular [16]. Entre los trabajos recientes conviene destacar los de Israel J. Katz, musicólogo, que se dedica, sobre todo, a los romances y melodías sefardíes, colaborando con Armistead y Silverman, pero cuyos estudios de gran precisión técnica pueden servir de modelo para otras ramas del romancero [17]. Actualmente, todos los colectores, o casi, no dejan de recoger la música a la par que la letra, editándola, y hasta en el caso, ya citado, de los editores de los «Romances tradicionales» de Valladolid (vid. p. 48, nota 79) añadiendo cassettes al libro. Existen también muchos discos y cassettes de música de romances más o menos arreglada por los intérpretes.

---

[14] *RH*, I, «Ilustraciones musicales», de Gonzalo Menéndez Pidal, páginas 395-396.

[15] E. Martínez Torner, «Ensayo de clasificación de las melodías de romances»; «Indicaciones prácticas sobre la notación musical de los romances».

[16] K. Schindler, *Folk music and poetry of Spain and Portugal*.

[17] Vid., por ejemplo, «Sobre las melodías de romances», *Tres calas...*, pp. 145-151 (cf. p. 32, nota 52).

Relaciones letra/música

Aun cuando se estudia la música (como Torner), no puede dejarse aparte el problema de la adaptación de la letra con la música. La melodía suele repetirse de dos en dos versos o de cuatro en cuatro (cuarteta) y muchas veces los editores —así hicieron los antiguos— anotan sólo los primeros versos, y se puede inferir de ello que los demás versos se adaptan del mismo modo a la música.

Esto no deja de ser problemático, sobre todo cuando falta un verso; Torner, que ha examinado todos los casos, llega a la conclusión de que, en general, si el verso está en blanco, también falta el acompañamiento musical correspondiente. Y si el número de versos es impar, para aplicarle una melodía concebida para cuatro versos, se repite la segunda parte de la melodía para el verso que queda suelto. Hay, pues, que adaptar la melodía a la letra cuando las unidades métricas (versos=octosílabos) y las unidades musicales no corren parejas.

En cuanto a la adaptación de un verso a la melodía, parece que es ésta la que se amolda «al acento y al número de sílabas del verso» (es lo que dice Isabel Pope de la melodía del *Conde Claros*). Y Gonzalo Menéndez Pidal llega a la misma conclusión hasta en el caso de arreglos polifónicos antiguos ejecutados por varios instrumentos, quedando íntegra y para ser cantada por una sola voz la melodía base: «Y ésta va a ser siempre la tendencia de la música recitativa del romance: respetar la inteligibilidad del texto, evitando el que se diluya en el artificio polifónico o contrapuntístico» [18].

Parece, pues, que hay cierta preponderancia de la letra, aunque habría que hacer muchos más estudios técnicos para valorar exactamente las relaciones mutuas.

También en cierta medida son independientes en la tradición oral texto y música. Frente a cierto número y tipos de melodías (como los que clasifica Torner), tenemos un repertorio de romances y no adscripción fija de una melodía a un romance, y puede ser un factor de contaminación entre dos textos el que se suelan cantar con la misma melodía.

---

[18] *RH*, I, p. 370.

Relaciones entre melodías antiguas y modernas

Algunos consideran (Torner, García Matos) que existe una filiación entre las antiguas melodías y las actuales (mismas notas); otros, que dicha filiación es poco convincente, siendo muy grandes las diferencias en otros aspectos. Así opina un hispanista inglés, Jack Sage, que quiere demostrar además que los vihuelistas reelaboran más de lo que se ha dicho y cambian completamente la tradición musical [19].

No nos pronunciaremos al respecto, notando una vez más que en ese campo también quedan más preguntas sin contestar que soluciones claras.

4. Sintaxis frástica

Hacen falta estudios técnicos precisos [20] sobre la estructura sintáctica de los romances.

En una primera aproximación, no puede dejar de notarse, en ese plano también, la diferencia entre romances tradicionales y romances artísticos. En aquéllos se da el caso que la frase pocas veces rebasa el marco de dos octosílabos (siendo esto un argumento a favor del dieciseisílabo como unidad métrica), tanto en el Romancero antiguo:

Cabalga Diego Laínez
al buen rey besar la mano;
consigo se los llevaba
los trescientos hijosdalgo (núm. 12 de esta edición)

como en el Romancero de tradición oral:

---

[19] Jack Sage, «Early Spanish Ballad Music: tradition or metamorphosis?».

[20] Suzanne Petersen que estudia con ayuda de un ordenador el proceso de variación en el romace de la *Condesita*, toma más en cuenta los elementos léxicos que los elementos sintácticos. (Suzanne Petersen, *El mecanismo de la variación en la poesía de transmisión oral...*)

> *Levantóse Bueso*
> *lunes de mañana;*
> *tomara sus armas*
> *y a la caça iría* (núm. 70 de esta edición).

Difieren en esto de los romances artísticos en que la unidad más usual parece ser la cuarteta:

> *Coronadas de victorias*
> *Aquellas dichosas sienes*
> *Con un frío insoportable*
> *El Cid está a la muerte.*
> *Presente se halló San Pedro*
> *Que quiso hallarse presente*
> *Para mostrar que su vida*
> *Mereció fin tan alegre* (Durán, 897, apud *Romancero general*)

Es éste un hecho ya subrayado por los estudiosos del Romancero [21], y efectivamente puede considerarse como ley mayoritaria (a falta de datos estadísticos precisos), aunque también hay frases de cuatro octosílabos en el Romancero tradicional:

> *Estándose la condesa*
> *debajo del pino abán,*
> *con peine de oro en la mano*
> *a su hijo quié peinar* (núms. 30 b-31 b de esta edición)

Y tal tendencia se va acentuando en el Romancero de tradición oral, bajo el influjo de la lírica, según lo muestra muy bien el estudio de Mercedes Díaz Roig (vid. p. 99, nota 9).

Otros muchos aspectos sintácticos quedan por estudiar, como serían:

— El octosílabo como subunidad frástica. Ya que es el octosílabo célula relativamente independiente, puede desgajarse y emigrar de un romance a otro (es el caso en el susodicho ejemplo de: *«lunes de mañana»* o *«con un peine de oro*

---

[21] Vid. Antonio Sánchez Romeralo, «Creación poética. Nuevos métodos de estudio», pp. 222-225.

en la mano»), convirtiéndose así en lo que se llama «fórmula» (vid. más adelante).

— El sintagma nominal y su determinación. La parquedad de la adjetivación ha sido mostrada por Braulio do Nascimento estadísticamente en cuarenta y siete versiones de *El veneno de Moriana* (llegando los adjetivos sólo al 4 por 100) [22]. No se puede generalizar sin más tal resultado, pero parece obvio que en los romances tradicionales no abundan los adjetivos.

Las oraciones de relativo se dan muchas veces para especificar un sustantivo:

> *Rey moro tenía un hijo*
> *que Tarquimo se llamaba,*
> *se enamoró de Altamares*
> *que era su querida hermana* (*Amnón y Tamar*, Alvar,
> versión 161)

y también la duplicación del sustantivo que abarca así un octosílabo *(Conde Niño, conde Niño; Gerineldo, Gerineldo; Nuño Vero, Nuño Vero).*

— La oración, reducida a sus componentes mínimos (SN, SV), muchas veces incluye pocos complementos preposicionales.

Las oraciones subordinadas también escasean y, por lo general, sólo hay una por oración (oraciones de relativo, sobre todo). En efecto, como causa o consecuencia de la poca extensión de una oración, lo que predomina es la construcción paratáctica (yuxtaposición de oraciones) sobre la construcción hipotáctica (una oración subordinada a otra). Los nexos lógicos de dependencia no están explicitados y el orden cronológico de aparición de las oraciones viene a ser el orden lógico: A, B → A luego B.

Cuando los enlaces sintácticos están presentes, uno de los más usuales es *que,* con valor causal:

> *Matadme con ella vos,*
> *que aquesta muerte, buen conde,*
> *bien os la merezco yo* (núm. 74 de esta edición)

---

[22] Braulio do Nascimento, «Processos de variação do romance».

> *Levántate, Gerineldo,*
> *que estamos los dos perdidos,*
> *que la espada de mi padre*
> *está sirviendo de testigo* (núm. 82 *c* de esta edición)

o de mera coordinación:

> *Que tales palabras, tío,*
> *no las puedo comportar* (núm. 29 de esta edición)

Si la oración se alarga haciéndose más compleja, es señal de que se trata de un romance no tradicional, próximo a su fuente escrita.

En los romances tradicionales, la falta de enlaces sintácticos se suple con otros recursos que establecen cierta lógica narrativa, como son, a mi parecer, el particular uso de los tiempos verbales, las repeticiones, los paralelismos de construcción, las antítesis de frase a frase.

Posiblemente, un estudio lingüístico riguroso ayudaría a precisar los traídos y llevados conceptos de «esencialidad», «concentrada brevedad», «estilización», aplicados al romancero.

5. Los tiempos de los verbos

Muchos críticos han notado la anarquía aparente en el uso de los tiempos verbales en el romancero, sobre todo en la mezcla de presente y pasado (con la incongruencia de imperfectos hasta en el discurso directo) [23].

Muchos estudios se han hecho al respecto que intentan explicar esas singularidades, siendo el más extenso y completo el de Szertics, que proporciona gran copia de ejemplos, sacados tanto del Romancero antiguo como del moderno [24]. Desta-

---

[23] V. gr.: en el romance de *Abenámar:*
  «¿Qué castillos son aquéllos?
  ¡Altos son y relucían!»
  «El Alhambra era, señor,
  y la otra es la mezquita» (núm. 46 *b* de esta edición).
[24] Joseph Szertics, *Tiempo y verbo en el Romancero viejo.* En ese libro (p. 79 y pp. 68-75) se encontrarán la bibliografía anterior

ca, sobre todo, las diferentes alternancias de tiempos verbales, los valores del imperfecto y de la forma en -*ra*.

Más o menos, todos los críticos tratan del problema de los tiempos verbales como de un hecho de discurso, relacionándolo con un deseo de «expresividad», sin remontarse a las condiciones de lengua que permiten tal uso ni a las causas que lo producen.

Otro estudio, que no he visto citado en ninguna parte, enfoca las cosas a la inversa [25].

Puede parecer de difícil acceso este trabajo a quien no esté al tanto de las teorías psicomecánicas del lingüista francés Guillaume, pero Chevalier da todos los fundamentos y explicaciones para que se pueda entender su planteamiento. Rebate ahincadamente las posiciones de sus antecesores, que atienden sólo a los efectos superficiales sin buscar las causas profundas.

Trataré de resumir sus principales aportaciones:

a) Las condiciones mismas de la producción oral influyen sobre su composición. El modo mismo de consumo del producto oral hace que lo esencial para el productor viene a ser captar y mantener la atención del consumidor/oyente, haciéndole partícipe y no receptor pasivo.

b) Ahora bien, si estas consideraciones son válidas para cualquier producción oral, el Romancero ha escogido una modalidad *sui generis* para llegar a este fin y es la alternancia de los tiempos verbales. Lo que Chevalier llama «arquitectura temporal» es propio del Romancero y no de un estado de lengua antiguo, un «pensar arcaico» u otras explicaciones por el estilo, pero no contradice los principios del sistema verbal español.

Así es como, siendo el fin principal del romance hacer perceptible el movimiento de los hechos narrados, distingue Chevalier dos modalidades: «*stases*», o sea detención en un mo-

---

sobre ese punto y el resumen de las posiciones de los más destacados críticos: Leo Spitzer, Karl Vossler, Ludwig Pfandl y Menéndez Pidal (vid. *RH*, I, cap. III).

[25] Jean Claude Chevalier, «Architecture temporelle du 'Romancero traditionnel'».

mento dado (tan largo como se quiera), e «*interstases*», o sea traslación de un momento a otro.

En las «*stases*» se encuentran presentes o imperfectos, mientras que las «*interstases*» se marcan con pretéritos indefinidos o formas en *-ra*, pretéritos perfectos, o el empleo de *ya* (que indica que la acción se considera después de su comienzo), de acuerdo con el valor de estos tiempos en el sistema verbal español.

c) En cuanto al imperfecto, con su uso aberrante en el discurso directo, se explica dentro del sistema particular de alternancia con el presente. El presente introduce a los oyentes en el desarrollo de los hechos narrados; el imperfecto les hace recordar su propia posición temporal, quitando la ilusión de la presencia, de la concomitancia que da el presente. Así es como, dentro de las «*stases*», se produce un movimiento interno que solicita al oyente sin cesar; y el recitante, mediante esta alternancia, bien se hace olvidar dejando en primer plano los acontecimientos narrados (presente), bien vuelve a ponerlos en su perspectiva pasada desde su presente de narración que es también el de los oyentes. En el discurso directo pasa lo mismo, salvo que el recitante delega su posición y sus poderes de narrador al personaje con el mismo cambio de perspectiva temporal. Y como recuerda Chevalier, es lo que había sentido Vossler a propósito del romance de Abenámar: «¿No le parece a usted como si con el "relucían" en la voz del rey Don Juan, y con el "era" de las palabras del moro Abenámar se introdujera, al mismo tiempo, la voz del poeta que quiere estar allí presente, o, visto por otro lado, como si el rey y el moro quisieran prolongar y hacer llegar hasta nosotros sus propósitos?» [26].

He tratado de resumir, traduciendo lo esencial, el análisis de Chevalier, que me parece importante por dos razones: da una explicación coherente del conjunto del problema de las alternancias verbales y, sobre todo, lo enfoca en la perspectiva de la producción oral, destacando cómo ese uso particular de los tiempos es una solución a la necesidad de dinamizar la narración, sólo que, añadiré yo, no es la única solución. Por las

---

[26] K. Vossler, «Carta española a Hugo von Hofmannsthal», p. 21.

mismas razones se pueden explicar otros hechos notables (repeticiones, etc.).

En los romances de producción escrita no existen las mismas necesidades ni se da esa alternancia, sino como mero adorno, «pátina» que ya ha perdido su funcionalidad.

6. Material léxico

El léxico de un romance no puede estudiarse como el léxico de un texto acabado y fijo. Siendo como es el romance una estructura abierta, la variación le es consustancial, y la variación léxica es una de las más aparentes. De ahí que se haya enfocado el examen del léxico en la crítica reciente, sobre todo en función de su variación. Se pueden distinguir dos tipos de variación: bien en un romance dado: repeticiones y diferencias; o bien en un *corpus* de romances: todas las versiones de un mismo romance sincrónicas o diacrónicas.

VARIACIÓN LÉXICA EN UN CORPUS DE VARIAS
VERSIONES DE UN ROMANCE

Braulio do Nascimento, en el estudio ya citado, analiza cuarenta y siete versiones modernas brasileñas de *El veneno de Moriana*, *corpus* reducido y relativamente homogéneo. Las conclusiones valen para este *corpus* y sería arriesgado generalizarlas a todos los romances, pero no carecen de interés. Las resumo brevemente:

— predominio de los verbos (55 por 100) sobre los sustantivos (41 por 100), y de esas dos categorías sobre los adjetivos (4 por 100);

— escasez de las palabras comunes a todas las versiones (2 por 100) y, en consecuencia, gran variabilidad léxica;

— examen de los recursos que hacen sustituir una palabra por otra, sea a nivel del significante (parentesco fonético o rítmico), sea a nivel del significado (sinonimia, sustitución motivada por varias causas, como, v. gr., lo que él llama «eufemismo»)[27].

---

[27] Vid. Braulio do Nascimento, «Eufemismo e Criação Poetica no Romanceiro Tradicional».

Sobre las mismas bases estadísticas, Diego Catalán y su equipo han realizado varios estudios sobre otros romances con la ventaja sobre el de B. do Nascimento, únicamente sincrónico, de comparar las versiones modernas a las antiguas [28].

Suzanne Petersen, al analizar con ayuda de un ordenador las seiscientas doce versiones de *La Condesita,* tiene medios de comprobar o rebatir algunas de las afirmaciones que se suelen hacer sobre la variación léxica, su importancia, su significación. En cuanto a dispersión léxica, registra dos mil cuatrocientas treinta y ocho palabras diferentes, de las cuales casi la mitad (48 por 100) están sólo en una o dos versiones, mientras que escasamente cincuenta y seis palabras pertenecen al 50 por 100 de las versiones y unas ciento veintinueve al 25 por 100, lo que corrobora las conclusiones de Braulio do Nascimento.

Es imposible aquí resumir todo su estudio basado en los resultados que da el ordenador, pero entresacaré como esenciales estas líneas:

Los varios índices léxicos que acabamos de describir nos han puesto de manifiesto la extraordinaria variabilidad del vocabulario de un romance tradicional. Esta variabilidad es, por supuesto, una consecuencia directa del proceso de recreación poética colectiva.

A diferencia del vocabulario de un texto literario, el vocabulario de una estructura tradicional no depende del léxico total de su productor y de los límites semánticos y estilísticos impuestos por un tema dado. En vez de manifestar el léxico de «un» autor, el vocabulario de un romance tiende a manifestar el léxico del grupo humano en que el romance se canta. Por otra parte, el «tema» de un romance, en lugar de poner límites al léxico utilizable, más bien sugiere el empleo de un vocabulario específico, que puede incluso no ser representativo del léxico del grupo humano en

---

[28] Vid. Suzanne Petersen, *El mecanismo de la variación...;* Diego Catalán, «Memoria e invención en el Romancero de tradición oral»; id., «El romance tradicional, un sistema abierto»; id., «Análisis electrónico de la creación poética oral»; id., «Análisis electrónico del mecanismo reproductivo en un sistema abierto: el modelo 'Romancero'»; id., «Los modos de producción y 'reproducción' del texto literario y la noción de apertura».

que el romance se canta. Por tanto, el vocabulario de una versión cualquiera es el resultado de un compromiso entre el vocabulario genéticamente adscrito al tema del poema y el léxico variable (tanto el común como el propio del género) de la cadena de cantores que han intervenido en su transmisión: compromiso que no excluye, en algunos casos, la continuada repetición o recreación de palabras ajenas al léxico del medio en que el romance se transmite (p. 117 de la fotocopia que manejo).

Examina también S. Petersen otro punto controvertido, el de la variabilidad verbal en posición de rima: se ha dicho, sin pruebas, que la rima sería un factor de estabilidad, ya que no cambiarían las palabras en esa posición clave del verso. S. Petersen matiza ese parecer y, sin arriesgarse a dar una solución, propone que «antes de dar por sentada la mayor estabilidad del vocabulario en una dada posición, sea en los finales de hemistiquios o en grupos de hemistiquios vistos en conjunto, habría que resolver primero el problema de las diferencias sintácticas entre los primeros y segundos hemistiquios y el del papel que juega la rima (cada rima) en este contraste» (p. 149 de la fotocopia).

Se ve que aquí también estamos más bien en la etapa de plantear problemas que no en la de resolverlos.

Fórmulas

Desde hace mucho se ha notado en un romance dado y hasta en el *corpus* de todos los romances la presencia de versos o grupos de versos idénticos [29]. Pero los críticos sólo advertían de paso este hecho y con miras a la caracterización de un subgrupo (carolingios).

Los trabajos de la escuela oralista, al poner el acento sobre

---

[29] «Propio es de toda poesía popular la repetición de fórmulas y de versos enteros, pero se nota muy especialmente en los romances carolingios»; M. Milá y Fontanals, *De la poesía heroico-popular castellana*, p. 460. La misma opinión en Menéndez Pelayo, «Tratado de los romances viejos», *Ant. Lír. Cast.*, VII, pp. 255-256, con la misma adscripción a los romances carolingios preferentemente.

la «fórmula» como congénita a la producción oral, han cambiado el enfoque.

Según la definición de Milman Parry, la fórmula es «un grupo de palabras empleadas regularmente en las mismas condiciones métricas para expresar una idea esencial» y su empleo caracteriza la producción oral o, mejor dicho, es la producción oral la que conlleva el uso de fórmulas (vid. p. 73, nota 15).

A. Lord ha ampliado, con las mismas bases teóricas, el concepto con el de «expresión formularia», verso construido sobre el mismo esquema formulario (vid. p. 72, nota 15). Con estas definiciones y con los mismos postulados (caracterización de una producción oral) han estudiado los romances de *Primavera y flor* Ruth House Webber y Orest R. Ochrymowycz [30]. La primera, haciendo estadísticas sobre los romances que emplean más fórmulas o versos formularios, llega a la conclusión de que son los juglarescos (de producción oral en principio) y pretende poder determinar con ese criterio cuantitativo si un romance es o no juglaresco. Orest R. Ochrymowycz, con un *corpus* más reducido —los romances juglarescos carolingios de *Primavera y flor*— quiere caracterizar los aspectos del estilo oral y hace un catálogo de las fórmulas y también de las repeticiones de palabras o conceptos en dos, o a lo más tres, versos seguidos y de algunos aspectos métricos como encabalgamientos y versos irregulares.

Difícil es delimitar lo que es formulario; parece que se agrega a lo formulario todo esquema repetitivo, sea léxico, sea sintáctico y lo que queda por estudiar, más allá de un repertorio, es la significación de esas fórmulas: no son meros ripios, repetición de significantes o de estructuras de las que se vale el cantor/productor para redondear su texto sino que son, al mismo tiempo, unidades de significado y quizá se las pueda

---

[30] Vid. p. 64, nota 2, así como la reseña de Webber hecha por Margit Frenk de Alatorre, *NRFH*, IV, 1952, pp. 162-165, que valora muy bien los méritos y las insuficiencias del trabajo. Ejemplos de fórmulas de Webber: *Ellos en aquesto estando, Allí hablara el buen rey, Bien vengáis el caballero, Ya se parte, ya se va*, etc. R. Webber las clasifica según su función (Introducción al diálogo, Saludos, etcétera) y da las variantes.

adaptar al entorno lingüístico y extralingüístico del texto producido [31].

Dicho de otra manera, a la vez que pilares importantes de la producción, ¿no tendrán también un valor simbólico que asegura su permanencia?

VARIACIÓN LÉXICA EN UN TEXTO DE ROMANCE: IDENTIDAD/DIFERENCIA

Bajo ese título genérico pueden caber todos los recursos verbales que tanto abundan en el Romancero y se conocen bajo las denominaciones de repeticiones, enumeraciones, oposiciones.

Cabe examinar bajo ese aspecto no sólo los elementos léxicos, sino los moldes estereotipados que los contienen (pregunta, contestación, v. gr.).

El mejor estudio al respecto es el de Mercedes Díaz Roig [32] que compara el romancero a la lírica popular. Aquí van resumidas todas las modalidades: repetición sintáctica y semántica (dentro de un octosílabo, entre dos octosílabos, entre dos grupos de dos octosílabos), la antítesis, la enumeración.

Hay que hacer la misma pregunta que frente a las «fórmulas» *stricto sensu:* ¿son estos procedimientos fijos de agrupación verbal sólo una técnica de producción?, ¿o remontan a un principio estructurante que en sí ya es significativo?

En efecto, más allá de la técnica expositiva que representan, parece haber un juego entre la identidad y la diferencia,

---

[31] Por ejemplo, habría que estudiar las fórmulas y esquemas de localización espacial como «*a la mitad del camino*», «*al entrar... al salir...*» que expresan un lugar-frontera. ¿Por qué? ¿Cuándo? ¿Qué elementos se encuentran después de: *al entrar* y *al salir (valle, monte, arenal,* etc.)? y ¿por qué? Y no hablemos de *la mañana de San Juan* y otras localizaciones temporales...

[32] Mercedes Díaz Roig, *El romancero y la lírica popular moderna.* Vid. sobre el mismo problema, Ariane de Felice, «Essai sur quelques techniques de l'Art verbal traditionnel»; Bennison Gray, «Repetition in oral literature» y P. Zumthor, «Pour une poétique de la voix».

introduciéndose ésta dentro de lo idéntico para tomar así más relieve [33].

Es de notar que, si estos recursos ya se encuentran en el romancero antiguo (y los romances que los contienen pueden considerarse, por lo mismo, afectados por el paso de la tradición, ya que carecen de ellos los romances «artísticos»), se acrecienta su uso en el romancero moderno de tradición oral. Esto será debido a su particular modo de producción pero, a la vez, se crea una tensión opositiva entre lo ya conocido (repetición de lo mismo) y lo nuevo (diferencias) que caracteriza la andadura narrativa y la hace avanzar a saltos. Es una manera de sustituir los enlaces gramaticales cronológicos y lógicos, instaurando así un modo de narrar peculiar.

7. Narración

Estudiar la narración (la narratividad, según dice la semiótica moderna) es pasar a un nivel más abstracto en que se considera la sucesión lógica, temporal y espacial (espacio textual) de la materia narrada.

En este plano también habría que distinguir más los problemas sincrónicos de la organización de la narración en tal o tal romance e incluso en cada versión, y los problemas diacrónicos de la evolución de la misma a lo largo del tiempo. Los dos aspectos se mezclan a menudo por ser el interés primordial de la mayoría de los críticos el estudio de la variación diacrónica en los romances.

---

[33] Es lo que ocurre en los ejemplos de cuartetas formadas por tres octosílabos estrictamente paralelos con diferencia léxica parcial y un cuarto que difiere completamente. Vid. un ejemplo sacado de *Romancero tradicional*, II, p. 153 *(Conde Antores):*

> *se deleitaba en vestir,*
> *se deleitaba en calzar,*
> *se deleitaba en las armas,*
> *que había de pelear.*

LAS DIFERENTES ESTRUCTURAS NARRATIVAS SEGÚN LOS CRÍTICOS

Menéndez Pidal

El maestro, sin bases teóricas muy precisas pero con su inmenso saber, había hecho ya varias advertencias al respecto, enfocadas en su afán de mostrar la filiación con las gestas. Distingue varias modalidades narrativas: los «romances-cuento»[34]; los «romances-escena»[35], subdivididos éstos en romances narrativos y romances-diálogo (herederos directos de las gestas), según se trate de un relato o del discurso directo entre varios personajes.

Pasando a la dimensión diacrónica, según él, la tradición antigua o, por lo menos, la recolección antigua impresa, sólo se atiene a los «romances-escena», y desprecia los «romances-cuento» (que debían de existir, sin embargo, en la tradición oral), salvo en el caso de los juglarescos largos y circunstanciados *(Conde Alarcos, Conde Dirlos)*. La tradición moderna, al revés, prefiere los «romances-cuento». El ejemplo más famoso de tal diferencia es el del *Conde Arnaldos*, abreviado en las versiones antiguas, contado *in extensum* en la moderna sefardí (vid. en esta edición los núms. 62 *a* y 62 *b*).

Correlativamente, en los «romances-escena», centrados en un momento privilegiado, se prescinde de preliminares y hasta de desenlace, lo que Pidal llama «comienzo ex abrupto, final trunco»[36].

Todas esas notas de Pidal sobre estructura narrativa, aunque dadas de paso, ya que su propósito esencial era otro, no carecen de interés y otros estudiosos las han ampliado, retomándolas a su manera.

---

[34] «Una extensa acción completa con sus antecedentes, nudo y desenlace», *RH*, I, p. 63.
[35] «Se limitan a desarrollar una escena, una situación, un momento», *RH*, I, p. 63.
[36] *RH*, I, pp. 71-75.

Di Stefano

En la contribución escrita para el *Romancero en la tradición oral moderna* [37], examina los conceptos pidalinos y los matiza un poco, al advertir que algunos romances, aunque centrados en una acción única, sí contienen «antecedentes, nudo y desenlace» (así, *Helo, helo por do viene*), de modo que la «escena» en algunos de estos casos es un espejismo, una rebuscada apariencia —e igualmente el «fragmento»—, una forma del «cuento» [38]. Y lo mismo se podría decir de los «romances-diálogo» que, a través del diálogo, «producen otro tipo particular de "cuento"» (*Abenámar*, v. gr.). Y de rechazo, si se replantean así las categorías de Pidal, sus conclusiones sobre la preponderancia de «romances-escena» en el Romancero antiguo son menos válidas.

Di Stefano, por su parte, queriendo afinar los métodos de análisis y adelantando algunos puntos de un estudio sobre estructuras narrativas, distingue «dos maneras fundamentales de organizar el relato», que él llama *omega* y *alfa*. «En la primera manera, *omega*, la estructura "superficial" del texto, no coincide con su estructura "profunda", esto es, con la "serie *idealizada* de sucesiones narrativas", o sea, con el orden cronológico de los hechos; en la segunda manera, *alfa*, la coincidencia es perfecta» [39]. Da como ejemplo de *omega*, *Con cartas y mensajeros* (vid. aquí el núm. 6), *Yo me estando de Giromena* (núm. 39 de esta edición), *Rosafresca, Rosafresca*, en que los antecedentes del relato actualizado en el texto se dan *a posteriori* en boca de uno de los personajes y, como ejemplo de *alfa*, *Tiempo es el caballero* (núm. 26 de esta edición), *Bodas se hacen en Francia, Morir vos queredes padre* (vid. nuestro núm. 15), en que el desarrollo textual sigue perfectamente el orden cronológico y lógico de los hechos narrados. También advierte Di Stefano que en la tradición moderna predomina la manera *alfa* (que es «la típica del cuento popular»).

---

[37] G. Di Stefano, «Tradición antigua y tradición moderna. Apuntes sobre poética e historia del Romancero».

[38] Ob. cit., p. 288.

[39] Ob. cit., p. 289.

En otro estudio posterior [40], ilustra el tipo *omega* con varios romances antiguos en que el discurso retrospectivo de uno de los personajes cuenta los hechos anteriores al romance mismo.

Díaz Roig

Al comparar el romancero con la lírica tradicional, Mercedes Díaz Roig hace algunas consideraciones muy atinadas sobre la composición de ambos géneros de poesía. Así, habla de paso de una narración lineal, de una narración «concéntrica» [41], de una narración en «bordado» [42], con muchos ejemplos y sugerencias muy valiosas.

APLICACIÓN AL ROMANCERO DE TEORÍAS DE LA NARRATIVIDAD

Otros estudios intentan aplicar al romancero análisis basados en las teorías de la narratividad.

Es ya el caso de Di Stefano que dice inspirarse en Van Dick *(Gramática textual)*, pero en el trabajo aludido sólo da las conclusiones en cuanto a tipología de los modos de narración *(alfa* y *omega)*.

Citaré aquí dos intentos de aplicación (uno de las teorías del folklorista ruso Propp, otro de las del italiano Segre),

---

[40] G. Di Stefano, «Discorso retrospettivo e schemi narrativi nel *Romancero*».

[41] «Algunos romances usan sistemáticamente la repetición como una manera particular de estructurar la narración. El resorte que pone en marcha la utilización del recurso es el deseo de reiterar un motivo o una cierta situación, que constituyen, generalmente, el núcleo de la historia que se quiere narrar. La estructura interna del núcleo la constituyen una serie de repeticiones, unas totales y otras parciales, que se cambian en cada sección», Mercedes Díaz Roig, *El romancero y la lírica popular moderna*, p. 65. Ejemplo de este tipo de romances: *La doncella guerrera* (vid. en esta edición el número 89).

[42] Digresión en la narración, ampliación de un elemento que viene a formar una historia aparte (así en *Abenámar*, la historia del moro que labró los Alijares, vid. aquí el número 46 *b).*

muy desiguales, por supuesto, en cuanto a su validez explicativa.

Bruce A. Beatie

Según indica el título [43], este crítico norteamericano quiere oponer a las posiciones pidalinas consabidas (y rebatidas en dicho trabajo) un análisis «proppiano». Lo aplica a los romances del Rey Rodrigo y de Bernardo del Carpio, publicados por el Seminario Menéndez Pidal, pero considerándolos en bloque para determinar en ellos las funciones de Propp. Adolece su estudio de dos graves defectos, a mi parecer: considerar un conjunto de romances sobre un mismo héroe, como si fueran una unidad textual (pueden tal vez considerarse como tal unidad los romances de un mismo ciclo, recogidos en una misma Antología, pero esto es cambiar de nivel), y analizarlos según el método de Propp que éste elaboró para el cuento ruso (en prosa) de carácter maravilloso. Si el método de Propp es válido y ha estimulado la indagación de unidades narrativas funcionales, no se pueden aplicar sus conclusiones así como así a cualquier *corpus* sin caer en esquematismos y generalizaciones que poco o nada explican.

Diego Catalán

En una de sus últimas publicaciones [44], Diego Catalán adelanta algunos puntos que se expondrán más a fondo en un trabajo anunciado en el citado artículo (nota 38).

Se apoya en las teorías de Segre [45] para distinguir varios niveles de articulación sémica: nivel superficial: el discurso

---

[43] Bruce A. Beatie, «'Romances tradicionales' and Spanish traditional ballads: Menéndez Pidal *vs.* Vladimir Propp».

[44] Diego Catalán, «Los modos de producción y 'reproducción' del texto literario y la noción de apertura», pp. 245-270.

[45] C. Segre, *Le struttere e il tempo* (traducido al español: *Las estructuras y el tiempo*, Barcelona, 1976). Posiciones teóricas en el primer capítulo «Analisi del racconto, logica narrativa e tempo» (manejo sólo la edición italiana).

(el texto lingüístico realizado); nivel profundo: la intriga (orden textual de los eventos narrados); la fábula (elaboración teórica que reconstruye el orden cronológico-lógico de los mismos); la estructura actancial (actantes que son meras funciones).

La diferencia es que Segre considera intriga y fábula como significados diversamente articulados, mientras que Catalán dice que «la "intriga" funciona a un cierto nivel como el significante de la fábula tanto en el proceso creador o emisor como en el proceso receptivo, descodificador, realizado por el auditorio o los lectores»[46].

Esta distinción de niveles jerarquizados parece imprescindible si se quiere llegar a un análisis que integre todos los componentes de un romance, ya que los romances son, a la vez, relatos dramatizados y relatos poéticos[47].

Así se replantean de modo más coherente los diferentes estudios ya mencionados.

El trabajo de Suzanne Petersen sobre la variación léxica se sitúa a nivel del discurso, donde se dan los cambios de palabras, las reactualizaciones y ampliaciones (cuyo sistema estudia, por otra parte, Mercedes Díaz).

En el plano intriga/fábula o, más bien, de la relación entre intriga y fábula, se insertan los dos modelos de Di Stefano: *alfa* y *omega*. En *alfa* intriga y fábula corren parejas; en *omega* la intriga deshace el orden de la fábula. Factor de cambio diacrónico es el paso de una a otra modalidad. En esto, Catalán matiza un poco la afirmación de Di Stefano de la casi total primacía del modo *alfa* en el romancero moderno. Si Catalán nota la preferencia de los romances modernos por el «ordo naturalis» en la presentación de los eventos (*Mañana es de Reyes*, vid. aquí el núm. 36 b), aduce otros casos en que se invierte este orden (*Bernal Francés*, vid. en esta edición los núms. 76 a, 76 b).

Si damos un paso más hacia la abstracción, encontramos la estructura actancial, donde los actantes son entes teóricos

---

[46] D. Catalán, «Los modos de producción y 'reproducción'...», página 256, nota 45.

[47] Vid. D. Catalán, «Análisis electrónico del mecanismo reproductivo en un sistema abierto: el modelo 'Romancero'», p. 56.

meramente funcionales que desempeñan un papel en la gramática del relato. A ese nivel, más o menos, se situarían las funciones de Propp (aunque éstas no están desligadas enteramente de los demás niveles: varias funciones pueden representar un solo papel actancial) y, por eso, no puede ser sino parcial un estudio basado únicamente en ellas o en cualquier modelo actancial. En efecto, la misma estructura actancial profunda puede dar lugar a cualquier relato, un cuento por ejemplo, y, si se la considera sola, se prescinde de la especificidad discursiva del romance [48].

Ejemplifiquemos, con algunas muestras, cómo una estructura actancial única puede ser representada por varias fábulas, una misma fábula por varias intrigas, una misma intriga por varios discursos, en los que pueden caber infinidad de variantes textuales.

ESTRUCTURA ACTANCIAL/FÁBULA

Los romances agrupados bajo el nombre de «Romances de tema odiseico» presentan una estructura que, algo simplificada, pudiera ser: Punto de partida: Disyunción de A y B; Punto de llegada: Conjunción de A y B.

A está representado a nivel discursivo por el esposo y B por la esposa.

Intervienen «oponentes» que quieren hacer efectiva la disyunción, de los cuales el principal es el nuevo casamiento (materializado por el segundo esposo/esposa), y también mediadores que ayudan a la conjunción (con muchas realizaciones discursivas: el pajecito, la madre/tía).

Esto está muy esquematizado y habría que afinar mucho; es sólo una primera aproximación.

Ahora bien, esta estructura puede dar lugar a varias fábulas como son las del *Conde Antores* y la de la *Condesita* (vid. en nuestra edifición los núms. 64 y 65). En los romances del *Conde Antores*, es el Conde el que vuelve después del plazo

---

[48] Es el caso de una de las versiones chilenas de *Gerineldo* publicada en *Romancero tradicional*, VII, p. 261. Se encuentran los mismos actantes, es la misma fábula, pero, al convertirse el relato en prosa, ha cambiado el nivel discursivo.

fatídico para impedir el segundo casamiento de la esposa (el «oponente» es el segundo Conde), mientras que, en los romances de la *Condesita*, es la esposa la que se marcha para impedir el segundo casamiento del esposo (y el «oponente» es la novia).

Como dice muy bien Catalán, a ese nivel interviene la presión del entorno que, en un momento dado, ha cambiado los papeles respectivos del Conde y de la Condesa (el romance de la *Condesita* no está atestiguado en el siglo XVI). ¿Por qué? ¿A qué realidades o representaciones de la realidad obedece ese cambio del papel femenino? A esa pregunta habría que contestar para explicar el cambio de fábula, la primacía en los tiempos modernos de la fábula de la *Condesita* sobre la del *Conde Antores* (seiscientas doce versiones contra veintinueve en el *Romancero tradicional*).

Más aún, el cambio puede llegar a afectar hasta la estructura actancial cuando, al final del romance, no se llega a la conjunción sino a la confirmación de la disyunción. Es el caso de las versiones sefardíes del *Conde Antores*. A mi parecer, ese cambio de estructura puede explicarse entre los judíos por la imposibilidad de concebir una vuelta a las posesiones perdidas (y es la esposa una de ellas como lo es también el castillo): el destierro es irreversible. *Embarcóse el conde Niño y se volvió a desterrar:* verso final de la versión de Tánger [49], que es la sanción definitiva de la imposibilidad de seguir el relato con la recuperación de la esposa y del castillo.

FÁBULA/INTRIGA

Dentro del marco de una misma fábula, la del *Conde Antores* o la de la *Condesita*, la intriga puede presentarse de modo muy diverso. Por ejemplo, la secuencia inicial (separación de los esposos), casi idéntica en las dos series, ya que parten del mismo punto, puede remontarse a la anterioridad de la partida y sus motivaciones:

Estaba el Conde Niño en su palacio real,
deleitándose en vestir, deleitándose en calzar,

---

[49] IV₂ del *Romancero tradicional*, III, p. 151.

deleitándose en las armas con que había de pelear,
cuando le vinieron cartas que tenía que marchar,
que está rodeado de moros el castillo de Montealbán,
y su esposa Francisquita no cesaba de llorar.

(Versión de Uznayo, Santander, IV$_7$ de *Romancero tradicional*, III, p. 156).

O bien presenta la partida y la causa de la partida como motivo de las lágrimas de la Condesa:

La condesita lloraba, tiene bien por qué llorar,
que al conde Flores le llevan a la guerra general.

(Versión de Santa María del Arroyo, Ávila, V$_{186}$ de *Romancero tradicional*, IV, p. 177);
o bien empieza con la partida misma del esposo (tipo *«ya se marcha, ya se va»*, documentado en ambas ramas *Conde Antores* y *Condesita*), prescindiendo muchas veces de las lágrimas de la esposa.

Otro tipo pasa por alto toda esa secuencia inicial para tomar pie directamente en el anuncio del segundo matrimonio (IV$_{15}$ de *Romancero tradicional*, III, p. 165 ó V$_{288}$ de *Romancero tradicional*, IV, p. 246). Aunque minoritarios, estos ejemplos muestran que también la tradición moderna puede empezar *in medias res*.

Ese esbozo de las diferencias, a nivel de microorganización, de una secuencia, habría que ampliarlo al estudio de todas las secuencias de la fábula que no todas están representadas en las secuencias de la intriga. Por ejemplo, muchas veces se salta, tanto en el *Conde Antores* como en la *Condesita*, directamente de la partida del esposo bien a la vuelta del esposo, bien a la partida de la Condesita, pasando por alto la secuencia lógicamente anterior (el padre quiere casar a la Condesa después de vencido el plazo de los siete años) (IV$_{14}$ de *Romancero tradicional*, III, p. 164 ó V$_{91}$ de *Romancero tradicional*, IV, p. 94).

Los cambios de fábula intervienen muchas veces en los puntos más destacados, el comienzo y el final, permitiendo las reinterpretaciones de cada productor (y de cada comunidad de productores).

Así, el famoso *Gerineldo* tiene varios desenlaces (representados en *Cómo vive un romance* en los mapas). Una solución es que Gerineldo se niegue al casamiento con la Infanta que le propone el Rey:

> *Tengo hecho juramento a la Virgen de la Estrella*
> *de no casarme con dama que haya dormido con ella*

(vid. en esta edición el núm. 82 c).

Nacido probablemente en Andalucía, este desenlace se ha difundido en una amplia zona y, si ha arraigado tanto, es porque correspondería a un modo de sentir la situación compartido sin dificultad por los cantores: castigo ejemplar para la Infanta seductora, desplante frente a la autoridad del Rey, sin hablar del trasfondo psíquico que revela tal actitud ante la mujer.

Ahora bien, en otra zona (noroeste), la moraleja en contra de la Infanta la saca el propio padre mientras que Gerineldo, humildemente, se proclama indigno de ella:

> *«O te has de casar con ella, o le has de buscar marido.»*
> *«Yo casar con ella sí, mas no querrá ella conmigo,*
> *que todo cuanto yo tengo no hay pa la infanta un vestido.»*
> *«Dáselo de buen sayal, pues que así lo hay* (sic) *merescido.»*

(Versión de San Salvador de Arrojo, Oviedo, I₈₂ de *Romancero tradicional*, IV, p. 117.)

Esas dos modalidades modernas (el *Gerineldo* antiguo documentado en dos pliegos tenía el final trunco en uno de ellos y en el otro un final añadido novelesco: huida de los amantes a Tartaria) buscan cierta ejemplaridad condenando, a su modo, la empresa de seducción por la parte de la Infanta.

Otras veces, el perdón del Rey permite el casamiento y hasta, a veces, es la Infanta la que pide a Gerineldo por esposo. En esta última variante, se puede ver una influencia del *Conde Claros* (romance en que la Infanta intenta salvar al Conde, cf. *Primavera*, 190).

En efecto, es muy frecuente que para empezar o acabar un romance se acuda a otro, produciendo contaminaciones y hasta romances híbridos.

El caso más conocido de romance híbrido (por ser el más

difundido) es el mismo de *Gerineldo*, seguido de la *Boda estorbada*, o sea, la *Condesita*.

En cuanto al comienzo, se le agregan, a veces, a *Gerineldo* versos del *Conde Olinos* o *Conde Niño* o del *Mes de mayo* y hasta de los dos. De modo que ciertas versiones no presentan menos de cuatro romances empalmados: *Mes de mayo, Conde Olinos, Gerineldo, Boda estorbada*[50].

Esta historia de amor —que tanto sedujo, pues tanta extensión tiene— se explaya así contando toda una serie de aventuras y situaciones relacionadas por el mismo tema que podría ser: el poder del amor, y el amor, actante principal, se manifiesta bajo varias fábulas y varias intrigas (todas las modalidades llamadas «variantes» en *Cómo vive un romance*).

INTRIGA/DISCURSO

En ese plano la variabilidad es mayor aún. Una infinidad de discursos pueden representar una misma secuencia de intriga. Este hecho está bien documentado y estudiado, ya que se trata del nivel superficial más directamente perceptible.

Así, una misma secuencia puede plasmarse bien en un relato bien en un discurso directo y, de estar en discurso directo, puede pasar de un protagonista a otro, cambiando así el enfoque.

En dos versiones muy parecidas del *Conde Antores*, de León las dos, al llevarse el primer conde a su esposa, el segundo conde pide la devolución de los regalos. He aquí los versos finales de estas dos versiones:

2.º conde: «*Pues ya que llevas la niña, pañuelos vengan acá.*»
1.ᵉʳ conde: «*Los pañuelos, el cornudo, pagaditos están ya,*
            los pagó el mi toro blanco mañanitas de San Juan.»
2.º conde: «*Pues ya que llevas la niña, zapatos de cordobán.*»
1.ᵉʳ conde: «*Los zapatos, gran cornudo, bien pagados estarán,*
            en besitos y en abrazos bien pagados están ya.»

---

[50] Vid. al respecto *Cómo vive un romance*, pp. 25-26. Todas las consideraciones precedentes sobre *Gerineldo* están sacadas del mismo estudio.

Condesa: «¡Ay triste de mí, cautada (sic), mezclada con tanto
[mal,
que no le he dado más que uno y ése fue con gran pesar!»

Versión de Valdeón (León), IV$_{11}$ de *Romancero tradicional*, III, p. 162.

2.º conde: «¡Ay pobre de mí, cuitado, nacido con tanto mal!
ya que la Condesa 'e marcha, los paños vengan acá.»
1.er conde: «Los paños del gran cornudo, bien pagados están.»
2.º conde: «¡Ay pobre de mí, cuitado, nacido con tanto mal!
ya que la Condesa 'e marcha, zapatos de cordobán.»
1.er conde: «Entre besos y abrazos bien pagados estarán.»
2.º conde: «¡Ay pobre de mí, cuitado, nacido con tanto mal,
no me ha dado más que uno y ha sido a su pesar!»

Versión de Ribota (León), IV$_{12}$ de *Romancero tradicional*, III, p. 163 (vid. aquí el número 64).

(Las acotaciones que identifican a los protagonistas son mías.)

Se ve muy bien aquí cómo la misma secuencia final con la misma función de burlarse del segundo Conde *(gran cornudo)* y el mismo material verbal *(paños, zapatos de cordobán, besos y abrazos bien pagados estarán*, etc...) cambian según en boca de quien se pongan. En IV$_{12}$, la Condesa no interviene para nada en la controversia acerca de la posesión de los regalos, es sólo objeto pasivo de ella. En IV$_{11}$, a la inversa, es la última que habla y en la Condesa y en sus reacciones se centra el interés. Igual se puede decir del segundo Conde que se queja de su mala suerte en IV$_{12}$, no en IV$_{11}$. El cotejo de los dos finales ilustra muy bien las diferencias de discurso narrativo.

También puede servir para ejemplificar otro procedimiento, el de la ampliación (estudiado por Mercedes Díaz Roig, vid. p. 115, nota 32). En efecto, mentar dos de los objetos regalados a la Condesa *(paños/pañuelos, zapatos de cordobán)* no era necesario; se trata de una duplicación no funcional a nivel de la intriga, pero sí a nivel del discurso, que permite matizar por qué «bien pagados están». Se puede ver todo el juego formal de paralelismos, repeticiones e introducción de pequeñas diferencias *(pagaditos están ya/bien pagados estarán/bien pagados están ya* en IV$_{11}$). En posesión de ese mecanismo, un cantor puede ampliar, abreviar, repartir la misma información a su antojo y según considere el papel respectivo de los mismos protagonistas.

A nivel verbal, las experiencias de estudio con ordenador del equipo de Diego Catalán ilustran bien el proceso de la variación. En varias de sus publicaciones, Catalán utiliza el ejemplo (sacado de los estudios de S. Petersen) del verso inicial de la *Condesita,* portador de la información: *Hay guerra.* En efecto, después de identificar una unidad abstracta, el «hemistiquio arquetípico», el ordenador proporciona los hemistiquios variantes correspondientes y así permite estudiar las variantes de discurso bajo varios enfoques: organización sintáctica, variación léxica, palabras en posición de rima, etcétera... (vid. Variación léxica..., p. 112).

Cito aquí uno de los comentarios de S. Petersen:

> Si descontamos las repeticiones de hemistiquios idénticos, el número de *hemistiquios diferentes (variantes)* sigue siendo enorme (19.403). Ahora bien, es evidente que por debajo de la gran variedad de hemistiquios variantes hay un número mucho más pequeño (1.937) de unidades abstractas, irreductibles a identificación con otras, de las cuales han sido generadas las dieciocho mil y pico variantes. Esas unidades abstractas son los que llamamos *hemistiquios arquetípicos* (o *invariantes).* Recordemos la lista parcial de hemistiquios variantes citada algo anticipadamente en la discusión de los segmentos. Evidentemente las variantes «Atrás, atrás la señora,» «Atrás, atrás la pelegrina,» «Atrás, atrás la condesa,» «Téngase la pelegrina,» «Retírese la pelegrina,» «Váyase la romerita,», etc., no son otra cosa que manifestaciones varias de un mismo hemistiquio arquetípico. O bien, veamos una lista parcial de variantes del hemistiquio arquetípico **24:244:111** (preparativos secundarios para el viaje):
>
> coge el bordón en la mano
> cogió un bordón de la mano

cogió una varita en la mano
coge un palito en tu mano
tomara un palo en la mano
bordoncito en blanca mano
con un palito en la mano
con la cayada en la mano
y una varita en la mano
ha cogido un bordón de oro
cogió bordoncito de oro
también cogió un cordón de oro
coge un bordón dorado
ha cogido un baculillo
y ha cogido una garrota
y ha cogido un macutito

Las variantes manifiestan toda clase de variaciones
verbales. Éstas pueden afectar, por un lado, al verbo:
aparte de los casos de variación interna (cambios del
tiempo y de la persona) hay algún ejemplo de sustitución sinonímica (cogió ~ tomara). Este último proceso atañe en grado mayor al sustantivo: además de
la sustitución sinonímica por semantemas más o menos equivalentes (bordón > varita ~ palo ~ cayada ~ baculillo ~ garrota), en un caso la incompren-
sión del vocablo lleva a una curiosa deformación por
equivalencia fonética (bordón > cordón); en otro la
reinterpretación del vocablo se realiza a través de un
doble juego entre el plano fonético y el semántico
(bordón > baculillo > macutito). Por otro lado, el
octosílabo puede reestructurarse sintácticamente de
formas varias mediante la introducción de calificacio-
nes adjetivales que permiten incluso la desaparición
del verbo (bordoncito en blanca mano, con un palito
en la mano, etc.). Por último, puede modificarse también el modo de presentar la información: de ser un
verso narrado pasa en alguna ocasión a formar parte
de un diálogo (* [ella] coge un palito en la mano >
coge [tú] un palito en tu mano). La libertad lingüística es considerable ; pero, bajo toda esta variedad no
cabe duda que estas dieciséis variantes actualizan un
mismo hemistiquio arquetípico (pp. 75-76 de la fotocopia que manejo).

No es de extrañar que en el plano del discurso se puedan introducir todas las modificaciones dependientes del ecosistema del productor: reactualizaciones *(espada* sustituido por *carabina, barco* por *automóvil),* eufemismos (estudiados por Braulio do Nascimento, vid. p. 111, nota 27), ampliaciones y reorientaciones. Más asombrosa resulta a ese mismo nivel la conservación de palabras anticuadas *(brial* en la *Condesita)* o de fórmulas heredadas. Al intentar entenderlas, el productor del romance modifica a veces los demás niveles agregando una secuencia, torciendo el hilo de la intriga (el *paño* reinterpretado en *pañuelo* y de ahí surgen *las lágrimas* en *Don Manuel y el moro Muza*[51]).

Esta distinción de niveles narrativos parece en la actualidad el modo más fecundo de enfocar el problema céntrico del Romancero: el juego entre invariantes y variables, las modalidades y causas de la variación, sus relaciones con la praxis social y hasta el valor simbólico tanto de palabras como de situaciones narrativas.

Y nos muestra también que el significado del romance, estructura abierta, está en perpetuo devenir, y que el significado de una versión deriva de la tensión entre sus diferentes componentes a todos los niveles.

Es cierto que hay que afinar, matizar, ahondar en muchos aspectos —el mismo Catalán advierte a menudo que mucho queda por hacer—, sobre todo a nivel discursivo que es el más complejo y el más peculiar también. Habría que relacionar la fuerza conservadora de los diferentes significantes —léxico, métrica, música— con la fuerza innovadora de los significados que se les asignan a estos mismos significantes.

Pero en este momento, con los instrumentos de que disponemos, es, a mi parecer, la vía más adecuada para contestar a la pregunta inicial de esta Introducción: ¿Qué es un romance? Y también quizá para poder dotar la definición de rasgos distintivos (además de los métricos), si se llega a entender cómo funciona esta Poética narrativa o Narratividad poética en sus varias modalidades, ya que no se trata de postular una unidad mítica de funcionamiento, cuando de sobra

---

[51] Vid. D. Catalán, «Los modos de producción y 'reproducción'...», pp. 262-263.

se han manifestado diferencias en todos los planos. Antes de generalizar y de encontrar invariantes, hay que estudiar las características de la producción de cada época. Para eso es para lo que me parecen de especial interés instrumentos de análisis como los que propone D. Catalán. Sería de desear que se saliera del anhelo nunca realizado de definir el «estilo» de otra forma que con etiquetas imprecisas.

BIBLIOGRAFÍA

AGUILAR PIÑAL, Francisco, *Romancero popular del siglo XVIII*, Madrid, CSIC, 1972.

AGUIRRE, J. M., «Moraima y el prisionero: Ensayo de interpretación», en *Studies of the Spanish and Portuguese Ballad*, London, Tamesis Books, 1972, pp. 53-72.

ALONSO, Dámaso, «La primitiva épica francesa a la luz de una *Nota Emilianense*», *RFE*, XXXVII, 1953, pp. 1-94.

— «Pluralidad y unidad temática en la obra de Menéndez Pidal», en *¡Alça la voz, pregonero! Homenaje a Don Ramón Menéndez Pidal*, Cátedra Seminario Menéndez Pidal, Madrid, 1979, páginas 17-42.

ALONSO CORTÉS, Narciso: «El lastre clacisista en la poesía española del siglo XIX», en *Estudios hispánicos. Homenaje a A. M. Huntington*, Wellesley, 1952, pp. 3-14.

ALVAR, Manuel, «Patología y terapéutica rapsódicas. Cómo una canción se convierte en romance», *RFE*, XLII, 1958-59, pp. 19-35.

— *El Romancero. Tradicionalidad y pervivencia*, Barcelona, Planeta, 1970.

— *El romancero viejo y tradicional*, México, Porrúa, 1971.

— *Poesía tradicional de los judíos españoles*, México, Porrúa, 1971 ².

— «Una recogida de romances en Andalucía (1948-1968)», en *El Romancero en la tradición oral moderna; 1ᵉʳ Coloquio Internacional*, eds. Diego Catalán, Samuel G. Armistead y Antonio Sánchez Romeralo, Madrid, 1972, pp. 95-116.

— «Transmisión lingüística en los romances antiguos», *Prohemio*, III, 1972, pp. 197-219.

— *Romances en pliegos de cordel*, Málaga, 1974.

ANGLÉS, Higinio, *La música en la corte de Carlos V*, II, *Polifonía profana. Cancionero musical de palacio (siglos XV-XVI)*, Barcelona, CSIC, 1947.

ARMISTEAD, Samuel G., «The enamored doña Urraca in Chronicles and Balladry», *R Phil*, IX, 1957-58, pp. 26-29.

— con la colaboración de Selma MARGARETTEN, Paloma MONTERO y

Ana VALENCIANO, *El romancero judeo-español en el Archivo Menéndez Pidal (Catálogo-Índice de romances y canciones)*, 3 vols., Madrid, 1978 (FERS, I, II, III).

— y SILVERMAN, Joseph H., «Dos romances fronterizos en la tradición sefardí oriental», *NRFH*, XIII, 1959, pp. 88-97.

— *Judeo-Spanish Ballads from Bosnia*, Philadelphia, 1971.

— *The Judeo-Spanish Ballad Chapbooks of Yacob Abraham Yoná*, Berkeley-Los Angeles, 1971.

— «Romancero antiguo y moderno (dos notas documentales)», en *Annali dell'Instituto Universitario Orientale*, 16, 1974, pp. 245-259.

— «Siete vueltas dio al castillo...», *RDTP*, XXX, 1974, pp. 323-326.

— con la colaboración de O. A. LIBROWICZ, *Romances judeo-españoles de Tánger, recogidos por Zarita Nahón*, Madrid, 1977 (FERS, t. IV).

— *Tres calas en el Romancero sefardí (Rodas, Jerusalén, Estados Unidos)*, Madrid, Castalia, 1979.

ASENSIO, Eugenio, *Poética y realidad en el Cancionero peninsular de la Edad Media*, Madrid, Gredos, 1970².

AVALLE ARCE, Juan Bautista, «Bernal Francés y su romance», en *Anuario de estudios medievales*, III, 1966, pp. 327-391.

— *Temas hispánicos medievales*, Madrid, Gredos, 1974.

BAEHR, Rudolf, *Manual de versificación española*, trad. y adap. de K. Wagner y F. López Estrada, Madrid, Gredos, 1973.

BATAILLON, Marcel, «La tortolica de *Fontefrida* y del *Cántico espiritual*», *NRFH*, VII, 1953, pp. 291-306.

BATTESTI, Jeanne, «El romance ¿modelo de escritura? Análisis del *Romance de Álora, la bien cercada*», *Prohemio*, VI, 1, 1975, páginas 21-44.

BEATIE, Bruce A., «'Romances tradicionales' and Spanish traditional Ballads; Menéndez Pidal *vs* Vladimir Propp», en *Journal of the Folklore Institute*, 13, 1976, pp. 37-55.

BÉNICHOU, Paul, «El casamiento del Cid», *NRFH*, VII, 1953, páginas 316-336.

— «La belle qui ne saurait chanter. Notes sur un motif de poésie populaire», *Revue de littérature comparée*, París, 1954, páginas 257-281.

— *Creación poética en el Romancero tradicional*, Madrid, Gredos, 1968.

— *Romancero judeo-español de Marruecos*, Madrid, Castalia, 1968.

— «El romance de *La muerte del Príncipe de Portugal* en la tradición moderna», *NRFH*, XXIV, 1975, pp. 113-124.

BENMAYOR, Rina, «Oral Narrative and the Comparative Method: *The Judeo-Spanish Ballad Chapbooks of Yacob Abraham Yoná*», *RPH*, XXXI, 1978, pp. 501-521.

— *Romances judeo-españoles de Oriente. Nueva recolección*, Madrid, 1979 (FERS, V).

BEUTLER, Gisela, *Estudios sobre el Romancero español en Colombia en su tradición escrita y oral desde la época de la Conquista hasta la actualidad*, Bogotá, 1977 (Publicaciones del Instituto Caro y Cuervo, XLIV) (primera ed. en alemán, Heidelberg, 1969).

BRONZINI, G. B., «Las *Señas del marido* e *La prova*», *Cultura Neolatina*, 18, 1958, pp. 217-247.

CARAVACA, Francisco, «El romance del conde Arnaldos en el cancionero manuscrito de Londres», *La Torre*, 16, 1968, pp. 69-102.

— «El romance del conde Arnaldos en el Cancionero de romances de Amberes s. a.», *BBMP*, XLV, 1969, pp. 47-89.

— «El romance del conde Arnaldos en textos posteriores al del Cancionero de romances de Amberes s. a.», *BBMP*, XLVI, 1970, páginas 3-70.

— «Hermenéutica del *Romance del conde Arnaldos*. Ensayo de interpretación», *BBMP*, XLVII, 1971, pp. 191-319.

CARO BAROJA, Julio, *Romances de ciego*, Madrid, Taurus, 1966.

— *Ensayo sobre la literatura de cordel*, Madrid, 1969.

CASO GONZÁLEZ, José, «Tradicionalidad e individualismo en la estructura de un romance», *CHA*, 238-240, 1969, pp. 217-226.

CATALÁN, Diego, «El 'motivo' y la 'variación' en la transmisión tradicional del romancero», *B Hi*, LXI ,1959, pp. 149-182.

— *Siete siglos de romancero (historia y poesía)*, Madrid, Gredos, 1969.

— *Por campos del romancero: Estudios sobre la tradición oral moderna*, Madrid, Gredos, 1970.

— «Memoria e invención en el Romancero de tradición oral», *R Phil*, XXIV, 1970, pp. 1-25 y 1971, pp. 441-463.

— «Análisis electrónico de la creación poética oral», en *Homenaje a la memoria de D. Antonio Rodríguez Moñino*, Madrid, Castalia, 1975, pp. 157-194.

— «Análisis electrónico del mecanismo reproductivo en un sistema abierto: el modelo 'Romancero'», *Revista de la Universidad Complutense*, XXV, 1976, pp. 55-77.

— «Los modos de producción y 'reproducción' del texto literario y la noción de apertura», en *Homenaje a Julio Caro Baroja*, ed. Antonio Carreira, Jesús Antonio Cid, Manuel Gutiérrez Esteve y Rogelio Rubio, Madrid, 1978, pp. 245-270.

— «Al margen de un concierto de música de los siglos XV-XVI», 1, páginas 135-150; 2, pp. 157-169, en *¡Alça la voz pregonero! Homenaje a Don Ramón Menéndez Pidal*, Madrid, Cátedra-Seminario Menéndez Pidal, 1979.

— «El modelo de investigación pidalino cara al mañana», en *¡Alça* *la voz, pregonero! Homenaje a Don Ramón Menéndez Pidal*, Madrid, Cátedra-Seminario Menéndez Pidal, 1979, pp. 81-124.

— con la colaboración de Teresa CATARELLA, «El romance tradicional, un sistema abierto», en *El Romancero en la tradición oral moderna: 1.ᵉʳ Coloquio Internacional*, Madrid, 1972, páginas 181-205.

— con la colaboración de María Jesús LÓPEZ DE VERGARA, Mercedes MORALES, Araceli GONZÁLEZ, María Victoria IZQUIERDO y Ana VALENCIANO, *La flor de la Marañuela: Romancero general de las Islas Canarias*, 2 vols., Madrid, Seminario Menéndez Pidal y Editorial Gredos, 1969.

— , ARMISTEAD, Samuel y SÁNCHEZ ROMERALO, Antonio (eds.), *El romancero en la tradición oral moderna: 1.ᵉʳ Coloquio Internacional*, Madrid, Cátedra-Seminario Menéndez Pidal, Rectorado de la Universidad de Madrid, 1972. *(Romancero y poesía oral*, I.)

— y GALMÉS DE FUENTES, Álvaro, «El tema de la boda estorbada: proceso de tradicionalización de un romance juglaresco», *Vox Romanica*, 1953-54, pp. 66-98.

CAZAL, Françoise, *Le Cid dans la poésie du siècle d'or: «El Romancero e historia del Cid» de Juan de Escobar*, Thèse de 3e cycle, Université de Toulouse-Le Mirail, Toulouse, 1977.

— «L'Idéologie du compilateur de romances: remodelage du personnage du Cid dans le *Romancero e historia del Cid* de Juan de Escobar (1605)», en *L'Idéologique dans le texte (Textes hispaniques): Actes du IIè Colloque du Séminaire d'Etudes Littéraires de l'Université de Toulouse-Le Mirail (Toulouse, février 1978)*, Université de Toulouse-Le Mirail, 1978, pp. 197-209.

CID, Jesús Antonio, «Romances en Garganta la Olla (Materiales y notas de excursión)», *RDTP*, XXX, 1974, pp. 467-527.

— «Calderón y el Romance de '*El bonetero de la trapería*'», *HR*, 45, 1977, pp. 421-434.

CIROT, G., «Le mouvement quaternaire dans les romances», *B Hi*, XXI, 1919, pp. 103-142.

COSSÍO, José María de, *Romances de tradición oral*, Buenos Aires - México, Espasa Calpe Argentina, 1947² (Col. Austral, 762).

— «Observaciones sobre el Romancero religioso tradicional», *BBMP*, XXVIII, 1952, pp. 166-175.

— y MAZA SOLANO, Tomás, *Romancero popular de la Montaña: colección de romances tradicionales*, 2 vols., Santander, 1933-34.

CHEVALIER, Jean-Claude, «Architecture temporelle du 'Romancero traditionnel'», *B Hi*, LXXIII, 1971, pp. 50-103.

DEBAX, Michelle, «Problèmes idéologiques dans le *Romancero* traditionnel», en *L'Idéologique dans le texte (Textes hispaniques): Actes du IIe Colloque du Séminaire d'Etudes Littéraires de l'Université de Toulouse-Le Mirail (Toulouse, février 1978)*, Université de Toulouse-Le Mirail, 1978, pp. 141-163.

DE FELICE, Ariane, «Essai sur quelques techniques de l'art verbal traditionnel», *Arts et traditions populaires*, 6e année, janvier 1959, pp. 41-50.

DEVOTO, Daniel, «Un ejemplo de la labor tradicional en el Romancero viejo», *NRFH*, VII, 1953, pp. 383-394.

— «Sobre el estudio folklórico del romancero español. Proposiciones para un método de estudio de la transmisión tradicional», *B Hi*, LVII, 1955, pp. 233-291.

— «Poésie et musique dans l'oeuvre des vihuelistes», *Annales musicologiques*, IV, 1956, pp. 89-96.

— «Entre las siete y las ocho», *Filología*, V, 1959, pp. 65-80.

— «El mal cazador», en *Studia philologica, Homenaje ofrecido a Dámaso Alonso*, I, Madrid, Gredos, 1960, pp. 481-491.

— «Un no aprehendido canto. Sobre el estudio del romancero tradicional y el llamado 'método geográfico'», en *Abaco, Estudios sobre la literatura española*, I, Madrid, Castalia, 1969, pp. 11-44.

— «Mudo como un pescado», en *Textos y contextos. Estudios sobre la tradición*, Madrid, Gredos, 1974, pp. 170-187.

DEYERMOND, A. D., in collaboration with Margaret CHAPLIN, «Folk-Motifs in the Medieval Spanish Epic», *Ph Q*, 51, 1972, pp. 36-53.

DÍAZ, Joaquín, VAL, José Delfin y DÍAZ VIANA, Luis, *Catálogo folklórico de la provincia de Valladolid. «Romances tradicionales»*, vol. I, Valladolid, 1978.

DÍAZ ROIG, Mercedes, «Un rasgo estilístico del Romancero y de la lírica popular», *NRFH*, XXI, 1972, pp. 79-94.

— *El romancero viejo*, Madrid, Cátedra, 1976.

— *El Romancero y la lírica popular moderna*, México, 1976.

— «Palabra y contexto en la recreación del romancero tradicional», *NRFH*, XXVI, 1977, pp. 460-467.

DI STEFANO, Giuseppe, *Sincronia e diacronia nel Romanzero*, Pisa, 1967.

— «Marginalia sul Romanzero», en *Miscellanea di Studi Ispanici*, Pisa, 1968, pp. 139-178.

— «Marginalia sul Romancero (2.ª serie)», en *Miscellanea di Studi Ispanici*, Pisa, 1969-70.

— «Il *pliego suelto* cinquecentesco e il *Romancero*», en *Studi di Filologia Romanza oferti a Silvio Pellegrini*, Padova, 1971, páginas 111-143.

— «Tradición antigua y tradición moderna. Apuntes sobre poética e historia del Romancero», en *El romancero en la tradición oral moderna; 1.ᵉʳ Coloquio Internacional*, eds. D. Catalán, S. G. Armistead y A. Sánchez Romeralo, Madrid, 1972, pp. 277-296.

— *El Romancero; Estudio, notas y comentarios de texto*, Madrid, Narcea, 1973.

— «Discorso retrospettivo e schemi narrativi nel *Romancero*», en *Linguistica e Litteratura*, Pisa, I, 1, 1976, pp. 35-55.

— «La difusión impresa del romancero antiguo en el siglo XVI», *RDTP*, XXXIII, 1977, pp. 373-411.

Do NASCIMENTO, Braulio, «Processos de variação do romance», *Revista brasileira de folklore*, IV, 1964, pp. 59-125.

— «Eufemismo e Criação Poetica no Romanceiro Tradicional», en *El Romancero en la tradición oral moderna: 1.ᵉʳ Coloquio Internacional*, eds. D. Catalán, S. G. Armistead y A. Sánchez Romeralo, Madrid, 1972, pp. 233-275.

DURÁN, Agustín, *Romancero general o Colección de romances castellanos anteriores al siglo XVIII*, 2 vols., Madrid, 1945 (BAE, X y XVI).

ENWISTLE, William, J., «The adventure of *Le cerf au pied blanc* in Spanish and elsewhere», *MLR*, XVIII, 1925, pp. 435-448.

— «La dama de Aragón», *HR*, VI, 1938, pp. 185-192.

— «Blancaniña», *RFH*, 2, 1939, pp. 159-164.

— *European Balladry*, Oxford, 1939.

— «El Conde Dirlos», *MAe*, 10, 1941, pp. 1-14.

— «El Conde Sol o la Boda Estorbada», *RFE*, XXXIII, 1949, páginas 251-264.

— «'*La Odisea*' fuente del Romance del '*Conde Dirlos*'», en *Estudios dedicados a Menéndez Pidal*, I, Madrid, 1950, pp. 265-273.

— «El Conde Olinos», *RFE*, XXXV, 1951, pp. 237-248.

ESPINOSA, Aurelio M., *El romancero español*, Madrid, 1931.

FAULHABER, Charles B., «Neo-traditionalism, Formulism, Individualism, and Recent Studies of the Spanish Epic», *R Phil*, XXX, 1976, pp. 83-101.

FINNEGAN, Ruth, *Oral Poetry (Its nature, significance and social context)*, Cambridge University Press, 1977.

GARCÍA DE ENTERRÍA, María Cruz, *Sociedad y poesía de cordel en el barroco*, Madrid, Taurus, 1973.

— ed. *Pliegos poéticos españoles de la Biblioteca nacional de Viena*, Madrid, 1975.

GARCÍA GÓMEZ, E., «No comer pan a manteles... ni con la condesa holgar», *Al An*, XXXII, 1967, pp. 211-215.

GARCÍA MATOS, Manuel, *Cancionero popular de la provincia de Madrid*. Materiales recogidos por Manuel García Matos. Ed. crit. por Marius Schneider, Juan Tomás Pares y José Romeu Figueras, 3 vols., Barcelona-Madrid, CSIC, 1951 y 1960.

GELLA ITURRIAGA, José, *Romancero aragonés, quinientos romances históricos, histórico-legendarios, líricos, novelescos y religiosos*, Zaragoza, 1972.

GIL, Bonifacio, *Romances populares de Extremadura recogidos de la tradición oral*, Badajoz, 1944.
— *Cancionero popular de Extremadura. Contribución al folklore musical de la región*, 2 vols., Badajoz, I, 1961 ², II, 1956.
— *Cancionero infantil (Antología)*, Madrid, Taurus, 1964.
GOYRI, María, «Romances que deben buscarse en la tradición oral», *RABM*, X, 1906, pp. 374-386 y XI, 1907, pp. 24-36.
GRAY, Bennison, «Repetition in oral literature», *Journal of American folklore*, 84, 1971, pp. 289-303.
GUTIÉRREZ ESTEVE, Manuel, «Sobre el sentido de cuatro romances de incesto», en *Homenaje a Julio Caro Baroja*, eds. Antonio Carreira, Jesús Antonio Cid, Manuel Gutiérrez Esteve y Rogelio Rubio, Madrid, 1978, pp. 551-579.
HAUF, A. y AGUIRRE, J. M., «El simbolismo mágico-erótico de *El infante Arnaldos*», *RF*, 81, 1969, pp. 88-118.
HORRENT, Jules, *La Chanson de Roland dans les littératures française et espagnole au Moyen-Age*, París, 1951.
— «Sur les romances carolingiens de Roncevaux», *Les Lettres Romanes*, IX, 1955, pp. 161-176.
— «Comment vit un romance», *Les Lettres Romanes*, XI, 1957, páginas 379-394.
— «La jura de Santa Gadea, historia y poesía», en *Studia philologica, Homenaje ofrecido a Dámaso Alonso*, Madrid, 1960, II, páginas 241-266.
KUNDERT, Hans, «Romancerillo Sanabrés», *RDTP*, XVIII, 1962, páginas 37-124.
LIDA DE MALKIEL, María Rosa, «El romance de la misa de amor», *RFH*, III, 1941, págs. 24-42.
— «Juan Rodríguez del Padrón: vida y obras», en *Estudios sobre la literatura del siglo XV*, Madrid, 1977, pp. 21-77.
LOHMANN VILLENA, Guillermo, «Romances, coplas y cantares en la conquista del Perú», en *Estudios dedicados a Menéndez Pidal*, I, Madrid, CSIC, 1950, pp. 289-315.
LORD, Albert B., *The Singer of Tales*, Cambridge, 1960.
LUCERO DE PADRÓN, Dolly, «En torno al romance de 'La bella malmaridada'», *BBMP*, XLIII, 1967, pp. 307-354.
MARCO, Joaquín, *Literatura popular en España en los siglos XVIII y XIX*, 2 vols., Madrid, Taurus, 1977.
MARISCAL DE RETH, Beatriz, *La balada occidental moderna ante el mito. Análisis semiótico del romance de «La muerte ocultada»*, Tesis de Ph. D., University of California, San Diego, 1978 (manejo fotocopia de esa tesis inédita hecha por University Microfilms, Ann Arbor, Michigan).
MARTIN, Georges, «Idéologique chevauchée: approche intertextuelle de la structure idéologique d'un romance historique tradition-

nel», en *L'idéologique dans le texte (Textes hispaniques): Actes du IIe Colloque du Séminaire d'Etudes Littéraires de l'Université de Toulouse-Le Mirail (Toulouse, février 1978)*, Université de Toulouse-Le Mirail, 1978, pp. 165-196.

MARTÍNEZ RUIZ, Juan, «Romancero de Güéjar Sierra (Granada)», *RDTP*, XI, 1956, pp. 360-386 y 495-543.

MARTÍNEZ TORNER, Eduardo, «Indicaciones prácticas sobre la notación musical de los romances», *RFE*, X, 1923, pp. 389-394.

— «Ensayo de clasificación de las melodías de romance», en *Homenaje a Menéndez Pidal*, II, 1925, pp. 391-402.

— *Lírica hispánica. Relaciones entre lo popular y lo culto*, Madrid, Castalia, 1966 (La lupa y el escalpelo, 5).

MENÉNDEZ PELAYO, Marcelino, «Tratado de los romances viejos», *Antología de poetas líricos castellanos*, VI y VII; XXII y XXIII de *Edición nacional de las obras completas de Menéndez Pelayo*, Santander, 1944.

— «Apéndices y suplemento a la 'Primavera y flor de romances' de Wolf y Hoffmann», *Antología de poetas líricos castellanos*, IX, *Edición nacional de las obras completas de Menéndez Pelayo*, XXV, Santander, 1945.

MENÉNDEZ PIDAL, Juan, *Poesía popular: colección de los viejos romances que se cantan por los asturianos en la danza prima, esfoyazas y filandones*, Madrid, 1885.

MENÉNDEZ PIDAL, Ramón, *La leyenda de los Infantes de Lara*, Madrid, 1896.

— «Notas para el romancero de Fernán González», en *Homenaje a Menéndez Pelayo*, I, Madrid, 1899.

— «Poesía popular y romancero», *RFE*, I, 1914, pp. 357-377; II, 1915, pp. 16-20, 105-136, 329-338; III, 1916, pp. 233-289 (reimpresión en *Estudios sobre el Romancero*, pp. 89-216).

— «*Roncesvalles*. Un nuevo cantar de gesta español del siglo XIII», *RFE*, IV, 1917, pp. 105-204.

— «Sobre geografía folklórica. Ensayo de un método», *RFE*, VII, 1920, pp. 229-338 (reimpresión en *Estudios sobre el Romancero*, páginas 219-323).

— «Supervivencia del *poema de Kudrun* (Orígenes de la balada)», *RFE*, XX, 1933, pp. 1-59.

— ed., *Cancionero de romances impreso en Amberes sin año*, Madrid, 1945².

— «*La Chanson des Saisnes* en España», en *Mélanges de linguistique et de littérature romanes offerts à Mario Roques*, París, 1950, t. I, pp. 229-244.

— *Romancero hispánico (hispano-portugués, americano y sefardí), Teoría e Historia*, 2 vols., Madrid, 1953.

— *Flor nueva de romances viejos*, Madrid, 1955 [10] (Col. Austral, 100).

— *Los godos en la epopeya española*, Madrid, 1956 (Col. Austral, 1275).

— *Romancero tradicional de las lenguas hispánicas (español-portugués-catalán-sefardí): Colección de textos y notas* de María Goyri y Ramón Menéndez Pidal, 11 vols., I: *Romanceros del Rey Rodrigo y de Bernardo del Carpio*, eds. Rafael Lapesa, Diego Catalán, Álvaro Galmés y José Caso, Madrid, Seminario Menéndez Pidal (Universidad de Madrid, Facultad de Filosofía y Letras) y Editorial Gredos, 1957; II: *Romanceros de los Condes de Castilla y de los Infantes de Lara*, eds. Diego Catalán, con la colaboración de Álvaro Galmés, José Caso y María Josefa Canellada de Zamora Vicente, Madrid, id. 1963; III: *Romances de tema odiseico*, 1, ed. Diego Catalán, con la colaboración de María Soledad de Andrés, Francisco Bustos, María Josefa Canellada de Zamora Vicente y José Caso, Madrid, id. 1969; IV: *Romances de tema odiseico*, 2, ed. Diego Catalán con la colaboración de María Soledad de Andrés, Francisco Bustos, Ana Valenciano y Paloma Montero, Madrid, id. 1970; V: *Romances de tema odiseico*, 3, ed. por los mismos editores, Madrid, id. 1971-72; VI: *Gerineldo el paje y la infanta*, 1, ed. Diego Catalán y Jesús Antonio Cid con la colaboración de Margarita Pazmany y Paloma Montero, Madrid, id., 1975; VII: *Gerineldo...*, 2, ed. por los mismos eds., Madrid, id., 1975; VIII: *Gerineldo...*, 3, ed. Diego Catalán con la colaboración de Robert Nelson, Francisco Romero, Margarita Pazmany, Jesús Antonio Cid, Ana Valenciano, parte musical a cargo de Antonio Carreira; Madrid, id., 1976; IX: *Romancero rústico*, ed. Antonio Sánchez Romeralo con la colaboración de Ana Valenciano y Teresa Lee, Anna Marie Taylor, Soledad Martínez de Pinillos, Alicia Bora de Benito, Paloma Montero y Antonio Carreira, Madrid, id., 1978; X: *La dama y el pastor. Romance, villancico, glosas*, 1, ed. Diego Catalán con la colaboración de Kathleen Lamb, Etienne Phipps, Joseph Snow, Beatriz Mariscal de Rhett y Jesús Antonio Cid, Madrid, id., 1977-78; XI: *La dama y el pastor. Romance, villancico, glosas*, 2, ed. por los mismos eds., Madrid, id., 1977-78.

— *Poesía juglaresca y juglares*, Madrid, Espasa Calpe, 1969 [6] (Col. Austral, 300).

— *Los romances de América y otros estudios*, Madrid, Espasa Calpe, 1972 [7] (Col. Austral, 55).

— *Estudios sobre el romancero*, Madrid, Espasa-Calpe, 1973.

MENÉNDEZ PIDAL, R (1920), CATALÁN, D. y GALMÉS, A. (1950), *Cómo vive un romance. Dos ensayos sobre tradicionalidad*, Madrid, 1954 (*RFE*, Anejo LX).

MICHAËLIS DE VASCONCELLOS, Carolina, *Estudos sobre o romanceiro peninsular: Romances velhos en Portugal*, Coimbra, 1934 [2].

MILÁ Y FONTANALS, Manuel, *Observaciones sobre la poesía popular con muestras de romances catalanes inéditos*, Barcelona, 1853.

— *De la poesía heroico-popular castellana*, Barcelona, 1959 [2] (primera ed. 1874).

MONTESINOS, José F., «Algunos problemas del Romancero nuevo», en *Ensayos y estudios de literatura española*, Madrid, 1970, páginas 109-139.

MORLEY, S. G., «Are the Spanish Romances written in quatrains? and other questions», *Romanic Review*, VII, 1916, pp. 42-82.

— «El romance del 'Palmero'», *RFE*, IX, 1922, pp. 298-310.

— «Chronological List of Early Spanish Ballads», *HR*, XIII, 1945, páginas 273-287.

NAVARRO TOMÁS, Tomás, *Métrica española*, Madrid-Barcelona, Guadarrama, 1974 [4].

NORTON, F. S. y WILSON, Edward M., *Two Spanish verse chap- books. Romance de Amadís c. 1515-19. Juyzio hallado y trobado c. 1510*, Cambridge, 1969.

OCHRYMOWYCZ, Orest, *Aspects of the oral style in the «Romances juglarescos» of the carolingian cycle*, Tesis de Ph. D., University of Iowa, 1968.

PALLEY, Julián, «La estructura onírica de '*El enamorado y la muerte*'», *CHA*, 298, 1975, pp. 190-196.

PARRY, Milman, «Studies in the epic techniques of oral verse making. I, Homer and homeric style», en *Harward Studies in classical Philology*, 41, 1930, pp. 73-147.

PÉREZ GÓMEZ, Antonio, *Romancero del rey don Pedro (1368-1800)*, Valencia, 1954.

PÉREZ VIDAL, José, «Romances con estribillos y bailes romancescos», *RDTP*, IV, 1948, pp. 197-241.

— «Santa Irene (Contribución al estudio de un romance tradicional)», *RDTP*, IV, 1948, pp. 518-569.

PETERSEN, Suzanne, *El mecanismo de la variación en la poesía de transmisión oral: Estudio de 612 versiones del romance de '*La Condesita*', con la ayuda de un ordenador*, Tesis de Ph. D., University of Wisconsin, Madison, 1976 (manejo fotocopia de esa tesis inédita hecha por University Microfilms, Ann Arbor, Michigan).

Pliegos poéticos españoles de la Universidad de Praga, 2 vols., Colección «Joyas Bibliográficas», Madrid, 1960.

Pliegos poéticos góticos de la Biblioteca Nacional, 6 vols., Colección «Joyas Bibliográficas», Madrid, 1957-61.

Pope, Isabel, «Notas sobre la melodía del *Conde Claros*», *NRFH*, VII, 1953, pp. 395-402.

Porrata, Francisco E., *Incorporación del romancero a la temática de la comedia española*, Madrid, 1973.

Purcell, Joanne B., «Sobre o Romanceiro Português: Continental, Insular e Transatlantico. Una Recolha Recente», en *El Romancero en la tradición oral moderna: 1.er Coloquio Internacional*, eds. D. Catalán, S. G., Armistead y A. Sánchez Romeralo, Madrid, 1972, pp. 55-64.

Rajna, Pío, «Rosaflorida», en *Mélanges offerts à Emile Picot*, París, 1953, t. II, pp. 115-134.

Rodríguez Moñino, Antonio, ed., *Cancionerillos góticos castellanos*, Valencia, Castalia, 1954.

— ed., *Cancionero general* de Hernando del Castillo (ed. 1511), Madrid, 1958.

— ed., *Cancionero de romances (Anvers, 1550)*, Madrid, Castalia, 1967.

— *Construcción crítica y realidad histórica en la poesía española de los siglos XVI y XVII*, Madrid, Castalia, 1968 [2].

— *Poesía y Cancioneros (siglo XVI)*, Madrid, 1968.

— *La Silva de romances de Barcelona, 1561. Contribución al estudio bibliográfico del Romancero español en el siglo XVI*, Universidad de Salamanca, 1969.

— *Diccionario de Pliegos sueltos poéticos (siglo XVI)*, Madrid, Castalia, 1970.

— ed., *Silva de romances (Zaragoza, 1550-1551)*, Zaragoza, 1970.

— *Manual bibliográfico de Cancioneros y Romanceros*, 2 vols., Madrid, Castalia, 1973.

— *La transmisión de la poesía española en los siglos de oro*, Barcelona, Ariel, 1976.

Rodríguez Puértolas, Julio, «El romancero, historia de una frustración», *Ph Q*, 51, 1972, pp. 85-104.

— «El cancionero popular. El romancero y sus héroes fragmentados», en Carlos Blanco Aguinaga, Julio Rodríguez Puértolas, Iris M. Zavala, *Historia social de la literatura española (en lengua castellana)*, vol. I, Madrid, Castalia, 1978, pp. 140-154.

Romeu i Figueras, Josep, *Poesia popular i literatura*, Barcelona, Curial, 1974.

Sage, Jack, «Early Spanish Ballad Music: tradition or metamorphosis?», en *Medieval Hispanic Studies presented to Rita Hamilton*, London, Tamesis Books, 1976, pp. 195-203.

Salvador Miguel, Nicasio, *La poesía cancioneril. El «Cancionero de Estúñiga»*, Madrid, Alhambra, 1977.

SÁNCHEZ ROMERALO, Antonio, «Creación poética. Nuevos métodos de estudio», en *El Romancero en la tradición oral moderna: 1.ᵉʳ Coloquio Internacional*, eds. D. Catalán, S. G. Armistead y A. Sánchez Romeralo, Madrid, 1972, pp. 209-231.

SAUNAL, D, «Une conquête définitive du 'Romancero nuevo': le romance assonancé», en *Mélanges à la mémoire de Jean Sarrailh*, II, Paris, 1966, pp. 355-375.

SCHINDLER, Kurt, *Folk music and poetry of Spain and Portugal*, New York, 1941.

SECO DE LUCENA PAREDES, Luis, «La historicidad del romance *Río verde, río verde*», *Al-An*, XXIII, 1958, pp. 55-95.

SEGRE, Cesare, *Le strutture e il tempo. Narrazione, poesia, modelli*, Torino, 1974.

SERRALTA, Frédéric, «Poesía de cordel y modas literarias: tres versiones decimonónicas de un pliego tradicional», *Criticón 3*, Université de Toulouse-Le Mirail, France-Ibérie Recherche, 1978.

SEVERIN, Dorothy S., «Gaiferos, rescuer of his wife Melisenda», en *Medieval Hispanic Studies presented to Rita Hamilton*, London, Tamesis Books, 1976, pp. 227-239.

SMITH, C. Colin, ed., *Spanish Ballads*, Pergamon Press, Oxford, 1969 [2].

— «On the ethos of the 'Romancero viejo'», en *Studies of the Spanish and Portuguese Ballad*, ed. N. D. Shergold, London, Tamesis Books, 1973, pp. 5-25.

SPITZER, Leo, «Notas sobre el romancero español», *RFE*, XXII, 1935, pp. 153-174.

— «The folklorist pre-stage of the Spanish romance *Count Arnaldos*», *HR*, XXIII, 1955, pp. 173-187 (reimpresión en *Sobre antigua poesía española*, pp. 85-103).

— *Sobre antigua poesía española*, Buenos Aires, 1962.

SUÁREZ PALLASÁ, Aquilino, «Romance del conde Arnaldos: Interpretación de sus formas simbólicas», *Románica*, 8, 1975, pp. 135-180.

SZERTICS, Joseph, *Tiempo y verbo en el Romancero viejo*, Madrid, Gredos, 1967.

THOMSON, Stith, *Motif Index of Folk Literature*, 6 vols., Bloomington, 1955-1958 [2].

TIMONEDA, Juan de, *Rosas de Romances* (Valencia, 1573), eds. D. Devoto y A. Rodríguez Moñino, Valencia, Castalia, 1963 (Colección Floresta, «Joyas poéticas españolas», vol. VIII).

TORRES FONTES, Juan, «La historicidad del romance *Abenámar, Abenámar*», *Anuario de estudios medievales*, VIII, 1972-73, páginas 225-256.

VOSSLER, Karl, «Carta española a Hugo von Hofmannsthal», en

Algunos caracteres de la cultura española, Buenos Aires, 1943 (Col. Austral, 270).

WEBBER, Ruth, «Formulistic diction in the Spanish Ballad», en *University of California Publications in Modern Philology*, XXXIV, 1951, pp. 175-278.

WILSON, Edward M., «On the 'Romanze que dize mi padre era de Ronda'», en *Medieval Hispanic Studies presented to Rita Hamilton*, London, Tamesis Books, 1976, pp. 267-276.

— *Entre las jarchas y Cernuda*, Barcelona, Ariel, 1977.

WOLF, Fernando José y HOFMANN, Conrado, *Primavera y flor de romances*, 2 tomos, Berlín, 1956; 2.ª ed., Menéndez Pelayo, *Antología de poetas líricos castellanos*, VIII, *Edición nacional de las obras completas de Menéndez Pelayo*, XXIV, Santander, 1945.

ZUMTHOR, Paul, «Pour une poétique de la voix», *Poétique*, 40, noviembre 1979, pp. 514-524.

* * *

Ya terminado este libro, me llegan (septiembre de 1980) las tres últimas publicaciones de la Cátedra-Seminario Menéndez Pidal, de imprescindible consulta para quien quiera conocer las vías actuales de la crítica romancesca. Lamento no haber podido aprovechar todos estos estudios, pero remito encarecidamente a ellos.

Los tres volúmenes forman parte de la colección *Romancero y poesía oral* cuyo primer tomo es: *El Romancero en la tradición oral moderna* (cf. CATALÁN *et alii*, 1972) y recogen las ponencias del 2.º Coloquio Internacional que tuvo lugar en Davis, California, en mayo de 1977. Son:

— *El Romancero hoy: Nuevas fronteras*, Antonio Sánchez Romeralo, Diego Catalán, Samuel G. Armistead eds., con la colaboración de Jesús Antonio Cid, Faye Le Clair, Soledad Martínez de Pinillos, Margarita Pazmany, Flor Salazar, Ana Valenciano; Madrid, Cátedra-Seminario Menéndez Pidal y Editorial Gredos, 1979 *(Romancero y poesía oral II)*.

— *El Romancero hoy: Poética*, Diego Catalán, Samuel G. Armistead, Antonio Sánchez Romeralo eds., con la colaboración de Jesús Antonio Cid, Beatriz Mariscal de Rhett, Soledad Martínez de Pinillos, Margarita Pazmany, Suzanne Petersen, Flor Salazar, Madeline Sutherland, Ana Valenciano; Madrid, Cátedra-Seminario Menéndez Pidal y Editorial Gredos, 1979 *(Romancero y poesía oral III)*.

— *El Romancero hoy: Historia, comparatismo, bibliografía crítica*, Samuel G. Armistead, Antonio Sánchez Romeralo, Diego

Catalán eds., con la colaboración de Jesús Antonio Cid, Faye Le Clair, Soledad Martínez de Pinillos, Margarita Pazmany, Flor Salazar, Ana Valenciano; Madrid, Cátedra-Seminario Menéndez Pidal y Editorial Gredos, 1979 *(Romancero y poesía oral, IV)*.

(Subrayo particularmente la importancia de la «Bibliografía crítica del Romancero» de S. G. Armistead, incluida en este último tomo, pp. 199-310: reseña crítica de los estudios sobre Romancero de la última década: 1970-1979.)

ABREVIATURAS

Ant. Lír. Cast.:	MENÉNDEZ PELAYO, M., *Antología de poetas líricos castellanos.*
Bosnia:	ARMISTEAD, S. G. y SILVERMAN, J. H., *Judeo-Spanish Ballads from Bosnia.*
Canc. Gen.:	RODRÍGUEZ MOÑINO, A., *Cancionero general de Hernando del Castillo.*
Canc. s. a.:	MENÉNDEZ PIDAL, R., *Cancionero de romances impreso en Amberes sin año.*
Canc. 1550:	RODRÍGUEZ MOÑINO, A., *Cancionero de romances (Anvers, 1550).*
Cat. Ind.:	ARMISTEAD, S. G., *El romancero judeo-español en el Archivo Menéndez Pidal (Catálogo-Índice de romances y canciones).*
DPS:	RODRÍGUEZ MOÑINO, A., *Diccionario de Pliegos sueltos poéticos (siglo XVI).*
Estudios:	MENÉNDEZ PIDAL, R., *Estudios sobre el romancero.*
Flor Mar.:	CATALÁN, D., *La flor de la Marañuela...*
Nahón:	ARMISTEAD, S. G., *Romances judeo-españoles de Tánger, recogidos por Zarita Nahón.*
Pliegos Madrid:	*Pliegos poéticos góticos de la Biblioteca Nacional.*
Pliegos Praga:	*Pliegos poéticos españoles de la Universidad de Praga.*
Primav.:	WOLF, F. J., *Primavera y flor de romances.*
REC:	BEUTLER, G., *Estudios sobre el Romancero español en Colombia...*
RH:	MENÉNDEZ PIDAL, R., *Romancero hispánico...*
RJEM:	BÉNICHOU, P., *Romancero judeo-español de Marruecos.*
RJEO:	BENMAYOR, R., *Romances judeo-españoles de Oriente...*
Rom. Trad.:	MENÉNDEZ PIDAL, R., *Romancero tradicional de las lenguas hispánicas...*

Silva: RODRÍGUEZ MOÑINO, A., *Silva de romances (Zaragoza 1550-1551)*.

Silva 1561: RODRÍGUEZ MOÑINO, A., *La Silva de romances de Barcelona, 1561*.

Timoneda: TIMONEDA, Juan de, *Rosas de romances*.

Tres calas: ARMISTEAD, S. G., *Tres calas en el Romancero sefardí*.

Yoná: ARMISTEAD, S. G., *The Judeo-Spanish Ballad Chapbooks of Yacob Abraham Yoná*.

NUESTRA EDICIÓN

1. Selección de los textos

CRITERIOS

He escogido textos impresos en el siglo xvi y textos editados en la época moderna que transcriben romances de tradición oral. Y eso porque es de lamentar que el Romancero se suela considerar como una modalidad, genuina eso sí, pero una modalidad más de la literatura del siglo xvi —como la novela pastoril, pongamos por caso—, cuando lo más peculiar del Romancero es su pervivencia a través de los siglos. No por eso hay que borrar las diferencias e igualar sin más los romances del siglo xvi y los que se recogen hoy día. Y es precisamente lo interesante del caso: ver cómo el romance, estructura abierta, se amolda a los entornos socioculturales. Para tratar de hacer perceptible esa noción de estructura abierta, he dado a veces varias versiones de un mismo romance: varias versiones antiguas, o bien una versión antigua y una versión moderna para que se puedan comparar y se puedan apreciar los cambios.

Se encontrarán, pues, aquí:

— romances de los siglos xv y xvi, que más o menos representan las diferentes modalidades antiguas (salvo el Romancero nuevo que merece una selección y un estudio específicos),

— romances modernos que, bien derivan de romances conservados por la imprenta en el siglo xvi, bien se conocen únicamente por la recolección moderna, aun cuando para muchos de ellos se sabe que existían en el siglo xvi por alusiones o citas.

En cuanto a su distribución he seguido, adaptándola, la clasificación del *Catálogo-Índice* de Armistead, a pesar de las salvedades ya apuntadas por Armistead (vid. pp. 90-91).

Textos

Los textos antiguos se han tomado de las reediciones modernas más fidedignas en facsímil *(Canc. s. a., Pliegos)* o que siguen escrupulosamente el texto antiguo (ediciones de Rodríguez Moñino del *Canc. 1550* o de las *Silvas*). Sólo cuando no tenía acceso a la copia fiel del original, he tomado el texto a través de ediciones más o menos arregladas, indicando siempre de dónde se ha sacado el texto.

Los textos modernos proceden de diversas ediciones —siempre indicadas— y se respeta íntegramente el original, tal como se transcribió, sin ninguna enmienda por mi parte.

Versos

Los textos antiguos están siempre transcritos en octosílabos, como era la regla en el siglo XVI. Unos pocos editados por Menéndez Pelayo (en *Ant. Lír. Cast.*, IX) en dieciseisílabos se han restituido en octosílabos.

Para los textos modernos, como quiero siempre respetar el original, los he dejado como estaban editados, en octosílabos o en dieciseisílabos (que es lo más corriente ahora). No los he uniformado artificialmente, de modo que se puedan apreciar las discrepancias, aun en ese plano de la transcripción.

Grafía

Textos antiguos

He modernizado la grafía siempre y cuando no tenga valor fonológico, pero he dejado *b* y *v* (con valor consonántico) tal como estaban en los originales.

He restablecido la *h* inicial, salvo en las formas antiguas del verbo *haber* (*ovo*, etc...).

Las formas contractas se conservan *(dessas)* o se marcan con el apóstrofo *(qu'ellas)*.

La puntuación es moderna; téngase presente, sin embargo, que puntuar es ya interpretar.

Los casos de evidentes erratas se señalan y, si se restablece la forma correcta, va(n) entre corchete(s) letra(s) que se cambia(n) o que no está(n) en el original.

2. Anotaciones

Cada texto va acompañado de dos series de anotaciones: bibliográficas y textuales.

ANOTACIONES BIBLIOGRÁFICAS

Textos antiguos

Se indica la fuente de donde está sacada la versión aquí reproducida, y además las ediciones en las que aparece (primeras ediciones, ya que no se tienen en cuenta reediciones posteriores). No pretende ser exhaustiva la ficha bibliográfica de cada romance, sino dar una idea de su frecuencia de aparición en las primeras colecciones hasta 1550 y en pliegos y proporcionar los datos para que el que esté interesado sepa dónde encontrar las demás versiones. Para las versiones en pliegos se cita el número del *DPS*, donde se encontrará la descripción precisa del pliego y su localización.

Textos modernos

También se indican, además de la fuente, las colecciones que incluyen versiones del mismo romance, sea citándolas directamente sobre todo cuando el romance va acompañado de comentarios *(RJEM, RJEO, Yoná, Nahón)*, sea remitiendo a una edición que dé la bibliografía moderna del romance (sobre todo el *Cat. Ind.*).

Es obvio que tampoco se puede ser exhaustivo.

ANOTACIONES TEXTUALES

Son muy diversas según la importancia y la índole de los problemas que presenta cada romance. Pueden aludir a las fuentes y a la difusión del tema en sus diversas modalidades o bien esbozar las vías de un posible análisis.

Se citan cuando existen y cuando son conocidos por mí los estudios al respecto que pueden orientar a quien quiera ahondar en el tema.

3. Bibliografía

Se da por orden alfabético de autores seguida de una lista de las abreviaturas empleadas. Tampoco es exhaustiva (y la exhaustividad es muy difícil en el campo del Romancero), pero se encontrarán los estudios citados en la «Introducción» o en las anotaciones a los romances donde se dan únicamente el autor y el título; para encontrar la ficha bibliográfica completa, hay que referirse, por lo tanto, a la Bibliografía.

ROMANCERO

I. ROMANCES ÉPICOS

1. ROMANCE DE LOS AMORES DEL REY DON RODRIGO Y DE LA CAVA

Amores trata Rodrigo,
descubierto ha su cuidado;
a la Cava se lo dize,
de quien anda enamorado:
5 —«Mira Cava, mira Cava,
mira Cava, que te hablo;
dar te he yo mi coraçón
y estaría a tu mandado.»
La Cava, como es discreta,
10 en burlas l[o] havía echado.
Respondió muy mesurada
y el gesto muy baxado:
—«Como lo dize tu alteza
deve estar de mí burlando;
15 no me lo mande tu alteza
que perdería gran ditado.»
Don Rodrigo le responde
que conceda en lo rogado,
que deste reino d'España
20 puedes hazer a tu mandado.
Ella hincada de rodillas,
él estála enamorando,
sacándole está aradores
de las sus xarifas manos.

---

23. *Sacar aradores* está ya en Corral y parece costumbre
vinculada a situaciones eróticas (*Rom. Trad.* I, p. 33).
24. *Xarifas:* noble (voz árabe).

25 Fuése el rey a dormir la siesta,
por la Caba havía embiado;
cumplió el rey su voluntad
más por fuerça que por grado,
por lo cual se perdió España
30 por aquel tan gran pecado.
La malvada de la Caba
a su padre lo ha contado;
don Julián que es traidor
con los moros se ha concertado:
35 que destruyessen a España
por lo haver ansí injuriado.

Silva III, p. 509.

La *Silva* debió recoger este romance de un pliego suelto análogo a los dos de Praga que tienen casi el mismo texto (655, 711 del *DPS*). Otra versión similar (con variantes) se encuentra en un pliego de Cracovia (721 del *DPS*), de donde lo tomó la *Silva* de 1561 (vid. *Silva 1561*, p. 178).

Anteriormente se había añadido, en la segunda edición de la *Silva I* (Barcelona, 1550), un texto más largo y más próximo a una primera composición juglaresca.

Vid. *Rom. Trad.*, I, pp. 22-26, para más precisiones bibliográficas y con dos versiones más (una de un *Cancionero* manuscrito de 1547 y otra tradicional de Timoneda reproducida en *Primav.*, 3 b).

Este romance «es una condensación de veinticinco breves capítulos» de la *Crónica sarracina* de Pedro del Corral (hacia 1430). Se puede leer el resumen de ésta y el proceso de selección, abreviación y cambio de enfoque que se produce en el romance, así como la comparación de las versiones conservadas en *Rom. Trad.* I (pp. 27-34).

Esta versión ya tradicionalizada conserva, sin embargo, restos de su origen juglaresco (vv. 9-12 y 17-20 con yuxtaposición de discurso indirecto y de discurso directo y muchas rimas consonantes en -*ado*).

Se introduce un juicio sobre «la malvada de la Cava» (que no estaba en la versión juglaresca larga), para explicar y justificar la pérdida de España.

2. Romance del sueño de don Rodrigo

Los vientos eran contrarios,
la luna estava crescida,
los peces davan gemidos
por el mal tiempo que hazía,
5 cuando el buen Rey don Rodrigo
junto a la Cava dormía,
dentro de una rica tienda
de oro bien guarnescida;
trescientas cuerdas de plata
10 que la tienda sostenían.
Dentro havía cien donzellas
vestidas a maravilla:
las cincuenta están tañendo
con muy estraña harmonía;
15 las cincuenta están cantando
con muy dulce melodía.
Allí habló una donzella
que Fortuna se dezía:
—«Si duermes, rey don Rodrigo,
20 despierta por cortesía,
y verás tus malos hados,
tu peor postrimería,
y verás tus gentes muertas
y tu batalla rompida,
25 y tus villas y ciudades
destruidas en un día;
tus castillos fortalezas
otro señor las regía.
Si me pides quién lo ha hecho,
30 yo muy bien te lo diría:
esse Conde don Julián
por amores de su hija,
porque se la desonraste
y más della no tenía;

35 juramento viene echando
que te ha de cost[ar] la vida.»
Despertó muy congoxado,
con aquesta voz que oía,
con cara triste y penosa
40 desta suerte respondía:
—«Mercedes a ti, Fortuna,
desta tu mensagería.»
Estando en esto ha llegado
uno que nueva traía
45 cómo el conde don Julián
las tierras le destruía.
Apriessa pide el cavallo
y al encuentro le salía;
los contrarios eran tantos
50 que esfuerzo no le valía,
que capitanes y gentes
huye el que más podía.
Rodrigo dexa sus tierras
y del real se salía.

(A partir de ahí, texto de la derrota de don Rodrigo. Vid. 3.)

Pliegos Praga, I, XXXIX, pp. 337-338.
Se conoce este romance sólo por este pliego (710 del *DPS*) y otro de Madrid (709 del *DPS*).
Reproducido por Timoneda con algunas variantes y en otras compilaciones posteriores (vid. *Rom. Trad.* II, pp. 42-43).
(*Primav.*, 5 *a* reproduce la versión de Timoneda.)
Se trata del mismo origen cronístico que el anterior: «de la muy extensa narración de Corral, el romancista escoge varios presagios portentosos y construye un nuevo sueño fantástico como preliminar del funesto fin del último godo» (*Rom. Trad.* I, p. 45).
Para los presagios contrarios de los primeros versos, vid. D. Devoto, «Mudo como un pescado» (se trata de las señales que anuncian el juicio final. Vid. las mismas señales invertidas y de signo contrario en *Abenámar*, 46 *a*): son claro anuncio de la pérdida de España. Estos motivos se recuerdan en varios romances tradicionales modernos (*Rom. Trad.* I, p. 46).
Nótese en esta versión: 1.°) el contraste entre el ambiente de fin del mundo y el cuadro harmonioso de la tienda del rey (ma-

terialización del descuido de éste); 2.º) la redacción culta con la
aparición de la Fortuna; 3.º) los versos finales que sirven de trabazón con el siguiente romance: *Las Huestes de Don Rodrigo*
(ejemplo de cómo se empalman dos romances para formar una
unidad narrativa).

Se contrahizo este romance en *El del rey don Juan que perdió
Navarra* (suceso de 1512).

3. ROMANCE DE LA DERROTA DEL REY DON RODRIGO

<blockquote>

Las huestes de don Rodrigo
desmayavan y huían,
cuando en la batalla
sus enemigos vencían.
5   Rodrigo dexa sus tierras
y de el real se salía.
Solo va el desventurado,
que no lleva compañía;
el cavallo de cansado
10 ya mudar no se podía.
Camina por donde quiere
que no le estorva la vía.
El rey va tan desmayado
que sentido no tenía.
15 Muerto va de sed y hambre
que de velle era manzilla;
iva tan tinto de sangre
que una brasa parecía;
las armas lleva abolladas,
20 que eran de gran pedrería;
la espada lleva hecha sierra
de los golpes que tenía;
el almete de abollado,
en la cabeça se le hundía;
25 la cara lleva hinchada
del trabajo que sufría.

</blockquote>

Subióse encima de un cerro
el más alto que veía;
dende allí mira su gente
30 cómo iva de vencida;
d'allí mira sus vanderas
y estandartes que tenía,
cómo están todos pisados
que la tierra los cubría;
35 mira por los capitanes
que ninguno parescía;
mira el campo tinto en sangre
la cual arroyos corría.
Él, triste de ver aquesto,
40 gran manzilla en sí tenía,
llorando de los sus ojos
desta manera dezía:
—«Ayer era rey d'España,
hoy no lo soy de una villa,
45 ayer villas y castillos,
hoy ninguno posseía;
ayer tenía criados,
y gente que me servía;
hoy no tengo una almena
50 que pueda dezir que es mía.
¡Desdichada fue la hora,
desdichado fue aquel día
en que nascí y heredé
la tan grande señoría,
55 pues lo havía de perder
todo junto y en un día!
¡O muerte! ¿Porqué no vienes
y llevas esta alma mía
de aqueste cuerpo mezquino,
60 pues se te agradecería?»

Canc. s. a., fol. 127. (*Primav.*, 5.)
Reproducido en *Canc. 1550* y en *Silva I;* versión similar en pliegos (673 y 674) del *DPS*), de una edición anterior de los cuales tomaría Martin Nucio su texto. Está editado a continuación del anterior en Timoneda (vid. *Rom. Trad.* I, pp. 47-48).

Está también inspirado en varios capítulos de Corral muy abreviados y condensa los momentos de más tensión dramática. Se nota una reelaboración con motivos tradicionales: «armas abolladas», «espada hecha sierra» (vid. *Rom. Trad.* I, pp. 49-53) y cierta influencia de la poesía cancioneril: «¡Oh muerte!, ¿porqué no vienes...?»

Se ha recogido una versión moderna gallega de este romance reproducida en *Rom. Trad.*, I, p. 49. Fueron muy populares los versos

> «Ayer era rey de España,
> hoy no lo soy de una villa»

(citados por Maese Pedro).

4 a.   ROMANCE DE LA PENITENCIA DEL REY DON RODRIGO

> Después qu'el rey don Rodrigo
> a España perdido havía,
> ívase desesperado
> por donde más le plazía;
> 5   métese por las montañas,
> las más espessas que vía,
> porque no le hallen los moros
> que en su seguimiento ivan.
> Topado ha con un pastor
> 10   que su ganado traía;
> díxole: —«Dime, buen, hombre,
> lo que preguntar te quería,
> si hay por aquí poblado
> o alguna casería
> 15   donde pueda descansar,
> que gran fatiga traía.»
> El pastor respondió luego
> que en balde la buscaría,
> porque en todo aquel desierto
> 20   sola una hermita havía,
> donde estaba un hermitaño
> que hazía muy santa vida.

El rey fue alegre desto
por allí acabar su vida;
25 pidió al hombre que le diese
de comer, si algo tenía.
El pastor sacó un çurrón,
que siempre en él pan traía;
diole dél y de un tasajo
30 que acaso allí echado havía.
El pan era muy moreno,
al rey muy mal le sabía;
las lágrimas se le salen,
detener no las podía,
35 acordándose en su tiempo
los manjares que comía.
Después que ovo descansado
por la hermita le pedía.
El pastor le enseñó luego
40 por dónde no erraría.
El rey le dio una cadena
y un anillo que traía:
joyas son de gran valer,
qu'el rey en mucho tenía.
45 Començando a caminar,
ya cerca el sol se ponía;
llegado es a la hermita
que el pastor dicho le havía.
Él, dando gracias a Dios,
50 luego a rezar se metía.
Después que ovo rezado,
para el hermitaño se iva.
Hombre es de autoridad
que bien se le parecía;
55 preguntóle el hermitaño
cómo allí fue su venida.
El rey, los ojos llorosos,
aquesto le respondía:
—«El desdichado Rodrigo
60 yo soy, que rey ser solía.
Vengo a hazer penitencia
contigo en tu compañía;

no recibas pesadumbre
por Dios y Santa María.»
65 El hermitaño se espanta,
por consolallo dezía:
—«Vos cierto havéis elegido
camino cual convenía
para vuestra salvación,
70 que Dios os perdonaría.»
El hermitaño ruega a Dios
por si le revelaría
la penitencia que diesse
al rey, que le convenía.
75 Fuele luego revelado,
de parte de Dios, un día,
que le meta en una tumba
con una culebra biva,
y esto tome en penitencia
80 por el mal que hecho havía.
El hermitaño al rey
muy alegre se bolvía;
contóselo todo al rey
como passado lo havía.
85 El rey, desto muy gozoso,
luego en obra lo ponía;
métese como Dios mandó
por allí acabar su vida.
El hermitaño muy santo
90 mírale el tercero día;
dize: —«¿Cómo os va, buen rey,?
¿Vaos bien con la compañía?»
—«Hasta ora no me ha tocado
porque Dios no lo quería.
95 Ruega por mí, el hermitaño,
porque acabe bien mi vida.»
El hermitaño llorava,
gran compassión le tenía;
començóle a consolar
100 y esforçar cuanto podía.
Después buelve el hermitaño
a ver ya si muerto havía.

Halló que estava rezando
y que gemía y plañía.
105 Preguntóle cómo estava.
—«Dios es en la ayuda mía,
respondió el buen rey Rodrigo;
la culebra me comía,
cómeme ya por la parte
110 que todo lo merecía,
por donde fue el principio
de la muy gran desdicha.»
El hermitaño lo esfuerça;
el buen rey allí moría.
115 Aquí acabó el rey Rodrigo,
al cielo derecho se iva.

Canc. s. a., fol. 129. (*Primav.*, 7.)
Reproducido en *Canc. 1550* y *Silva I;* tomado probablemente
por el *Canc. s. a.* del mismo pliego suelto que el anterior (vid. 3).
Incluido en la *Silva 1561* y en las ediciones posteriores y también
en Timoneda.

Aparte de los pliegos ya mentados para 3, está en dos más, muy
similares (pero de distinta tirada): 709 y 710 del *DPS.*

Es un largo romance juglaresco de narración pormenorizada,
resumen de Corral.

Vid. al respecto *Rom. Trad.*, I, pp. 77-86.

Nótese la abundancia de los nexos sintácticos que manifiestan
un origen escrito y libresco (vv. 17-22) y el doble encuentro con el
pastor y el ermitaño (que se concentrará luego en un solo encuentro con el ermitaño; vid. 4 b).

4 b. ROMANCE DEL PENITENTE

Cuando me parió mi madre, me parió en alta montina,
2 donde cae la nieve a copos, agua menudita y fría,
donde canta la culebra, la serpiente respondía.

4 Allí había un ermitaño, que él hacía santa vida:
—«Confiéseme, el ermitaño, confiéseme por su vida.
6 Diga, diga, el ermitaño, dígamelo por su vida:
el que tiene que ver con mujeres, si tiene el alma perdida.»
8 —«Él perdida no la tiene, si no es con hermana o prima.»
—«¡Ay de mí, triste y cuetado!
10 De la prima tengo un niño y de la hermana una niña;
confiéseme, el ermitaño, confiéseme por su vida,
12 y déme la penitencia a sigún la merecía.»
—«Confesar, confesaréte, pero yo no te ausolvía.»
14 Estando en estas razones, bajara una voz de arriba:
—«Confiéselo, el ermitaño, confiéselo por su vida,
16 y déle la penitencia a sigún la merecía.»
Le metió en un calabozo con una serpiente viva;
18 la serpiente es muy feroz, siete cabezas tenía,
y la más pequeña de ellas era el que más le comía.
20 L'ermitaño, compasivo, tres veces lo ve al día,
una va por la mañana, otra iba al medio día,
22 otra va a la media noche, cuando la gente dormía:
—«¿Cómo te va, el penitente, con tan buena compañía?»
24 —«A mí me va bien, señor, mejor que yo merecía,
que de medio cuerpo abajo, ya comido me tenía,
26 y de medio cuerpo arriba, luego me principiaría;
si me quiere ver la muerte, traiga una vela encendida.»
28. Aprisa llegó el ermitaño, el penitente ya morira.
Las campanas de aquel pueblo de par en par se tañían
30 por el alma del penitente, que para el cielo camina.
¡Válgame Nuestra Señora, válgame Santa María!

Rom. Trad., I, pp. 67-68. Versión 14 I.
Versión de Guimara (ay. de Peranzanes. El Bierzo, León) reci-
tada por Santiago Cerecedo Ramón, de setenta y dos años, men-
digo. Recogida en julio de 1916 por Eduardo M. Torner.
Son treinta y seis versiones orales modernas las editadas en
Rom. Trad. I, pp. 61-77, recogidas en Portugal, Zamora, Orense,
Lugo, León, Asturias y Chile (son tres fragmentarias las de Chile).
Véase el proceso de tradicionalización: olvido del nombre del
rey y pérdida de todo elemento histórico para dar paso a un castigo ejemplar por causa de incesto (prima y hermana). Sobre los
primeros versos, vid. Devoto, «Un no aprehendido canto...» (valor

simbólico de la culebra). Al lado de versos formulaicos: «¡Ay de mí, triste y cuetado!», «Estando en estas razones», «Válgame Nuestra Señora, Válgame Santa María!», de procedimientos estereotipados (repeticiones, enumeraciones: «tres veces...», etc.), se notan recuerdos de Corral que no están en el 4 *a* juglaresco: los versos finales (campanas que tañen) y el verso: «A mí me va bien señor, mejor que yo merecía».

Para el cruce de este romance con el de *El enamorado y la muerte* de origen trovadoresco, vid. *Rom. Trad.*, I, pp. 87-89 (particularmente de éste deriva la pregunta:

> el que tiene que ver con mujeres
> si tiene el alma perdida.)

Hoy no sobrevive casi este romance sino como contaminación de un romance de ciego *El robo del sacramento* que conserva la penitencia de la culebra, la cual, con su gran carga simbólica, es lo que más impresionó la memoria tradicional.

5.   ROMANCE DEL NACIMIENTO DE BERNARDO DEL CARPIO

> En los reinos de León,
> el casto Alfonso reinava:
> hermosa hermana tenía,
> doña Ximena se llama;
> 5 enamorárase de ella
> esse conde de Saldaña,
> mas no bivía engañado,
> porque la infanta lo amava.
> Muchas vezes fueron juntos,
> 10 que nadie lo sospechava;
> de las vezes que se vieron
> la infanta quedó preñada.
> La infanta parió a Bernaldo,
> y luego monja se entrava.
> 15 Mandó el rey prender al conde
> y ponerle muy gran guarda.

Canc. 1550, p. 205. (*Primav.* 8.)
Esta versión es la única conocida, impresa en el siglo XVI.
En *Rom. Trad. I*, vienen editadas doce versiones orales de
Marruecos (pp. 177-184), con nueve de ellas inéditas, ya que hoy
pervive este romance en la tradición oral sefardí de Marruecos.
Vid. también Bénichou, *RJEM*, pp. 29-31.

Esta versión antigua, que parece de composición tardía, cuenta
las circunstancias del nacimiento ilegítimo de Bernardo. En la
tradición oral, se perdió el recuerdo de los personajes históricos,
se trasladó la acción a un ambiente moro (los primeros versos
suelen ser los del romance fronterizo de la pérdida de Antequera)
y se desarrollaron las potencialidades novelescas de la situación.

Para la creación de la gesta anticarolingia de Bernardo con sus
diferentes avatares, *Rom. Trad.*, I, pp. 143-152.

6. ROMANCE DE LA ENTREVISTA DE BERNARDO CON EL REY

Con cartas y mensajeros
el rey al Carpio embió;
Bernaldo, como es discreto,
de traición se receló,
5   las cartas echó en el suelo
y al mensajero habló:
—«Mensajero eres, amigo,
no mereces culpa, no,
mas a el rey que acá te embía
10   dígasle tú esta razón:
que no lo estimo yo a él,
ni aun cuantos con él son;
mas por ver lo que me quiere
todavía allá iré yo.»
15   Y mandó juntar los suyos,
desta suerte les habló:
—«Cuatrocientos sois, los míos,
los que comedes mi pan:
los ciento irán al Carpio,

20   para el Carpio guardar;
los ciento por los caminos,
que a nadie dexen passar;
dozientos iréis comigo
para con el rey hablar:
25   si mala me la dixere
peor se la he de tornar.»
Por sus jornadas contadas
a la corte fue a llegar:
—«Manténgavos Dios, buen rey,
30   y a cuantos con vos están.»
—«Mal vengades vos, Bernaldo,
traidor, hijo de mal padre;
dite yo el Carpio en tenencia,
tú, tómaslo de heredad.»
35   —«Mentides, el rey, mentides,
que no dizes la verdad;
que si yo fuesse traidor
a vos os cabría en parte;
acordársevos devía
40   de aquella del Enzinal,
cuando gentes extranjeras
allí os trataron tan mal,
que os mataron el cavallo
y aun a vos querían matar;
45   Bernaldo, como traidor,
dentre ellos os fue a sacar;
allí me distes el Carpio
de juro y de heredad,
prometístesme a mi padre,
50   no me guardastes verdad.»
«¡Prendeldo, mis cavalleros
que igualado se me ha!»
«Aquí, aquí los mis dozientos,
los que comedes mi pan,
55   que hoy era venido el día
que honra havemos de ganar.»
El rey, de que aquesto viera,
desta suerte fue a hablar:
«¿Qué ha sido aquesto, Bernaldo,

60   que assí enojado te has?
      ¿Lo que hombre dize de burla
      de veras vas a tomar?
      Yo te do el Carpio, Bernaldo,
      de juro y de heredad.»
65   «Aquestas burlas, el rey,
      no son burlas de burlar;
      llamástesme de traidor,
      traidor, hijo de mal padre;
      el Carpio yo no lo quiero,
70   bien lo podéis vos guardar,
      que cuando yo lo quisiere
      muy bien lo sabré ganar.»

Canc. 1550, p. 206. (*Primav.*, 13 *a*.)

Otra versión en la *Silva II* (*Primav.* 13), y otras dos manuscritas editadas en *Rom. Trad.*, I, 1 c y 1 d, pp. 155-157. Refundición artificiosa de Gabriel Lobo Lasso de Vega en *Rom. Trad.*, I, 1 e, páginas 157-158.

También se editan en *Rom. Trad.*, I, pp. 159-162, cinco versiones de la tradición oral moderna.

Esta versión con su cambio de asonancia *(ó - a)* le pareció a Pidal derivada directamente de la gesta perdida prosificada en la *Crónica general*. Opinión rebatida por Enwistle que la cree imitación de *Buen Conde Fernán González* (vid. 9).

Es ejemplo de estructura *omega*, según Di Stefano, ya que Bernardo alude, en su apóstrofe al rey, a un hecho anterior que motiva y explica su actitud presente. Es de notar la actitud irreverente ante el rey que se da a menudo en el Romancero antiguo (vid. núms. 7 y 12).

Lo interesante en este romance son las diversas versiones de varias épocas que marcan las etapas del romancero=refundición de Lobo Lasso de la Vega en tiempos del Romancero nuevo y versiones modernas. Éstas derivan en parte de aquélla conservando sin embargo recuerdos de las versiones anteriores, lo que supone una refundición escrita tardía.

Se nota también la influencia de la comedia de Lope *Las Mocedades de Bernardo*, la cual dio lugar a la tradicionalización de otro romance de Bernardo: *Bañando está las prisiones* (vid. *Rom. Trad.*, I, pp. 163-175 y pp. 246-250).

7 a. ROMANCE DEL ENCUENTRO DE FERNÁN GONZÁLEZ
Y DEL REY SANCHO ORDÓÑEZ

Castellanos y leones[es]
tienen grandes dibisiones,
sobre el partir de las tierras
y el poner de los moxones;
5   llámanse de hidesputas,
hixos de padres traidores;
no les pueden poner truegas
cuantos en la corte sone,
sino eran unos dos flailes,
10   unos dos vendictos hombres:
pónenselas por quinze días,
quinze días que más none.
El buen rey sale de Burgos
y el buen conde de Leone,
15   idos eran a topare
a los bados de Carrione,
con trezientos de a caballo,
cada cual en su escuadrone.
El conde, como atrebido,
20   por los bados pasove;
con el agua y el arena
el conde al rey salpicobe.

Manuscrito de comienzos del siglo XVI apud *Rom. Trad.*, II, p. 7.
Versión trunca. Nótese la -e paragógica que obliga a la adjunción de -v- en «salpicobe», «pasove». Sería «herencia de un arcaico
tecnicismo épico» (*Rom. Trad.*, II, p. 15).
Véase el comentario después de 7 *c.*

7 b. Otro romance del encuentro de Fernán González
y del rey Sancho Ordóñez

Castellanos y leoneses
tienen grandes divisiones:
el conde Fernán Gonçález
y el buen rey don Sancho Ordóñez,
5   sobre el partir de las tierras,
ahí passan malas razones.
Llámanse de hideputas,
hijos de padres traidores;
echan mano a las espadas,
10   derriban ricos mantones.
No les pueden poner treguas
cuantos en la corte sone;
pónenselas dos hermanos,
aquessos benditos monjes;
15   pónenlas por quinze días,
que no pueden por más, non,
que se vayan a los prados,
que dizen de Carrión.
Si mucho madruga el rey,
20   el conde no dormía, no,
El conde partió de Burgos,
y el rey partió de León;
venido se han a juntar
al vado de Carrión,
25   y a la passada del río
movieron una quistión:
los del rey que passarían,
y los del conde que non.
El rey, como era risueño,
30   la su mula rebolvió;
el conde con loçanía
su cavallo arremetió;

con el agua y el arena
al buen rey él salpicó.
35 Allí hablara el buen rey,
su gesto muy demudado:
«Buen conde Fernán Gonçález,
mucho sois desmesurado;
si no fuera por las treguas
40 que los monjes nos han dado,
la cabeça de los hombros
yo vos la oviera quitado:
con la sangre que os sacara,
yo tiñera aqueste vado.»
45 El conde le respondiera
como aquel que era osado:
«Esso que dezís, buen rey,
véolo mal aliñado:
vos venís en gruessa mula,
50 yo en ligero cavallo;
vos traéis sayo de seda,
yo traigo un arnés trançado;
vos traéis alfanje de oro,
yo traigo lança en mi mano;
55 vos traéis cetro de rey,
yo un venablo azerado;
vos con guantes olorosos,
yo con los de azero claro;
vos con la gorra de fiesta,
60 yo con un casco afinado;
vos traéis ciento de mula,
yo trezientos de caballo.»
Ellos en aquesto estando,
los frailes que han allegado:
65 «¡Tate, tate, cavalleros!
¡tate, tate, hijos dalgo!
¡Cuán mal cumplistes las treguas
que nos havíades mandado!»
Allí hablara el buen rey:
70 «Yo las compliré de grado.»
Pero respondiera el conde:
«Yo de pies puesto en el campo.»

<blockquote>

Cuando vido aquesto el rey,
no quiso passar el vado;
75 buélvese para sus tierras,
malamente va enojado;
grandes vascas va haziendo,
reziamente va jurando
que havía de matar al conde
80 y destruir su condado,
y mandó llamar a cortes,
por los grandes ha embiado.
Todos ellos son venidos,
sólo el conde ha faltado.
85 Mensajero se le haze
a que cumpla su mandado.
El mensajero que fue
desta suerte le [ha] hablado.

</blockquote>

Canc. s. a., fol. 161 v. (*Primav.,* 16.)

Del *Canc. s. a.* proceden las versiones de *Canc. 1550* y siguientes, y *Silva I.*

Anoto aquí sólo las variantes relevantes. *Canc. 1550* (y siguientes) cambia el verso 13:

«ponénselas dos frailes»

añade dos versos a continuación:

«el uno es tío del rey
el otro hermano del Conde»

Silva I: v. 6 «y el poner de los mojones»
          v. 34 «al buen rey ensalpicó»
          v. 37 «como sois soberbio el conde»
          v. 38 «como sois desmesurado».

Vid. *Rom. Trad.* II, pp. 8-9.

Es la versión más larga. Los cuatro versos finales parecen añadidos para introducir el romance siguiente (vid. 8): *Buen Conde Fernán González.*

Véase el comentario después de 7 c.

7 c. OTRO ROMANCE DEL ENCUENTRO DE FERNÁN GONZÁLEZ Y DEL REY SANCHO ORDÓNEZ

Castellanos y leoneses
arman muy grandes quistiones,
sobre el partir de los reinos
y el poner de los mojones.
5　El Conde Fernán Gonçález
con el Rey don Sancho Ordóñez,
trátanse de hi de putas,
hijos de padres traidores.
No les pueden poner treguas
10　cavalleros ni señores,
sino son dos frailezicos,
unos muy benditos monjes:
el uno es primo del rey,
el otro hermano del conde,
15　que se vayan a juntar
al campo de Carrión.
El uno se va por Burgos,
y el otro va por León;
si mucho madrugó el rey
20　el conde más madrugó;
a la passada de un río,
los dos ajuntados son:
el rey iva en una mula,
el conde en un buen trotón.
25　Sobre el passar de los vados
muy mal arrebueltos son:
los del rey que passarían,
los del buen conde que non.
El conde con loçanía
30　su cavallo rebolvió,
con el agua y el arena,
al rey mal ensalpicó.

Allí hablara el rey
con semblante denodado:
35 «¡Cómo sois tan loco, el conde,
cómo sois desmesurado!
Si no fuera por las treguas,
de vos me huviera vengado:
con vuestra sangre, el conde,
40 huviera yo buelto el vado.»
«Pues, para esso, dixo el conde,
mal lo teníades librado;
si queréis uno a uno,
sino sean cuatro a cuatro,
45 y con las armas parejas
salgamos luego al campo;
vos traéis muy gruessa mula,
yo muy ligero cavallo;
vos traéis sayo de seda,
50 yo traigo un arnés trançado;
si vos, rey, tenéis espada,
yo venablo en la mi mano;
vos traéis treinta de mula,
yo quinientos de a cavallo.»
55 Esto que oyera el rey,
a León se uvo tornado;
mandó luego llamar cortes,
por los grandes ha embiado;
todos ellos son venidos
60 sólo el conde ha faltado.

Pliegos Madrid, I, XII, pp. 91-92.
Es el 504 del *DPS,* editado en *Rom. Trad.* II, p. 10. Los editores
de *Rom. Trad.* aluden a otro pliego suelto (citado por Gallardo)
que les es desconocido; es el 1068 del *DPS* que está en la Biblioteca Central de Barcelona (con fecha de 1572).
He dado las tres versiones editadas en *Rom. Trad.* II para que
se pueda hacer un cotejo de las mismas, que sólo puedo esbozar
aquí.
Aparecen diferencias obvias sobre todo entre 7 *a* trunca y 7 *b,*
7 *c.* El cambio de rima *(o - e / a o)* señala que nos hallamos ante
dos unidades narrativas, quedándose el 7 *a* en la primera mien-

tras que 7 *b* y 7 *c*, al reunir dos trozos quizá desligados en un principio (teoría pidalina de la herencia de una gesta —supuesta en este caso—. Vid. *Rom. Trad.* II, pp. 11-15), duplican a nivel de la intriga y de la fábula la misma estructura actancial ya presente en 7 *a*: lucha de A (rey) y B (conde) que el mediador C (frailes) no consigue aplacar y B toma finalmente la ventaja.

A nivel del discurso, nótese cómo un mismo material léxico sirve para fines diferentes. En 7 *b* la contraposición atributos de gala / atributos de guerra (vv. 49-62) precede al reto del conde («campo», v. 72). En 7 *c* viene después («salir al campo», v. 46) para marcar la superioridad del conde en el momento de luchar. Compárese 7 *b*, vv. 55-56 y 7 *c*, vv. 51-52. Se puede ver también en 7 *b* cómo las contraposiciones pueden alargarse (ampliación del discurso que representa una misma secuencia de la intriga).

Es de notar que, por medio de esta estructura narrativa, se expresa cierta actitud irreverente ante la figura del rey que sale malparada, en todo caso, mientras que el conde multiplica las transgresiones (contra las treguas, contra el rey). Vid. C. Smith, «On the ethos of the 'Romancero viejo'», p. 15, donde se subraya cómo en los más antiguos romances no hay acatamiento y respeto al rey y a la ley como se suele decir.

8. ROMANCE DE FERNÁN GONZÁLEZ
Y LOS MENSAJEROS DEL REY

<blockquote>

«Buen conde Fernán Gonçález,
el rey embía por vos,
que vayades a las cortes
que se hazían en León;
5   que si vos allá vais, conde,
daros han buen galardón;
daros ha a Palençuela
y a Palencia la mayor,
daros ha las nueve villas,
10   con ellas a Carrión,
daros ha a Torquemada,
la torre de Mormojón.
Buen conde, si allá no ides,
daros ían por traidor.»

</blockquote>

15   Allí respondiera el conde
y dixera esta razón:
«Mensajero eres, amigo,
no mereces culpa, no,
que yo no he miedo al rey
20   ni a cuantos con él son.
Villas y castillos tengo,
todos a mi mandar son:
dellos me dexó mi padre,
dellos me ganara yo;
25   los que me dexó mi padre
poblélos de ricos hombres;
las que yo me huve ganado
poblélas de labradores;
quien no tenía más de un buey,
30   dávale otro, que eran dos,
al que casava su hija
dole yo muy rico don;
cada día que amanece,
por mí hazen oración,
35   que no la hazían por el rey
que no la merece, non,
él le[s] puso muchos pechos
y quitáraselos yo.»

Canc. s. a., fol. 163. *(Primav.,* 17.)
Reproducido en *Silva I;* debió tomarlo Martín Nucio de un pliego similar al de Praga (1174 del *DPS). Canc. 1550* añade después del verso 13, cuatro versos:

«daros ha a Tordesillas
y a torre de Lobatón,
y si más quisiéredes, conde,
daros han a Carrión»

y después del verso 33, dos versos:

«al que le faltan dineros
también se los presto yo».

Otra versión con glosa de Alonso de Alcaudete y con el *incipit:* «Buen Conde Hernán Gonçalez...» en dos pliegos 14 y 15 del *DPS* y en el *Canc. de Galanes* (750 del *DPS*), reproducida en *Rom. Trad.* II, p. 18.

El desplante de Fernán González parece situarse después del altercado de Carrión, o así, por lo menos, se consideró, ya que M. Nucio lo puso a continuación de *Castellanos y leoneses*. Nótese también la ampliación de series enumerativas (añadidos de *Canc. 1550*).

Los versos: *Mensajero eres, amigo, no mereces culpa, no*, se hicieron proverbiales (Covarrubias, Correas), al plasmar en forma fija una costumbre medieval. Sobre la gran popularidad de este romance, hay testimonios en *Rom. Trad.* II, pp. 22-28.

Pueden verse en *Rom. Trad.* II los romances eruditos que se sacaron de las Crónicas en el siglo XVI (pp. 39-71), romances de Burguillos, Alonso de Fuentes, Sepúlveda. Los editores de *Rom. Trad.* consideran como más viejos otros dos romances (sacados de la *Estoria del noble cavallero el conde Fernán González...* ya impresa en 1509), y que ya están tradicionalizados (*Rom. Trad.* II, páginas 29-37).

También se incluyen algunos artificiosos (*Rom. Trad.* II, páginas 73-81).

9 a. ROMANCE DE LAS BODAS DE DOÑA LAMBRA

Ya se salen de Castilla
castellanos con gran saña,
van a desterrar los moros
a la vieja Calatrava;
5 derribaron tres pedaços
por parte de Guadiana,
por el uno salen moros,
que ningún vagar se davan,
por unas sierras arriba
10 grandes alaridos davan,
renegando de Mahoma
y de su secta malvada.
¡Cuán bien pelea Rodrigo
de una lança y adarga!

15   Ganó un escaño tornido
con una tienda romana.
Al conde Fernán Gonçález
se la embía presentada,
que le trate casamiento
20   con la linda doña Lambra.
Concertadas son las bodas,
¡ay Dios! en hora menguada,
a doña Lambra la linda
con don Rodrigo de Lara.
25   En bodas y tornabodas
se passan siete semanas,
las bodas fueron muy buenas,
y las tornabodas malas;
las bodas fueron en Burgos,
30   las tornabodas en Salas.
Tanta viene de la gente,
no caben en las posadas,
y faltavan por venir
los siete infantes de Lara.
35   ¡Helos, helos por do assoman
con su compañía honrada!
Sálelos a recibir
la su madre doña Sancha:
«¡Bien vengades los mis hijos,
40   buena sea vuestra llegada!
allá iréis a posar, hijos,
a barrios de Cantarranas;
hallaréis las mesas puestas,
viandas aparejadas,
45   y después que hayáis comido,
ninguno salga a la plaza,
porque son las gentes muchas,
siempre travaréis palabras.»
Doña Lambra con fantasía
50   grandes tablados armara.
Allí salió un cavallero
de los de Córdova la llana,
cavallero en un cavallo,
y en la su mano una vara;

55 arremete su cavallo,
al tablado la tirara,
diziendo: «Amad, señoras,
cada cual como es amada,
que más vale un cavallero
60 de los de Córdova la llana,
más vale que cuatro ni cinco
de los de la flor de Lara.»
Doña Lambra que lo oyera
dello mucho se holgara:
65 «¡O maldita sea la dama
que su cuerpo te negava!
que si yo casada no fuera,
el mío yo te entregara.»
Allí habló doña Sancha,
70 esta respuesta le dava:
«Calléis, Alambra, calléis,
no digáis tales palabras,
que si lo saben mis hijos
havrá grandes barragadas.»
75 «Callad vos, que a vos os cumple,
que tenéis por qué callar,
que paristes siete hijos,
como puerca en cenegal.»
Oído lo ha un cavallero,
80 que es ayo de los infantes.
Llorando de los sus ojos,
con gran angustia y pesar
se fue para los palacios
do los infantes estavan:
85 unos juegan a los dados,
otros las tablas jugavan,
sino fuera Gonçalillo
que arrimado se estava.
Cuando le vido llorar,
90 una pregunta le dava,
començóle a preguntar:
«¿Qué es aquesto, el ayo mío?
¿Quién vos quisiera enojar?
Quien a vos os hizo enojo

95 cúmplele de se guardar.»
Metiéranse en una sala,
todo se lo fue a contar.
Manda ensillar su cavallo,
empiéçase de armar;
100 después que estuvo armado,
apriessa fue a cavalgar.
Sálese de los palacios
y vasse para la plaça.
En llegando a los tablados,
105 pedido havía una vara;
arremetió su cavallo,
al tablado la tirava
diziendo: «Amad, lindas damas,
cada cual como es amada,
110 que más vale un cavallero
de los de la flor de Lara
que veinte ni treinta hombres
de los de Córdova la llana.»
Doña Lambra que esto oyera
115 de sus cabellos tirava,
llorando de los sus ojos,
se saliera de la plaça.
Fuérase a los palacios
donde don Rodrigo estava.
120 En entrando por las puertas
estas querellas le dava:
«Quéxome a vos, don Rodrigo,
que me puedo bien quexar:
los hijos de vuestra hermana
125 mal abaldonado me han,
que me cortarían las haldas
por vengonçoso lugar,
me pornían rueca en cinta
y me la harían hilar,
130 y dizen, si algo les digo,
que luego me harían matar.
Si desto no me dáis vengança,
mora me quiero tornar;

            a esse moro Almançar
135   me iré a querellar.»
            «Calledes vos, mi señora,
            no queráis hablar lo tal,
            que una tela tengo urdida,
            otra entiendo de ordenar,
140   que nascidos y por nascer
            tuviessen bien de contar.»

*(Sigue con la traición de Rodrigo, la muerte de los Infantes y
la presentación de las cabezas a su padre.)*

Pliegos Praga I, IX, pp. 65-67. (*Primav.*, 25.)
    Aquí reproducimos únicamente la primera parte de este largo
romance cíclico que abarca todos los episodios de la leyenda de
los Infantes de Salas hasta su muerte y la presentación de las
cabezas a su padre.
    Para la leyenda de los Infantes de Salas, léase *Rom. Trad.* II,
páginas 85-95.
    Este fragmento corresponde a las bodas de doña Lambra de
las cuales se conservan otras dos relaciones en romances (vid.
9 *b* y 9 *c*).
    Véase el comentario después de 9 *c*.

9 b.   OTRO ROMANCE DE LAS BODAS DE DOÑA LAMBRA

            A Calatrava la vieja
            la combaten castellanos;
            por cima de Guadiana,
            derribaron tres pedaços;
5   por los dos salen los Moros,
            por él no *(sic)* entran cristianos.
            Allá dentro de la plaça,

---

    134. *Almançar:* Almançor.
    6. *Por él no entran cristianos:* parece errata. Hay que leer:
por el [u]no.

fueron a armar un tablado,
que aquél que lo derribare
10 ganara de oro un escaño.
Este don Rodrigo de Lara,
qu'esse lo havía ganado,
del conde Garcihernández sobrino,
y de doña Sancha es hermano.
15 Al conde Garcihernández
se lo llevó presentado,
que le trate casamiento
con aquessa doña Lambra.
Ya se trata casamiento,
20 hecho fue en hora menguada,
doña Lambra de Burueva
con don Rodrigo de Lara.
Las bodas fueron en Burgos,
las tornabodas en Salas;
25 en bodas y tornabodas
passaron siete semanas.
Tantas vienen de las gentes
que no caben por las plaças,
y aun faltavan por venir
30 los siete infantes de Lara.
Helos, helos por do vienen
con toda la su compaña;
saliólos a recebir
la su madre doña Sancha:
35 «Bien vengades, los mis hijos,
buena sea vuestra llegada.
Allá iredes a posar
a essa cal de Cantarranas;
hallaréis las mesas puestas,
40 viandas aparejadas.
Desque ayáis comido, hijos,
no salgades a las plaças,
porque las gentes son muchas
y trávanse muchas barrajas.»
45 Desque todos han comido
van a bohordar a la plaça;
no salen los siete infantes,

que su madre se lo mandara;
mas desque huvieron comido,
50 siéntanse a jugar las tablas.
Tiran unos, tiran otros,
ninguno bien bohordava.
Allí salió un cavallero
de los de Córdova la llana,
55 bohordó hazia el tablado
y una vara bien tirara.
Allí hablara la novia,
desta manera hablara:
«Amad, señoras, amad,
60 cada una en su lugar,
que más vale un cavallero
de los de Córdova la llana,
que no veinte ni treínta
de los de la casa de Lara.»
65 Oídolo havía doña Sancha,
desta manera hablara:
«No digáis esso, señora,
no digades tal palabra,
porque aun hoy os desposaron
70 con don Rodrigo de Lara.»
«Mas calláis vos, doña Sancha,
que no devéis ser escuchada,
que siete hijos paristes
como puerca encenagada.»
75 Oídolo havía el ayo
que a los infantes criava;
de allí se havía salido,
triste se fue a su posada:
halló que estavan jugando
80 los infantes a las tablas,
sino era el menor dellos,
Gonçalo Gonçales se llama;
recostado lo halló
de pechos en una varanda:
85 «¿Cómo venís triste, amo?
Dezí, ¿quién os enojara?»

Tanto le rogó Gonçalo,
que el ayo se lo contara:
«Mas mucho os ruego, mi hijo,
90 que no salgáis a la plaça.»
No lo quiso hazer Gonçalo,
mas antes tomó una lança,
cavallero en un cavallo,
vase derecho a la plaça;
95 vido estar el tablado,
que nadie lo derribara.
Endereçóse en la silla,
con él en el suelo dava.
Desque lo huvo derribado,
100 desta manera hablara:
«Amade, putas, amad
cada una en su lugar,
que más vale un cavallero
de los de la casa de Lara,
105 que cuarenta ni cincuenta
de los de Córdova la llana.»
Doña Hambra que esto oyera,
baxóse muy enojada;
sin aguardar a los suyos
110 fuese para su posada.
Halló en ella a don Rodrigo,
desta manera le habla:
«Yo me estava en Barvadillo...»

(Sigue con el 10)

Canc. 1550, p. 230. (*Primav.*, 19.)

Lleva en el *Canc. 1550* el título de *Romance de Doña Hambra;*
es un añadido de la edición de 1550 que no figuraba en el *Canc. s. a.*,
tomado probablemente de un pliego suelto desaparecido, ya que
se menciona el mismo *incipit* en la *Ensalada* de Praga (707 del
DPS).

Incluye al final el romance *Yo me estando en Barbadillo* (cf. 10)
tomado de *Canc. s. a.*, es decir, que resume en un solo texto
narrativo dos episodios primitivamente desligados.

Véase el comentario después de 9 c.

9 c. Romance de don Rodrigo de Lara

¡Ay Dios, qué buen cavallero
fue don Rodrigo de Lara,
que mató cinco mil moros
con trezientos que llevava!
5   Si aqueste muriera entonces,
¡qué gran fama que dexara!
no matara a sus sobrinos,
los siete infantes de Lara,
ni vendiera sus cabeças
10   al moro que las llevava.
Ya se tratavan sus bodas
con la linda doña Lambra;
las bodas se hazen en Burgos,
las tornabodas en Salas,
15   las bodas y tornabodas
duraron siete semanas;
las bodas fueron muy buenas,
mas las tornabodas malas.
Ya combidan por Castilla,
20   por Castilla y por Navarra:
tanta viene de la gente
que no hallavan posadas,
y aún faltan por venir
los siete infantes de Lara.
25   Helos, helos por do vienen,
por aquella vega llana;
sálelos a recebir
la su madre doña Sancha.
«Bien vengades, los mis hijos,
30   buena sea vuestra llegada.»
«Norabuena estéis, señora,
nuestra madre doña Sancha.»
Ellos le besan las manos,
ella a ellos en la cara.

35 «Huelgo de veros a todos,
que ninguno no faltava,
y más a vos, Gonçalvico,
porque a vos mucho amava.
Tornad a cavalgar, hijos,
40 y tomedes vuestras armas,
y allá iréis a posar
al barrio de Cantarranas.
Por Dios os ruego, mis hijos,
no salgáis de las posadas,
45 porque, en semejantes fiestas,
se urden buenas lançadas.»
Ya cavalgan los infantes
y se van a sus posadas;
hallaron las mesas puestas,
50 y viandas aparejadas.
Después que huvieron comido,
pidieron juego de tablas,
sino fuera Gonçalvico,
que su cavallo demanda.
55 Muy bien puesto en la silla
se sale para la plaça,
y halló a don Rodrigo
que a una torre tira varas,
con una fuerça crescida
60 a la otra parte passa.
Gonçalvico qu'esto viera,
las suyas también tirara:
las suyas pesan muy mucho,
a lo alto no llegavan.
65 Cuando esto vio doña Lambra,
desta manera hablara:
«Adamad, dueñas, amad,
cada cual de buena gana,
que más vale un cavallero
70 que cuatro de los de Salas.»
Cuando esto oyó doña Sancha,
respondió muy enojada:
«Calledes vos, doña Lambra,
no digáis la tal palabra;

75   si los infantes lo saben
　　 ante ti lo matarán.»
　　 «Callasses tú, doña Sancha,
　　 que tienes por qué callar,
　　 que pariste siete hijos,
80   como puerca en muladar.»
　　 Gonçalvico qu'esto oyera,
　　 esta respuesta le da:
　　 «Yo te cortaré las faldas
　　 por vergonçoso lugar,
85   por cima de las rodillas,
　　 un palmo y mucho más.»
　　 Al llanto de doña Lambra
　　 don Rodrigo fue a llegar:
　　 «¿Qu'es aquesto doña Lambra?
90   ¿quién te ha quesido *(sic)* enojar?
　　 si me lo dizes, yo entiendo
　　 de te lo muy bien vengar,
　　 porque a dueña tal cual vos,
　　 todos le deven honrar.»

Silva II, p. 309. (*Primav.* 20.)

La *Silva* lo tomaría de algún pliego suelto desaparecido.

Tenemos aquí tres versiones de un mismo episodio que, a la diferencia de *Castellanos y leoneses* (vid. 7 a, 7 b, 7 c) son tres textos muy distintos. Según opinión de los editores de *Rom. Trad.*, derivarían de un trozo de una gesta perdida (vid. 9 b, cambio de asonancia a - o / a - a). La versión 9 c está ya depurada y novelizada. «En estas versiones podemos apreciar bien el estado fluido de la tradición antigua, enteramente análogo al que hoy observamos mejor, en vista de la multitud de versiones que podemos recoger de cualquier romance» (*Rom. Trad.* II, p. 106). Se pueden comparar las tres versiones bajo varios puntos de vista: los *incipit* (9 a y 9 b resumen los hechos anteriores al casamiento, 9 c al contrario, presentándolos como pasados y conocidos, anuncia el final del episodio, vv. 6-10); la selección y organización de los eventos narrados; el uso de los tiempos verbales (sobre estas tres versiones, versa el estudio de J. C. Chevalier, «Architecture temporelle...») Se pueden leer también los comentarios de *Rom. Trad.* II, pp. 106-122.

Córdoba la llana de 9 a y 9 b, evidente anacronismo, parece haber sustituido a *Bureva la llana*.

10. ROMANCE DE LAS QUEJAS DE DOÑA LAMBRA

«Yo me estaba en Barvadillo,
en essa mi heredad;
mal me quieren en Castilla
los que me havían de aguardar.
5 Los hijos de doña Sancha
mal amenazado me han,
que me cortarían las faldas
por vergonçoso lugar,
y cevarían sus halcones
10 dentro de mi palomar,
y me forçarían mis damas,
casadas y por casar;
matáronme un cozinero
so faldas del mi brial.
15 Si desto no me vengáis,
yo mora me iré a tornar.»
Allí habló don Rodrigo,
bien oiréis lo que dirá:
«Calledes, la mi señora,
20 vos no digades atal.
De los infantes de Salas
yo vos pienso de vengar;
telilla les tengo ordida,
bien gela cuido tramar,
25 que nascidos y por nascer,
dello tengan qué contar.»

Canc. s. a., fol. 163 v.
Andaría ya impreso este romance en un pliego, ya que se
registra uno, con glosa de Peralta, con igual *incipit* en el *Abece-*
darium de Colón (433 del *DPS*). Está también en la *Silva I*, y en el
Canc. 1550, Martín Nucio lo imprime a continuación de *A Calatrava*

la vieja (9 b). No es exacto, pues, lo que dice el tan escrupuloso Rodríguez Moñino que incluye entre las supresiones del *Canc. 1550* «Yo me estava en Barbadillo» (p. 25 de su edición del *Canc. 1550).*

«Este romance parece un fragmento épico casi sin evolucionar, recién desgajado de la *Gesta de los Infantes» (Rom. Trad.* II, página 123). Sin embargo, el primer verso de patrón formulaico (vid. *Yo me estava en Coimbra, 36 a)* sería un añadido romancístico. Coexistía en el siglo XVI una versión que empezaba *Mal me quieren en Castilla* según varios testimonios. La afrenta de Barbadillo se situaría en la *Gesta...* después de las bodas según indica la prosificación que se hizo de ella en las *Crónicas.*

«La amenaza de cortar las faldas *por vergonzoso lugar* corresponde a la costumbre de la Edad Media de imponer este castigo infamante a las rameras» *(Rom. Trad.* II, p. 125). Se pueden ver más testimonios de esta amenaza, y de la de «cebar halcones dentro del palomar» y de «tornarse mora» en *Rom. Trad.* II, páginas 125-129. Nótese su reutilización en el romance de las quejas de Jimena *(Día era de los reyes,* 13 a). Para el simbolismo sexual de los halcones, de las palomas, de la caza en general, vid. D. Devoto, «El mal cazador» y *Yoná,* pp. 249-250.

11. ROMANCE DE LA VENGANZA DE MUDARRA

A caçar va don Rodrigo,
y aun don Rodrigo de Lara;
con la gran siesta que haze,
arrimado se ha a una haya,
5 maldiziendo a Mudarrillo,
hijo de la renegada,
que si a las manos le huviesse,
que le sacaría el alma.
El señor estando en esto,
10 Mudarrillo que assomava.
«Dios te salve, cavallero,
debaxo la verde haya.»
«Assí haga a ti, escudero,
buena sea tu llegada.»

15 «Dígasme tú, el cavallero,
cómo era la tu gracia.»
«A mí dizen don Rodrigo,
y aun don Rodrigo de Lara,
cuñado de Gonçalo Gustos,
20 hermano de doña Sancha;
por sobrinos me los huve
los siete infantes de Salas.
Espero aquí a Mudarrillo,
hijo de la renegada;
25 si delante lo tuviesse,
yo le sacaría el alma.»
«Si a ti dizen don Rodrigo,
y aun don Rodrigo de Lara,
a mí Mudarra Gonçales,
30 hijo de la renegada,
de Gonçalo Gustos hijo
y anado de doña Sancha;
por hermanos me los uve
los siete infantes de Salas.
35 Tú los vendiste, traidor,
en el val de Araviana;
mas si Dios a mí me ayuda,
aquí dexarás el alma.»
«Espéresme, don Gonçalo,
40 iré a tomar las mis armas.»
«El espera que tú diste
a los infantes de Lara.
Aquí morirás, traidor,
enemigo de doña Sancha.»

Canc. s. a., fol. 164 (numerado 165 por errata). (*Primav.* 26.)

Reimpreso (con algunas variantes) en la *Silva I* de Zaragoza y
en la *Silva de Barcelona*, 1550 y 1552 (véase como muestra de los
cambios textuales según las ediciones, el cotejo que hace Rodríguez Moñino de las tres versiones de las tres *Silvas* en *Silva de
romances*, pp. 24-25).

Existen varias versiones en pliegos con variantes relevantes

(1060, 1071, 1075 del *DPS*), de las cuales dos están editadas (1071, 1075 del *DPS*) en *Rom. Trad.* II, p. 149 y p. 151.

«El romance *A cazar va don Rodrigo* es una síntesis poética hecha con recuerdos de episodios y versos diseminados en el Cantar que le sirve de guía: la larga narración épica es sustituida por una brevísima y animada escena romancística de notable vigor dramático», *Rom. Trad.* II, p. 157. Esta opinión de los editores de *Ram. Trad.* es controvertida parcialmente por Bénichou, *Creación...*, pp. 40-60. «El romance pudo resultar de una creación nueva hecha sobre motivos antiguos desigual y desordenadamente recordados, en un momento en que florecían una nueva técnica de creación colectiva apoyada en series asociativas y un estilo poético original con su nuevo caudal de fórmulas y su preferencia por lo corto y lo intenso», Bénichou, ibidem, p. 59. En apoyo a la tesis de Bénichou, están el cambio de enfoque (centrado en don Rodrigo y su castigo, no en Mudarra), los versos 19 y 20 que parecen destinados a dar información sobre el personaje a los oyentes. En una versión de pliego, se encuentran los versos:

> perdido havía los açores,
> no halla ninguna caça...

comienzo tópico de muchos romances que presagia un fracaso del cazador (vid. *Rico Franco*, 79 y *La Infantina*, 87).

Para la invención del personaje de Mudarra el vengador y la modificación de la gesta, vid. *Rom. Trad.* II, pp. 90-95.

12. ROMANCE DE LA ENTREVISTA DE DIEGO LAÍNEZ Y RODRIGO CON EL REY

> Cavalga Diego Laínez
> al buen rey besar la mano;
> consigo se los llevava
> los trezientos hijos dalgo;
> 5   entr'ellos iva Rodrigo,
> el sobervio castellano.
> Todos cavalgan a mula,
> sólo Rodrigo a cavallo;
> todos visten oro y seda,

10   Rodrigo va bien armado;
      todos espadas ceñidas,
      Rodrigo estoque dorado;
      todos con sendas varicas,
      Rodrigo lança en la mano;
15   todos guantes olorosos,
      Rodrigo guante mallado;
      todos sombreros muy ricos,
      Rodrigo casco afilado;
      y encima del casco lleva
20   un bonete colorado.
      Andando por su camino,
      unos con otros hablando,
      allegados son a Burgos,
      con el rey se han encontrado.
25   Los que vienen con el rey
      entre sí van razonando;
      unos lo dizen de quedo,
      otros lo van preguntando:
      «Aquí viene entre esta gente
30   quien mató al conde Loçano.»
      Como lo oyera Rodrigo
      en hito los ha mirado;
      con alta y sobervia voz,
      desta manera ha hablado:
35   «Si hay alguno entre vosotros,
      su pariente o adeudado,
      que le pese de su muerte,
      salga luego a demandallo;
      yo se lo defenderé
40   quier a pie, quier a cavallo.»
      Todos responden a una:
      «Demándelo su pecado.»
      Todos se apearon juntos
      para al rey besar la mano;
45   Rodrigo se quedó solo,
      encima de su cavallo.
      Entonces habló su padre,
      bien oiréis lo que ha hablado:

«Apeaos vos, mi hijo,
50 besaréis al rey la mano,
porque él es vuestro señor,
vos, hijo, sois su vasallo.»
Desque Rodrigo esto oyó
sintióse más agraviado;
55 las palabras que responde
son de hombre muy enojado:
«Si otro me lo dixera,
ya me lo oviera pagado;
mas por mandarlo vos, padre,
60 yo lo haré de buen grado.»
Ya se apeava Rodrigo
para al rey besar la mano.
Al hincar de la rodilla,
el estoque se ha arrancado.
65 Espantóse desto el rey,
y dixo como turbado:
«¡Quítate, Rodrigo, allá,
quítate allá, diablo,
que tienes el gesto de hombre
70 y los hechos de león bravo!»
Como Rodrigo esto oyó,
apriessa pide el cavallo;
con una boz alterada,
contra el rey assí ha hablado:
75 «Por besar mano de rey,
no me tengo por honrado;
porque la besó mi padre
me tengo por afrentado.»
En diziendo estas palabras,
80 salido se ha del palacio.
Consigo se los tornava
los trezientos hijos dalgo;
si bien vinieron vestidos,
bolvieron mejor armados,
85 y si vinieron en mulas,
todos buelven en cavallos.

Canc. s. a., fol. 155 v. (*Primav. 29.*)

Reproducido en *Canc. 1550* y en *Silva I.* También está en varios pliegos (676, 694, 1069 y 1070 del *DPS*), de los cuales uno (694) está editado en *Ant. Lír. Cast.* IX, p. 147. Difiere de la versión de *Canc. s. a.,* por no tener los versos 11 a 14, 27-28, 35-36 y 39-40, y presentar variante en 37-38.

Según Pidal, deriva «de una versión del *Rodrigo* distinta de la conservada y distinta de la prosificada en la *Crónica* de 1344 y en la *Particular del Cid*» (*RH* I, p. 220). Vid. también Pidal, «Los orígenes del Romancero», *Los romances de América...,* pp. 88-93.

Lo que llama la atención es la reelaboración romancística que hace caso omiso de los antecedentes (muerte del conde), y de lo que sigue en las Crónicas (casamiento con Jimena), para centrarse en el afrentamiento del Cid con los del rey y el mismo rey. Más allá de la inscripción en un contexto histórico que produjo tal desviación de la leyenda del Cid, esta actitud arquetípica puede reactualizarse en cualquier conflicto con el poder. Las contraposiciones de los versos 7-18 se pueden comparar con las de *Castellanos y leoneses.* En *Cavalga Diego Laínez,* Rodrigo es modelo de guerrero, opuesto a los demás, no-guerreros, caracterizados por sus galas que son degradación de los atributos guerreros; lo que señala un conflicto entre dos modalidades de nobles. Vid. G. Martín, «Idéologique chevauchée...», *L'idéologique dans le texte,* página 165.

13 a.   Romance de las quejas de Jimena

Día era de los reyes,
día era señalado,
cuando dueñas y donzellas
al rey piden aguinaldo,
5   sino es Ximena Gómez,
hija del conde Loçano,
que puesta delante el rey
desta manera ha hablado:
«Con manzilla bivo, rey,
10   con ella bive mi madre:

cada día que amanece,
veo quien mató a mi padre,
cavallero en un cavallo,
y en su mano un gavilán,
15 otra vez con un halcón,
que trae para caçar.
Por me hazer más enojo
cévalo en mi palomar.
Con sangre de mis palomas
20 ensangrentó mi brial:
embiéselo a dezir,
embióme a amenazar
que me cortara mis haldas
por vengonçoso lugar,
25 me forçara mis donzellas
casadas y por casar.
Matárame un pagezico
so haldas de mi brial.
Rey que no haze justicia
30 no devía de reinar,
ni cavalgar en cavallo,
ni espuela de oro calçar,
ni comer pan a manteles,
ni con la reina holgar,
35 ni oir missa en sagrado
porque no merece más.»
El rey de que aquesto oyera
començara de hablar:
«¡O válame Dios del cielo!
40 ¡Quiérame Dios consejar!:
Si yo prendo o mato al Cid,
mis cortes se bolverán,
y si no hago justicia,
mi alma lo pagará.»
45 «Tente las tus cortes rey,
no te las rebuelva nadie;
al Cid que mató a mi padre
dá[m]elo tú por igual,
que quien tanto mal me hizo
50 sé que algún bien me hará.»

Entonces dixera el rey,
bien oiréis lo que dirá:
«Siempre lo oí dezir,
y agora veo que es verdad,
55 que el seso de las mugeres
que no era natural.
Hasta aquí pidió justicia,
ya quiere con él casar.
Yo lo haré de buen grado,
60 de muy buena voluntad:
mandarle quiero una carta,
mandarle quiero llamare.»
Las palabras no son dichas,
la carta camino vae;
65 mensajero que la lleva
dado la havía a su padre.
«Malas mañas havéis, conde,
no vos las puedo quitare,
que cartas que el rey vos manda
70 no me las queréis mostrare.»
«No era nada mi hijo
sino que vades alláe.
Quedavos aquí, hijo,
yo iré en vuestro lugare.»
75 «Nunca Dios atal quisiesse
ni santa María lo mande,
sino que, adonde vos fuéredes,
que vaya yo adelante.»

Canc. 1550, p. 224. (*Primav.* 30 *b*.)

Sustituye en *Canc. 1550*, «Cada día que amanece» de *Canc. s. a.* (*Primav.* 30) del que difiere mucho a pesar de la identidad de algunos versos. Otra versión diferente en Timoneda y reproducida por Escobar (*Primav.* 30 *a*).

Mismo origen que el anterior en el tardío arreglo de la leyenda cidiana del *Rodrigo*. Para la elaboración y la historia del casamiento del Cid, vid. Bénichou, «El casamiento del Cid», donde se analiza con precisión y agudeza la evolución de la leyenda del casamiento desde las *Crónicas* y el *Rodrigo* hasta Corneille, insistiendo en el carácter chocante, irracional y, por lo mismo, de superior atractivo de tal casamiento. «Se modificaron las circunstancias del casamiento, varió su adaptación a la moral dominante, se alteró la parte consciente del tema, pero lo más irracional de él perduró intacto, como si ese fuera el elemento más permanente e imperioso de la tradición», Bénichou, ibid., p. 335.

Nótese la contaminación con las quejas de doña Lambra tachada a menudo de «impertinente», cuando apunta al valor simbólico ya aludido de tales agravios.

En cuanto al tópico de abolengo épico de las amenazas al rey (v. 30-36), parece tener su fundamento en la realidad (vid. E. García Gómez, «No comer pan a manteles... ni con la condesa holgar»), pero esta base histórica no quita que se convirtiera en un juramento formulaico (jurar no hacer tal cosa hasta que se logre el fin deseado).

13 b.   Otro romance de las quejas de Jimena

```
    Ya se sale la princesa    de sus palacios reales,
 2  pidiendo iba justicia    por la muerte de su padre:
    «Justicia, señor, justicia,    si me la quisieren dare.
 4  Cada día que amanece,    veo al que mató mi padre,
    cabalgando en su caballo,    en su mano un gavilane.
 6  Me come mis palomitas,    cuantas en mi palomare.
    Las gordas él me las come,    las flacas su gavilane.
 8  El rey que esto no juzga    no merecía reinare,
    ni comer pan a manteles,    ni con la reina folgare.»
10  «Tomaremos un consejo,    Ximena, si a ti te place:
    Que vos caséis con el Sidi,    que es hombre que mucho
12  Alegre salió Ximena    de sus palacios reales.          [vale.»
    Otro día a la mañana,    las ricas bodas se armaron.
```

Nahón, 1 *A*, p. 29.
Hay otra versión trunca 1 *B* a continuación en *Nahón*.
Para la bibliografía de las versiones tradicionales modernas, vid.: *Cat. Ind.* I, A3, pp. 81-83; y léanse los comentarios de *Nahón*, páginas 30-32 y *RJEM*, pp. 32-34.

Este romance casi no se encuentra en la tradición oral de la
Península, pero sí en Marruecos donde se ha contaminado con un
romance del *Romancero general* de 1600 (Durán, 735) que termina
con el anuncio del casamiento, mientras que en las versiones antiguas terminaba con una carta enviada al Cid, para que acudiera
a la corte. Se recuerda también en la mayoría de las versiones el
primer verso: *Delante del rey León, Doña Jimena una tarde,* sustituido en la versión que damos por un verso tomado de *Conde
Claros y la infanta.* Ilustra bien esta versión cómo se entrecruzan,
motivos y versos de diversos romances en la tradición y cómo se
reestructura el romance, centrado aquí en la empresa victoriosa
de Jimena, borrando al final el recuerdo del novio que mató al
padre. Los editores de *Nahón* notan al respecto la preferencia de
las versiones sefardíes por los desenlaces «felices».

En cuanto a la transmisión escrita/oral, Bénichou nota que
sus informantes, si conocen la versión impresa de 1600 (reproducida en *Le Cid* de Corneille), «distinguen muy bien (la versión oral)
de la del libro y recitan separadamente las dos versiones», Bénichou, *RJEM,* p. 33.

14. ROMANCE DE LA MUERTE DEL REY FERNANDO PRIMERO

> Doliente se siente el rey,
> esse buen rey don Fernando;
> los pies tiene hazia oriente
> y la candela en la mano;
> 5   a su cabecera tiene
> arçobispos y perlados,
> a su man derecha tiene
> a sus fijos todos cuatro.
> Los tres eran de la reina,
> 10   y el uno era bastardo;
> esse que bastardo era
> quedava mejor librado:
> arçobispo es de Toledo,
> maestre de Santiago,
> 15   abad era en Çaragoça
> de las Españas primado.

«Hijo, si yo no muriera,
vos fuérades Padre Santo;
mas, con la renta que os queda,
20 vos bien podréis alcançarlo.»
Ellos estando en aquesto,
entrara Urraca Fernando,
y buelta hazia su padre
desta manera ha hablado.

Canc. 1550, p. 213. (*Primav.* 35.)
Es versión ampliada (ocho versos más) y revisada respecto a la de *Canc. s. a.* cuyo primer verso era:

«Doliente estava, doliente»,

y que fue reproducida en *Silva I*. Ni Pidal ni Rodríguez Moñino logran averiguar la procedencia de este romance, desconocido en los pliegos existentes. Pidal lo supone de tradición oral.

La versión de *Canc. 1550* mejora el texto y añade los cuatro versos finales para introducir el romance siguiente:

«Morir os queredes, padre».

Se nota una tendencia doble: deseo de redondear la historia y de fragmentarla en varios «romances-escena». Aquí se trata de la escena de la muerte del rey, enfocada desde los problemas de herencia que plantea (hijos legítimos/hijo bastardo en el cual se centra el interés). Las dignidades que aquí se le atribuyen son anacrónicas (*RH*, pp. 209-210). Según Pidal, este romance como el siguiente (15) está basado en un supuesto *Cantar de don Fernando*, diferente del que está prosificado en las Crónicas, y que Pidal cree de inspiración leonesa, ya que se muestra contrario a don Sancho. Vid. *RH*, I, pp. 210-213 y el esquema de derivación (ibid., p. 215) desde la gesta hasta los romances.

15. ROMANCE DE LAS QUEJAS DE DOÑA URRACA

«Morir vos queredes, padre,
San Miguel vos haya el alma.
Mandastes las vuestras tierras
a quien se vos antojara:

5   a don Sancho a Castilla,
      Castilla la bien nombrada,
      a don Alonso a León,
      y a don García a Bizcaya;
      a mí, porque soy muger,
10   dexáisme deseredada;
      irm'he yo por essas tierras,
      como una muger errada;
      y este mi cuerpo daría
      a quien se me antojara,
15   a los moros por dineros,
      y a los cristianos de gracia:
      de lo que ganar pudiere,
      haré bien por la vuestra alma.»
      Allí preguntara el rey:
20   «¿Quién es essa que assí habla?»
      Respondiera el arçobispo:
      «Vuestra hija doña Urraca.»
      «Callades, hija, callades,
      no digades tal palabra,
25   que muger que tal dezía
      merescía ser quemada.
      Allá en Castilla la vieja,
      un rincón se me olvidava:
      Çamora avía por nombre,
30   Çamora la bien cercada:
      de una parte la cerca el Duero,
      de otra Peña Tajada,
      del otro la morería,
      una cosa muy preciada.
35   Quien vos la tomare, hija,
      la mi maldición le caiga.»
      Todos dizen: «Amén, amén»
      sino don Sancho que calla.
      El buen rey era muerto,
40   Çamora ya está cercada:
      de un cabo la cerca el rey,
      del otro el Cid la cercava;
      del cabo que el rey la cerca,

Çamora no se da nada;
45   del cabo que el Cid la cerca,
Çamora ya se tomava.
Assomóse doña Urraca,
assomóse a una ventana;
de allá de una torre mocha
50   estas palabras hablava.

Canc. 1550, p. 213. (*Primav.* 36.)

Esta versión del *Canc. 1550* completa la de *Canc. s. a.* con cuatro versos (vv. 19-22), y, además, doce versos al final para introducir el romance siguiente: «Afuera, afuera Rodrigo...» Trata Martín Nucio, en su edición de 1550, de empalmar los tres romances (aunque conservándolos como tres unidades narrativas diferentes) para transformarlos en un romance cíclico. La *Silva I* reproduce como casi siempre el texto de *Canc. s. a.*

Para las diferentes versiones de este romance, vid. Menéndez Pidal, «Morir vos queredes padre», *Estudios...*, pp. 107-123. Pidal muestra cómo el *Canc. s. a.* reproduce el texto de un pliego suelto, añadiéndole varios versos tradicionales. (Pliegos 255, 374 a 379 y 888 del *DPS*.)

Muchos versos de este romance están recordados a modo de elementos fraseológicos: «a los moros por dinero y a los cristianos de gracia (o de balde»), «allá en Castilla la Vieja, un rincón se me olvidaba», «todos dicen amén, amén, sino don Sancho que calla» (*RH*, p. 187).

Es ejemplo de estructura *alfa*, según Di Stefano (relato único, lineal).

Es evidente que los últimos versos (a partir del verso 39) son una trabazón que sitúa las circunstancias del cerco de Zamora, con la presencia del Cid.

Vid. también *R H*, I, pp. 210-215 y Di Stefano, «Marginalia sul Romanzero», Pisa, 1968.

16. ROMANCE DE DOÑA URRACA Y RODRIGO

«¡Afuera, afuera, Rodrigo,
el sobervio Castellano!
acordársete dev[r]ía
de aquel tiempo ya passado,
5   cuando fuiste cavallero
en el altar de Santiago,
cuando el rey fue tu padrino,
tú, Rodrigo, el ahijado:
mi padre te dio las armas,
10   mi madre te dio el cavallo,
yo te calcé las espuelas
porque fuesses más honrado,
que pensé casar contigo,
mas no lo quiso mi pecado.
15   Cassaste con Ximena Gómez,
hija del conde Loçano;
con ella huviste dineros,
comigo huvieras estado.
Bien casaste tú, Rodrigo,
20   muy mejor fueras casado;
[d]exaste hija de rey
por tomar de su vassallo.»
«Si os parece, mi señora,
bien podemos des[l]igallo.»
25   «Mi anima penaría
si yo fuesse en discrepallo.»
«Afuera, afuera, los míos,
los de a pie y de a cavallo,
pues de aquella torre mocha
30   una vira me han tirado;
no traía el asta hierro,
el coraçón me ha passado.
Ya ningún remedio siento
sino bivir más penado.»

Canc. 1550, p. 214. (*Primav.* 37.)

Es, otra vez, versión ampliada respecto a la de *Canc. s. a.* (vv. 9-10) que sigue fielmente en lo demás. *Silva I* reproduce *Canc. s. a.* Timoneda en cambio presenta otro texto con muchas variantes y unos diecinueve versos añadidos. Se conoce un solo pliego de Praga (con glosa) de «Afuera, afuera Rodrigo» (885 del *DPS*).

Es buen ejemplo de novelización para Pidal (*R H*, I, pp. 234-236) ya que este romance, derivado de la gesta de don Sancho el Fuerte, suprime toda alusión al contexto de guerra para transformarse en quejas amorosas de la infanta. Hasta las saetas del sitio se convierten en la simbólica saeta de Cupido que penetra en el corazón del Cid, recordándole los amores pasados (se puede notar cierta influencia trovadoresca).

La imagen de doña Urraca enamorada no es, como creyó Pidal, libre interpretación, sino que se apoya en toda una tradición cronística. Vid. Armistead, «The enamored doña Urraca in Chronicles and Balladry».

17. ROMANCE DEL REY DON SANCHO

«¡Rey don Sancho, Rey don Sancho,
no digas que no te aviso,
que de dentro de Çamora
un alevoso ha salido!
5 Llámase Vellido Dolfos,
hijo de Dolfos Vellido;
cuatro traiciones ha hecho,
y con ésta serán cinco.
Si gran traidor fue el padre
10 mayor traidor es el hijo.»
Gritos dan en el real,
a don Sancho han malherido;
muerto le ha Vellido Dolfos,
gran traición ha cometido.
15 Desque le tuviera muerto,
metióse por un postigo;

por las calles de Çamora,
va dando bozes y gritos:
«Tiempo era, doña Urraca,
20 de complir lo prometido.»

Canc. s. a., fol. 158 v. (*Primav.* 45.)

También en *Silva I* y en *Canc. 1550* con pequeñas variantes (el primer verso es en este último: «Guarte, guarte Rey don Sancho»). Mentado en el pliego de Praga que contiene *Una ensalada de muchos romances viejos y cantarcillos* (707 del *DPS*).

Según Pidal, el apóstrofe inicial sería fragmento del *Cantar* sobre el cerco de Zamora prosificado en varias crónicas (*R H*, I, página 200) y, a esos versos truncos, se les habría añadido un final explicativo (*R H*, I, p. 74, nota 20).

Nótense las varias posiciones del narrador: apóstrofe al rey don Sancho en primera persona, relato impersonal de la muerte del rey y discurso referido de Vellido Dolfos que le pide «lo prometido», no explicitado, a doña Urraca.

18. ROMANCE DE LA JURA DE SANTA GADEA

En Santa Águeda de Burgos,
do juran los hijos de algo,
allí toma juramento
el Cid al rey castellano,
5   si se halló en la muerte
del rey don Sancho su hermano.
Las juras eran muy rezias,
el rey no las ha otorgado:
«Villanos te maten, Alonso,
10   villanos, que no hidalgos,
de las Asturias de Oviedo,
que no sean castellanos;
si ellos son de León,
yo te los do por marcados;

15 cavalleros vayan en yeguas,
en yeguas, que no en cavallos;
las riendas traigan de cuerda,
y no con frenos dorados;
avarcas traigan calçadas,
20 y no çapatos con lazo;
las piernas traigan desnudas,
no calças de fino paño;
trayan capas aguaderas,
no capuzes ni tavardos,
25 con camisones de estopa,
no de holanda ni labrados.
Mátente con aguijadas,
no con lanças ni con dardos;
con cuchillos cachicuernos,
30 no con puñales dorados;
mátente por las aradas,
no por caminos hollados;
sáquente el coraçón
por el derecho costado,
35 si no dizes la verdad
de lo que te es preguntado,
si tú fuiste o consentiste
en la muerte de tu hermano.»
Allí respondió el buen rey,
40 bien oirés lo que ha hablado:
«Mucho me aprietas, R[o]drigo,
Rodrigo, mal me has tratado;
mas hoy me tomas la jura,
cras me besarás la mano.»
45 Allí respondió el buen Cid,
como hombre muy enojado:
«Aqueso será, buen rey,
como fuere galardonado;
que allá en las otras tierras
50 dan sueldo a los hijos d'algo.
Por besar mano de rey
no me tengo por honrado;
porque la besó mi padre
me tengo por afrentado.»

55 «Vete de mis tierras, Cid,
mal cavallero provado;
vete, no m'entres en ellas
hasta un año pasado.»
«Que me plaze, dixo el Cid,
60 que me plaze de buen grado,
por ser la primera cosa
que mandas en tu reinado.
Tú me destierras por uno,
yo me destierro por cuatro.»
65 Ya se partía el buen Cid
de Bivar, esos palaçios.
Las puertas dexa cerradas,
los alamudes echados,
las cadenas dexa llenas
70 de podencos y de galgos.
Con él lleva sus halcones,
los pollos y los mudados.
Con él van çien cavalleros,
todos eran hijos de algo;
75 los unos ivan a mula;
y los otros a cavallo;
por una ribera arriba
al Cid van acompañando;
acompañándolo ivan,
80 mientras él iva caçando.

Manuscrito del British Museum reproducido por Menéndez Pidal en su estudio sobre este romance (*RFE*, I, 1914, p. 362, y reeditado en *Estudios...*, pp. 92-94).

Difiere bastante esta versión de las impresas en el siglo XVI (*Primav.*, 52) y difieren entre sí la versión de *Canc. s. a.* (textualmente copiada en *Silva I* y en Timoneda con pequeñas variantes) y la versión de *Canc. 1550* aumentada y revisada. Para el cotejo de las diferentes versiones, véase el estudio de Pidal (ob. cit., pp. 89-106). Hay alusión en una nota al margen del texto manuscrito (de principios del XVI o finales del XV) a versiones más antiguas. Aparece también mentado en la *Ensalada...* de Praga (vid. romance anterior).

El episodio de la jura de Santa Gadea derivaría, según Pidal,

de un perdido Cantar del Cid tardío que uniría episodios procedentes del supuesto *Cantar de Zamora* y del *Cantar del Mío Cid*
(*RH*, I, p. 225). Se pueden observar aquí recuerdos de los primeros
versos del *Cantar de Mio Cid* a partir del verso 65.

Es ejemplo de la crítica pidalina que supone cantares perdidos
y que ha sido rebatida por muchos, por fundarse en meras hipótesis indocumentadas.

Nótese el parentesco con *Cabalga Diego Laínez* (12) que ejemplifica cómo, por similitud de situaciones, los versos emigran de
un romance a otro.

De este romance nos queda testimonio de que lo conocía Felipe II, en una forma parecida a la de la versión manuscrita, ya
que, siendo niño, le contestó a un importuno: «Hulano mucho me
aprietas y cras me besarás la mano».

Vid. también el estudio de J. Horrent, «la Jura de Santa Gadea,
historia y poesía», que es del mismo parecer que Pidal (poema
cíclico del Cid).

19 a.   ROMANCE DEL REY MORO QUE PERDIÓ VALENCIA

Helo, helo por do viene
el moro por la calçada,
cavallero a la gineta
encima una yegua baya;
5   borzeguíes marroquíes
y espuela de oro calçada,
una adarga ante los pechos
y en su mano una zagaya.
Mirando estava a Valencia
10 cómo está tan bien cercada.
«¡Oh Valencia, oh Valencia
de mal fuego seas quemada!
Primero fuiste de moros
que de cristianos ganada;
15 si la lança no me miente
a moros serás tornada.

Aquel perro de aquel Cid
prenderélo por la barva;
su muger doña Ximena
20 será de mí captivada;
su hija Urraca Hernando
será mi enamorada;
después de yo harto della
la entregaré a mi compaña.»
25 El buen Cid no está tan lexos
que todo bien lo escuchava.
«Venid vos acá, mi hija,
mi hija doña Urraca.
Dexad las ropas continas
30 y vestid ropas de pascua.
Aquel moro hi de perro
detenémelo en palabras
mientras yo ensillo a Bavieca
y me ciño la mi espada.»
35 La donzella muy hermosa
se paró a una ventana.
El moro, desque la vido,
desta suerte le hablara:
«Alá te guarde, señora,
40 mi señora doña Urraca.»
«Assí haga a vos, señor,
buena sea vuestra llegada.
Siete años ha, rey, siéte
que soy vuestra enamorada.»
45 «Otros tanto ha, señora,
que os tengo dentro en mi alma.»
Ellos estando en aquesto,
el buen Cid que assomava.
«Adiós, adiós, mi señora,
50 la mi linda enamorada,
que del cavallo Bavieca
yo bien oigo la patada.
Do la yegua pone el pie
Bavieca pone la pata.»
55 Allí hablara el cavallo,
bien oiréis lo que hablava:

«Rebentar devía la madre
que a su hijo no esperava.»
Siete bueltas la rodea
60   al derredor de una xara.
La yegua que era ligera
muy adelante passava
fasta llegar cabe un río,
adonde una barca estava.
65   El moro, desque la vido,
con ella bien se holgava;
grandes gritos da al barquero
que le allegasse la barca.
El barquero es diligente,
70   tóvosela aparejada.
Embarcó muy presto en ella,
que no se detuvo nada.
Estando el moro embarcado,
el buen Cid que llegó al agua
75   y, por ver al moro en salvo,
de tristeza rebentava;
mas, con la furia que tiene,
una lança le arrojava
y dixo: «recoged, mi yerno,
80   arrecogedme essa lança,
que quiçá tiempo verná
que os será bien demandada.»

Canc. s. a., fol. 179. (*Primav.* 55.)

Reproducido en *Canc. 1550* y con pequeñas variantes en *Silva I* y Timoneda.

Existe una glosa de Francisco de Lora en varios pliegos (314, 316, 317 del *DPS*) y otra en un pliego de la Biblioteca del Marqués de Morbecq (1096 del *DPS*). El texto es más corto que el del *Canc. s. a.*

Además hay varias citas y utilizaciones del romance en los siglos XVI y XVII.

Para todo esto vid. los estudios de G. Di Stefano, *Sincronia e diacronia nel Romanzero*.

P. Bénichou, «El Cid y Búcar», en *Creación poética...*, páginas 125-159.

D. Catalán, «Helo, helo por do viene el moro por la calzada». Vida tradicional de un episodio del «Mio Cid», en Siete siglos..., páginas 135-215. Para el estudio comparativo de los textos antiguos, vid. G. Di Stefano, ob. cit., pp. 13-14. Di Stefano considera que el texto del Canc. s. a. es primero y el de las glosas posterior, Diego Catalán es de parecer contrario.

Este romance tiene su origen en un episodio del Cantar de Mio Cid (versos 2408 a 2426) pero, por haberse perdido una hoja del manuscrito del Cantar, no se sabe si ya estaban en él las amenazas del rey moro al Cid. Pidal supone para explicar ciertos detalles una refundición del Cantar, prosificada luego en las Crónicas y base del romance.

Di Stefano y Bénichou rebaten esta hipótesis pidalina, y Di Stefano cree que el romance es fruto de una reelaboración del siglo XV al estilo de los romances fronterizos y disiente de la teoría tradicionalista que ve en las diversas actualizaciones del romance en los siglos XVI y XVII un testimonio de su vida en variantes orales. Diego Catalán, al revés, apoya la existencia de la tradición oral antigua.

19 b. OTRO ROMANCE DEL REY MORO QUE PERDIÓ VALENCIA

    Paseándose anda el morito   por las sendas de Granada,
2 mirándose anda a Valencia   que estaba muy bien cer-
                                        [cada:
    «¡Oh Valencia, oh Valencia,   que mal fuego sos quemada!
4 primero fuiste de moros,   que de cristianos ganada.
    Tres hijas tiene el buen rey   todas tres mis cautivadas:
6 una me ha de hacer la lumbre   y otra me ha de hacer la
                                          [cama,
    otra, antes de media noche,   ha de ser mi enamorada;
8 la su mujer Babilonia   me ha' lleva'l caballo al agua.»
    Oyéndolo estaba el rey   de altas salas donde estaba:
10 «¡Oh mis hijas, oh mis hijas,   que para mal sos criyadas,
    que dice aquel perro moro   que sodes sus cautivadas!»
12 Llamó a su hija más chiquita   a la que llaman Mariana:

«Aprisa ponte el vestido,   aprisa el zapato calza,
14 y súbete a ese balcón   a esa ventana más alta,
a ese moro que allí viene   entreténmelo en palabras,
16 las palabras sean pocas,   de amores sean tocadas.»
«¿Yo que le he 'decir, mi padre,   si de amores no sé
[nada?»
18 «Dile tú lo que quisieres,   de amores sean tocadas.»
«Vaya con Dios, el morito,   el que vas por la calzada,
20 siete años va para ocho   que por ti no me peinaba.»
«Otros tantos, la señora,   que por ti no corto barba.
22 Tírate de ese balcón,   de esa ventana más alta,
que yo te recogería   en alas de la mi capa.»
24 Estando en estas razones   sacó una rica manzana;
la manzana era de oro   y el pinzón de fina plata.
26 «De esas manzanas, el moro,   mi padre tenía un arca.
Vete con Dios, el morito,   no digas que te soy falsa,
28 que en las cuadras del mi padre   un caballo se ensillaba,
no sé si es para ir a moros, no sé si es para ir a caza.»
30 «No tengo miedo a tu padre,   ni a todos los de la cuadra,
si no es a un potrezuelo,   hijo de esta yegua baya,
32 que a mí me lo habían hurtado   en las sendas de Gra-
[nada.»
«Ese caballo, el morito,   mi padre le da cebada,
34 cada vez que le echa pienso   le comía media carga.»
Estando en estas razones   el su padre que asomaba.
36 donde pon la yegua el pie,   pon el caballo la pata.
«¡Oh malhaya, el potrezuelo,   que a la yuegua no la
[alcanza!»
38 «Yo no la quiero alcanzar,   porque es la mi madre Baya.»
al pasar un arroyuelo,   le tiraba una lanzada.
40 «¡Atrás, atrás, el morito,   que me llevas una alhaja!»

Diego Catalán, *Siete siglos...*, p. 136.
Versión de Nuez (Aliste, provincia de Zamora) cantada por Rosa
Fernández, recogida por D. Catalán y A. Galmés en 1947.
Esta versión característica del Noroeste de la Península se ha
escogido aquí por ser una de las más completas y de las más
parecidas a los textos antiguos. Se puede ver, cotejándola con
la 10 *a*, lo que se ha conservado y lo que ha cambiado (diálogo
amoroso; desenlace).

Para las demás tradiciones y las interpretaciones de los cambios, vid. los estudios citados *supra* (19 *a*).

Vid. también D. Catalán, «Memoria e invención...», donde se valoran y se comentan los estudios de Di Stefano y Bénichou y la contestación de G. Di Stefano, «Marginalia sul *Romancero*» (2.ª serie), pp. 91-122.

Se pueden apreciar en estos dos últimos trabajos las divergencias metodológicas entre Catalán y Di Stefano.

Nótese aquí el incremento del discurso directo.

20. ROMANCE DEL CID EN LAS CORTES

Tres cortes armara el rey,
todas tres a una sazón.
Las unas armara en Burgos,
las otras armó en León,
5   las otras armó en Toledo
donde los hidalgos son,
para cumplir la justicia
al chico con el mayor.
Treinta días da de plazo,
10   treinta días que más no,
y el que a la postre viniesse
que lo diessen por traidor;
veinte nueve son passados,
los condes llegados son,
15   treinta días son passados,
y el buen Cid no viene, non.
Allí hablaran los condes:
—«Señor, daldo por traidor.»
Respondiérales el rey:
20   —«Esso non faría, non,
qu'el buen Cid es cavallero
de batallas vencedor,
pues que en todas las mis cortes
no lo havía otro mejor.»

25 Ellos en aquesto estando,
el buen Cid que assomó
con trezientos cavalleros;
todos hijos dalgo son,
todos vestidos de un paño,
30 de un paño y de una color
sino fuera el buen Cid
que traía un albornoz;
el albornoz era blanco,
parecía un emperador,
35 capacete en la cabeça
que relumbra como el sol.
—«Manténgavos Dios, el rey,
y a vosotros sálveos Dios,
que no hablo yo a los condes
40 que mis enemigos son.»
Allí dixeron los condes,
hablaron esta razón:
—«Nos somos hijos de reyes,
sobrinos de emperador;
45 merescimos ser casados
con hij[a]s de un labrador.»
Allí hablara el buen Cid,
bien oiréis lo que habló:
—«Combidáraos yo a comer,
50 buen rey, tomásteslo vos
y al al[z]ar de los manteles
dixístesme esta razón:
que casasse yo a mis hijas
con los condes de Carrión;
55 diéraos yo en respuesta:
preguntar lo he yo a su madre
a la madre que las parió;
preguntar lo he yo a su ayo
al ayo que las crió.
60 Dixérame a mí el ayo:
buen Cid no lo hagáis, no,
que los condes son muy pobres
y tienen gran presunción.

Por no deshazer vuestra palabra,
65 buen rey, hiziéralo yo.
Treinta días duraron las bodas,
que no quisieron más no,
cien cabeças matara
de mi ganado mayor,
70 de gallinas y capones
buen rey no os lo cuento, no.»

Canc. 1550, p. 226.

Se halla este romance con igual *incipit* en *Canc. s. a.*, pero la versión de 1550 añade los versos 34-37 y los versos finales a partir del verso 42. La *Silva I* copia el *Canc. s. a.* Existen varias versiones en pliegos (glosas de Alcaudete, 9 al 12 del *DPS* y 1034) de los cuales estaría sacado el texto de *Canc. s. a.*

Es uno de los romances que se dicen derivados directamente del *Cantar de Mio Cid* (Cantar tercero) con semejanza en muchos versos e identidad de asonancia en -*ó* pero, según Pidal, algunos añadidos (como el consultar a la madre, v. 56) muestran que «sus relaciones directas son con el Poema de Mio Cid refundido en los siglos XIII y XIV» (*RH*, I, p. 223).

Vemos un ejemplo de final trunco, tanto en el texto de *Canc. s. a.* como en el de *Canc. 1550*.

21. Romance de la batalla de Roncesvalles

Ya comiençan los franceses
con los moros pelear,
y los moros eran tantos
no los dexan resollar.
5 Alli habló Baldovinos
bien oyeréis lo que dirá:
—«¡Ay, compadre don Beltrán,
mal nos va en esta batalla!
Más de sed que no de hambre
10 a Dios quiero dar el alma.
Cansado traigo el cavallo,
más el braço del espada.
Roguemos a don Roldán
que una vez el cuerno tanga:
15 oirlo ha el emperador
qu'está en los puertos d'Aspra,
que más vale su socorro
que toda nuestra sonada.»
Oído lo ha don Roldán
20 en las batallas do estava:
—«No me lo roguéis, mis primos,
que y[a] rogado me estava;
mas rogadlo a don Renaldos
que a mí no me lo retraiga,
25 ni me lo retraiga en villa,
ni me lo retraiga en Francia
ni en cortes del emperador,

estando comiendo a la tabla,
que más querría ser muerto
30 que sufrir tal sobarvada.»
Oído lo ha don Renaldo
qu'en las batallas andava.
Començara a dezir,
estas palabras hablava:
35 —«¡O mal oviessen franceses,
de Francia la natural,
por tan pocos moros como éstos
el cuerno mandan tocar!,
que si me toman los corajes
40 que me solían tomar,
por éstos y otros tantos
no me daré solo un pan.»
Ya le toman los corajes
que le solían tomar;
45 assí se entra por los moros
como segador por pan,
assí derriba cabeças
como peras d'un peral;
por Roncesvalles arriba
50 los moros huyendo van.
Allí salió un moro perro
qu'en mal hora lo parió su madre:
—«¡Alcaria, moros, alcaria!
¡Sí mala ravia vos mate!
55 Que sois ciento para uno,
isles huyendo delante.
¡O mal haya el rey Malsín
que sueldo os manda dar!
¡Mal haya la reina mora
60 que vos lo manda pagar!
¡Mal hayáis vosotros, moros
que las venís a ganar!»
De que esto oyeron los moros
aun ellos bolvido han,

---

53. *Alcaria:* es voz de mando para el ataque (Pidal, *«Ron-cesvalles...»*, p. 171, nota 1).

65 y a bueltas y rebueltas
los franceses huyendo van.
Atan bien se los esfuerça
esse arçobispo Turpín:
—«¡Buelta, buelta, los franceses,
70 con coraçón a la lid!
Más vale morir con honra
que con deshonra vivir.»
Ya bolvían los franceses
con coraçón a la lid,
75 tantos matan de los moros
que no se puede dezir.
Por Roncesvalles arriba
huyendo va el rey Malsín,
cavallero en una zebra
80 no por mengua de rocín.
La sangre que dél salía
las yervas haze teñir,
las vozes que iva dando
al cielo quieren subir:
85 —«Reniego de ti, Mahoma
y aun de cuanto hize en ti.
Hízete el cuerpo de plata,
pies y manos de marfil,
y por mas te honrar, Mahoma,
90 la cabeça de oro te hize.
Sessenta mil cavalleros
ofrecíl[l]os yo a ti;
mi muger, Abrayma mora,
ofrecióte treinta mil;
95 mi hija Mataleona
ofrecióte quinze mil.
De todos éstos, Mahoma,
tan solo me veo aquí
y aun mi braço derecho,
100 Mahoma, no lo traigo aquí.
Cortómelo el encantado,
esse Roldán paladín,
que si encantado no fuera,
no se me fuera él assí.

105   Mas yo me vo para Roma
       que cristiano quiero morir.
       Ésse será mi padrino,
       esse Roldán paladín;
       ésse me bautizará,
110   esse arçobispo Turpín.
       Mas perdóname, Mahoma
       que con cuita te lo dixe,
       que irme quiero a Roma,
       curar quiero yo de mí.»

Pliego suelto, editado por F. S. Norton y Edward M. Wilson, *Two Spanish verse Chap-books.* Edición facsímil, pp. 75-77 (es el 990 del *DPS*).

Este texto era conocido por un pliego de Madrid ya editado por Menéndez Pelayo, *Ant. Lír. Cast.*, IX, pp. 67-69 (es el 579 del *DPS*).

Los editores ingleses comparan las dos versiones y piensan que la de Cambridge es más antigua (ob. cit., p. 36).

Este romance sería un fragmento de la gesta de *Roncesvalles* dada a conocer por Menéndez Pidal: «*Roncesvalles.* Un nuevo cantar de gesta español del siglo XIII».

Este Cantar es adaptación de las leyendas carolingias en España, con la aparición de Reinaldos, rival de Roldán.

Pruebas de que el romance deriva de la gesta son la irregularidad métrica, y el cambio de asonante *(á ; a - a ; á - ; í).* Vid. *RH*, I, páginas 246-7; F. J. Norton y Edward M. Wilson, ob. cit., pp. 37-40; Jules Horrent, *La Chanson de Roland dans les littératures française et espagnole au Moyen Age*, pp. 504-508.

Este romance ya tenía una versión abreviada en el siglo XVI, publicada en el *Canc. s. a.* y *Canc. 1550,* que empieza: «Domingo era de Ramos» (*Primav.*, 183) y que sólo tiene la última tirada asonante en *í* abreviada y con variantes.

Los nombres de Abrayma y Mataleona proceden de nombres del poema francés algo alterados.

---

113.   *que irme quiero:* que ir no quiero, en el pliego de Madrid.

22 a. ROMANCE DE DOÑA ALDA

En París está doña Alda,
la esposa de don Roldán,
trezientas damas con ellas
para la acompañar;
5 todas visten un vestido,
todas calçan un calçar,
todas comen a una mesa,
todas comían de un pan
sino era doña Alda
10 que era la mayoral;
las ciento hilavan oro,
las ciento texen cendal,
las ciento tañen instrumentos
para doña Alda holgar.
15 Al son de los instrumentos
doña Alda adormido se ha:
ensoñado havía un sueño,
un sueño de gran pesar.
Recordó despavorida
20 y con un pavor muy grande,
los gritos dava tan grandes
que se oían en la ciudad.
Allí hablaron sus donzellas,
bien oiréis lo que dirán:
25 —«¿Qué es aquesto, mi señora?
¿Quién es el que os hizo mal?»
—«Un sueño soñé, donzellas,
que me ha dado gran pesar,
que me veía en un monte,
30 en un desierto lugar;
de so los montes muy altos
un açor vide volar;

tras dél viene una aguililla
que lo ahinca muy mal.
35 El açor con grande cuita
metióse so mi brial,
el aguililla con grande ira
de allí lo iva a sacar;
con las uñas lo despluma,
40 con el pico lo deshaze.»
Allí habló su camarera,
bien oiréis lo que dirá:
—«Aquesse sueño, señora,
bien os lo entiendo soltar.
45 El açor es vuestro esposo
que viene de allen la mar;
el águila sodes vos
con la cual ha de casar,
y aquel monte es la iglesia
50 donde os han de velar.»
—«Si assí es, mi camarera,
bien te lo entiendo pagar.»
Otro día de mañana
cartas de fuera le traen;
55 tintas venían de dentro,
de fuera escritas con sangre,
que su Roldán era muerto
en la caça de Roncesvalles.

Canc. 1550, p. 182. (*Primav.* 184.)

Este romance deriva también sea del *Roncesvalles* (vid. 21), sea de una refundición tardía *(Ronsalvals)* del *Roland* francés. Véanse los estudios de Menéndez Pidal y J. Horrent ya mentados en el romance anterior, y *RH,* I, pp. 249-251.

Se añade aquí el sueño présago y se suprime la mención de la muerte de doña Alda. Nótense las series enumerativas (vv. 5-8; vv. 11-14).

22 b. Otro romance de doña Alda

   En París está doña Alda,   la esposica de Rondale,
2 trecientas damas con ella,   todas de alto y buen linaje,
   Las ciento eran de Francia,   las ciento de Portogale,
4 las ciento eran de París,   de París la naturale.
   Las ciento hilaban oro,   las ciento texen cedale,
6 las ciento tañen torneos   para doña Alda folgare.
   Al son de los estrumentos   doña Alda dormida cae;
8 recordó despavorida   con un pavor y atán grande:
   —«Un sueño soñí, mis dueñas,   *(falta)*
10 la que bien me lo soltare,   buen marido la he de dare;
   la que no me lo soltare,   matarla con mi puñale.»
12 Todas responden a una: —«Bien será y bien se haréle.»
   —«En aquel xaral de arriba,   un ave vidi volare:
14 de sus alas caen plumas,   de su pico corre sangre;
   un gavilán detrás de ella   que la quería matare.»
16 —«Las plumas, la mi señora,   aves que vais a matare;
   vendrá Rondal de la guerra,   bodas son que vais a ar-
18 la sangre, la mi señora,   será vuestro caronale.» [mare;
   Ellas en essas palabras,   un paje a la puerta bate.
20 —«¿Qué albricias me traes, paje,   de mi esposo don
                                 [Rondale?»
   —«Las albricias que te traigo,   no te las quijera dare;
22 que en las guerras de León   mataron a don Rondale.»

Versión marroquí editada por P. Bénichou, en *RJEM*, p. 57.
   Este romance se ha conservado en la tradición judía oriental y marroquí, en forma muy semejante a la versión antigua.
   Está en el Catálogo de Menéndez Pidal (21) (última edición bajo el título: «Romancero judío-español», *Los romances de América y otros estudios*, pp. 114-179) y hay varias versiones publi-

cadas (vid. *Yoná*, p. 73; *Nahón*, p. 38) e inéditas (*Cat. Ind. IB*, con diecisiete versiones, pp. 106-110).

Es de notar el intento de interpretar el sueño y su simbolismo sexual.

23. ROMANCE DE DON BELTRÁN

> Por la matança va el viejo,
> por la matança adelante,
> los braços lleva cansados
> de los muertos rodear.
> 5 Vido a todos los franceses
> y no vido a don Beltrán.
> Siete vezes echan suertes
> quien le bolverá a buscar:
> echan las tres con malicia,
> 10 las cuatro con gran maldad,
> todas siete le cupieron
> al buen viejo de su padre;
> buelve riendas al cavallo
> y él se lo buelve a buscar,
> 15 de noche por el camino,
> de día por el xaral.
> En la entrada de un prado,
> saliendo de un arenal,
> vido estar en esto un moro
> 20 que velava en un adarve;
> hablóle en algaravía
> como aquel que bien la sabe.
> —«Cavallero de armas blancas
> si lo viste acá passar;
> 25 si le tienes preso, moro,
> a oro te le pesarán,
> y si tú le tienes muerto
> désmelo para enterrar,
> porqu'el cuerpo sin alma
> 30 muy pocos dineros vale.»

—«Esse cavallero, amigo,
dime tú qué señas ha.»
—«Armas blancas son las suyas
y el cavallo es alazán;
35 y en el carrillo derecho,
él tenía una señal
que, siendo niño pequeño,
se la hizo un gavilán.»
—«Esse cavallero, amigo,
40 muerto está en aquel pradal,
dentro del agua los pies,
y el cuerpo en un arenal.
Siete lanças tenía
pássanle de parte a parte.»

Canc. s. a., fol. 188. (*Primav.* 185.)
Está reproducido con pequeñas variantes en *Silva I* que añade dos versos después del verso 22:

«digasme tú el morico
lo que quiero preguntar».

y en pliegos (772, 773, 774, 1050, 1051 del *DPS*).
En *Silva I,* contrahacimiento: «Por la dolencia va el viejo»...
Otra versión más extensa en *Canc. 1550* (*Primav.,* 185 *a*) que empieza: «En los campos de Alventosa».
Deriva también de *Roncesvalles* en que consta la existencia de un tal don Beltrán (Dámaso Alonso, «La primitiva épica francesa a la luz de una *Nota Emilianense*»). Vid. los estudios de Pidal y J. Horrent citados en 21 y J. Horrent, «Sur les romances carolingiens de Roncevaux». Vid. también J. B. Avalle Arce, «Los romances de la muerte de don Beltrán», en *Temas hispánicos medievales,* pp. 124-134.
Queda el romance en la tradición oral portuguesa y gallega (con Beltrán a veces sustituido por Valdovinos). Era muy conocido en los siglos XVI y XVII, ya que se recuerdan ciertos versos como «los brazos lleva cansados» y otros que no están en las versiones de los cancioneros:

y con la gran polvoreda
perdimos a don Beltrán.

24. Romance de Valdovinos

Por los caños de Carmona,
por do va el agua a Sevilla,
por ahí iba Valdovinos
y con él su linda amiga.
5 Los pies lleva por el agua
y la mano en la loriga,
con el temor de los moros
no le tuviesen espía.
Júntanse boca con boca,
10 nadie no los impedía.
Valdovinos con angustia
un suspiro dado había:
—«¿Por qué suspiráis, señor,
corazón y vida mía?
15 O tenéis miedo a los moros
o en Francia tenéis amiga.»
—«No tengo miedo a los moros
ni en Francia tengo amiga:
mas vos, mora, y yo cristiano
20 hacemos muy mala vida:
comemos la carne en viernes,
lo que mi ley defendía.
Siete años había, siete,
que yo misa no la oía.
25 Si el emperador lo sabe
la vida me costaría.»
—«Por tus amores, Valdovinos,
cristiana me tornaría.»
—«Yo, señora, por los vuestros
30 moro de la morería.»

Menéndez Pelayo, *Ant. Lír. Cast.*, IX, 51, pp. 68-69 apud *Nueve romances... compuestos por Juan de Ribera...*, 1605. (También en 1071 del *DPS.*)

Es variante de «Tan claro hace la luna...» que está en *Canc. s. a.,* fol. 194 (*Primav.*, 169), falto de los dos últimos versos (supresión de la promesa de Valdovinos de convertirse).

Deriva este romance de la *Chanson de Saisnes* (de los Sajones) escrita por Jean Bodel a finales del siglo XII. Vid. *RH*, I, pp. 251-5 y R. Menéndez Pidal, «La *"Chanson des Saisnes"* en España».

Menéndez Pidal en *RH*, I, p. 252, da algunos versos de una versión manuscrita muy parecida a ésta pero en que los versos:

> «Saléselo a recebir
> la linda infanta Sevilla»

permiten ver el entronque con la *Chanson des Saisnes* por la identidad de los nombres de los protagonistas (Baudouin/Valdovinos; Sebile/Sevilla). Nótese cómo se ha confundido este nombre de Sevilla con la ciudad, y se ha vuelto la amiga de Valdovinos una mora y el río Rin francés los «caños de Carmona», acueducto de Sevilla. Menéndez Pidal postula la existencia de un Cantar de Sansueña, intermediario entre la *Chanson des Saisnes* francesa y los romances, que habría adaptado y reactualizado el escenario y las circunstancias.

25. ROMANCE DE NUÑO VERO

—«Nuño Vero, Nuño Vero,
buen cavallero provado,
hinquedes la lança en tierra
y arrendedes el cavallo.
5 Preguntaros he por nuevas
de Baldovinos el franco.»
—«Aquessas nuevas, señora,
yo vos las diré de grado.
Esta noche a media noche
10 entramos en cavalgada,
y los muchos a los pocos
lleváronnos de arrancada;

        herieron a Baldovinos
        de una mala lançada,
15   la lança tenía dentro
        de fuera le tiembla el asta:
        o esta noche morirá,
        o de buena madrugada.
        Si te pluguiesse, Sebilla,
20   fuesses tú mi enamorada.»
        —«Nuño Vero, Nuño Vero,
        mal cavallero provado,
        yo te pregunto por nuevas
        tú respóndesme al contrario,
25   que aquessa noche passada
        comigo durmiera el franco,
        él me diera una sortija
        y yo le di un pendón labrado.»

Canc. s. a., fol. 186. (*Primav.*, 168.)

Está también en *Silva* I y en *Canc. 1550* con pequeñas variantes. El *Canc. 1550* añade dos versos, después del verso 16:

        su tío emperador
        a penitencia le dava

y dos después del verso 20:

        adamédesme, mi señora,
        que en ello no perderéis nada

(Glosa por Alonso de Alcaudete, 13 del *DPS*).

Deriva como el precedente de la *Chanson des Saisnes* aunque se ha reelaborado bastante el episodio originario (*RH*, I, p. 253). Aquí se conserva el nombre de Sevilla, y Nuño Vero sustituye al Justamont francés.

Hay cambio de asonante *(a-o; a-a; a-o)*.

Nótese el parentesco de situación con las *Señas del marido* (cf. 66) en los motivos tópicos de «preguntar por nuevas» del marido ausente y de la fidelidad de la esposa.

Hay que notar que pervive en la tradición oral el recuerdo de otro romance de este mismo ciclo de Valdovinos, el de *Belardos y Valdovinos* (*Silva III*, pp. 428 para el texto antiguo) y otro de *Valdovinos sorprendido en la caza*, no recogido en el siglo XVI.

26. Romance de Melisenda

Todas las gentes dormían
en las que Dios tiene parte;
no duerme la Melisenda,
la hija del emperante,
5 de amores del conde Ayuelo,
no la dexan reposar.
Salto diera de la cama
como la parió su madre,
vistiérase una alcandora
10 no hallando su brial
vase para los palacios
donde sus damas están,
dando palmadas en ellas
las empeçó a llamar:
15 —«Si dormides, mis donzellas,
si dormides, recordad.
Las que sabedes de amores
consejo me queráis dar,
las que de amores sabedes
20 tengádesme puridad:
amores del conde Ayuelo
no me dexan reposar.»
Allí hablara una vieja
vieja es d'antigua edad:
25 —«Agora es tiempo, señora,
de los plazeres tomar.
Si esperáis a la vejez,
no vos querrá un rapaz,
que otro tanto hize yo
30 cuando era de vuestra edad,
al tiempo que fui criada
en casa de vuestro padre.»
Desque esto oyó Melisenda
no quiso más esperar.

35 Iva a buscar al conde
en los palacios do está.
Topara con Fernandillo
un aguazil de su padre.
—«Qu'es aquesto, Melisenda,
40 esto, qué podría estar?
El rey piensa que dormís
en su cámara real;
vos andáis os por las calles
a picos pardos buscar.»
45 Tomárala por la mano,
a casa la fue a tornar.

Silva III, p. 491.

Hay más versiones antiguas: una glosada por Francisco de Lora (*Primav.*, 198, 312, 313, 315 del *DPS*) y otras en pliegos (271, 653, 936 del *DPS*).

Es un romance inspirado en dos canciones francesas: *Aïol* (de donde se saca Ayuelos) y *Amis y Amile* en que la hija del emperador llamada Belissant (origen de Melisenda) requiere de amores a Amile.

Difieren mucho entre sí las versiones antiguas sobre todo en el desenlace, siendo el de esta versión de la *Silva III* el más moralizante, ya que las reprensiones del alguacil, detienen a Melisenda mientras que, en las otras, cumple su propósito y «de Venus es su jugar». Pidal publica dos veces (con variantes), una versión híbrida hecha con varios pliegos que reproduce el final del pliego de París (653 del *DPS*) en que el conde Ayuelos va a acusarse ante el emperador y éste soluciona el caso con el casamiento. (Vid. el texto en *Estudios...*, pp. 24-27 y *Flor nueva*, pp. 94-98.) Nótese el parentesco de esas versiones con *Gerineldos*.

Este romance permanece en la tradición sefardí oriental y marroquí (vid. P. Bénichou, *RJEM*, pp. 69-76 y *Cat. Ind.*, I, B 17, páginas 125-131). Se conserva otro romance de Melisenda que describe su belleza:

Ya se sale Melisenda
de los baños de bañar.

27. Romance de Rosaflorida

En Castilla está un castillo
el cual dizen Roca Frida:
al castillo llaman Roca,
y a la fuente llaman Frida,
5 las almenas tiene de oro,
paredes de plata fina;
entre almena y almena
está una piedra zefira:
tanto relumbra de noche
10 como el sol desque salía.
Dentro estava una donzella
que llaman Rosa Florida
siete condes la demandan,
tres duques de Lombardía;
15 a todos los despreciava,
tanta era su loçanía.
Enamoróse de Montesinos
de oída que no de vista.
Allá a la media noche
20 gritos da Rosa florida,
oido lo havía Landino,
el ayo que la tenía:
—«¿Qué havedes, la infanta,
qué havedes, Rosaflorida?
25 o tenéis mal de amores,
o estáis loca perdida.»
—«Que ni tengo mal de amores
ni estoy loca perdida;
mas llevédesme unas cartas
30 a Francia la bien guarnida.
Darlas heis a Montesinos
que venga a la Pascua florida;

darle he yo mil marcos de oro
y dos mil de plata fina;
35 daréle treinta castillos
todos riberas d'Ungría,
y si muchos más quisiesse
muchos más yo le daría;
dar le hía este mi cuerpo
40 siete años a su guisa;
si otra más linda hallasse
que me dexasse escarnida,
que en todos estos reinos
no la hay otra más linda,
45 si no es una mi hermana
que de mal fuego sea ardida;
si ella me lleva en cuerpo,
yo a ella en loçanía.
Mal lo usara Montesinos
50 para haverme por amiga,
que, a cabo de siete años,
fuera a buscar otra amiga;
y assí yo por buen amor
quedé burlada y perdida.

Silva III, p. 480.

Canc. s. a., fol. 190 y *Canc. 1550* tienen una versión más breve y con variantes. La primera versión conocida es la del Manuscrito de Londres de Rodríguez del Padrón (reproducida en *Ant. Lír. Cast., IX*, p. 454). Dos glosas en pliegos de Praga (353 y 1048 del *DPS*).

Deriva también del *Aïol*, o más bien de una refundición de éste (vid. P. Rajna, «Rosaflorida»), aunque el nombre del protagonista sea Montesinos y no Ayuelos.

Vid. *RH*, I, pp. 259-60, 263 y *RJEM*, pp. 348-351, en que Bénichou analiza las versiones antiguas, y sus diferencias en la presentación de las ofertas de Melisenda.

Se ha conservado en la tradición catalana y en la tradición marroquí (vid. *Nahón*, pp. 44-5 y *Cat. Ind.*, I, B 20, pp. 136-139).

Son de notar el motivo de la «piedra zefira» (heredado de las «carbunclas» de los poemas franceses), del palacio de oro y plata, y el del enamoramiento «de oídas que no de vista» (vid. referencias sobre éste en *Nahón*, p. 45).

Se nota también en esta versión una insistencia particular en la rivalidad con la hermana.

Se cambiaron los nombres (Ungría y «castillo de Chapiva» de la versión de Rodríguez de Padrón) y se asociaron al castillo de Rocafrida (Ciudad Real), cerca del cual se hallaría la famosa cueva de Montesinos.

28. Romance de Montesinos

—«Cata Francia, Montesinos,
cata París la ciudad,
cata las aguas de Duero
do van a dar en la mar;
5   cata palacios del rey,
cata los de don Beltrán,
y aquella que ves más alta
y que está en mejor lugar
es la casa de Tomillas
10 mi enemigo mortal;
por su lengua difamada
me mandó el rey desterrar,
y he passado a causa desto
mucha sed, calor y hambre,
15 trayendo los pies descalços,
las uñas corriendo sangre.
A la triste madre tuya
por testigo puedo dar,
que te parió en una fuente
20 sin tener en qué te echar;
yo, triste, quité mi sayo
para haver de cobijarte.
Ella me dixo llorando
por te ver tan mal passar:
25 —Tomes este niño, conde,
y lléveslo a cristianar.
Llamédesle Montesinos
Montesinos le llamad.»

Montesinos que lo oyera
30   los ojos bolvió a su padre;
las rodillas por el suelo,
empeçóle de rogar
le quisiesse dar licencia
que en París quiere passar
35   y tomar sueldo del rey
si se lo quisiere dar,
por vengarse de Tomillas,
su enemigo mortal,
que si sueldo del rey toma
40   todo se puede vengar.
Ya que despedirse quieren
a su padre fue a rogar
que a la triste de su madre
él la quiera consolar,
45   y de su parte le diga
que a Tomillas va a ·buscar.

Canc. s. a., fol. 193 v. (*Primav.,* 176.)

También en *Canc. 1550* y muy ampliado en *Silva III,* y en pliegos (29, 661, 662 y glosas en 892 a 895 del *DPS*).

Es un romance juglaresco derivado de una posible refundición
tardía del *Aïol* (*RH,* I, p. 263).

Nótese la geografía fantástica de los dos primeros versos. Francia, que aquí se justifica por el origen probable en una tradición
francesa, pasa a ser en otros romances prototipo de cierta localización novelesca (vid. D. Devoto, «Un ejemplo de la labor tradicional en el romancero viejo»).

29.   ROMANCE DEL CONDE CLAROS

—«Pésame de vos, el conde,
porque assí os quieren matar,
porque el yerro que hezistes
no fue mucho de culpar,

   5   que los yerros por amores
        dignos son de perdonar.
        Supliqué por vos al rey
        que os mandasse delibrar,
        mas el rey con gran enojo
  10   no me quisiera escuchar,
        que la sentencia era dada
        no se podía revocar,
        pues dormistes con la infanta
        haviéndola de guardar.
  15   Más os valiera, sobrino,
        de las damas no curar,
        que quien más haze por ellas
        tal espera de alcançar;
        que de muerto o de perdido
  20   ninguno puede escapar,
        que firmeza de mugeres
        no puede mucho durar.»
        —«Que tales palabras, tío,
        no las puedo comportar
  25   quiero más morir por ellas
        que morir sin las mirar.»

Canc. s. a., fol. 90.

Es una versión autónoma de un trozo del largo romance juglaresco del conde Claros («Medianoche era por filo...», *Primav.*, 190), ya conocida en esta forma abreviada en el *Canc. Gen.* de 1511.

Con variantes, otra versión del *Cancionero musical de los siglos XV y XVI* de Barbieri está en *Ant. Lír. Cast.*, IX, p. 72; glosa de Francisco de León en un pliego de Praga (654 del *DPS*).

Este romance era tema predilecto de glosadores como muestran las interpolaciones (glosas en décimas) incluidas en el romance largo («Media noche...») desde el *Canc. s. a.*

Pertenece a la clase de los que Pidal llama seudo-carolingios (como el *Conde Dirlos* o los romances de Gaiferos, vid. 30-31), romances juglarescos en que se recrea un escenario y un ambiente carolingios (Francia, emperador) para contar aventuras que son más bien tópicos folklóricos.

Este romance era muy conocido en el siglo XVI por su melodía. Vid. Isabel Pope, «Notas sobre la melodía del *Conde Claros*».

Esta versión abreviada —diálogo entre el conde preso por amo-

res y su tío— ejemplifica cómo podían desgajarse de una larga
narración juglaresca los trozos de más intensidad dramática (mismo proceso que en el paso de las gestas a los romances) y luego
adaptarse y cambiarse: aquí el conde Claros parece condenado
mientras en el romance largo se salva.

En otro romance («A caza va el Emperador...», *Primav.*, 191),
es la princesa —preñada— la que está encarcelada y el conde
Carlos disfrazado de fraile acude a salvarla. Se ha conservado en
la tradición sefardí (*Cat. Ind.*, I, B 9, B 10, B 11, pp. 111-119; *Yoná*,
4, pp. 74-86) y peninsular (*Galanzuca, Galancina*, vid. por ejemplo
Ant. Lír. Cast., IX, pp. 179-181).

30 a. ROMANCE DE GAIFEROS

        Estávase la condessa,
        en su estrado assentada;
        tisericas de oro en mano,
        su hijo afeitando estava.
    5   Palabras le está diziendo,
        palabras de gran pesar;
        las palabras eran tales
        que al niño hazen llorar:
        —«Dios te dé barbas en rostro
   10   y te haga barragán.
        Déte Dios ventura en armas
        como al paladín Roldán,
        porque vengasses, mi hijo,
        la muerte de vuestro padre.
   15   Matáronlo a traición
        por casar con vuestra madre.
        Ricas bodas me hizieron
        en las cuales Dios no ha parte,
        ricos paños me cortaron
   20   la reina no los ha tales.»
        Maguera pequeño, el niño
        bien entendido lo ha.

Allí respondió Gaiferos
bien oiréis lo que dirá:
25 —«Assí ruego a Dios del cielo
y a Sancta María su madre.»
Oido lo havía el conde
en los palacios do está.
—«Calles, calles, la condessa,
30 boca mala sin verdad,
que yo no matara el conde
ni lo hiziera matar;
mas tus palabras, condessa,
el niño las pagará.»
35 Mandó llamar escuderos,
criados son de su padre,
para que lleven al niño,
que lo lleven a matar.
La muerte qu'el les dixera
40 manzilla es de la escuchar.
—«Córtenle el pie del estribo,
la mano del gavilán,
sáquenle ambos ojos
por más seguro andar,
45 y el dedo y el coraçón
traédmelo por señal.»
Ya lo llevan a Gaiferos,
ya lo llevan a matar.
Hablavan los escuderos
50 con manzilla que dél han.
—«Oh, válasme Dios del cielo,
y Santa María su madre!
si este niño matamos,
¿qué galardón nos darán?»
55 Ellos en aquesto estando,
no sabiendo qué harán,
vieron venir una perrita
de la condessa su madre.
Allí habló el uno dellos,
60 bien oiréis lo que dirá:
—«Matemos esta perrita
por nuestra seguridad.

Saquémosle el coraçón
y llevémoslo a Galván.
65 Cortémosle el dedo al chico
por [1]levar mejor señal.»
Ya tomavan a Gaiferos
para el dedo le cortar:
—«Venid acá, vos, Gaiferos,
70 y querednos escuchar.
Vos íos de aquesta tierra,
y en ella no parezcáis más.»
Ya le davan entreseñas
el camino que hará.
75 —«Ir vos heis de tierra en tierra
a do vuestro tío está.»
Gaiferos desconsolado
por esse mundo se va.
Los escuderos se bolvieron
80 para do estava Galván;
dánle el dedo y el coraçón
y dizen que muerto lo han.
La condessa qu'esto oyera
empeçara gritos dar.
85 Llorava de los sus ojos
que quería rebentar.
Dexemos a la condessa
que muy grande llanto haze,
y digamos de Gaiferos
90 del camino por do va,
que de día ni de noche
no haze sino caminar,
fasta que llegó a la tierra
adonde su tío está.
95 Dízele desta manera
y empeçóle de hablar:
—«Manténgaos Dios, el mi tío.»
—«Mi sobrino bien vengáis
¿Qué buena venida es ésta?
100 Vos me la queráis contar.»
—«La venida que yo vengo
triste es y con pesar,

que Galván con grande enojo
mandado me havía matar.
105 Mas lo que vos ruego, mi tío,
y lo que vos vengo a rogar:
vamos a vengar la muerte
de vuestro hermano mi padre
matáronlo a traición
110 por casar con la mi madre.»
—«Sossegáos, el mi sobrino,
vos queráis assosegar,
que la muerte de mi hermano
bien la iremos a vengar.»
115 Y ellos assí estuvieron
dos años y aun más,
fasta que dixo Gaiferos
y empeçara de hablar.

Canc. s. a., fol. 103. (*Primav.,* 171.)

Idem en *Canc. 1550* y con variantes en *Silva III;* en pliegos 506, 706, 1061, 1062, 1064 del *DPS.*

Es también romance juglaresco, seudo-carolingio por el ambiente, algunos nombres (Galván, el paladín Roldán) aunque desarrolla motivos folklóricos. Vid. *RH,* I, pp. 273-274.

Es un «romance-cuento» que presenta una narración lineal, sobre todo si se tiene en cuenta que está vinculado al siguiente (núm. 31) por los versos finales introductorios del discurso de Gaiferos a su tío; a pesar de venir separado en dos romances se trata claramente de un mismo relato.

Nótese el ripio para cambiar de escenario y de personajes

(dejemos a la condesa...
y digamos de Gaiferos...),

clara muestra de su origen juglaresco.

31 a. ROMANCE DE LA VENGANZA DE GAIFEROS

«—Vámonos, dixo, mi tío
a París essa cibdad,
en figura de romeros
no nos conozca Galván,
5   que si Galván nos conoce
mandar nos ía matar;
encima ropas de seda
vistamos las de sayal;
llevemos nuestras espadas
10   por más seguros andar,
llevemos sendos bordones
por la gente assegurar.»
Ya se parten los romeros
ya se parten, ya se van,
15   de noche por los caminos,
de día por los xarales.
Andando por sus jornadas
a París llegando han.
Las puertas hallan cer[r]adas,
20   no hallan por donde entrar.
Siete bueltas la rodean
por ver si podrán entrar,
y al cabo de las ocho
un postigo van hallar.
25   Ellos que se vieron dentro
empieçan a demandar,
no preguntan por mesón
ni menos por hospital,
preguntan por los palacios
30   donde la condessa está.
A las puertas del palacio
allí van a demandar,

vieron estar la condessa
y empeçaron de hablar:
35 —«¡Dios te salve, la condessa!»
—«¡Los romeros, bien vengáis!»
—«Mandédesnos dar limosna
por honor de caridad.»
—«Con Dios vades, los romeros,
40 que no os puedo nada dar,
que el conde me havía mandado
a romeros no alvergar.»
—«Dadnos limosna, señora,
qu'el conde no lo sabrá,
45 assí la den a Gaiferos,
en la tierra donde está.»
Assí como oyó Gaiferos
començó de sospirar;
mandávales dar del vino,
50 mandávales dar del pan.
Ellos en aquesto estando
el conde llegado ha:
—«¿Qu'es aquesto, la condessa,
aquesto qué puede estar?
55 ¿N'os tenía yo mandado
a romeros no alvergar?»
Y alçara la su mano,
puñada le fuera a dar,
que sus dientes menudicos
60 en tierra los fuera a echar.
Allí hablaran los romeros
y empieçan de hablar:
—«Por hazer bien la condessa
cierto no merece mal.»
65 —«Calledes vos, los romeros,
no hayades vuestra parte.»
Alçó Gaiferos su espada,
un golpe le fue a dar,
que la cabeça de sus hombros
70 en tierra la fuera a echar.
Allí habló la condessa,
llorando con gran pesar:

—«¿Quién érades, los romeros,
que al conde fuistes matar?»
75 Allí respondió el romero,
tal respuesta le fue a dar:
—«Yo soy Gaiferos, señora,
vuestro hijo natural.»
—«Aquesto no puede ser
80 ni era cosa de verdad,
qu'el dedo y el coraçón
yo lo tengo por señal.»
—«El coraçón que vos tenéis
en persona no fue a estar;
85 el dedo bien es aqueste
que en esta mano me falta.»
La condessa qu'esto oyera
empeçóle de abraçar,
la tristeza que tenía
90 en plazer se fue a tornar.

Canc. s. a., fol. 105. (*Primav.,* 172.)
Sigue siempre al anterior (vid. 30 *a*). Es la venganza de Gaiferos.
Era muy popular en los siglos XVI y XVII: «Todo lo desfigu-
rado, lo difícil de conocer se expresaba con el verso

No lo conozca Galván
no lo conocerá Galván».

Vid. *RH*, II, p. 187 y otra mención en p. 226.
Sobre versiones modernas, vid. 30-31 *b*.

30 b, 31 b. OTRO ROMANCE DE GAIFEROS

Estándose la condesa   debajo del pino abán,
2 con peine de oro en la mano   a su hijo quié peinar.
«Dios te deje criar, niño,   Dios te me deje gozar,
4 para que cobres la ejnuria,   de tu padre el don Gaspar»

4. *Ejnuria:* injuria por metátesis.

	Estando en estas razones,	cata aquí, llega Roldán.
6	«Cójame usted este niño	llévenlo al monte a matar;
	traime el corazón por señas,	el dedito por lugar.»
8	Uno(s) de los que allí dían	con su padre comió pan:
	«Ha de matar una leona,	más que pretienda el pagar,
10	y se lo doy a mi tía	que lo acabe de criar.»
	Siete años que le dio leche	y siete que le dio pan
12	siete y siete son catorce,	ya el niño creciendo va.
	Un día estando en la mesa	echose el niño a llorar.
14	«Por qué llora usted, mi niño?	¿por qué llora, el don

[Gaspar?

	¿o tiene falta de galas,	o tiene falta de pan?
16	¿o te incomodan los moros?,	yo los mandaría a

[guerriar.»

	«Ni tengo falta de galas,	ni tengo falta de pan.
18	ni me incomodan los moros,	no los mande usted a

[guerriar;

	de mi madre la condesa	que me vino soledad.»
20	Ensilla un caballo blanco	al par del viento volar;
	le llegó, tocó a la puerta	como se suele tocar.
22	«Si quieren entrar para adentro	se le pone de

[almorzar.»

	Estando en estas razones,	cata aquí, llega Roldán.
24	«¿No le ha dicho usted, señora,	y se lo ha vuelto

[avisar

	por qué esto de pasajeros	en su casa comerán?»
26	Allí le tiró por el pecho,	allí lo botó pa atrás.
	«No lo mate caballero,	no lo acabe de matar.»
28	«No se acuerda madre mía	debajo del pino abán,
	con peine de oro en la mano	a su hijo quié peinar,
30	con lágrimas que decían	a su hijo hace llorar:
	Dios te deje criar, niño,	Dios te me deje gozar,
32	para que cobres la ejnuria	de tu padre el don

[Gaspar?»

	«Caballero, si es mi hijo,	acábelo de matar.»

Flor Mar., I, 230, pp. 235-236.
Versión de Icod el Alto (Tenerife) dicha por Toribia Felipe Mesa,

32. *Ejnuria:* vid. nota a v. 4.

de treinta y nueve años. Recogida por Mercedes Morales durante el curso 1953-54.

Se conserva el romance doble de Gaiferos en la tradición moderna (Menéndez Pelayo ya publicó una versión de Asturias en *Ant. Lír. Cast.*, IX, pp. 198-200).

Nótese que esta versión canaria, a pesar de ser bastante fiel a la antigua, la acorta mucho (se suprime, por ejemplo, toda la escena de la mutilación y de la sustitución) y la reestructura centrándola en las relaciones madre/hijo.

Se ve el recuerdo adulterado de los nombres antiguos: Roldán pasa a ser el rey y Galván se transforma en don Gaspar (por parentesco fónico).

Otro largo romance, el de *Gaiferos libertador de Melisenda* derivado muy indirectamente de un poema latino: *Waltharius* de hacia 930 (*Primav.*, 173) está documentado también en la tradición moderna.

32. ROMANCE DE LANZAROTE

Tres hijuelos havía el rey,
tres hijuelos que no más;
por enojo que uvo dellos
todos maldito los ha:
5 el uno se tornó ciervo,
el otro se tornó can,
el otro se tornó moro,
passó las aguas del mar.
Andávase Lançarote
10 entre las damas holgando;
grandes bozes dio la una:
—«Cavallero, estad parado;
si fuesse la mi ventura,
cumplido fuesse mi hado,
15 que yo casasse con vos
y vos conmigo de grado
y me diéssedes en arras
aquel ciervo del pie blanco.»
—«Dároslo he yo, mi señora,
20 de coraçón y de grado,

y supiesse yo las tierras
donde el ciervo era criado.»
Ya cavalga y va su vía.
25 Delante de sí llevava
los sabuesos por la traílla;
llegado havía a una hermita
donde un hermitaño havía:
—«Dios te salve, el hombre bueno.»
30 —«Buena sea tu venida;
caçador me parescéis
en los sabuessos que traía.»
—«Dígasme tú, el hermitaño,
tú que hazes santa vida,
35 esse ciervo del pie blanco
dónde haze su manida.»
—«Quedáisos aquí, mi hijo,
hasta que sea de día;
contaros he lo que ví
40 y todo lo que sabía:
por aquí passó esta noche,
dos horas antes del día,
siete leones con él
y una leona parida.
45 Siete condes dexa muertos
y mucha cavallería.
Siempre Dios te guarde, hijo,
por do quier que fuer tu ida,
que quien acá te embió
50 no te quería dar la vida.
¡Ay, dueña de Quintañones,
de mal fuego seas ardida,
que tanto buen cavallero
por ti ha perdido la vida!

Canc. 1550, p. 282. (*Primav.*, **147.**)

Es la única versión antigua impresa, aunque se sabe por varios
testimonios, citas y contrahacimientos que era muy conocido el
romance en tiempos antiguos (D. Catalán, *Por campos...*, pp. 87-91).

Es un romance del ciclo arturiano.

Vid. el estudio de Catalán citado, pp. 91-100, para los orígenes (un posible *Lanzarote* español), los problemas que plantea y su evolución en el romancero de tradición moderna.

Es un ejemplo de transformación de un «romance-escena» (que en realidad consta de tres «escenas» que parecen independientes: cf. cambio de asonante: *á*; *a - o; -i - a*) en «romance-cuento» ya que, en la tradición moderna, se le busca cierta coherencia narrativa y se le da uniformidad de asonancia.

Vid. también W. J. Enwistle, «The Adventure of 'Le cerf au pied blanc' in Spanish and elsewhere».

33. ROMANCE DE TRISTÁN E ISEO

Herido está don Tristán
de una mala lançada:
diérasela el rey su tío
con una lança herbolada,
5 diósela dende una torre,
que de cerca no osava.
Tan mal está don Tristán
que a Dios quiere dar el alma.
Váselo a ver doña Iseo,
10 la su linda enamorada,
cubierta de paño negro
que de luto se llamava:
—«Quien vos hirió don Tristán
heridas tenga de ravia,
15 y que no hallasse hombre
que huviesse de sanalla.»
Tanto están boca con boca
como una missa rezada;
llora el uno, llora el otro,
20 la cama toda se baña,
el agua que de allí sale
una açucena regava.

> Toda muger que la beve
> luego se haze preñada,
> 25 «que assí hize yo mezquina
> por la mi ventura mala:
> no más que della beví,
> luego me hize preñada;
> empreñéme de tal suerte
> 30 que a Dios quiero dar el alma.»
> Allí murió don Tristán
> y su linda enamorada.

Es versión de un pliego suelto de Madrid, editado por A. Rodríguez Moñino, *Cancionerillos góticos castellanos*, pp. 54-55.

Es el 658 del *DPS* que parece sevillano de hacia 1530. El romance está también en un pliego de Londres muy similar pero que parece anterior: 668 del *DPS* (ejemplo de cómo los pliegos se copian). En otros pliegos viene con glosa (509, 882, 883 del *DPS*).

En *Canc. s. a.* y *Canc. 1550*, versión abreviada y muy cambiada (*Primav.*, 146). *Primav.*, 146 *a* reproduce una versión diferente sacada de un pliego de Praga (883 del *DPS*).

Es también romance del ciclo arturiano, derivado de una posible traducción del *Tristan* francés.

El amor más allá de la muerte de Tristán e Iseo se contamina con el motivo folklórico de la hierba que vuelve preñada a la mujer que la pisa. En la versión de los pliegos (como ésta) se trata del agua de una fuente con las mismas propiedades.

Nótese aquí la aparición de un narrador femenino que toma retrospectivamente a cargo la narración («assí hize yo mezquina», mientras la versión de *Canc. s. a.* es una narración en tercera persona.

El tema del embarazo por pisar hierba se encuentra en muchos romances de la tradición oral (vid. *Ant. Lír. Cast.*, IX, pp. 230-234 y *RJEM*, p. 202).

34. Romance del rey don Fernando cuarto

Válasme Nuestra Señora
cual dizen de la Ribera,
donde el buen rey don Fernando
tuvo la su cuarentena,
5   desd'el miércoles corvillo
hasta el jueves de la cena,
qu'el rey no hizo la barba
ni peinó la su cabeça;
una silla era su cama,
10   un canto por cabecera;
los cuarenta pobres comen
cada día a la su mesa:
de lo que a los pobres sobra
el rey haze la su cena;
15   con vara de oro en su mano,
bien haze servir la mesa.
Dízenle sus cavalleros:
—«¿Dónde irás tener la fiesta?»
—«A Jaén, dize, señores,
20   con mi señora la reina.»
Después que estuvo en Jaén
y la fiesta ovo passado,
pártese para Alcaudete,
esse castillo nombrado.
25   El pie tiene en el estrivo,
que aun no se había apeado,

.cuando le davan querella
de dos hombres hijos dalgo,
y la querella le davan
30   dos hombres como villanos:
abarcas traen calçadas,
y aguijadas en las manos:
—«Justicia, justicia, rey,
pues que somos tus vasallos,
35   de don Pedro Carabajal
y de don Alonso su hermano,
que nos corren nuestras tierras
y nos robavan el campo
y nos fuerçan las mugeres
40   a tuerto y desaguisado.
Comíannos la cevada
sin después querer pagallo;
hazen otras desvergüenças
que vergüença era contallo.»
45   —«Yo haré dello justicia;
tornaos a vuestro ganado.»
Manda a pregonar el rey
y por todo su reinado,
de cualquier que lo hallasse
50   le daría buen hallazgo.
Hallólos el almirante
allá en Medina del Campo,
comprando muy ricas armas,
jaezes para cavallos.
55   —«Presos, presos, cavalleros;
presos, presos, hijos dalgo.»
—«No por vos, el almirante,
si de otro no traéis mandado.»
—«Estad presos, cavalleros,
60   que del rey traigo recaudo.»
—«Plázenos, el almirante,
por complir el su mandado.»
Por las sus jornadas ciertas,
en Jaén havían entrado.
65   —«Manténgate Dios, el rey.»
—«Mal vengades, hijos dalgo.»

Mándales cortar los pies,
mándales cortar las manos
y mándalos despeñar
70 de aquella peña de Martos.
Ahí hablara el uno dellos,
el menor y más osado:
—«¿Porqué lo hazes, el rey,
porqué hazes tal mandado?
75 querellámonos, el rey,
para ante el Soberano,
que dentro de treinta días
vais con nosotros a plazo;
y ponemos por testigos
80 a San Pedro y a San Pablo,
ponemos por escrivano
al apóstol Santiago.»
El rey, no mirando en ello,
hizo complir su mandado
85 por la falsa información
que los villanos le han dado.
Y muertos los Carvajales
que lo havían emplazado,
antes de los treinta días
90 él se fallara muy malo,
y desque fueron cumplidos
en el postrer día del plazo,
fue muerto dentro en León
do la sentencia ovo dado.

Canc. s. a., fol. 165. (*Primav.*, 64.)

Está reproducido en *Canc. 1550* y en *Silva I* con pequeñas variantes de palabras. Otra versión con variantes mayores sobre todo en el final se encuentra en un pliego de Praga (710 del *DPS*), y en uno de Madrid (709 del *DPS*).

Versos finales del pliego de Praga:

Y sin más poder dezir
mueren estos fijos dalgo.
Antes de los treinta días,
malo está el rey don Fernando,

> el cuerpo cara oriente
> y la candela en la mano.
> Así fallesció su alteza
> desta manera citado.

En un pliego de Cambridge (990 del *DPS*) editado por Norton y Wilson en *Two Spanish verse Chap-books*, pp. 78-79, hay una versión muy diferente en la que faltan los veinte primeros versos y que empieza:

> «En Jaén esta el buen rey...»

Vid. un cotejo de las versiones del *Canc. s. a.*, del pliego de Praga y del de Cambridge, ibidem, pp. 44-47.

Este romance, de la clase de los noticieros refiere los sucesos más antiguos, ya que se trata de la muerte de Fernando IV que ocurrió en 1312. Vid. *RH*, I, pp. 310-14. Pidal señala la contaminación de este romance con otros sobre Fernando el Santo (veinte primeros versos asonantados en *e - a*), hipótesis corroborada por otra contaminación en la versión de Cambridge, falta de este comienzo, pero cuyo final proviene del romance sobre la muerte del rey Fernando primero: «Doliente, estaba doliente...» (vid. 14 de esta edición, *Primav.*, 35) del cual dos versos:

> los pies tiene cara oriente
> y la candela en la mano

se encuentran también (con variante) en el pliego de Praga. Es pues ejemplo de contaminación antigua de varios romances.

Además de la antigüedad de los sucesos que cuenta el romance puede fecharse con seguridad del siglo xv ya que Juan de Mena alude a él (*RH*, II, p. 20). Era también conocido en la corte de los Reyes Católicos (*RH*, II, p. 27).

Una crónica particular de Fernando IV dice que los Carvajales, condenados injustamente por haber matado a un caballero, emplazaron al rey. Nótese cómo se ha transformado su fechoría en agravios tópicos y cómo se explica su culpabilidad y el consiguiente castigo del rey por haber escuchado éste las acusaciones de los «villanos» (vv. 29, 32) (quizá indicio de haberse formado el romance en ámbitos aristocráticos).

35. ROMANCE DEL PRIOR DE SAN JUAN

Don Rodrigo de Padilla,
aquel que Dios perdonasse,
tomara al rey por la mano
y apartólo en puridade:
5   —«Un castillo está en Consuegra
qu'en el mundo no lo hay tale;
más vale para vos, el rey,
que para el prior de sant Juan.
Combidédesle, el buen rey,
10 combidédesle a cenar;
la cena que vos le diéssedes
fuesse como en Toro a don Juan:
que le cortéis la cabeça
sin ninguna piedad;
15 desque se la hayás cortado,
en tenencia me la dad.»
Ellos en aquesto estando
el prior llegado ha:
—«Mantenga Dios a tu alteza
20 y a tu corona reale.»
—«Bien vengáis vos, el prior,
el buen prior de San Juan.
Digádesme, el prior,
digádesme la verdad:
25 el castillo de Consuegra
digades, ¿por quién está?»
—«El castillo con la villa
está todo a tu mandar.»
—«Pues combid'os, el prior,
30 para comigo a cenar.»
—«Plázeme, dixo el prior,
de muy buena voluntad.

Deme licencia tu alteza,
licencia me quiera dar:
35 mensajeros nuevos tengo,
ir los quiero aposentar.»
—«Vais con Dios, el buen prior,
luego vos queráis tornar.»
Vase para la cozina
40 donde el cozinero está;
assí hablava con él,
como si fuera su igual:
—«Tomes estos mis vestidos,
los tuyos me quieras dar;
45 ya después de medio día,
saliéseste a passear.»
Vase a la cavalleriza
donde el macho suele estar:
—«De tres me has escapado,
50 con esta cuatro serán,
y si desta me escapas
de oro te haré herrar.»
Presto le echó la silla,
comiença de caminar.
55 Media noche era por filo,
los gallos quieren cantar
cuando entra por Toledo,
por Toledo essa ciudad;
antes qu'el gallo cantasse,
60 a Consuegra fue a llegar.
Halló las guardas velando
empiéçales de hablar:
—«Digádesme, veladores,
digádesme la verdad:
65 el castillo de Consuegra
digades, ¿por quién está?»
—«El castillo con la villa
por el prior de sant Juan.»
—«Pues abrádesme las puertas,
70 catalde aquí donde está.»
La guarda desque lo vido
abriólas de par en par.

—«Tomédesme allá este macho
y dél me queráis curar;
75 dexadme a mí la vela
porque yo quiero velar.»
¡Velá, velá, veladores
que rabia os quiera matar!,
que quien a buen señor sirve
80 este galardón le dan.
Y él estando en aquesto,
el buen rey llegado ha.
Halló a las guardas velando,
comiénçales de hablar:
85 —«Digádesme, veladores,
que Dios os quiera guardar
el [c]astillo de Consuegra
digades, ¿por quién está?»
—«El castillo con la villa
90 por el prior de sant Juan.»
—«Pues abrádesme las puertas,
c[a]talde aquí donde está.»
—«Afuera, afuera, el buen rey,
qu'el prior llegado ha.»
95 —«¡Macho rucio, macho rucio,
muermo te quiera matare!
siete cavallos me cuestas
y con este ocho serane.
Abridme, el buen prior,
100 allá me dexéis entrar;
por mi corona te juro
de nunca te hazer mal.»
—«Harélo esso, el buen rey,
que ahora en mi mano está.»

Silva II, p. 332.
Se encuentra en varios pliegos: uno fechado de 1540 (1060 del
DPS), otro del Escorial (1071 del *DPS*). La versión del Escorial fue
reproducida por Timoneda, con variantes y por Diego Catalán,
Siete siglos..., pp. 17-18.
Las dos versiones de los pliegos empiezan por: «Don García

de Padilla...»; la versión del Escorial aunque muy parecida a
ésta, lleva algunas variantes y en particular dos versos finales que
faltan en la Silva:

> Mándale abrir la puerta
> dale muy bien de cenar.

que explicitan la victoria del prior y su reconciliación con el rey.

Este romance que se solía considerar de don Pedro el Cruel
(¿por el apellido de Padilla asociado a doña María de Padilla?),
en realidad se refiere a hechos anteriores: la rebelión del prior
de San Juan, Fernán Rodríguez de Valbuena o Balboa contra
Alfonso XI y su privado el conde Alvar Núñez (1328). Alfonso XI
ya había mandado matar a don Juan el Tuerto, amigo de don Juan
Manuel en Toro (v. 12).

Vid. el estudio de Diego Catalán, «La rebelión histórica del
Prior», *Siete siglos...*, pp. 15-56.

Para Catalán el romance se compuso a raíz de los sucesos
narrados o poco después, lo que sería prueba de la existencia de
romances noticieros en la primera mitad del siglo XIV, y se conservó en la tradición hasta estamparse en el siglo XVI.

Nótense los versos formulaicos (17; 55-56; 77; 81; 55-56) iguales
a los primeros versos del *Conde Claros* en su versión larga
(vid. 29), aquí reactualizados por vv. 59-60. El final trunco aquí
sólo sugiere la victoria del prior.

36 a. ROMANCE DEL MAESTRE DE SANTIAGO

> Yo me estava allá en Coimbra,
> que yo me la ove ganado,
> cuando me vinieron cartas
> del rey don Pedro, mi hermano,
> 5 que fuesse a ver los torneos
> que en Sevilla se han armado.
> Yo, maestre sin ventura,
> yo, maestre desdichado,
> tomara treze de mula,

---

1. *Coimbra:* Jumilla (provincia de Murcia).

10   veinte y cinco de cavallo,
todos con cadenas de oro
y jubones de brocado.
Jornada de quinze días
en ocho la havía andado.

15   A la passada de un río,
passándole por el vado,
cayó mi mula comigo,
perdí mi puñal dorado,
ahogáraseme un page

20   de los míos más privado;
criado era en mi sala,
y de mí muy regalado.
Con todas estas desdichas
a Sevilla ove llegado.

25   A la puerta Macarena
encontré con un ordenado,
ordenado de un evangelio
que missa no havía cantado.
—«Manténgate Dios, maestre,

30   maestre bien seáis llegado.
Hoy te ha nacido hijo,
hoy cumples veinte y un año.
Si te pluguiesse, maestre,
bolvamos a baptizallo,

35   que yo sería el padrino,
tú, maestre, el ahijado.»
Allí hablara el maestre,
bien oiréis lo que ha hablado:
—«No me lo mandéis, señor,

40   padre, no queráis mandallo,
que voy a ver qué me quiere
el rey don Pedro mi hermano.»
Di de espuelas a mi mula,
en Sevilla me ove entrado.

45   De que no vi tela puesta
ni vi cavallero armado,
fuime para los palacios
del rey don Pedro mi hermano.
en entrando por las puertas,

50 las puertas me havían cerrado;
    quitáronme la mi espada,
    la que traía a mi lado;
    quitáronme mi compañía,
    la que me havía acompañado.
55 Los míos desque esto vieron,
    de traición me han avisado,
    que me saliesse yo fuera
    que ellos me pondrían en salvo.
    Como yo estava sin culpa,
60 de nada ove curado.
    Fuime para el aposento
    del rey, don Pedro mi hermano.
    —«Manténgaos Dios, el rey,
    y a todos de cabo a cabo.»
65 —«Mal hora vengáis, maestre,
    maestre, mal seáis llegado.
    Nunca nos venís a ver
    sino una vez en el año,
    y esta que venís, maestre
70 es por fuerça o por mandado.
    Vuestra cabeça, maestre,
    mandada está en aguinaldo.»
    —«¿Porqué es aquesso, buen rey?
    Nunca os hize desaguisado
75 ni os dexé yo en la lid
    ni con moros peleando.»
    —«Venid acá, mis porteros,
    hágase lo que he mandado.»
    Aun no lo ovo bien dicho,
80 la cabeça le han cortado.
    A doña María de Padilla
    en un plato la ha embiado.
    Assí hablava con ella
    como si estuviera sano;
85 las palabras que le dize
    desta suerte está hablando:
    —«Aquí pagaréis, traidor,
    lo de antaño y lo de ogaño,

el mal consejo que diste
90   al rey don Pedro tu hermano.»
Asióla por los cabellos,
echádose la ha [a]un alano,
el alano es del maestre,
púsola sobre un estrado;
95   a los aullidos que dava
atronó todo el palacio.
Allí demandara el rey:
—«¿Quién haze mal a esse alano?»
Allí respondieron todos,
100   a los cuales ha pesado:
—«Con la cabeça lo ha, señor,
del maestre vuestro hermano.»
Allí hablara una su tía,
que tía era de entrambos:
105   —«¡Cuán mal lo mirastes, rey,
rey, qué mal lo havéis mirado!
Por una mala muger
havéis muerto un tal hermano.»
Aun no lo havía bien dicho
110   cuando ya le havía pesado.
Fuesse para doña María,
desta suerte le ha hablado:
—«Prendelda, mis cavalleros,
ponédmela a buen recado,
115   que yo le daré tal castigo
que a todos sea sonado.»
En cárceles muy escuras,
allí la havía aprisionado.
Él mismo le da a comer,
120   él mismo con la su mano;
no se fía de ninguno,
sino de un paje que ha criado.

Canc. s. a., fol. 166. (*Primav.*, 65.)

Está en *Canc. 1550*, *Silva I* y Timoneda, con pequeñas variantes,
y en un pliego de Praga (1072 del *DPS*).

Tres versiones: la de *Canc. s. a.*, la del pliego y la de Timoneda han sido editadas por Pérez Gómez en *Romancero del rey don Pedro (1368-1800)* (III; III *a*; III *b*; pp. 100-114).

Es romance noticiero también y claramente partidista, ya que culpa a doña María de Padilla de la muerte del maestre de Santiago, hermano del rey don Pedro (1358). Los romances de don Pedro son hostiles a éste, y parecen ser obra del partido de los Trastamara que tenía interés en presentarlo como el rey cruel. No se conservan casi vestigios de los romances del bando contrario favorable a don Pedro (se olvidarían después de la derrota de Montiel), salvo el romance de los «jaboneros» —del cual quedan sólo algunos recuerdos— que contaba la victoria de don Pedro (aliado a los sevillanos=jaboneros) contra el rebelde y traidor don Juan de la Cerda. Vid. Catalán, «Los Jaboneros derrotan a don Juan de la Cerda (1357)», en *Siete siglos...*, pp. 57-81.

Nótese aquí la narración en primera persona que se vuelve en tercera a partir de la muerte del maestre. Véase también el ensañamiento contra doña María de Padilla, presentada aquí como la responsable activa de todas las fechorías, manipulando al rey. Nótese en fin la palabra *aguinaldo* y vid. 36 *b*.

36 b. OTRO ROMANCE DEL MAESTRE DE SANTIAGO

Santas y muy buenas noches
dé Dios a vuestras mercedes,
con buenes *(sic)* principios de año,
que mañana son los Reyes.
5 Que mañana son los Reyes,
la primer fiesta del año,
cuando damas y doncellas
al rey piden aguinaldo:
unas le pedían seda,
10 otras sedilla y bocado.
¿Qué pide María de Padilla,
qué pide por aguinaldo?
La cabeza del Maestre
del rey don Pedro su hermano.
15 Y el rey se la ha concedido,
concedido y otorgado.

Cartas me van y me vienen
del rey don Pedro mi hermano,
que me vaya a los torneos
20   que en Sevilla se han armado,
que lleve poquita gente
que son los gastos muy largos.
Llevé ciento de a mulilla
y otros cientos de a caballo,
25   todos vestidos de verde,
sólo uno de encarnado.
A la pasada del río
y a la colada del vado,
cayó mi mulilla en tierra,
30   quebró mi puñal dorado,
se me ha ahogado un pajecillo
de los míos más amados:
conmigo come a la mesa,
conmigo duerme a mi lado,
35   somos hermanos de leche
una madre crió a entrambos.
A la entrada de Sevilla
encontréme con mi hermano.
—«Bien venido seas Alfonso,
40   bien venido y otorgado;
tu cabeza, hermano mío,
mandada está de aginaldo. *(sic)*»
—«El que mi cabeza toque
la suya ponga a recado.»
45   Apenas lo había dicho
cuando cayó al otro lado.
Lo ha cogido doña Elena,
por el suelo lo ha arrastrado,
y al revolver de una esquina
50   se lo ha tirado al alano;
el alano era del rey
y ha reconocido a su amo.
Lo ha cogido en la boca,
lo lleva para sagrado;
55   con las patas hace el hoyo,
con las manos le ha enterrado,

con la lengua hace clamor,
con los ojos le ha llorado,
y a los aullidos del perro
60   mucha gente se ha acercado.
Que venga poquita gente,
que son los gastos muy largos,
todos vestidos de verde,
sólo uno de encarnado.
65   y aquí se acabó la historia
y aquí se acabó el reinado
y aquí se acabó la historia,
señores, de hoy en un año.

A. Pérez Gómez, *Romancero del rey don Pedro (1368-1800)*, V *b*, páginas 123-125.

Es un romance de tradición oral, del Archivo Menéndez Pidal (sin más precisiones).

El romance del maestre de Santiago se ha conservado en la tradición oral (Castilla y Marruecos) como canción de aguinaldo, por el mero hecho de estar la palabra «aguinaldo» en el romance. Vid. *RH*, II, pp. 383-384; y D. Catalán, *Siete siglos...*, pp. 95-97, y más referencias en *Cat. Ind.*, I, C1, pp. 150-151. La versión publicada en *Ant. Lír. Cast.*, IX, p. 188, de Amador de los Ríos está muy arreglada.

Los primeros y los últimos versos aluden a la circunstancia en que se canta el romance.

Es de notar que la versión moderna restablece el orden lógico, presentando primero la petición de María de Padilla mientras que, en la antigua, estaba mentada de paso y a posteriori la causa de la muerte:

vuestra cabeza, maestre
mandada está en aguinaldo.

Vid. D. Catalán, «Producción y 'reproducción' del texto», p. 256.

37. ROMANCE DEL CERCO DE BAEZA

Cercada tiene a Baeça,
esse arráez Audalla Mir,
con ochenta mil peones,
cavalleros cinco mil,
5 con él va esse traidor,
el traidor de Pero Gil;
por la puerta de Bedmar,
la empieça de combatir;
po[n]e escalas al muro,
10 comiénçanle a conquerir,
ganada tiene una torre,
non le pueden resistir,
cuando de la de Calonge,
escuderos vi salir;
15 Ruy Fernandez va delante,
aquesse caudillo ardil,
arremete con Audalla,
comiénçale de ferir,
cortado le ha la cabeça,
20 los demás dan a fuir.

A. Pérez Gómez, *Romancero del rey don Pedro (1368-1800)*, **XIX**, páginas 183-184.

Apud Argote de Molina, *Nobleza del Andaluzía*.

La misma versión de la misma procedencia está editada también en *Ant. Lír. Cast.*, IX, p. 28.

Es romance de la época del rey don Pedro por el apodo «el traidor de Pero Gil» que era el que le daba su hermano Enrique. Vid. al respecto *RH*, II, p. 5. Se referiría a un cerco de Baeza de 1368, en que el rey don Pedro estaba aliado con el rey moro de Granada y sería el primer romance fronterizo conservado.

Para Pidal, es claramente juglaresco con tantos pormenores

informativos; pero hay que notar que éstos sirven para realzar la victoria final. Nótese también el enfoque narrativo: «escudero vi salir» que pone en perspectiva el relato anterior en presente.

38. ROMANCE DEL REY DE ARAGÓN

Mirava de Campo viejo
el rey de Aragón un día,
mirava la mar d'España
cómo menguava y crescía;
5 mirava naos y galeras,
unas van y otras venían,
unas venían de armada,
otras de mercadería;
unas van la vía de Flandes,
10 otras la de Lombardía.
Essas que vienen de guerra
¡o cuán bien le parescían!
Mirava la gran ciudad
que Nápoles se dezía,
15 mirava los tres castillos
que la gran ciudad tenía:
Castel Novo y Capuana
Santelmo que reluzía:
aqueste relumbra entr'ellos
20 como el sol de mediodía.
Llorava de los sus ojos,
de la su boca dezía:
—«¡O ciudad, cuánto me cuestas
por la gran desdicha mía!
25 Cuéstasme duques y condes,
hombres de muy gran valía,
cuéstasme un tal hermano,
que por hijo le tenía;
d'essotra gente menuda
30 cuento ni par no tenía:

> cuéstasme veinte y dos años,
> los mejores de mi vida,
> qu'en ti me nascieron barbas
> y en ti las ençanescía.»

Silva II, p. 321.

En el *Canc. s. a.*, fol. 260, hay una versión de sólo catorce versos con la mención: «este romance está imperfecto», completada en el *Canc. 1550* con diez versos más, pero más breve que ésta.

Está con glosa en un pliego de Praga (880 del *DPS*), hay un contrahacimiento por Luis Hurtado (260 del *DPS*) y también está en otro pliego (1060 del *DPS*).

Versa sobre la conquista de Nápoles por el rey de Aragón Alfonso V, que lamenta aquí todo lo que le ha costado. Vid. *RH*, II, p. 20.

Esta versión parece más tradicionalizada que la del *Canc. 1550* que tenía la variante al verso 28:

> cuéstasme un tal hermano
> que más que un Hector valía,

señal de una elaboración trovadoresca en la corte de Nápoles. Sobre el mismo asunto, visto desde el punto de vista de la reina doña María, tenemos el romance de Carvajal:

> Retraída estava la reina la muy casta doña María

(*Primav.*, 100) fechable hacia 1454 (vid. Nicasio Salvador Miguel, *La poesía cancioneril. El cancionero de Estúñiga*, pp. 70-71) y que también tiene muchas alusiones mitológicas.

Es de notar que por los mismos años en la corte de Castilla no se apreciaban todavía los romances.

Los romances sobre la reina de Nápoles (*Primav.*, 102, 102 *a* y 102 *b*) «Emperatrices y reinas...» son mucho más tardíos; aluden a la expedición del Gran Capitán en 1495.

39.   ROMANCE DE DOÑA ISABEL

> Yo me estando en Giromena
> a mi plazer y holgar,
> subiérame a un mirador
> por más descanso tomar.

5 Por los campos de Monvela
cavalleros vi assomar:
ellos no vienen de guerra,
ni menos vienen de paz,
vienen en buenos cavallos,
10 lanças y adargas traen.
Desque yo los vi, mezquina,
parémelos a mirare.
Conociera al uno dellos
en el cuerpo y cavalgar;
15 don Rodrigo de Chavela
que llaman del Marichale,
primo hermano de la reina,
mi enemigo era mortale.
Desque yo, triste, le viera
20 luego vi mala señale;
tomé mis hijos comigo
y subíme al homenage.
Ya que yo iva a subir
ellos en mi sala estane;
25 don Rodrigo es el primero
y los otros tras él vane.
—«Sálveos Dios, doña Isabel.»
—«Cavalleros, bien vengades.»
—«Conocédesnos, señora,
30 pues assí vais a hablare.»
—«Ya os conozco, don Rodrigo,
ya os conozco por mi male.
¿A qué era vuestra venida?
¿Quién os ha embiado acáe?»
35 —«Perdonédesme, señora,
por lo que os quiero hablare.
Sabed que la reina, mi prima,
acá embiado me hae
porque ella es muy mal casada,
40 y esta culpa en vos estáe
porque el rey tiene en vos hijos
y en ella nunca los hae.
Siendo como sois su amiga
y ella muger naturale,

45 manda que muráis, señora,
    paciencia queráis prestare.»
    Respondió doña Isabel
    con muy gran honestidade:
    —«Siempre fuistes, don Rodrigo,
50 en toda mi contrariedade.

    Si vos queredes, señor,
    bien sabedes la verdade,
    que el rey me pidió mi amor
    y yo no se le quise dare,
55 temiendo más a mi honra
    que no sus reinos mandare;
    desque vio que no quería,
    mis padres fuera a mandare,
    ellos tan poco quisieron
60 por la su honra guardare.

    Desque todo aquesto vido,
    por fuerça me fue a tomare.

    Trúxome a esta fortaleza
    do estoy en este lugare;
65 tres años he estado en ella
    fuera de mi voluntade.

    Y si el rey tiene en mí hijos
    plugo a Dios y a su bondade,
    y si no los ha en la reina
70 es ansí su voluntade.

    ¿Por qué me havéis de dar muerte
    pues que no merezco male?

    Una merced os pido, señores,
    no me la queráis negare:
75 desterréisme destos reinos,
    que en ellos no estaré máse,
    irme he yo para Castilla
    o a Aragón más adelante,
    y si aquesto no bastare
80 a Francia me iré a morare.»
    —«Perdonédesnos, señora,
    que no se puede hazer máse.

Aquí está el duque de Bavia
y el marqués de Villareale
85 y aquí está el obispo de Oporto
que os viene a co[n]fessare;
cabe vos está el verdugo
que os havía de degollare,
y aun aqueste pagezico
90 la cabeça ha de llevare.»
Respondió doña Isabel
con muy gran honestidade:
—«Bien paresce que soy sola,
no tengo quien me guardare,
95 ni tengo padre ni madre
pues no me dexan hablare,
y el rey no está en esta tierra
que era ido allend'el mare;
mas desque él sea venido,
100 la mi muerte vengaráe.»
—«Acabades ya, señora,
acabades ya de hablare.
Tomalda, señor obispo
y metelda a confessare.»
105 Mientras en la confessión
todos tres hablando estáne
si era bien hecho o mal hecho
esta dama degollare:
los dos dizen que no muera
110 que en ella culpa no háe;
don Rodrigo es tan cruel
dize que la ha de matare.
Sale de la confessión
con sus tres hijos delante;
115 el uno dos años tiene,
el otro para ellos vae,
y el otro era de teta
dándole sale a mamare,
toda cubierta de negro,
120 lástima es de la mirare.
—«Adiós, adiós, hijos míos,
hoy os quedaréis sin madre.

Cavalleros de alta sangre,
por mis hijos queráis mirare,
125 que al fin son hijos de rey,
aunque son de baxa madre.»
Tiéndenla en un repostero
para havella de degollare.
Assí murió esta señora
130 sin merescer ningún mal.

Canc. s. a., fol. 169 v. (*Primav.,* 104.)

Está también en *Canc. 1550, Silva I,* Timoneda y pliegos (695, 696 del *DPS*).

A pesar de la casi identidad de situaciones con la historia de Inés de Castro y el infante don Pedro, no se puede afirmar que de ellos se trate (con nombres cambiados, como pensaba Menéndez Pelayo).

Nótese el empleo de la *e* paragógica hasta en formas anti-etimológicas *(acáe ; háe ; estáe)* y también el cambio de narrador: paso de la primera a la tercera persona como en:

Yo me estava allá en Coimbra... (36 *a*),

aquí se hace menos bruscamente por medio del diálogo entre Isabel y don Rodrigo dentro del cual se introduce:

respondió doña Isabel...

Es ejemplo de estructura *omega* según Di Stefano: la causa de los sucesos que está contando Isabel (llegada de don Rodrigo) es presentada a posteriori: la estructura superficial del relato no coincide con la estructura lógico-temporal.

Este romance se ha conservado en la tradición moderna (vid. versión catalana, núm. 253 del *Romancerillo* de Milá, reproducida en *Ant. Lír. Cast.,* IX, p. 373) y sobrevive como contaminación al romance de *Juan/Gian Lorenzo* que también habla de una mujer hermosa y del rey de Portugal. (Vid. el estudio muy logrado de esas contaminaciones, *Nahón,* pp. 110-115.)

40 a. ROMANCE DE LA MUERTE DEL PRÍNCIPE DE PORTUGAL

Hablando estava la reina
en cosa bien de notar
con la infanta de Castilla,
princesa de Portugal;
5 a grandes bozes oyeron
un cavallero llorar;
su ropa hecha pedaços
sin dexar de se messar
diziendo: «nuevas os traigo
10 para mi vida matar;
no son de reinos estraños,
de aquí son, deste lugar.
Desgreñad vuestros cabellos,
collares ricos dexad.
15 Derribad vuestras coronas
y de xerga os enlutad.
por pedrería y brocado
vestid diforme sayal.
Despedíos de vida alegre,
20 con la muerte os remediad.»
Entramas a dos dixeron,
con dolor cordial,
con semblante de mortales
bien con boz para espirar:
25 —«Acabadnos, cavallero,
de hablar y de matar.
Dezid qué nuevas son éstas
de tan triste lamentar.
¿Los grandes reyes de España
30 son bivos o váles mal?
que tienen cerco en Granada
con triunfo imperial.

¿A qué causa dais los gritos
que al cielo quieren llegar?
35 Hablad ya que nos morimos
sin podernos remediar.»
—«Sabed, dixo el caballero
muy ronco de bozes dar,
que fortuna os es contraria
40 con maldita crueldad,
y el peligro de su rueda
por vos ovo de passar.
Yo lloro porque se muere
vuestro príncipe real,
45 aquel solo que paristes,
reina de dolor sin par,
y el que mereció con vos,
real princesa, casar,
de los príncipes del mundo
50 al mayor el más igual,
esforçado, lindo, cuerdo
y el que más os pudo amar,
que cayó de un mal cavallo,
corriendo en un arenal,
55 do yaze casi defunto,
sin remedio de sanar.
Si lo querés ver morir,
andad, señoras, andad,
que ya ni vee ni oye
60 ni menos puede hablar.
Sospira por vos, princesa,
por señas de lastimar,
con la candela en la mano
n'os ha podido olvidar;
65 con él está el rey su padre
que quiere desesperar.
Dios os consuele, señoras,
si es posible conortar,
que el remedio destos males
70 es a la muerte llamar.»

40 *a*, Cancionero de Montesino apud Bénichou, «El romance de la muerte del Príncipe de Portugal...», p. 114.
Vid. 40 *b*.

40 b.   OTRO ROMANCE DE LA MUERTE DEL PRÍNCIPE DE PORTUGAL

¡Ay, ay, ay, ay, qué fuertes penas!
¡Ay, ay, ay, ay, qué fuerte mal!
Hablando estava la reina
en su palacio real
5   con la infanta de Castilla
princesa de Portugal,
¡Ay, ay, ay, ay...!
Allí vino un cavallero
con grandes lloros llorar:
10   —«Nuevas te traigo señora,
dolorosas de contar.
¡Ay, ay, ay, ay...!
«¡Ay!, no son de reino extraño,
d'aquí son de Portugal:
15   vuestro príncipe, señora,
vuestro príncipe real
¡Ay, ay, ay, ay...!
es caído d'un cavallo
y l'alma quiere a Dios dar;
20   si lo queredes ver vivo
n'os querades detardar.»
¡Ay, ay, ay, ay...!
Allí estava el rey su padre
que quiere desesperar.
25   Lloran todas las mujeres
casadas y por casar.
¡Ay, ay, ay, ay...!

40 *b*, *Cancionero manuscrito* francés apud Bénichou, «El romance de la muerte del Príncipe de Portugal* en la tradición moderna», p. 113 (versión castellanizada tomada de *RH*, II, pp. 37-38).

Se dan adrede las dos versiones para que se puedan comparar, ya que son la base de gran polémica sobre cuál de las dos es la primera.

Vid. *RH*, II, pp. 37-43 y el estudio citado de Bénichou, ibid, páginas 113-124, donde se encontrará toda la bibliografía sobre la controversia, desde que Gaston Paris publicó la versión abreviada con estribillo (1872).

Se trata de la muerte del príncipe de Portugal, Alfonso, yerno de los Reyes Católicos, después de una caída de caballo en 1491.

Nótese el argumento de Bénichou: si se trata de un romance noticiero originario compuesto por Montesino a petición de los Reyes, de todas formas no alude a las circunstancias de la muerte, sino que empieza *in medias res* después de la muerte del príncipe, centrándose en las malas nuevas que trae el mensajero.

Véase la diferencia, sea el que fuere el orden de prioridad, entre un romance escrito y un romance oral (quizá arreglado para ser cantado).

Bénichou estudia además las versiones orales portuguesas conservadas para rebatir la tesis de Pidal de la «edad rapsódica» del romancero, en acuerdo con la suya propia de la «creación poética».

Es uno de los pocos romances antiguos con estribillo (*RH*, I, página 145).

41. ROMANCE DEL DUQUE DE GANDÍA

A veinte y siete de julio,
un lunes en fuerte día,
allá en Roma la santa
grande llanto se hazía:
5   lloran duques, lloran condes,
llora la cavallería,
obispos y arçobispos
con toda la clerezía,
llora la corte romana,
10   todos en común dezían:
—«Tres días ha con sus noches
qu'el duque no parecía.»

Mandó pregonar por Roma,
por toda la clerezía
15 cualquier que al duque hallasse
mil ducados le darían,
de buen oro y de buen peso
luego se los pagarían.
Desque vieron los españoles
20 que diligencia ponían,
búscanlo de casa en casa,
al buen duque de Gandía,
por ahí viniera un barquero
que venía ribera arriba;
25 besó las manos al papa
y los pies con grande estima.
Alli habló el Santo Padre
bien oiréis lo que dezía:
—«En buen hora vengáis, hombre,
30 buena sea tu venida,
si me traes nuevas del duque
de mi hijo, el de Gandía.»
—«Yo no traigo nueva cierta
ni de cierto lo sabía;
35 mas yo estando esta noche
señor, por ganar mi vida,
oí un gran golpe en el río,
que todo el río sumía.
Quiçá por el su pecado
40 será el duque de Gandía.»
Toman barcos y bateles
cuantos en Roma havía,
río abaxo, río arriba,
buscan al duque de Gandía
45 más que el mesmo barquero,
que las nuevas traido havía.
Echó los hierros al agua
con el duque topado havía.
Desque lo ovieron sacado,
50 señores, era manzilla:
tenía siete puñaladas
todas de mala herida,

degollado por la garganta
quél tal mal no merecía;
55 una gran piedra al pescueço
todo el cuerpo le sumía;
un sayón alcarchofado
que un cuento y más valía;
un jubón de çatín negro,
60 que se vistiera aquel día;
un cinto de cadenas de oro
que tres mil doblas valía,
otros tantos en la bolsa
y dende arriba subían;
65 por ende mirad, señores,
y poneldo en mal estima
que los que al duque mataron
por dineros no lo havían;
havíanlo por el malogrado
70 del buen duque de Gandía.
Bolvamos al Santo Padre
de las cosas que hazía:
hincó rodillas en tierra,
a Dios su oración hazía
75 llorando de los sus ojos
de la su boca dezía:

«¿Quién te me mató, mi hijo,
y matarte me quería?

¡Malditos sean de Dios,
80 también de Santa María!
lo que maldigo en la tierra,
en el cielo se maldezía.»

Allí habló un arçobispo
que de la traición sabía:

85 —«No los maldiga tu Santidad,
ni los quiera maldezir,
que los que al duque mataron
llevan tan gran pecado,
bien contado nos sería.»

---

59. *çatín: raso.* En otros pliegos «ceti».

90 Allí habló el Santo Padre
    bien oiréis lo que dezía:
    Ambas rodillas hincó
    como ante hecho havía:
    «¡Bendito sean de Dios
95 también de Santa María!
    quien a mi hijo mató
    perdónolos por mi vida.»
    Mandó traer las cruzes,
    cuantas en Roma havía;
100 con toda la clerezía
    traen el duque de Gandía.
    A Santa María lo llevan,
    de Pópulo se dezía.
    Ahí lo entierran esse día,
105 un rétulo le pusieron,
    desta manera dezía:
    «Aquí yaze el malogrado
    del buen duque de Gandía
    del cual Dios haya merced,
110 perdonando sus pecados,
    y de todos los passados.»

Pliegos Madrid IV, CXXXII, pp. 22-24. Es el 669 del *DPS*. También está en otro pliego de Rodrigo de Reinosa (474 del *DPS*),
reproducido en *Ant. Lír. Cast.*, IX, pp. 36-37. Timoneda lo incluyó
en la *Rosa Gentil*, retocándolo (texto en *Ant. Lír. Cast.*, IX, páginas 37-38).

Este romance que andaba en pliegos pero que no fue recogido
en las primeras colecciones del XVI, alude a la muerte violenta del
duque de Gandía, hijo del papa Alejandro IV y hermano de César
Borja en 1497.

Es menos conocido que *la muerte del Príncipe don Juan* ocurrida en el mismo año, romance no recogido en el siglo XVI pero
recordado en la tradición moderna (vid. en particular Bénichou,
Creación poética..., pp. 95-124), pero tiene la ventaja de presentar
un texto antiguo y versiones modernas sefardíes (vid. *Cat. Ind.*,
C 12, pp. 167-71). Véase al respecto el excelente estudio de Rina
Benmayor, *RJEO*, pp. 31-42, donde se hallará, además de todos los
datos bibliográficos, el cotejo entre la versión antigua y las moder-

nas orales de las dos ramas de la tradición sefardí, oriental y marroquí.

Puede que el asesino del duque de Gandía fuera nada menos que su hermano César Borja, pero, por obvias razones políticas, nunca se trató de averiguar la verdad del caso y el romance conserva ese misterio. Los datos que refiere parecen históricos y esta versión tiene rasgos de su primera composición escrita a raíz de los acontecimientos. «Que este texto sea de composición escrita y no oral se advierte por la intrusión del poeta en la narración:

> Volvamos al Santo Padre
> de las cosas que hacía

el uso de una fonética arcaizante: «fabló», etc...., la narración completa del principio al fin, la rima torpe, sobre todo el final» (R. Benmayor, *RJEO*, p. 37, n. 6).

Es posible que lo compusiera un judío de los que el papa había acogido en Roma después de su expulsión, y así se explicaría cómo pervive en la tradición sefardí y no en la peninsular.

De mucho interés es ver también que se conservó, quizá, por corresponder las condiciones de la muerte del duque con los motivos folklóricos del pescador que saca del agua un cadáver con ricos adornos, transformándose la «gran piedra al pescuezo» en piedra preciosa.

42. ROMANCE DEL ASALTO DE BAEZA

> Moricos, los mis moricos,
> los que ganáis mi soldada,
> derribédesme a Baeça,
> essa ciudad torreada;
> 5 y los viejos y las viejas
> los meted todos a espada,
> y los moços y las moças
> los traé en la cavalgada,
> y la hija de Pero Días
> 10 para ser mi enamorada,
> y a su hermana Leonor
> de quien sea acompañada.

> Id vos, Capitán Venegas,
> porque venga más honrada,
> 15 porque embiand'os a vos
> no recelo en la tornada
> que recibiréis afrenta
> ni cosa desaguisada.»

Canc. s. a., fol. 185 v. (*Primav.,* 71 *a.*)

Está también en *Canc. 1550* y *Silva I.* Hay otra versión de Argote de Molina, *Nobleza del Andaluzía* reproducida en *Primav.,* 71. Está en pliegos (679, 683, 919 del DPS) y con glosa de Luis de Peralta (434, 435 del DPS).

Es romance fronterizo como los siguientes hasta 52. Alude a un cerco de Baeza (distinto del cerco de Baeza de 37) de 1407. Son los tiempos en que empieza la guerra de Granada bajo impulso de Fernando de Antequera. Este ataque a Baeza del rey de Granada fue una derrota para él.

Hay un anacronismo en la mención del capitán Venegas, lo que puede indicar una composición posterior al suceso, según parece pensar Menéndez Pelayo, o una refundición, según Menéndez Pidal (*RH*, II, p. 9).

Nótese el enfoque desde el campo moro (el rey anima a sus soldados) y el fragmentismo llevado aquí al máximo: no se sabe nada de la empresa ni menos de su final (buen ejemplo de lo que Pidal llama «romance-escena»).

Esas características se encuentran en muchos romances fronterizos.

43. ROMANCE DE HERNANDARIAS

> Buen alcaide de Cañete,
> mal consejo havéis tomado:
> en correr a Setenil
> hecho se havía voluntario;
> 5 harto haze el cavallero
> que guarda lo encomendado.
> Pensastéis correr seguro
> y celada os han armado.

Hernandarias Saya[v]edra,
10 vuestro padre os ha vengado,
ca[a]cuerda correr a Ronda
y a los suyos va hablando:
—«El mi hijo Hernandarias,
muy mala cuenta me ha dado.
15 Encomendéle a Cañete,
él muerto fuera en el campo.
Nunca quiso mi consejo,
siempre fue moço liviano
que por alancear un moro
20 perdiera cualquier estado.
Siempre esperé su muerte
en velle tan voluntario.
Mas hoy los moros de Ronda
conoscerán que le amo.»
25 A Gonçalo de Aguilar
en celada le han dexado.
Viniendo a vista de Ronda
los moros salen al campo.
Hernandarias dio una buelta
30 con ardid muy concertado;
y Gonçalo d'Aguilar
sale a ellos denodado
blandeando la su lança
iva dixendo: «¡Santiago!
35 ¡a ellos que no son nada!
Hoy venguemos a Fernando.»
Murió allí Juan Delgadillo
con hartos buenos cristianos.
Mas por las puertas de Ronda
40 los moros ivan entrando;
veinte y cinco traía presos,
trezientos moros mataron,
mas el buen viejo Hernandarias
no se tuvo por vengado.

Silva III, p. 468.
Está en un pliego de Praga (711 del DPS) reproducido en *Primav.*, 73. Otra versión en *Primav.* 73 *a* está sacada de Sepúlveda

con estilo cronístico muy marcado (sólo los seis primeros versos son idénticos a los del romance tradicional).

Es un hecho ocurrido en el año 1410 (conocido también por las crónicas de Juan II: Hernando de Sayavedra, alcaide de Cañete, fue matado en una correría contra los moros en Setenil).

Vid. Menéndez Pidal, *Estudios...*, pp. 167-168 y 193, donde se afirma que la crónica se inspiró en el romance y no al revés.

Nótense los diferentes enfoques narrativos: apóstrofe inicial del narrador que resume lo sucedido antes, discurso directo del padre que le reprocha a su hijo muerto su conducta, narración del asalto a Ronda para vengarlo.

Revela una elaboración tradicional, cualquiera que sea su origen.

44. ROMANCE DEL MORO DE ANTEQUERA

De Antequera partió el moro,
tres horas antes del día,
con cartas en la su mano
en que socorro pedía;
5   escritas ivan con sangre
mas no por falta de tinta.
El moro que las llevava
ciento y veinte años havía;
la barva tenía blanca,
10   la calva le reluzía;
toca llevava tocada,
muy grande precio valía:
la mora que la labrara
por su amiga la tenía,
15   alhaleme en su cabeça
con borlas de seda fina,
cavallero en una yegua
que cavallo no quería;
solo con un pagezico
20   que le tenga compañía,
no por falta de escuderos
que en su casa hartos havía.

_____
15. *alhaleme:* toca.

Siete celadas le ponen
de mucha cavallería,
25 mas la yegua era ligera
dentre todos se salía.

Por los campos de Archidonia
a grandes bozes dezía:

—«¡Oh, buen rey, si tú supiesses
30 mi triste mensajería,
messarías tus cabellos
y la tu barva vellida.»

El rey que venirlo vido
a recebirlo salía,
35 con trezientos de cavallo
la flor de la morería.

—«Bien seas venido, el moro,
buena sea tu venida.»

—«Alá te mantenga, el rey,
40 con toda tu compañía.»

—«Dime qué nuevas me traes
de Antequera essa mi villa.»

—«Yo te las diré, buen rey,
si tú me otorgas la vida.»

45 —«La vida t'es otorgada
si traición en ti no havía.»

—«Nunca Alá lo permitiesse
hazer tan gran villanía;
mas sepa tu real alteza
50 lo que ya saber devría
que essa villa de Antequera
en grande aprieto se vía,
que el infante don Fernando
cercada te la tenía;
55 fuertemente la combate,
sin cessar noche ni día;
manjar que tus moros comen,
cueros de vaca cozida.

Buen rey, si no la socorres,
60 muy presto se perdería.

El rey cuando aquesto oyera
de pesar se amortecía;
haziendo gran sentimiento
muchas lágrimas vertía.
65 Rasgava sus vestiduras
con gran dolor que tenía,
ninguno le consolava
porque no lo permitía.
Mas después en si tornando,
70 a grandes bozes dezía;
—«Tóquense mis añafiles,
trompetas de plata fina;
júntense mis cavalleros
cuantos en mi reino havía:
75 vayan con mis dos hermanos
a Archidona essa mi villa,
en socorro de Antequera,
llave de mi señoría.»
Y ansí con este mandado
80 se juntó gran morería:
ochenta mil peones fueron
el socorro que venía
con cinco mil de cavallo,
los mejores que tenía.
85 Ansí en la Boca del asna
este real sentado havía
a vista dél del infante,
el cual ya se apercebía,
confiando en la gran vitoria
90 que dellos Dios le daría,
sus gentes bien ordenadas.
De San Juan era aquel día
cuando se dio la batalla
de los nuestros tan herida,
95 que por ciento y veinte muertos
quinze mil moros havía.
Después de aquesta batalla,
fue la villa combatida

        con lombardas y pertrechos
100   y con una gran bastida
        con que le ganan las torres
        de donde era defendida.

        Después dieron el castillo
        los moros a pleitesía,
105   que libres con sus haziendas
        el infante los pornía
        en la villa de Archidonia,
        lo cual todo se cumplía
        y ansí se ganó Antequera
110   a loor de Santa María.

Canc. s. a., fol. 180 v. (*Primav.*, 74.)

    Está en *Canc. 1550, Silva I*, Timoneda y en pliegos con diferentes *incipit:*

    De Antequera partió el moro
    De Antequera aquessa villa (684; 1072 del *DPS*)
    De Antequera sale un moro
    De Antequera aquessa villa (630 del *DPS*)
    De Antequera salió el moro
    De Antequera aquessa villa (736 del *DPS*)

    Relata un cerco victorioso de Antequera en 1410 por el infante don Fernando.

    Como advirtió el mismo Pidal (*RH*, I, p. 307), a partir del verso 79, se trata de un final postizo (que además no está en los pliegos) sacado de la *Crónica de Juan II*. Se puede ver muy claramente por el relato pormenorizado y torpe («después... después»), por la sintaxis («el cual» v. 88; «lo cual» v. 108; construcción de vv. 97-102).

    Nótese la particularidad ya aludida (vid. 42) de presentar los hechos desde el punto de vista moro, aun cuando se trata de una victoria de los cristianos, con la descripción tópica del mensajero moro al principio.

    Esta descripción es la que recuerda más que nada la tradición oral sefardí (vid. Rina Benmayor, *RJEO*, pp. 43-47, y *Cat. Ind.*, C4, páginas 157-158).

    Del mismo suceso de la conquista de Antequera existe otro romance, *La mañana de San Juan* (*Primav.*, 75), contaminado luego con un romance amoroso tardío de estilo morisco, *Jarifa y Abin-darráez* (*RH*, II, p. 36). Se conserva también en al tradición como contaminación de otros romances.

45. ROMANCE DEL OBISPO DON GONZALO

Un día de San Antón,
esse día señalado,
se salían de San Juan
cuatro cientos hijos dalgo;
5 las señas que ellos llevavan
es pendón rabo de gallo:
por capitán se lo llevan,
al obispo don Gonçalo,
armado de todas armas
10 encima de un buen cavallo,
ívase para la Guarda,
esse castillo nombrado;
sálelo a recibir
Don Rodrigo, esse hidalgo;
15 —«Por Dios os ruego, el obispo,
que no passedes el vado,
porque los moros son muchos
que a la Guarda havían llegado.
Muerto me han tres cavalleros
20 de que mucho me ha pesado,
el uno era mi primo,
y el otro era mi hermano,
y el otro era un paje mío
que en mi casa se ha criado.
25 Demos la buelta a enterrallos,
haremos a Dios servicio
y honraremos los cristianos.»
Ello estando en aquesto,
llegó don Diego de Haro:

30 —«Adelante, cavalleros,
    que me llevan el ganado,
    si de algún villano fuera
    ya lo oviérades quitado;
    empero alguno está aquí
35 a quien plaze de mi daño,
    no cabe dezir quién es
    que es el del roquete blanco.»
    El obispo que lo oyera
    dio de espuelas al cavallo,
40 el cavallo era ligero
    y saltado había un vallado;
    mas al salir de una cuesta,
    a la assomada de un llano
    vido mucha adarga blanca,
45 mucho albornoz colorado,
    y muchos yerros de lanças
    que relucen en el campo.
    Metido se havía por ellos
    como león denodado:
50 de tres batallas de moros
    las dos ha desbaratado,
    mediante la buena ayuda
    que en los suyos ha hallado;
    aunque algunos dellos mueren
55 eterna fama han ganado.
    Todos passan adelante,
    ninguno atrás se ha quedado
    siguiendo a su capitán
    el covarde es esforçado;
60 honra ganan los cristianos,
    los moros pierden el campo;
    diez moros pierden la vida
    por la muerte de un cristiano,
    si alguno dellos escapa
65 es por uña de cavallo,
    por su mucha valentía
    toda la prez ha cobrado;

assí con esta vitoria
como señores del campo
70   se buelven para Jaén
con la honra [que] han ganado.

Ant. Lír. Cast., IX, p. 146, apud edición de París, 1548, de la *Cuestión de Amor* y *Cárcel de Amor*, con tres romances viejos al final (idem en 694 del *DPS*, al final de una edición de 1546 de Amberes).

La historia editorial de este romance es bastante complicada, ya que presenta versiones muy divergentes (en el final sobre todo). Vid. Menéndez Pidal, *Estudios...*, pp. 142-53 para las ediciones del romance. *Canc. s. a., Canc. 1550, Silva 1550* reproducen un texto casi idéntico al de los pliegos, mientras Argote de Molina, en *Nobleza del Andaluzía*, da otro muy cambiado.

En esa cuestión de versiones diferentes según las ediciones, lo interesante es que en unas (como ésta) el obispo de Jaén, don Gonzalo, sale victorioso de una correría contra los moros (hacia 1435), mientras que en otras (como la de Argote de Molina) los moros lo cautivan. Menéndez Pidal, en «Un día de San Antón», refuta la opinión de los críticos anteriores, para quienes este final era más conforme que aquél a la realidad (vid. *Estudios...*, páginas 134-41).

Si es cierta la tesis de Pidal, según la cual la versión que cuenta la victoria es anterior a la que cuenta la derrota (además de las razones históricas que pudieron llevar a la confusión de don Gonzalo con otro obispo de Jaén, preso en Granada), interesa ver cómo se amoldó la tradición más tardía al esquema, mayoritario en los romances fronterizos, que es el de la victoria de los moros.

Nótense los versos formulaicos: «mucha adarga...», «mucho albornoz...», «muchos yerros de lança...» y el tópico «como león denodado» (vid. 12, v. 70).

Se ha contaminado este romance en algunas versiones con el que empieza: «Ya se salen de Jaén», que cuenta la derrota de Montejícar (1410). Vid. Menéndez Pidal, *Estudios...*, pp. 125-131.

46 a. ROMANCE DE ABENÁMAR

Por Guadalquivir arriba
el buen rey don Juan camina,
encontrara con un moro
que Abenámar se dezía.
5 El buen rey desque lo vido
desta suerte le dezía:
—«¡Abenámar, Abenámar!
Moro de la morería,
hijo eres de un moro perro
10 y de una cristiana cativa,
a tu padre llaman Hali
y a tu madre Catalina.
Cuando tú nasciste, moro,
la luna estava crecida
15 y la mar estava en calma,
viento no la rebullía.
Moro que en tal signo nasce
no deve dezir mentira.
Preso tengo un hijo tuyo,
20 yo le otorgaré la vida
si me dizes la verdad
de lo que te preguntaría.
Moro, si no me la dizes
a ti también mataría.»
25 —«Yo te la diré, buen rey,
si me otorgas la vida.»
—«Dígasmela tú, el moro,
que otorgada te sería.
¿Qué castillos son aquéllos?
30 ¡Altos son y reluzían!»
—«El Alhambre era, señor,
y la otra es la mezquita,
los otros los Alixares
labrados a maravilla;

35 el moro que los labró
cien doblas ganava al día,
y el día que no los labra
de lo suyo las perdía;
desque los tuvo labrados,
40 el rey le quitó la vida
porque no labre otros tales
al rey del Andaluzía.
La otra era Granada,
Granada la noblecida
45 de los muchos cavalleros
y de la gran ballestería.»
Allí habla el rey don Juan
bien oiréis lo que diría:
—«Granada, si tú quisiesses,
50 contigo me casaría,
dart'he yo en arras y dote
a Córdova y a Sevilla
y a Xerez de la frontera
que cabo sí la tenía.
55 Granada si más quisiesses
mucho más yo te daría.»
Allí hablara Granada,
al buen rey le respondía:
—«Casada so, el rey don Juan,
60 casada soy que no biuda,
el moro que a mí me tiene
bien defenderme querría.»
Allí habla el rey don Juan,
estas palabras dezía:
65 —«Échenme acá mis lombardas,
doña Sancha y doña Elvira
tiraremos a lo alto,
lo baxo ello se daría.»
El combate era tan fuerte
70 que grande temor ponía;
los moros del baluarte
con terrible algazería
trabajan por defenderse
mas fazello no podían.

75   El rey moro que esto vido
     prestamente se rendía
     y cargó tres cargas de oro,
     al buen rey se las embía;
     prometió ser su vasallo
80   con parias que le daría.
     Los castellanos quedaron
     contentos a maravilla,
     cada cual por do ha venido
     se bolvió para Castilla.

Canc. 1550, p. 246.

Ya se publicó en *Canc. s. a.*, falto de los seis primeros versos y de los que separan el verso 8 del verso 29, y el verso 36 del verso 43. La *Silva I*, y Timoneda, reproducen la versión del *Canc. s. a.* y las reediciones posteriores del *Cancionero*, la versión de *Canc. 1550*.

Pérez de Hita insertó en *Historia de las Guerras civiles de Granada* otra versión con variantes importantes (vid. 46 *b*). Se dan aquí los dos textos para que se puedan comparar.

Está también en un pliego de Londres (736 del DPS).

Vid. **46 *b*.**

46 b.   OTRO ROMANCE DE ABENÁMAR

     Abenámar, Abenámar,
     moro de la morería,
     el día que tú naciste
     grandes señales havía.
5   Estava la mar en calma,
     la luna estava crecida;
     moro que en tal signo nace
     no deve dezir mentira.
     Allí le responde el moro,
10   bien oiréis lo que dezía:

—«No te la diré, señor,
aunque me cueste la vida,
porque soy hijo de un moro
y de una cristiana cautiva;
15   siendo yo niño y muchacho
mi madre me lo dezía,
que mentira no dixesse,
que era grande villanía;
por tanto pregunta, Rey,
20   que la verdad te diría.»
—«Yo te agradezco, Abenámar,
aquessa tu cortesía:
¿qué castillos son aquéllos?
¡altos son y reluzían!»
25   —«El Alhambra era, señor,
y la otra la Mezquita;
los otros los Alijares,
labrados a maravilla:
El moro que los labrava
30   cien doblas ganava al día,
y el día que no las labra
otras tantas se perdía.
El otro el Generalife,
huerta que par no tenía;
35   el otro Torres Bermejas,
castillo de gran valía.»
Allí habló el Rey Don Juan,
bien oiréis lo que dezía:
—«Si tú quisiesses, Granada,
40   contigo me casaría;
dar te he yo en arras y dote
a Córdova y a Sevilla.»
—«Casada soy, Rey Don Juan,
casada soy que no viuda,
45   el moro que a mí me tiene
muy grande bien me quería.»

Pérez de Hita, *Guerras civiles de Granada*, ed. P. Blanchard-Demouge, I, pp. 17-18. (*Primav.*, 78 a.)

Ésta es la versión más lograda poéticamente, aunque puede que no sea la más verídica. Son temas muy controvertidos los de la prioridad de las versiones y de la historicidad del hecho: encuentro del rey Juan II durante la campaña de Granada de 1431 con un moro Abenámar, cuya identidad se discute. Vid. el estudio de Benichou, «Abenámar», *Creación poética...*, pp. 61-92, donde se encontrará un resumen de las diferentes tesis y la bibliografía al respecto, y el estudio más reciente de J. Torres Fontes, «La historicidad del romance *Abenámar, Abenámar*». (Este último aduce testimonios a favor de la historicidad, hasta para los últimos versos de 46 a: «combate», «bombardas», etc.)

El que sea más o menos fiel a la realidad de los hechos este romance no impide que se pueda suscribir la opinión de Bénichou: «No hay que olvidar, sin embargo, que lo histórico, sobre todo en un romance como éste, no es más que un punto de partida para la poetización tradicional», ibid., p. 61.

Esta poetización Bénichou la estudia con su habitual talento y finura, explicando la creación del poema con tópicos y fórmulas: señales del día de nacimiento (cf. 2), ciudad considerada como la amada (tópico de origen árabe).

Entre los estudios sobre este romance destaca también el de L. Spitzer, «Sobre el romance de Abenámar», *Sobre antigua poesía española*, pp. 61-84.

47. ROMANCE DE ÁLORA

> Álora la bien cercada,
> tú que estás en par del río,
> cercóte el adelantado
> una mañana en domingo,
> 5 de peones y hombres d'armas
> el campo bien guarnescido.
> Con la gran artillería
> hecho te havía un portillo.

Viérades moros y moras
10   todos huir al castillo;
las moras llevavan ropa
los moros harina y trigo,
y las moras de q[ui]nze años
llevavan el oro fino,
15   y los moricos pequeños
llevavan la passa e higo.
Por cima de la muralla
su pendón llevan tendido.
Entre almena y almena
20   quedado se havía un morico,
con una ballesta armada
y en ella puesto un cuadrillo.
En altas voces dezía
que la gente lo havía oído:
25   —«Treguas, treguas adelantado,
por tuyo se da el castillo.»
Alça la visera arriba
por ver el que tal le dixo.
Assestárale a la frente,
30   salido le ha al colodrillo.
Sacólo Pablo de rienda
y de mano Jacobillo,
estos dos que havía criado
en su casa desde chicos.
35   Leváronle a los maestros
por ver si será guarido.
A las primeras palabras
el testamento les dixo.

Pliegos Praga, II, LIV, pp. 105-106.
Es el 21 del *DPS* reproducido en *Primav.*, 79. Está en otro pliego (664 del *DPS*) y en Timoneda con variantes.
Cuenta la muerte del adelantado Diego de Ribera en el cerco
de Álora en 1434. Se puede comprobar en este caso la composición
de un romance a raíz del hecho por lo que dice Juan de Mena
(en el *Laberinto de Fortuna*) de Álora: «villa non poco cantada»
al celebrar al mismo Diego de Ribera, pero no significa que aluda
a este mismo texto. La versión originaria sería más larga y más

pormenorizada, ya que lo que sorprende en ésta es la concisión del relato. Sin embargo, no pasa nada por alto: cerco victorioso, treta del «morico», muerte del adelantado. Es «modelo del estilo intuitivo», dice Pidal (*RH*, II, p. 7). Se pueden estudiar los recursos formales que dan esta impresión. Vid., por ejemplo, el estudio de J. Battesti, «El romance ¿modelo de escritura? Análisis del *Romance de Alora, la bien cercada*».

Habría que estudiar particularmente cómo se integra el destinatario oyente/lector al texto mismo con el empleo de formas y fórmulas actualizadoras: «Viérades», «estos dos», etc.

48. ROMANCE DE SAYAVEDRA

Río verde, río verde,
más negro vas que la tinta,
entre ti y Sierra Bermeja
murió gran cavallería.
5 Mataron a Ordiales,
Sayavedra huyendo iva;
con el temor de los moros
entre un xaral se metía;
tres días ha con sus noches
10 que bocado no comía;
aquexávale la sed
y la hambre que tenía.
Por buscar algún remedio,
al camino se salía.
15 Visto lo havían los moros,
que andan por la serranía;
los moros, desque lo vieron,
luego para él se venían;
unos dizen: «Muera, muera»,
20 otros dizen: «Biva, biva.»
Tómanle entre todos ellos,
bien acompañado iva.
Allá le van a presentar
al rey de la morería.

25   Desque el rey moro lo vido,
bien oiréis lo que dezía:
—«Quién es esse cavallero
que ha escapado con la vida?»
—«Sayavedra es, señor,
30   Sayavedra el de Sevilla,
el que matava tus moros
y tu gente destruía,
el que hazía cavalgadas
y se encerrava en su manida.»
35   Allí hablara el rey moro,
bien oiréis lo que dezía:
—«Dígasme tú, Sayavedra,
sí Alá te alargue la vida,
si en tu tierra me tuviesses,
40   ¿qué honra tú me harías?»
Allí habló Sayavedra
desta suerte le dezía:
—«Yo te lo diré, señor,
nada no te mentiría:
45   si cristiano te tornasses
grande honra te haría,
y si assí no lo hiziesses,
muy bien te castigaría:
la cabeça de los hombros
50   luego te la cortaría.»
—«Calles, calles, Sayavedra,
cesse tu malenconía.
Tórnate moro si quieres
y verás qué te daría:
55   darte he villas y castillos
y joyas de gran valía.»
Gran pesar ha Sayavedra
desto que oir dezía,
con una boz rigurosa
60   desta suerte respondía:
—«Muera, muera, Sayavedra,
la fe no renegaría
que mientra vida tuviere
la fe yo defendería.»

65   Allí hablara el rey moro
      y desta suerte dezía:
      —«Prendeldo, mis cavalleros
      y dél me hazed justicia.»
      Echó mano a su espada,
70   de todos se defendía,
      mas como era un solo
      allí hizo fin su vida.

Canc. s. a., fol. 174. (*Primav.,* 96.)

Está también en *Canc. 1550* y en *Silva I,* y en los pliegos 695 y 696 del *DPS* (pero falta las hojas en que estaba *Río verde*).

Hay otra versión muy diferente en Pérez de Hita, reproducida en *Primav.,* 96 *a.*

Las dos versiones difieren mucho: la de Pérez de Hita se refiere a don Alonso de Aguilar, hermano del Gran Capitán muerto en 1501 en la Sierra Bermeja en una batalla contra los moriscos. Según Pidal, es claramente refundición tardía en que se mezclaron dos sucesos de épocas diferentes que tienen como solo punto común haber ocurrido en Sierra Bermeja: la muerte de don Alonso y el cautiverio de Juan de Sayavedra, alcaide de Jimena en una incursión contra los moros en Sierra Bermeja. A éste alude nuestro romance. Vid. Menéndez Pidal, «Río verde, río verde», *Estudios...,* pp. 155-63. Estando documentado también este hecho en dos crónicas y en documentos posteriores, Seco de Lucena cree en una redacción del romance muy posterior, hecha a partir de las crónicas («La historicidad del romance *Río verde, río verde»*) que cambia la realidad histórica (Sayavedra fue rescatado y no muerto). A Seco de Lucena le contesta Menéndez Pidal «El romance *Río verde, río verde.* Sus versiones varias», *Estudios...,* pp. 465-88, acepta revisar algunos puntos a la luz de los documentos citados por Seco de Lucena, pero rechaza sus conclusiones. Para Pidal, el romance sigue compuesto «al calor de la actualidad», aunque en una forma distinta, más pormenorizada y fiel, que al tradicionalizarse se ha cargado de elementos novelescos (muerte de Sayavedra por no querer renegar).

Las tesis opuestas aquí son clara muestra de dos posturas antagónicas: la «positivista», según califica Pidal la de Seco de Lucena, y la tradicionalista, que toma en cuenta la reelaboración por la vida en variantes, la «poetización», como dice Bénichou. Véase el simbolismo de los colores (verde y tinto), cuando se sabe que el hecho no ocurrió a orillas del río Verde.

Sobre el nombre Saavedra / Sayavedra vid. *Estudios...*, p. 481,
nota 2.
   Queda algún romance moderno en la tradición sefardí oriental
(*Cat. Índ.*, I, C6, p. 160).

49.   ROMANCE DEL REY MORO QUE PERDIÓ ALHAMA

> Passeávase el rey moro
> por la ciudad de Granada,
> cartas le fueron venidas
> como Alhama era ganada.
> 5 Las cartas echó en el fuego
> y al mensajero matara;
> echó mano a sus cabellos
> y las sus barvas mesava.
> Apeóse de una mula
> 10 y en un cavallo cavalga;
> mandó tocar sus trompetas,
> sus añafiles de plata
> porque lo oyessen los moros
> que andavan por el arada.
> 15 Cuatro a cuatro, cinco a cinco,
> juntado se ha gran batalla.
> Allí habló un moro viejo
> que era alguazil de Granada:
> —«¿A qué nos llamaste, rey,
> 20 a qué fue nuestra llamada?»
> —«Para que sepáis, amigos,
> la gran pérdida de Alhama.»
> —«Bien se te emplea, Señor,
> señor bien se te empleava,
> 25 por matar los Bencerrajes
> que eran la flor de Granada;
> acogiste a los Judíos
> de Córdova la nombrada,
> degollaste un cavallero
> 30 persona muy estimada.

Muchos se te despidieron
por tu condición trocada.»
—«¡Ay, si os pluguiesse, mis moros,
que fuéssemos a cobralla!»
35   —«Mas si, rey, a Alhama es de ir
dexa buen cobro a Granada
y para Alhama cobrar
menester es grande armada,
que cavallero está en ella
40   que sabrá muy bien guardalla.»
—«¿Quién es este cavallero
que tanta honra ganara?»
—«Don Rodrigo es de León,
marqués de Caliz se llama,
45   otro es Martín Galindo
que primero echó el escala.»
Luego se van para Alhama
que dellos no se da nada.
Combátenla prestamente;
50   ella está bien defensada;
de que el rey no pudo más,
triste se bolvió a Granada.

Canc. s. a., fol. 183 v.
Está en *Canc. 1550, Silva I,* y con algunas variantes de palabras
en Timoneda.
Viene con glosa en pliegos (410, 420, 538, 891 del *DPS;* el 420
está descrito en *Ant. Lír. Cast.,* IX, p. 133).
Hay otras dos versiones diferentes en Pérez de Hita (*Primav.,*
85 *a* y 85 *b*). La primera lleva el estribillo: «Ay de mi Alhama!»,
cada cuatro octosílabos, y la segunda es una refundición con cambio de asonante en *e - a.*
Cuenta la conquista por los cristianos de la ciudad de Alhama
en 1482, vista desde el campo moro, por lo cual Pérez de Hita dice
el romance de origen árabe. En realidad, es una característica
de muchos romances fronterizos, sistematizada luego en los romances llamados moriscos (*RH,* II, pp. 33-37). Vid. otros ejemplos: 42, 44, 52 de esta edición.
Es histórico el intento fallido del rey de Granada de recobrar
la ciudad, presente en esta versión. En cuanto a los abencerrajes
acusados de traición y a los «judíos» de Córdoba (más propiamen-

te llamados «tornadizos» en otras versiones) son los cegríes y se sabe que Pérez de Hita en la *Historia de las guerras de Granada* cuenta las luchas intestinas entre los dos bandos.

El romance era muy conocido en el siglo XVI, sobre todo por su música (su melodía está en los libros de música; vid. *RH*, I, página 145), y a principios del XVII el padre Mariana alude a él como «elegante y de buena tonada», lo que muestra que se seguía apreciando.

Otro romance sobre la pérdida de Alhama es: «Moro Alcaide; moro alcaide», *Primav.*, 84 y 84 *a*, que se recuerda en la tradición sefardí.

50. ROMANCE DEL CERCO DE BAZA

Sobre Baça estaba el rey,
lunes, después de yantar;
miraba las ricas tiendas
qu'estaban en su real,
5   miraba las huertas grandes
y miraba el arrabal;
miraba el adarve fuerte
que tenía la çiudad;
miraba las torres espesas,
10 que no las puede contar.
Un moro tras un almena
començóle de fablar:
—«Vete, el Rey [Don] Fernando,
no quieras aquí envernar,
15 que los fríos desta tierra
no los podrás comportar;
pan tenemos por diez años,
mil vacas para salar;
veinte mil moros hay dentro,
20 todos de armas tomar;
ochocientos de caballo
para el escamuçar;
siete caudillos tenemos,
tan buenos como Roldán,

25 y juramento tienen fecho
antes morir que se dar.»

Cancionero musical de palacio, ed. Higinio Anglés, I, p. 162.
Se halla reproducido en *Ant. Lír. Cast.*, IX, p. 33 apud Barbieri,
Cancionero musical de los siglos XV y XVI.
Romance conocido sólo por figurar en el *Cancionero musical
de palacio* y no editado en el siglo XVI, al parecer.
Alude al cerco de Baza por los Reyes Católicos, y más precisamente a la decisión del rey de quedarse delante de Baza durante el invierno construyendo casas, lo cual provocó la rendición
de la ciudad en diciembre de 1489 (*RH*, II, pp. 31-32).
Es de notar que este romance no trata de la victoria sino de
lo dificultoso de la empresa y de la determinación y fuerza del
enemigo, lo que es un modo de realzar el triunfo posterior.
Se hace alusión a Roldán, convertido en arquetipo de caudillo,
lo que muestra la influencia de la tradición épica.
En la tradición moderna, hay un posible recuerdo que contamina el romance sefardí de «El Mostadi» (*Cat. Ind.*, I, C 10, p. 165).

51. ROMANCE DE DON MANUEL Y EL MORO MUZA

—«¿Cuál será aquel cavallero,
de los míos más preciado,
que me traiga la cabeça
de aquel moro señalado
5 que delante de mis ojos
a cuatro ha alanceado,
pues que las cabeças trae
en el pretal del cavallo?»
Oído lo ha don Manuel
10 que se andava passeando,
que de unas viejas heridas
no estava del todo sano.
Apriessa pide las armas,
y en un punto fue armado,
15 y por delante el corredor
va arremetiendo el cavallo.

Con la gran fuerça que puso
la sangre le ha rebentado:
gran lástima le han las damas
20 de velle que va tan flaco.

Ruéganle todos que buelva
mas él no quiere aceptarlo.

Derecho va para el moro,
que está en la plaça parado.

25 El moro desque lo vido,
desta manera ha hablado:

—«Bien sé yo, don Manuel,
que vienes determinado,
y es la causa conocerme
30 por las nuevas que te han dado,
mas porque logres tus días
buélvete y dexa el cavallo,
que yo soy el moro Muça,
esse moro tan nombrado:

35 Soy de los Almoradíes
de quien el Cid ha temblado.»

—«Yo te lo agradezco, moro,
que de mí tengas cuidado,
que pues las damas me embían
40 no volveré sin recaudo.»

Y sin hablar más razones
entrambos se han apartado,
y a los primeros encuentros
el moro dexa el cavallo,
45 y puso manos a un alfanje,
como valiente soldado.

Fuésse para don Manuel
que ya le estava aguardando.

Mas don Manuel como diestro,
50 la lança le havía terciado.

Vara y media queda fuera
que le queda blandeando,
y desque muerto lo vido,
apeóse del cavallo;

55   cortado le ha la cabeça
      y en la lança la ha hincado,
      y por delante las damas
      al buen rey la ha presentado.

Pliegos Madrid, IV, CXLIX, pp. 145-146.

Es el 416 del *DPS*, glosado por Padilla con fecha de 1576. Está en otro pliego de Madrid sin fecha, también con glosa de Padilla (415 del *DPS*), y en otro de paradero desconocido (853 del *DPS*).

Acerca de ediciones y versiones, vid. D. Catalán, «El romance tradicional, un sistema abierto», pp. 182-183, nota 4.

Este romance sobre don Manuel Ponce de León, un caballero que participó en las guerras de Granada, es interesante por haberse conservado en la tradición oral.

Es de los pocos romances fronterizos conservados, aunque no figura en las grandes antologías del XVI. Otros muchos romances se refieren a personajes más célebres de las guerras, como el maestre de Calatrava (87, 88, 88 *a*, 88 *b* de *Primav.*).

Diego Catalán (ibid., pp. 11-205) adelanta algunos resultados del estudio de las versiones modernas (seis a la sazón, de las cuales cinco están editadas en el *Romancero popular de la Montaña*, de J. M. de Cossío y T. Maza Solana, y otra en *Siete siglos...*, páginas 106-107). Es un enfoque sincrónico primero, diacrónico luego (comparación con las versiones antiguas) que manifiesta el cambio sufrido por el romance (que ya no se centra en el combate entre don Manuel y el moro Muza, sino en el diálogo con la amada, y convierte a don Manuel en «campeón de las damas»). Otra transformación notable, generalizable a muchos romances modernos, es el aumento del discurso directo. Léase este estudio para entender el porqué y el cómo de la conservación en la tradición oral de ciertos romances y la capacidad de creación de ésta.

52.   ROMANCE DE PORTOCARRERO

      Por los aljibes del agua,
      que dentro de Alhambra havía,
      se paseava el rey Chiquito
      con su moro alcaide un día,
5   mirando la escaramuça
      que en la vega se hazía.

Entre ellos anda un cristiano,
muy valiente a maravilla,
con cruz de oro en sus pechos
10 que espanto a todos ponía;
por donde pasa el cristiano
muy grande estrago hazía.
Pregunta el rey al alcaide
si acaso le conoçía;
15 —«Yo te lo diré, señor,
que muy bien le conoçía;
Portocarrero se llama,
natural de Sevilla,
en Granada fue criado,
20 en Eçija residía.»
—«Por Alá te ruego, alcaide,
que le pidas campo un día.»
—«¡Eso no lo haré, señor,
aunque me cueste la vida,
25 una vez se lo pedía
y çiento me arrepentía:
siete años fuí su cautivo,
sin faltar un solo día,
y al cavo de los ocho
30 en livertad me ponía.»

Menéndez Pidal, «Romancero judío-español», *Los romances de América y otros estudios*, p. 135, apud *Cancionero Clastense* (1589).
No se editó en el siglo XVI. Pidal conocía dos versiones antiguas manuscritas. Se conserva en la tradición oral sefardí.
Ejemplifica cómo no todos los romances se recogieron en los cancioneros impresos y pliegos, y cómo la tradición moderna no se amolda a los criterios de selección de los editores del XVI (prueba, de rechazo, de una vida oral ininterrumpida).
Alude a Portocarrero, señor de Palma, que también participó en las guerras de Granada. En la versión antigua nótese, como en tantas otras, el enfoque desde el campo moro.
Para las versiones modernas (la de Tánger que edita Pidal en «Romancero judío-español», p. 134, es facticia) vid. Bénichou, *RJEM*, p. 42 (el nombre de Portocarrero se ha transformado en «fuerte guerrero»), y Alvar, *Poesía tradicional de los judíos españoles*, p. 12; vid. también *Cat. Ind.*, I, C 9, pp. 163-164.

IV. ROMANCES BÍBLICOS

53 a. ROMANCE DEL SACRIFICIO DE ABRAHAM

Si se partiera Abrahám
patriarca muy honrado,
partiérase para el monte
donde Dios le havía mandado
5 sacrificar su propio hijo
que Isaac era llamado;
toma el niño por la mano,
obediente a su mandado.
Iva triste y pensativo
10 el buen viejo y lastimado
en pensar que ha de matar
al mismo que ha engendrado,
y lo más que le lastima
es en verlo ya criado;
15 y con estos pensamientos,
al pie del monte han llegado.
Hizo el viejo un haz de leña
y al niño se lo ha cargado;
y subiendo por el monte,
20 iva Isaac muy fatigado,
mucho más iva Abrahám
por ser ya viejo y pesado,
mas con toda la fatiga
hazía del esforçado.
25 Allí hablara el niño,
bien oiréis lo que ha hablado:

—«Padre mío, padre mío,
padre mío muy honrado,
veo el cuchillo y la leña
30 y el fuego aparejado
y no veo el sacrificio
que ha de ser sacrificado.»
—«Hijo, Dios proveerá,
dixo, no tengas cuidado.»
35 Y diziendo estas palabras,
encima el monte han llegado;
assentáronse los dos
y un rato han descansado,
y al cabo de una gran pieça
40 Abrahám assí ha hablado:
—«Hijo mío, hijo mío,
descanso de mi cuidado,
para mi dolor nascido,
para mi dolor criado,
45 desto que os quiero dezir
no queráis estar turbado,
porque Dios manda y ordena
que seáis sacrificado.
Hijo, vuestra triste madre
50 sentirá dolor doblado
desque ya sepa la nueva
como seréis degollado.»
Estas palabras diziendo,
las lágrimas le han saltado,
55 llora el uno, llora el otro
y los dos se han abraçado.
Allí hablara el niño,
desta manera ha hablado:
—«Pues que Dios ansí lo quiere
60 que se cumpla su mandado.
A la triste de mi madre
m'encomendaréis de grado;
dezilde que no se aflija
de perder su hijo amado,
65 que quien muere por su Dios
en el cielo es coronado,

y dezilde cómo muero
en aqueste despoblado,
muy contento y satisfecho
70 en ser vos dello pagado.

Dadme vuestra bendición
porque muera consolado;
también las manos me atad
porque esté más sosegado,
75 porque con la juventud
no haga algún desaguisado.»

El niño estava humilde,
en el suelo arrodillado,
dada ya la bendición
80 los ojos le ha envendado.

Echa mano a su cuchillo
con semblante denodado.

Ya que quiere dar el golpe
con su braço bien alçado,
85 descendió del cielo un ángel
y del braço le ha tomado.

—«Dexa, dexa Abrahám,
dexa, dexa viejo honrado,
porque Dios es ya contento,
90 de ti contento y pagado,
que cierto tu coraçón
él lo tiene bien provado.

Cata allí do está un cordero
entre las çarças atado;
95 aquél manda que le des
el Señor sacrificado.»

Y desaparesció el ángel
después desto haver hablado.

Y allí quedó Abrahám,
100 atónito y espantado,
y entonces con gran plazer
a su hijo ha desatado,
y tomaron el cordero
y aquel han sacrificado;

105   y después de todo hecho
      y el sacrificio acabado,
      bolviérase con su hijo
      a su casa consolado.

Silva II, p. 292.

No aparece en otras colecciones del siglo XVI y únicamente
está en un pliego de paradero desconocido que perteneció a la
Biblioteca de Salvá y que contenía otros romances bíblicos (951
del *DPS*).

Es romance de composición juglaresca (¿acaso bastante tardío?,
el pliego suelto sería de hacia 1535 y de éste u otro semejante lo
habría tomado la *Silva II*), como se puede ver en las fórmulas:
«Allí hablara...», etc., en la narración lineal pormenorizada, en el
uso de la rima consonante en -*ado*.

Vid. 53 *b*.

53 b.   OTRO ROMANCE DE ABRAHAM

      Un hijo tenía Abrán,   un hijo sólo tenía,
2   le traía bien vestido,   le traía bien calzado,
      de los regalos del mundo   le traía regalado.
4   Estando un día por la tarde   de reposo merendando,
      oyó una voz que decía   estas palabras hablando:
6   «Este tu hijo, Abrán,   ha de morir degollado.»
      «El rey del cielo lo manda,   que se cumpla su

                                      ¡mandado.»
8   Ha cogido los cuchillos   y a afilarlos ha marchado,
      a la orillita de un río   a la orilla de un lago;
10   después que los afiló   a su querido ha llamado:
      «Ven acá, tú, hijo mío,   ven acá, tú, hijo amado,
12   vamos allá a aquel monte   aquel monte tan

                                      [despoblado.»
      Cuando iban el monte arriba,   el niño se iba cansando:
14   «Diga, diga, padre mío,   diga, diga, padre amado,
      ¿adónde estaba ese monte,   ese monte tan despoblado?»

16 «Allá arriba está, hijo mío,   donde está el cierzo
                                      [posado.»
   Después que llegó allá,   los cuchillos ha sacado.
18 «Diga, diga, padre mío,   diga, diga, padre amado,
   ¿pa qué son estos cuchillos   de acero, tan afilados?»
20 «Para ti son, hijo mío,   que has de morir degollado,
   el rey del cielo lo manda,   se cumplirá su mandado.»
22 «Áteme de pies y manos,   pa que muera sosegado,
   y póngame un paño a los ojos   porque no le mire
                                      [airado.»
24 Ya tenía todo hecho   y el cuchillo levantado:
   «Detente, Abrán, detente,   mira un cordero enzarzado,
26 ya tienes a Dios contento   y a tu corazón pagado.»

Diego Catalán, *Por campos del Romancero*, pp. 56-57; versión dicha por Encarnación Cenera, natural de Herreruela (Palencia) en 1951.

Este romance es de los pocos bíblicos que han permanecido en la tradición moderna. Entre los judíos se conservan algunos (*Cat. Ind.*, I, E. «Bíblicos», pp. 198-225 para los del Archivo Menéndez Pidal); en cambio, en las otras ramas de la tradición pocos han quedado. Vid. D. Catalán, «El sacrificio de Isaac. Ejemplo de recreación colectiva», *Por campos...*, pp. 56-75. Catalán estudia la «reelaboración poética del tema por la tradición», comparando la versión antigua con las modernas en sus dos modalidades, sefardí y peninsular.

Los judíos refundieron el romance, añadiéndole motivos directamente inspirados en la Biblia; en cambio, en España se ha perdido a veces el recuerdo del origen bíblico y se ha enfocado el relato en lo trágico de la situación.

Cabe preguntarse el porqué y el cómo de la vivencia de este romance frente a la desaparición de tantos otros bíblicos, y se comprende por el sesgo que se le ha dado a la historia, que viene a ejemplificar la dependencia del hijo respecto a la ley del padre.

54. Romance de Amnón y Tamar

Rey moro tenía un hijo   que Paquito se llamaba,
2 un día en el automóvil   se enamoró de su hermana;
como no podía hacer   malito cayó en la cama,
4 con unas calenturitas   que a Dios le entregaba el alma.
Mandaron llamar los médicos,   los mejores de Granada,
6 y unos le tientan el pulso,   y otros le tocan la cara,
y otros médicos le dicen: su hijo no tiene nada.
8 —«¿Quieres que te guise un ave   de esos que vuelan
[por casa?»
—«Guísemelo usted, mi padre,   que me lo suba mi
[hermana.»
10 Como era veranito   y ella subió en enaguas blancas,
y con mucho disimulo   se ha apeado de la cama;
12 con una tranca de hierro,   la puerta se la atrancaba,
con un pañolito blanco   los ojos se los tapaba;
14 y allí hizo lo que quiso   y lo que le dio la gana.
—«¿Qué tiene esa hija mía,   debajito de la falda?»
16 —«Llevo rosas y claveles   y una rosita encarnada.»

Manuel Alvar, «El romance de Amnón y Tamar», *El Romancero. Tradicionalidad y pervivencia*, p. 317. Versión de Granada.

Para este romance, de claro origen bíblico, véase el estudio citado de Alvar (pp. 163-245 y algunas versiones publicadas, pp. 309-318, de las cuales escojo ésta de Granada); según parece, no deriva de versión antigua conocida (vid. Alvar, ob. cit., p. 165), aunque hay una versión erudita de Sepúlveda basada en el episodio bíblico de los hijos de David (vid. S. G. Armistead y J. H. Silverman, «Romancero antiguo y moderno (dos notas documentales)»). Es uno de los romances más difundidos, tanto en la Península como en Marruecos (pero falta en la tradición oriental), y es obvia la razón de su supervivencia: por ser historia de incesto, uno de los temas de más arraigo en la tradición como en *Delga-dina* y *Silvana* (80 y 81 de esta edición).

En esta versión hay que subrayar:

v. 1. «Paquito»: derivación de Tarquino, otro nombre de for-zador, por un proceso explicado en Alvar, ob. cit., p. 177.

v. 2 «en el automóvil»: neologismo, no tan disparatado como parece, ya que deriva de Tamar > Altamar > Altasmares > por altas mares > en un automóvil (Alvar, ob. cit., p. 173).

v. 3 «como no podía hacer» en otras versiones: «no podía ser», que se desliza aquí al verbo «hacer» de connotación sexual. Cf. «y allí hizo lo que quiso...» (ejemplo de eufemismo).

v. 16-17: Nótense aquí también los eufemismos sexuales en tér-minos metafóricos y de alta concisión poética.

El desenlace es uno de los motivos más cambiantes (Alvar, obra cit., pp. 209-212).

Tanto como entre los romances bíblicos, podría incluirse éste entre los romances de incesto.

V. ROMANCES CLÁSICOS

55. ROMANCE DE LA REINA ELENA

«¡Reina Elena, reina Elena,
Dios prospere tu alto estado!
Si mandáis alguna cosa,
véisme aquí a vuestro mandado.»
5 «Bien vengáis vos, Paris,
Paris el enamorado.
Paris ¿dónde havéis camino?
¿dónde tenéis vuestro trato?»
«Por la mar ando, Señora,
10 hecho un terrible cossario;
traigo un navío muy rico
de plata y oro cargado;
llévolo a presentar
a esse buen rey castellano.»
15 Respondiérale la reina,
desta suerte le ha hablado:
«Tal navío como aquesse
razón era de mirallo.»
Respondiérale Paris
20 muy cortés y mesurado:
«El navío y yo, Señora,
somos a vuestro mandado.»
«Gran plazer tengo, Paris,
cómo venís bien criado.»
25 «Vádeslo a ver, Señora,
veréis como va cargado.»

«Plázeme, dixo la reina,
por hazer vuestro mandado.»
Con trezientas de sus damas,
30 a la mar se havía llegado.
Echó la conpuerta Paris
hasta que ovieron entrado;
desque todas fueron dentro,
bien oirés lo que ha mandado.
35 «¡Alçen áncoras, tiendan velas!»
y a la reina se han llevado.
Lunes era, cavalleros,
un día fuerte aziago,
cuando entró por la sala
40 aquesse rey Menalao,
messando de las sus barvas,
fuertemente sospirando,
sus ojos tornados fuentes
de la su boca hablando:
45 «Reina Elena, reina Elena,
¿quién de mí os ha apartado?
aquesse traidor de Paris,
el señor de los troyanos,
con sus palabricas falsas
50 malamente os han (sic) engañado.»
También se lo aconsolava
don Agamenón su hermano:
«No lloredes vos el rey,
no hagades tan gran llanto,
55 qu'el llorar y solloçar
a las mugeres es dado;
y a un tal rey como vos
con la espada en la mano;
y'os ayudaré, señor,
60 con treinta mil de cavalo,
yo seré capitán dellos
y los iré arreglando.
Por las tierras donde fuere
iré hiriendo y matando;
65 la villa que se me diere
haréla yo derribar,

y la que tomare por armas
essa sembraré de sale;
mataré las creaturas,
70   y cuantas en ellas están,
y desta manera iremos
hasta en Troya llegar.»
«Buen consejo es esse, hermano,
yo assí lo quiero tomar.»
75   Ya se sale el buen rey
por la ciudad a passear.
Con trompetas y añafiles
comiençan de pregonar,
quién quisiere ganar sueldo
80   de grado se le darán.
Tanta viene de la gente
qu'era d'espantar.
Arman naos y galeras,
comiénçanse de embarcar.
85   Agamenón los regía,
todos van a su mandar.
Por las tierras donde ivan
van haziendo mucho mal.
Andando noches y días,
90   a Troya van a llegar.
Los troyanos que tal saben
las puertas mandan cerrar.
Agamenón qu'esto vido
mandó apercibir su gente
95   como havían d'estar;
los troyanos eran muchos,
bien reparan su ciudad.
Otro día en la mañana
la comiençan d'escalar;
100 derriban el primer paño,
de dentro quieren entrar
si no fuera por don Hector
que allí se fuera a hallar.
Con él estava Troilos
105 y el esforçado Picar.

Paris esfuerça su gente
que empieça de desmayar;
las bozes eran tan grandes
que al cielo quieren llegar.
110 Matan tantos de los griegos
que no lo saben contar;
mas recrecían de otra parte
que no hay cuenta ni par.
Entrado se han por Troya,
115 ya la empieçan de robar.
Prenden al rey y a la reina
y al esforçado Picar;
matan Troilos y a Hector
sin ninguna piedad,
120 y al gran duque de Troya
ponen en captividad,
y sacan la reina Elena
y pónenla en libertad.
Todos le besan las manos
125 como a reina natural.
Preso llevan a Paris
con mucha seguridad;
tres pascuas que hay en el año
lo mandan justiciar;
130 sácanle ambos los ojos,
los ojos de la su faz,
córtanle el pie del estribo,
la mano del gavilán;
treinta quintales de fierro
135 a sus pies mandan echar,
y el agua hasta la cinta
porque pierda el cavalgar.

Pliegos Praga, II, LXXI, pp. 245-247.
Es el 1048 del *DPS;* está en otros dos pliegos que se parecen
mucho (882-883 del *DPS*), en uno de Barcelona (1011 bis del *DPS*)
y figuraba en el *Libro de cincuenta romances* (936 del *DPS*) y en
un pliego de Colón (1053 del *DPS*).
Primav., 109, reproduce los pliegos de Praga (1048-883). Este romance se encuentra únicamente en pliegos.

Vid. estudio de D. Catalán, «Paris y Elena», *Por campos...*, páginas 101-117.

Es un romance juglaresco de origen erudito, cuya fuente directa es desconocida (¿relato novelesco medieval al estilo de los que se hacían sobre los temas clásicos de Alejandro, Eneas, etc?).

Se puede ver aquí cómo funciona la escuela poética de los juglares romancistas: «Acostumbrados a estructurar sus narraciones echando mano de motivos, expresiones y versos tópicos procedentes de la epopeya, los profesionales de la literatura oral convirtieron en poesía 'juglaresca' cantable toda una serie de temas novelísticos y folklóricos» (D. Catalán, *Por campos...*, p. 117).

El motivo folklórico del rapto por mar se ha conservado y desarrollado en la tradición moderna que ha olvidado toda la segunda parte sobre la guerra de Troya. Para la evolución en la tradición, vid. el citado estudio de Catalán; Bénichou, *RJEM*, páginas 91-94; *Nahón*, 12, pp. 63-68, *Yoná*, 11, pp. 145-151.

Registro de versiones en *Cat. Ind.*, I, F 5, pp. 238-243.

56. ROMANCE DE VIRGILIOS

> Mandó el rey prender Virgilios
> y a buen recaudo poner,
> por una traición que hizo
> en los palacios del rey,
> 5 porque forçó una donzella
> llamada doña Isabel.
> Siete años lo tuvo preso
> sin que se acordasse dél,
> y un domingo, estando en missa,
> 10 mientes se lo vino dél.
> —«Mis cavalleros, Virgilios
> ¿qué se havía hecho dél?»
> Allí habló un cavallero
> que a Virgilios quiere bien:
> 15 —«Preso lo tiene tu alteza
> y en tus cárceles lo tien.»

—«¡Vía, comer mis cavalleros,
cavalleros, vía, comer!
Después que ayamos comido
20 a Virgilios vamos ver.»
Allí hablara la reina:
—«Yo no comeré sin él.»
A las cárceles se van
a donde Virgilios es.
25 —«¿Qué hazéis aquí, Virgilios?
Virgilios aquí ¿qué hazéis?»
—«Señor, peino mis cabellos
y las mis barvas también;
aquí me fueron nacidas
30 aquí me han de encanecer,
que hoy se cumplen siete años
que me mandaste prender.»
—«Calles, calles tú, Virgilios,
que tres faltan para diez.»
35 —«Señor, si manda tu alteza,
toda mi vida estaré.»
—«Virgilios, por tu paciencia,
comigo irás a comer.»
—«Rotos tengo mis vestidos,
40 no estoy para parecer.»
—«Que yo te los daré, Virgilios,
yo dártelos mandaré.»
Plugo a los cavalleros
y a las donzellas también;
45 mucho más plugo a una dueña
llamada doña Isabel.
Ya llaman un arçobispo,
ya lo desposan con él.
Tomárala por la mano
50 y llévasela a un vergel.

Canc. s. a., fol. 189. (Primav., 111.)
También en Canc. 1550 y en pliegos (1005, 1006, 1045 del DPS).
El Canc. lo toma de los pliegos 1005 y 1006.
No se sabe ahora el paradero del pliego 1045 («nuevamente

trobado; por gentil estilo») que presentaba variantes interesantes.
Reproduce Pidal (*RH*, I, p. 347) algunos de sus versos, y esta dis-
crepancia de las dos versiones impresas le sirve para ejemplificar
la variabilidad del texto de romance en el siglo XVI.

Sólo el nombre Virgilios es recuerdo clásico, por lo demás el
romance se inspira lejanamente en la leyenda medieval de Virgilio
(para nada alude el romance español a sus cualidades de mago
tales como aparecían en la leyenda, prueba para Pidal de la «repul-
sión a lo maravilloso» del romancero).

Se trata en realidad de un seductor castigado por el rey, y
perdonado luego.

Existen versiones modernas, algunas peninsulares y muchas
sefardíes. Como siempre el romance se ha novelizado, pasando a
ser una historia de amores castigados injustamente. Vid. Bénichou,
RJEM, pp. 99-102; *Nahón,* 14, pp. 69-73; *Cat. Ind.,* I, F 8, pp. 247-254.

57. ROMANCE DE BLANCAFLOR Y FILOMENA

Doña Manuela y su hija   se pasean en la arena,
2 un valiente de Turquía   rompe batallas por ellas.
«¿A cuala quieres, Turquino,   a cuala desas dos bellas?»
4 El pedía la más chica   y le daban la más vieja.
Se casó con Blancaflor,   nunca olvidó a Filomena,
6 Luego se marchó a vivir   para unas lejanas tierras.
Al cabo de nueve meses   vino a visitar la suegra.
8 «Bienvenido seas, Turquino,   tu venida sea buena,
¿cómo ha quedado mi hija,   y Blancaflor, cómo
[queda?»
10 «¿Cómo queda Blancaflor?   ocupada en tierra ajena;
sólo le manda a pedir   que le mande a Filomena,
12 para a la hora del parto   tenerla a la cabecera.»
«Mucho me pides, Turquino,   con pedirme a Filomena,
14 que son mis pies y mis manos   y quien mi casa
[gobierna;
pero, en fin, la llevarás,   como hermana y cosa
[vuestra.
16 Vete a la caballería   y ensilla la mejor yegua;
para ti, el mejor caballo,   para ella la mejor yegua.»

18 El se monta en el caballo,   ella se monta en la yegua.
Caminaron siete leguas,   palabras no se decían;
20 a la entrada de las ocho   de amores la convertía.
«¡Turquino, tú eres el diablo,   o el demonio que te
                                            [tienta,
22 entre familia y cuñado   cometer tales ofensas!»
«Tengo de gozar de ti,   aunque el cielo me aborrezca.»
24 La cogió por una mano,   la llevó para una cueva,
allí le sacó los ojos,   allí le corta la lengua.
26 La lengua pa que no hable,   los ojos pa que no vea,
los pechos pa que no críe   cosa que de ella saliera.
28 A los gritos y alborotos,   un pastorcito se acerca.
Por las señas que ella daba   papel y tinta pidiera.
30 «Tinta le daré, señora,   papel no lo hay en mi tierra.»
En la punta de su lanza   dos renglones escribiera.
32 «A mi hermana Blancaflor   vete y llévale estas nuevas.»
Turquino por el camino,   las nuevas por la vereda;
34 mucho corría Turquino   y más corrían las nuevas.
Blancaflor, desque lo supo,   un niño varón tuviera;
36 llama por una criada   y le apareció una negra:
«Coge allá esta criatura   y haz con ella una cazuela.
38 que cuando llegue Turquino   encuentre la mesa
                                            [puesta.»
Cuando Turquino llegó   la mesa ya estaba puesta.
40 «Blancaflor ¿por qué no comes   desta carne dulce y
                                            [buena?»
«Son más dulces los amores   de mi hermana
                                            [Filomena.»
42 «Dime, mujer del demonio,   ¿quién te trajo acá esas
                                            [nuevas?»
«Venías tú por el camino,   las nuevas por la vereda;
44 si mucho corrías tú,   mucho más corrían las nuevas.»
Y sin decir más palabras,   como una leona fiera,
46 con un puñal atrevido   dos puñaladas le diera,
que el corazón de Turquino   bañado en sangre cayera.
48 Al otro día mañana   a la justicia dan cuenta.
Turquino va al cementerio,   Blancaflor para la
                                            [audiencia.

50 La justicia lo que manda,   la justicia lo que ordena:
    La mujer que mata a un hombre   merece corona
                                          [de reina.
52 «¡Madres, las que tienen hijas,   casadlas en vuestra
                                               [tierra,
    que mi madre tuvo dos   y un turco se gozó de ellas!»

Flor Mar., I, 263, pp. 265.
Versión de la Cruz Santa (Los Realejos, Tenerife), dicha por
Carmen Hernández Olivera de cuarenta y ocho años. Recogida por
Mercedes Morales durante el curso 1952-53.

Este romance no se recopiló en el siglo XVI pero es muy común
en la tradición oral moderna de todas partes, lo que parece garan-
tizar su antigüedad.

Tiene, como los anteriores, un origen erudito (leyendas medievales sacadas de la tradición clásica y novelizadas), y se refiere al
mito de Progne, Filomela y Tereo, pero olvida por completo el
desenlace. Nunca el romance recuerda la metamorfosis final de la
leyenda griega. Se convierte en historia de amor y horror. El protagonista masculino aparece como forzador de doncellas (con
tinte incestuoso además; vid. vv. 22-23 de esta versión) y se le
llama a veces Tarquino por contaminación con otro forzador (recordado también en *Amnón y Tamar*, vid. 54). Aquí se le busca
motivación semántica al nombre ya adulterado de Turquino («de
Turquía», «un turco»). Nótese la moraleja del desenlace.

Vid. la bibliografía de las versiones editadas en *Cat. Ind.*, I, F 1,
página 227 y el catálogo de las inéditas sefardíes del Archivo
Menéndez Pidal, ibid., pp. 227-229. Vid. en especial el comentario
de Bénichou, *RJEM*, pp. 247-249.

Se nota muy bien en este romance, como en los anteriores,
que si se conserva es porque refiere conflictos arquetípicos que
pueden reactualizarse para cada recitador y cada oyente. Para
los vv. 19-20, vid. D. Devoto, «Entre las siete y las ocho».

VI. CAUTIVOS Y PRESOS

58. ROMANCE DEL CAUTIVO Y EL AMA BUENA

Mi padre era de Ronda,
y mi madre de Antequera;
cativáronme los moros
entre la paz y la guerra,
5 y lleváronme a vender
a Xérez de la Frontera.
Siete días con sus noches,
anduve en la moneda;
no huvo moro ni mora
10 que por mí diesse moneda,
sino fuera un moro perro
que por mí cien doblas diera,
y llevárame a su casa
y echárame una cadena;
15 dávame la vida mala,
dávame la vida negra;
de día majar esparto,
de noche moler civera
y echóme un freno a la boca
20 porque no comiesse della,
mi cabello retorcido
y tornóme a la cadena;
pero plugo a Dios del cielo
que tenía el ama buena.
25 Cuando el moro se iva a caça,
quitávame la cadena

y echárame en su regaço
y espulgóme la cabeça;
por un plazer que le hize,
30 otro muy mayor me hiziera.
Diérame los cien doblones
y embiárame a mi tierra,
y assí plugo a Dios del cielo
que en salvo me pusiera.

Canc. s. a., fol. 229. (*Primav.*, 131.)

Reproducida en *Silva I* con pequeñas variantes de palabras, en *Canc. 1550* con variante en el verso 6 («Vélez de la Gomera»), en Timoneda, con retoques (adición de diez versos de introducción) y variantes (v. 10 «que por mí una blanca diera»).

Existe otra versión en pliegos que empieza: «Mi padre era de Aragón...» Son los 688, 689 y 718 del *DPS*.

Para los problemas textuales, vid. el estudio de E. M. Wilson, «On the *Romanze que dize mi padre era de Ronda*», *Medieval Hispanic Studies...*, pp. 267-276.

Los romances de cautivos suelen ser tardíos pero éste es de los más antiguos y ya tradicionalizado. Las versiones antiguas, aunque difieren bastante, están muy emparentadas y en todas el final parece truncado (quizá por causa de la glosa que las acompaña en los pliegos). No es así en la tradición moderna que desarrolla el diálogo cautivo / ama y le busca una salida a la situación en vías divergentes. Vid. Bénichou, «El cautivo del renegado», en *Creación poética...*, pp. 160-184 y Catalán, «Memoria e invención...», pp. 444-451.

Nótese aquí el relato lineal en primera persona que pone el énfasis en el cautivo, ya que la dama es únicamente y cínicamente, un instrumento del rescate. La tradición moderna, en sus diferentes ramas echa mano de la situación amorosa y del dilema consiguiente (irse es perder el amor) y da un papel más activo a la dama.

Para las versiones modernas (sefardíes y portuguesas sobre todo), vid. *Cat. Ind.*, I, H 6, p. 280; más otra oriental en R. Benmayor, *RJEO*, p. 98.

59. ROMANCE DE LAS HERMANAS REINA Y CAUTIVA

«Moro, si vas a la España,
traerás una cautiva,
no sea blanca ni fea,
ni gente de villanía.»
5 Ve venir el conde Flores
que viene de la capilla,
viene de pedir a Dios
que le dé un hijo o una hija.
«Conde Flores, conde Flores,
10 tu mujer será cautiva.»
«No será cautiva, no,
antes perderé la vida.»
Cuando partió el conde Flores
su mujer quedó cautiva.
15 «Aquí traigo, reina mora,
una cristiana muy linda,
que no es blanca ni fea,
ni gente de villanía,
no es mujer de ningún rey,
20 lo es del conde de Castilla.»
«De las esclavas que tengo
tú serás la más querida,
aquí te entrego mis llaves
para hacer la mi cocina.»
25 «Yo las tomaré, señora,
pues tan gran dicha es la mía.»
La reina estaba preñada,
la cautiva estaba encinta;
quiso Dios y la fortuna,
30 las dos parieron un día.
La reina parió en el trono,
la esclava en tierra paría,
una hija parió la reina,
la esclava un hijo paría;

35 las comadronas son falsas,
  truecan el niño y la niña,
  a la reina dan el hijo,
  la esclava toma la hija.
  Cuando un día la apañaba
40 estas palabras decía:
  «No llores, hija, no llores,
  hija mía y no parida,
  que si fuese a las mis tierras
  muy bien te bautizaría,
45 y te pondría por nombre
  María Flor de la vida,
  que yo tenía una hermana
  que este nombre se decía,
  que yo tenía una hermana,
50 de moros era cautiva,
  que fueron a cautivarla
  una mañanita fría,
  cogiendo rosas y flores
  en un jardín que tenía.»
55 La reina ya lo escuchó
  del cuarto donde dormía.
  Ya la enviaba a buscar
  por un negro que tenía:
  «¿Qué dices, la linda esclava?
60 ¿qué dices, linda cautiva?»
  «Palabras que hablo, señora,
  yo también te las diría:
  No llores, hija, no llores,
  hija mía y no parida, etc. *(sic).*»
65 «Si aquesto fuese verdad,
  hermana mía serías.»
  «Aquesto es verdad, señora,
  como el día en que nacía.»
  Ya se abrazaban las dos
70 con grande llanto que había.
  El rey moro lo escuchó
  del cuarto donde escribía,
  ya las envía a buscar
  por un negro que tenía:

75   «¿Qué lloras, regalo mío?
      ¿qué lloras, la prenda mía?
      Tratábamos de casaros
      con lo mejor de Turquía.»
      Ya le respondió la reina
80   estas palabras decía:
      «No quiero mezclar mi sangre
      con la de perros maldita.»
      Un día, mientras paseaban
      con su hijo y con su hija,
85   hecho convenio las dos,
      a su tierra se volvían.

Primav., 130. Es uno de los pocos romances tradicionales, no conocidos por texto antiguo, que incluye *Primav.* Versión tomada de Milá.

No recogido en el siglo XVI (Pidal cree que por ser un «romance cuento» no era del gusto de los editores, *RH*, I, p. 64), es muy frecuente en la tradición moderna. Deriva del poema francés *Foire et Blanceflor* (Conde Flor o Flores). Blancaflor en muchas versiones, aquí María Flor), aunque muy cambiado. Vid. Bénichou. *RJEM*, pp. 219-226; *Ant. Lír. Cast.*, IX, pp. 197-198; R. Benmayor, *RJEO*, pp. 97-104. Al olvidarse el tema de los amores de Foire y Blanceflor, dos niños nacidos el mismo día de una reina y una cautiva, se reestructuró el romance en torno al reconocimiento de las dos hermanas, y se refuerza el interés dramático con el trueque de niños que, provocando las palabras de la cautiva a su seudo-hija, permite el reconocimiento. Hay vacilación en el desenlace.

Bénichou demuestra (*RJEM*, pp. 224-225) la modificación sufrida en el ambiente judío ya que, entre los cristianos, se agregaba el tema de los cristianos oprimidos por los moros con la rebeldía de la reina al final (como en esta versión) contra los perros moros. Vid. *Cat. Ind.*, I, H 1, pp. 265-269.

El etc... del verso 64 sustituye la repetición de los versos 43-54, procedimiento éste muy usual en los romances orales. Las circunstancias de la captura por los moros son tópicos formulaicos.

60. Romance de don Bueso y la hermana cautiva

Lunes era, lunes,   de Pascua Florida.
2 Guerrean los moros   en campos de oliva.
Adonde hay buena gente,   la llevan cautiva.
4 Entre ellos llevaba   la infanta niña.
«Toméis vos, la reina,   y esta cautivita,
6 que en todo su reino,   no la hay tan bonita.
Toméis vos, la reina,   y esa cautivada,
8 que en todo tu reino,   no la hay pintada.»
«No quiero yo, nones,   a la cautivada,
10 que rey es pequeño,   me la enamorara.»
«Mandaila, señora,   con el pan al horno.
12 Allí dejaría   hermosura y rostro.
Mandaila, señora,   a lavar al río.
14 Allí dejaría   hermosura y brillo.»
Mandaba la reina   con el pan al horno.
16 Más se le encendía   hermosura y rostro.
La manda la señora   a lavar al río.
18 Más se la encendía   hermosura y brillo.
Sola lavaba   y sola tendía.
20 Caballero del rey   por ahí venía:
«¡Oy, qué lindos pies   y en el agua fría!
22 ¡Ay, qué lindas manos   en el agua clara!
Si queréis, la niña,   vened mi compañía.»
24 «Yo de ir, mi señor,   de buen grado iría.
Paños de la reina,   ¿con quién los dejaría?»
26 «Los que son de hilo,   échalos al río.
Los que son de lino,   traídlo contigo.
28 Los que son de lana,   échalos al agua.
Los que son de seda,   trae en tu compaña.»
30 ¿Por dónde los vino pasar?,   por campos de oliva.
«¡Oy, campos de oliva,   oy, campos de rama!
32 Don Huezo, mi hermano,   en ellos dormía.
¡Ay, campos de rama,   ah, campos de grana!

34 El rey, mi padre,   en ellos almorzaba.»
    «La niña, la niña,   la niña cumplida,
36 ¿dónde tú conoces   los campos de oliva?»
    «Don Huezo, mi hermano,   en ellos dormía»
38 «La niña, la niña,   la niña hermosa,
    ¿dónde tú conoces   los campos de grana?»
40 «Rey, mi padre,   en ellos almorzaba.»
    «Ábresme, mi madre,   puertas del palacio.
42 Por traeros nuera,   vuestra hija traigo.
    Ábreme, mi madre,   puertas del siguero.
44 Por traeros nuera,   mi hermana vos traigo.»
    «Mi hijo, mi hijo,   mi hijo complido,
46 si a mi hija trae,   [..........................]
    los campos de oliva   yo te los envío.
48 Mi hijo, mi hijo,   mi hijo [amado],
    los campos de oliva   yo te los regalo.»

Nahón, 16 A, pp. 78-79.

Es versión estrófica en hexasílabos bastante completa.

No se conoce ninguna versión antigua de este romance pero Pidal considera indicio de su antigüedad el que se conserve entre los judíos tanto de Oriente como de Marruecos y en el Noroeste de España (*RH*, II, p. 338). Menéndez Pidal, en un magistral estudio («Supervivencia del *poema de Kudrun* [Orígenes de la balada]», reimpreso en *Los godos y la epopeya española*, pp 89-173), ha mostrado cómo deriva (por medio de una supuesta balada juglaresca) del poema austríaco *Kudrun*, y ha comparado el romance español con sus congéneres europeos.

Este romance muy difundido sería en un principio como en esta versión hexasílabo (vid. versiones hexasílabas de Asturias en *Ant. Lír. Cast.*, IX, pp. 190-191) y además en forma estrófica, pero, salvo en la tradición sefardí, se ha convertido en romance octosílabo asonantado en *i - a* (*RH*, I, p. 134). Vid. *Cat. Ind.*, I, H 2 y H 3, páginas 269-277, y *Nahón*, 16, pp. 78-81, para la bibliografía de versiones.

Este tema baladístico paneuropeo se ha adaptado al entorno (cautiva en tierra de moros) y ha perdurado por ser estructura narrativa arquetípica: cautiverio, sufrimiento, rescate, regreso a la tierra, reconocimiento, y con razón R. Benmayor, *RJEO*, p. 103, nota el parentesco con el romance anterior 59 y de los dos con el esquema odiseico (ausencia, vuelta y reconocimiento).

En esta versión se encuentran reunidos muchos de los motivos característicos de este romance: localización en los «campos de oliva»; celos y malos tratos de la reina mora; lavar en el agua fría; echar los paños al río; anuncio a la madre de la llegada de la hija en vez de la nuera... Se puede estudiar el estrofismo (irregular aquí) como principio de composición (palabras impuestas por la rima).

61. ROMANCE DE LA CABALGADA DE PERANZULES

Sevilla está en una torre,
la más alta de Toledo,
hermosa es a maravilla
que el Amor por ella es ciego,
5 púsose entre las almenas,
por ver riberas de Tejo,
y el campo todo enramado
como está de flores lleno.
Por un camino espacioso,
10 vio venir un cavallero
armado de todas armas,
encima un cavallo overo:
siete moros traía presos
aherrojados con fierro:
15 en alcance de éste viene
un perro moro moreno,
armado de pieças dobles
en un cavallo ligero:
el continente que trae
20 a guisa es de buen guerrero:
blasfemando de Mahoma
de sobrada furia lleno.
Grandes bozes viene dando:
«Espera, cristiano perro,
25 que de essos presos que llevas,
mi padre es el delantero,

los otros son mis hermanos
y amigos que yo bien quiero.
Si me los das a rescate
30 pagar te los he en dinero,
y si hazer no lo quisieres
quedarás hoy muerto, o preso.»
En oirlo Peranzules
el cavallo bolvió luego,
35 la lança puso en el ristre,
para el moro se va rezio,
con tal furia y ligereza
cual suele llevar un trueno;
a los primeros encuentros
40 derribado lo ha en el suelo;
apeara del cavallo,
el pie le puso en el cuello,
cortárale la cabeça,
ya después que hizo esto
45 recogió su cavalgada,
metiósse dentro en Toledo.

J. de Timoneda, *Rosa gentil* (ed. A. Rodríguez Moñino y D. Devoto), p. 52. (*Primav.*, 128.)
Se trata de un romance de cautivo invertido, ya que los cautivos son los moros y la tentativa de rescate falla. La inversión de papeles llega hasta darle al cristiano el epíteto tradicional para los moros: «cristiano perro» (v. 24).
Parece emparentarse con los romances moriscos por la presencia de la hermosa Sevilla, cuyo papel es únicamente mirar las proezas del caballero. Manifiestan algunos versos (v. 4; vv. 7-8; vv. 37-38) el sello de Timoneda.
No es de extrañar que se haya reestructurado en la tradición moderna (versiones del Noroeste y sefardíes) y dramatizado (relato en primera persona en boca del moro en algunas versiones sefardíes). Hasta se le ha cambiado a veces el desenlace ya que el moro vence al guerrero. De todo el comienzo de Sevilla en la torre sólo se recuerda la torre convertida en «altas torres de allí arriba».
Vid. *Cat. Ind.*, I, H 8, pp. 284-286.

62 a. ROMANCE DEL CONDE ARNALDOS

¡Quién huviesse tal ventura
sobre las aguas de mar,
como huvo el conde Arnaldos
la mañana de San Juan!
5 Con un falcón en la mano,
la caça iva caçar.
Vio venir una galera
que a tierra quiere llegar.
Las velas traía de seda,
10 la exercia de un cendal;
marinero que la manda
diziendo viene un cantar
que la mar fazía en calma,
los vientos haze amainar,
15 los peces que andan n'el hondo
arriba los haze andar,
las aves que andan bolando
n'el mastel las faz posar.
Allí fabló el conde Arnaldos
20 bien oiréis lo que dirá:
—«Por Dios te ruego, marinero,
dígasme ora esse cantar.»
Respondióle el marinero
tal respuesta le fue a dar:
30 —«Yo no digo esta canción
sino a quien comigo va.»

Canc. s. a., fol. 193. (*Primav.,* 153), p. 254.

Está también en *Canc. 1550,* con diez versos intercalados después del verso 18 que aluden a los peligros del mar, y en un pliego de Praga (880 del *DPS*), con una interpolación de ocho versos con variantes notables sobre esos peligros, y final trunco.
Se conoce un texto anterior atribuido a Rodríguez del Padrón

conservado en el *Cancionero de Londres* (se puede ver en *Ant. Lír. Cast.*, IX, p. 455), versión contaminada en el final por el *Conde Niño*.

Para los problemas textuales que plantea el romance, vid. Menéndez Pidal, «Poesía popular y poesía tradicional en la literatura española», en *Los romances de América...*, pp. 59-72, y reed. en *Estudios...*, pp. 333-344); para el cotejo de las versiones antiguas, vid. F. Caravaca, «El romance del Conde Arnaldos en el cancionero manuscrito de Londres», «El romance del conde Arnaldos en el Cancionero de romances de Amberes s. a.», «El romance del conde Arnaldos en textos posteriores al del Cancionero de romances de Amberes s. a.».

Parece imposible delimitar prioridades en este romance más abierto que otros a todas las contaminaciones, por ser una encrucijada de motivos folklóricos. En este caso se justifica un estudio estructural de cada una de las versiones.

Ésta de *Canc. s. a.* es considerada por Pidal y por muchos como la más poética, con su final trunco que deja entero el misterio del canto mágico.

Fue la única conocida hasta finales del XIX, y muy apreciada por los extranjeros.

Véanse las versiones conocidas en *Cat. Ind.*, I, H 15, pp. 294-297 y también los estudios de A. Hauf et J. M. Aguirre, «El simbolismo mágico-erótico de *El infante Arnaldos*»; J. Caso González, «Tradicionalidad e individualismo en la estructura de un romance»; A. Suárez Pallasá, «Romance del Conde Arnaldos. Interpretación de sus formas simbólicas».

62 b. OTRO ROMANCE DEL CONDE ARNALDOS

¡Quién tuviera tal fortuna   sobre aguas de la mar,
2 como el infante Fernando   mañanita de San Juan,
    que ganó siete castillos   a vuelta de una cibdad!
4 Ganara cibdad de Roma,   la flor de la quistiandad;
    con los contentos del juego   saliérase a passear.
6 Oyó cantar a su halcón,   a su halcón oyó cantar:
    —«Si mi halcón no cenó anoche   ni hoy le han dado de
                              [almorzar,
8 si Dios me dexa vivir,   y a la mañana llegar,
    pechuguita de una gansa   yo le daré de almorzar.»

10 Subiérase a su castillo   y acostóse en su rosal;
    vido venir un navío   sobre aguas de la mar:
12 las velas trae de oro,   las cuerdas de oro torçal,
    y el mastil del navío   era de un fino nogal.
14 Marineros que le guían   diziendo van un cantar:
    —«Galera, la mi galera,   Dios te me guarde de mal,
16 de los términos del mundo,   de aires malos de la mar,
    de la punta de Carnero,   del estrecho de Gibraltar,
18 de navíos de don Carlos,   que son fuertes de passar.»
    —«Por su vida, el marinero,   tú volvas esse cantar.»
20 —«Quien mi cantar quiere oir   a mi galera ha de entrar.»
    Al son de los dulces cantos,   el conde dormido se ha.
22 Cuando le vieron dormir,   empeçaron a ferrar;
    al son de los fuertes fierros,   el conde recordado ha.
24 —«¿Quién es ésse u cuál es ésse   que a mí quiere hazer
                                             [mal?
    Hijo soy del rey de Francia,   nieto del de Portugal.»
26 —«Si hijo sois del rey de Francia,   y nieto del de Por-
                                             [togal,,
    siete años hazían, siete,   que por ti ando por la mar.»
28 Arçó velas el navío   y volviéronse a su cibdad.

P. Bénichou, *RJEM*, p. 207.

Pidal, en el estudio ya citado (vid. 62 *a*), había dado a conocer una versión marroquí o por lo menos su final (*Los Romances de América...*, p. 64) que cuenta una historia de cautiverio, de reconocimiento y de regreso a la tierra. Y creía encontrar en ella la clave explicativa del romance trunco antiguo (que se habría cortado debido a la repugnancia hacia los «romances-cuentos»). Ha sido rebatida su tesis por L. Sptizer, «Notas sobre el Romancero español» y «The folklorist pre-stage of the Spanish Romance *Count Arnaldos*», y Bénichou en la anotación a esta versión (*RJEM*, páginas 208-212) aboga a favor de la variabilidad del final en todas las épocas. Vid. también estudios de Caravaca citados en 62 *a*.

Más allá de los problemas genéticos —que tienen su importancia, por supuesto— es de notar cómo cambia fundamentalmente el romance al introducirse los motivos del rapto, del reconocimiento y de la vuelta. Entra en el esquema de los romances de cautivos (como 59 y 60) y el canto sobre los peligros del mar se carga de doble sentido: es canto de aviso por una parte y al mismo tiempo es el instrumento del rapto. Esta versión reestructura, pues, los tres tópicos folklóricos del poder del canto, de las aventuras marítimas, y del reconocimiento. La versión de *Canc. s. a.* se centraba sólo en el poder del canto. Entre las dos hay un cambio de fábula y casi se puede decir que son dos romances distintos a pesar de la identidad de secuencias textuales.

Véase también aquí cómo se le busca explicación a la misteriosa «ventura / fortuna» del primer verso con la torpe acumulación de ganancias (que por otra parte son fórmulas migratorias que se encuentran en otros romances). Como advierte a menudo Bénichou, en el taller poético de la reelaboración tradicional no todos los tanteos son logrados.

63. Romance del prisionero

Por el mes era de mayo
cuando haze la calor,
cuando canta la calandria
y responde el ruiseñor,
5 cuando los enamorados
van a servir al amor,
sino yo, triste, cuitado,
que bivo en esta prisión,
que ni sé cuando es de día
10 ni cuando las noches son,
sino por una avezilla
que me cantava al alvor.
Matómela un vallest[e]ro,
déle Dios mal galardón.

Canc. s. a., fol. 251. (*Primav.*, 114 *a*.)

Fue reproducido en la *Silva I* y aumentado en el *Canc. 1550* de veintiséis versos que desarrollan los temas de la duración del cautiverio y de la petición de un intermediario para llevar «embajada» a la esposa y acaban con la liberación del preso por el rey.

Había sido publicada una versión parecida a la de *Canc. s. a.* en *Canc. Gen.*, 1511 y en reediciones sucesivas. Puede deberse el acortamiento del texto al hecho de que fue glosado por Garci Sánchez de Badajoz.

Está también en pliegos de Praga (1011 y 1051 del *DPS*) y en el *Canc. musical de palacio* y en el *Canc. de Constantina.*

La multitud de versiones diferentes atestigua la popularidad del romance y permite ver (como en el 62) que el acortamiento suele ser una feliz solución poética.

Se ha conservado en la tradición oral sea autónomo (*Cat. Ind.*, I, H 18, pp. 302-303), sea sobre todo como contaminación de muchos romances, lo que no es de extrañar por la gran carga semántica del mes de mayo.

Nótese que aquí este motivo sirve de contraposición a la situación del prisionero privado de los placeres sensuales del mes de mayo. Se añaden en la tradición oral muchos versos que desarrollan el expansionismo vital y erótico del mes de mayo (que se encuentra ya en el *Libro de Alexandre*), tópico folklórico de mucha difusión.

El «era» del primer verso, antes del relato actualizador en primera persona y en presente, introduce otra voz narrativa. (Cf. «érase que se era», introducción de los cuentos.)

Vid. para el simbolismo el estudio de J. M. Aguirre, «Moraima y el prisionero; Ensayo de interpretación». (La cárcel es cárcel de amor.)

VII. VUELTA DEL ESPOSO

64. ROMANCE DEL CONDE ANTORES

—«Si a los siete años no vengo si a los siete años no más,
2 si a los siete años no vengo, a los ocho casarás.»
 A todo esto la Condesa no cesaba de llorar.
4 —«¡Altos, altos, mis criados!, haced lo que yo mandare,
 que anoche a la media noche mal sueño me quiso dar,
6 o se casa la Condesa, o se trata de casar;
 sea sueño o no lo sea, mi caballo aparejad.»
8 Monta a caballo, camina, corre como un gavilán,
 por aquellos campos verdes corre como un gavilán.
10 Al pasar de un arroyuelo, al llegar a un arenal,
 se encuentra con las sus vacas marcadas de otra señal:
12 —«Deténgase el pastorillo, que le quiero preguntar
 que de quién son esas vacas marcadas de esa señal.»
14 —«Estas son del Conde viejo, ¡Dios le deje descansar!,
 y ahora son del gran cornudo, ¡no las allegue a gozar!,
16 la soldada de siete años no me ha querido pagar.»
 —«Deténgase el pastorillo, más le quiero preguntar,
18 ¿dónde está un toro pinto que con ellas suele andar?»
 —«Lo vendió gran cornudo mañanita de San Juan
20 [............................] para los paños mercar.»
 —«Deténgase el pastorillo, más le quiero preguntar,
22 que si se casaron ya o se tratan de casar.»
 —«Pues hoy se cosen los paños, mañana se van casar.»
24 —«Quédate con Dios, pastor, con Dios te quieras quedar,
 te dejé vestío de paño, sayo roto de sayal,
26 como no me muera luego, de seda te he de tornear.»
 Diera paso contra paso donde las bodas están:

28 —«Buenos días los señores, Dios les deje descansar.»
Y a todo esto la señora   no cesaba de llorar.
30 —«¿Dónde es ese caballero   que tan culto es el hablar?»
—«Marinero soy, señora,   que navego por el mar.»
32 A todo esto la señora   a él se fué a abrazar:
—«¡Éste es el mi marido,   que no el que me quieren
[dar!»
34 Se recata el gran cornudo,   la trata de abofetear:
—«¡Alto, alto, gran cornudo,   no hagas la condesa mal,
36 que mientras yo sea vivo,   no la has tú de maltratar!»
—«¡Ay pobre de mí, cuitado,   nacido con tanto mal!»
38 Ya que la condesa 'e marcha,   los paños vengan acá.
—«Los paños del gran cornudo,   bien pagados están.»
40 —«¡Ay pobre de mí, cuitado,   nacido con tanto mal!
ya que la condesa 'e marcha,   zapatos de cordobán.»
42 —«Entre besos y abrazos   bien pagados estarán.»
—«¡Ay pobre de mí, cuitado,   nacido con tanto mal,
44 no me ha dado más que uno   y ha sido a su pesar!»

Rom. Trad., III, versión IV 12, pp. 162-163.
Versión de Ribota (Sajambre, León) cantada por Ignacio Simón de unos sesenta años. Recogida por Diego Catalán y Álvaro Galmés, agosto 1946.

Todas las versiones de este romance del *Conde Antores* conocidas cuando se publicó el tercer tomo del *Romancero tradicional* (1969) están allí editadas (pp. 149-180). Otra fue publicada después en *Nahón*, 22, p. 94.

Deriva este romance ahora en decadencia —aunque alguna versión más se llega a recoger—, del *Conde Dirlos* juglaresco seudo-carolingio (que no se incluye aquí por ser demasiado largo (cf. *Primav.*, 164). Para el cotejo del romance antiguo y del tradicional moderno vid. *RH*, I, pp. 275-285, donde Pidal muestra cómo se ha despojado éste de todo el ropaje seudo-carolingio y se ha centrado en el tema de la vuelta del esposo, a tiempo para impedir el segundo casamiento. Vid. W. J. Enwistle, «El Conde Dirlos» y «*La Odisea*, fuente del romance del Conde Dirlos» para el origen y la difusión europea del tema odiseico. Sobre la boda estorbada véase D. Catalán y A. Galmés de Fuentes, «El tema de la boda estorbada: Procesos de tradicionalización de un romance juglaresco», y W. J. Enwistle, «El Conde Sol o la Boda estorbada».

En esta versión de León, se pueden notar: 1.º) un comienzo «in medias res», no se sabe por qué el conde se va, la intriga no manifiesta una secuencia de la fábula (la partida y razones de la partida), presente y muy desarrollada en otras versiones; 2.º) el conflicto entre los dos condes en torno al derecho de propiedad; 3.º) el papel bastante pasivo de la condesa (no así en otras versiones) salvo en el reconocimiento de su primer marido; 4.º) la burla que se hace del segundo conde usurpador («gran cornudo»).

Si se comparan las diferentes versiones del *Romancero tradicional* se ve cómo cada una reestructura a su modo los mismos motivos. En las versiones sefardíes, la solución es muy distinta, ya que el primer conde desposeído se vuelve a desterrar.

Sobre el mismo tema de la vuelta del esposo, se pueden ver los otros romances en el *Romancero tradicional*, III, particularmente, *La Vuelta del Navegante* que contamina a veces el *Conde Antores*. (Como aquí, parcialmente vid. v. 31).

65. ROMANCE DE LA CONDESITA O EL CONDE SOL

    Grandes guerras se publican   entre España y Portugal,
2 y al conde Flores le nombran   de capitán general.
    La condesa, que lo supo,   no cesaba de llorar:
4 —«¿Por cuánto tiempo vas, conde,   por cuánto tiempo
                                    [te vas?»
    —«Por siete años voy, condesa,   por siete, por nada más,
6 y si a los ocho no vuelvo,   puedes volverte a casar.»
    Ya se pasaron los siete,   para los ocho ya van,
8 y sus padres le aconsejan   de que se vuelva a casar.
    —«Padres, no me quieren bien,   no me digan que a casar;
10 mujeres de mi linaje,   casada una vez no más.
    Una cosa he de pedirle,   una cosa nada más:
12 déme licencia, mi padre,   para el conde ir a buscar.»
    —«Ya licencia tienes, hija,   mi bendición además.»
14 Y se encerró en un cuarto   y se empezó a desnudar,
    quitando trajes de seda,   poniéndolos de sayal;
16 y se marchó por el mundo,   por pueblos y por ciudad,
    a pedir una limosna   por si la quieren dar.

18 A eso del medio camino   se ha parado a descansar,
    y se encontró con un paje   que a su mesa comió pan:
20 —«¿De quién son esos caballos?,   los conozco en la
                                                    [señal.»
    —«Del conde Flores, señora,   si usted lo ha oído nom-
                                                    [brar;
22 ayer lo han apregonado,   mañana se va a casar.»
    Jornada de todo un día   en medio luego ha de andar,
24 y a las ocho la mañana   a la puerta del conde está:
    —«Déme limosna, buen conde,   que bien me la puede
                                                    [dar.»
26 Echó mano a su bolsillo   y un real de plata le da:
    —«En casa de un señor conde   más se solía de dar.»
28 —«¿De qué pueblo es la señora,   de qué pueblo, qué
                                                    [ciudad?»
    —«Yo soy de Francia, buen conde,   si usted lo ha oído
                                                    [nombrar.»
30 —«¿Qué se cuenta por la Francia,   de aquella hermosa
                                                    [ciudad?»
    —«La nueva del conde Flores,   se ha ido y no ha vuelto
                                                    [más.»
32 —«¿Qué tal le va a mi señora,   le va bien o le va mal?»
    —«Nunca muy bien le habrá ido,   cuando aquí a sus
                                                    [pies está.»
34 Y a él dio una congoja   y en esto al suelo cae.
    Ahora sale la novia   con quien se iba a casar:
36 —«¡Malhaya sea la romera   y quien nos la trajo acá,
    que por causa la romera   mi marido muerto está!»
38 Dieron parte a la justicia,   también a la autoridad,
    que los amores primeros   son muy malos de olvidar.

Rom. Trad., IV, versión V ₆₈, pp. 76-77.
    Versión de Palazuelo de Órbigo (ay, Turcia, p. j. Astorga, León),
cantada por Gabriel Delás, de cincuenta y un años. Recogida por
Juan Tomás, agosto 1946, para el Instituto Español de Musicología
(Misión S. núm. 109).
    Es una entre tantas de las muchas versiones del romance de la
Condesita o *el Conde Sol* publicado en *Rom. Trad.*, IV y V. Ha sido
base de muchos estudios este romance. Es la inversión del anterior (64), ya que se considera que nació invirtiendo los papeles

del conde y de la condesa, con la base de la misma estructura odiseica heredada del Conde Dirlos. Más que de la vuelta del esposo, trata este romance de la esposa fiel que va a recobrar a su marido que está en vísperas de casarse con otra: esa transformación del papel de la mujer es muy notable e interesaría saber cuándo nació exactamente (en qué estado y estrato de sociedad). Vid. los estudios citados en 64 y Menéndez Pidal, Catalán y Galmés, *Cómo vive un romance* (donde se estudia este romance en relación con *Gerineldo* al cual se ha unido como segunda parte y desenlace de los amores de Gerineldo); vid. también el como siempre logrado comentario de Bénichou, *RJEM*, pp. 235-238.

Se han estudiado las variaciones de este romance con ayuda de un ordenador, vid. Introducción, pp. 112-113. (Cf. S. Petersen, *El mecanismo de la variación...».*)

Como no se pueden abarcar aquí todas las numerosísimas versiones y sus cambios estructurales, véanse en ésta: 1.°) los puntos de contacto con 64; 2.°» la localización imprecisa en Francia como arquetipo de localización novelesca; 3.°) el papel pasivo del conde, 4.°) la moraleja final respaldada por «la autoridad» (que es la misma, paremiológica, que se encuentra en muchas versiones de 64 y que corresponde a una voluntad de mantener el orden familiar contra los cambios y usurpaciones).

66. ROMANCE DE LAS SEÑAS DEL ESPOSO

«Caballero de lejas tierras,
llegaos acá y veréis:
hinquedes la lanza en tierra,
vuestro caballo arrendéis:
5 preguntaros he por nuevas,
si mi marido conocéis.»
—«Vuestro marido, señora,
decid de qué señas es.»
—«Mi marido es blanco y mozo,
10 gentil-hombre y bien cortés,
muy gran jugador de tablas
y aun también del ajedrez.
En el pomo de su espada
armas trae de un marqués,

15 y un ropón de brocado,
y de carmesí el corvés:
cabo el fierro de la lanza
trae un pendón portugués,
que lo ganó a las tablas
20 a un buen conde francés.»
—«Por esas señas, señora,
su marido muerto es:
en Valencia le mataron
en casa de un ginovés;
25 sobre el juego de las tablas
lo matara un milanés;
muchas damas lo lloraban,
caballeros y un marqués.
Sobre todos lo lloraba
30 la hija del ginovés:
todos dicen a una voz
que su enamorada es.
Si habéis de tomar amores,
por otro a mí no dejéis.»
35 —«No me lo mandéis, señor,
señor, no me lo mandéis;
que antes que eso hiciese
señor, monja me veréis.»
—«No os metáis monja, señora,
40 pues que hacello no podéis;
que vuestro marido amado
delante de vos lo tenéis.»

Ant. Lír. Cast., IX, p. 62, apud pliego suelto de 1605. *Nueve romances... compuestos por Juan de Ribera.* (*Primav.*, 156 con texto enmendado por Durán.)

Es el texto antiguo de un romance de muy gran difusión. Ese tema folklórico europeo habría pasado de Francia a España. Vid. *RH*, I, pp. 318-319 y G. B. Bronzini, «Las *Señas del marido* e *La prova*»; Bénichou, *RJEM*, pp. 227-234; *Cat. Ind.*, I, I 2, I 3, I 4, páginas 324-330.

Aquí se trata de otra modalidad de la vuelta del esposo que quiere poner a prueba la lealtad de su mujer. Existen muchas ver-

siones orales modernas de todas las ramas de la tradición y particularmente en América (*RH*, II, pp. 352-353).

Este romance da lugar a dos tipos: la mujer pregunta a un
desconocido por el esposo ausente (esta versión) o bien la mujer
le encarga memorias para su marido ausente, tipo éste según Pidal
más antiguo, que derivaría de una canción francesa del siglo xv
(*RH*, I, p. 319) y que es el que más ha arraigado en América.
(El asonante -*é* es igual al de la canción francesa).

Es un romance-cuento completo que desarrolla toda una historia, prueba para algunos que los gustos cambiaban a principios
del xvii, fecha de su impresión. No es de extrañar la popularidad
de este romance, si se consideran el mensaje y los tópicos que
encierra: ausencia del marido, pruebas de la fidelidad de la esposa,
reconocimiento; además, forma parte del romancero infantil.

67. ROMANCE DEL CONDE NIÑO

Mañanita, mañanita, mañanita de San Juan,
2 fue a dar agua a su caballo   a las orillas del mar.
Mientras el caballo bebe,   empezó a cantar un cantar,
4 ni muy alto ni muy bajo,   que al cielo podía llegar;
los peces que nadan hondo   los hacía sobreaguar,
6 la aves que van volando   se paraban a escuchar.
—«No son ángeles del cielo,   ni serena de la mar,
8 es el condesito, madre,   que por mis amores va.»
—«Si es el condesito, hija,   yo lo mandaré a matar.»
10 —«Si usted lo manda a matar,   mándeme a mí a dego-
[llar.»
Él muere por la mañana,   ella a horas de almorzar.
12 A él lo entierran en capilla   y a ella junto en el altar.
De él se forma un naranjero   y de ella un rico naranjal;
14 crece uno, crece otro,   crecen los dos a un igual,
los gajitos que se alcanzan   se empezaban a abrazar.
16 La reina, des que lo supo,   los mandaría a cortar.
De él se forma una paloma,   de ella un rico palomar;
18 de allí llevantaron vuelo   a las orillas del mar.
¡Dos amantes que se quieren   no se pueden olvidar!

Flor Mar., I, 84, p. 127.
Versión de la Perdoma (La Orotava, *Tenerife*), dicha por Flora

3. *Explicación de la recitadora:* «La mañana de San Juan el
ganado va a bañarse».

García, de cincuenta y un años. Recogida por María Jesús López de Vergara, en enero de 1957.

De época antigua queda únicamente el fragmento de este romance que forma el final del *Conde Arnaldos* atribuido a Rodríguez del Padrón en el manuscrito del British Museum (vid. 62 *a*), lo que atestigua que se conocía ya en el siglo xv, pero no se conserva ninguna versión antigua autónoma.

Esta versión canaria es una muestra bastante completa de este romance del *Conde Niño* o *Conde Olinos* muy difundido en todas las ramas del Romancero, bien solo, bien como contaminación de otros romances (*Gerineldo* y *El prisionero* sobre todo, *Vuelta del navegante* en Cataluña).

Vid. *Cat. Ind.*, I, J 1, pp. 344-451; Bénichou, *RJEM*, pp. 123-128 y pp. 334-338; *Yoná*, pp. 152-173; *Nahón*, 24, p. 97 para la bibliografía de las versiones y de los estudios relativos a este romance.

Los tres motivos principales: poder del canto, amor perseguido y transformaciones sobrenaturales son de muy gran difusión en el folklore y es difícil decidir si el *Conde Niño* los heredó ya estructurados de una canción extranjera (tesis de Enwistle en «El Conde Olinos») o si se plasmó en la Península su combinación particular (tesis hacia la que inclina Bénichou).

Lo más constante en todas las versiones es el tercer motivo de la metamórfosis de los amantes en árboles, pájaros, etc... motivo que se puede ampliar y cambiar (altar/iglesia, v. gr.). El poder del canto, en cambio, puede no figurar.

En esta versión, nótese que la recitadora es consciente del ambiente sobrenatural de la mañana de San Juan, muy apto a introducir cualquier historia fantástica. Se dice que es uno de los pocos romances con elementos sobrenaturales, lo que es verdad a nivel superficial pero no lo es si se tiene en cuenta el valor simbólico de muchos romances (*Arnaldos, Prisionero*, v. gr.).

Aquí la recitadora olvidó el verso en que la madre oye el canto, por ej., en 88 de la misma *Flor de la Marañuela*,

> Desde la torre más alta
> la reina le oyó cantar:
> Mira, hija, cómo canta
> la sirenita del mar.

El motivo predominante en esta versión es el amor más allá de la muerte, manifestado en las sucesivas transformaciones y explicitado por la moraleja final.

68. ROMANCE DE FONTEFRIDA

Fonte frida, Fonte frida,
Fonte frida y con amor,
do todas las avezicas
van tomar consolación,
5   si no es la tortolica
qu'está biuda y con dolor;
por allí fuera passar
el traidor del ruiseñor;
las palabras que le dize
10 llenas son de traición:
—«Si tú quisiesses, señora,
yo sería tu servidor.»
—«Vete d'ahí, enemigo,
malo, falso, engañador,
15 que ni poso en ramo verde,
ni en prado que tenga flor:
que si el agua hallo clara,
turbia la bevía yo;
que no quiero haver marido,
20 porque hijos no haya, no,
ni quiero plazer con ellos,
ni menos consolación.
Déxame, triste enemigo,
malo, falso, mal traidor,
25 que no quiero ser tu amiga,
ni casar contigo, no.»

Canc. Gen. de 1511 (con glosa de Tapia). (*Primav.,* 116.)
Además de ésta (reproducida en *Canc. s. a.,* en *Canc. 1550,* y en
Silva I con pequeñas variantes) existen tres versiones antiguas
anteriores a 1550: una del *Cancionero* del British Museum editado
por Rennert, una del *Cancionero musical de palacio,* una más

breve insertada en la *Tragedia Policiana* de Sebastián Fernández (1547). Véanse los textos en Asensio, «*Fontefrida* o el encuentro del romance con la canción de mayo», en *Poética y realidad...*, páginas 234-235.

Aparece también en el *Espejo de enamorados* (870 del *DPS*) y en pliegos (654, 1038, 1039 del *DPS*) y con el comienzo «Fuente fría fuente fría» en 936 y 1170 del *DPS*.

Enwistle y Pidal piensan que se trata de un trozo de una narración más larga, un acortamiento debido al fragmentismo. No así Asensio en el artículo citado, imprescindible para el estudio de *Fontefrida*, que él juzga combinación harmoniosa de tres motivos de índole y origen diverso: «*a)* la tórtola del *Physiologus*; *b)* el ruiseñor donjuanesco de las canciones amorosas muy divulgado en Francia y no ignorado en España; *c)* la «fonte frida», «símbolo arraigado en la lírica popular, que sin violencia se fundía con la fuente del amor de las leyendas y la poesía culta» (art. cit., p. 235). El primero es de origen clerical (compilación sobre las propiedades de animales, plantas y piedras considerados como símbolos cristianos). Sobre la tórtola y su simbolismo véase el magnífico estudio de M. Bataillon, «La tortolica de *Fontefrida* y del *Cántico espiritual*». (Castidad, rechazo de la invitación amorosa y fidelidad son las cualidades de la tórtola en este romance.)

El ruiseñor y la fuente fría parecen más bien de abolengo popular aunque también mezclados con resabios clericales (la fuente fría como consolación). Por todo eso, Asensio aboga a favor de una elaboración culta que reúne símbolos religiosos y símbolos paganos (ligados a las fiestas de mayo), pero las versiones que tenemos entran en el patrón del Romancero tradicional. Están ya folklorizadas, y el arcaísmo «fonte frida» parece ligado a los ritos mágicos.

«*Fonte frida* exalta la monogamia, la lealtad al esposo difunto frente a las tentaciones de mayo, que convida a la tórtola a renovar el amor como se renuevan frondas, flores y nidos» (art. cit., página 248).

Asensio da dos versiones modernas (una de ellas como contaminación del *Prisionero*, clara muestra de que se ha entendido el mensaje de amor dolorido). El recuerdo de la casta tórtola sigue existiendo en coplas y la fuente fría se encuentra en muchos romances (v. gr., 60, *Don Bueso*), pero en cada uno hay que ver qué función tiene. Como enseña el estudio de Bataillon, el símbolo se adapta a contextos diferentes.

69. ROMANCE DEL PALMERO

Yo me partiera de Francia,
fuérame a Valladolid,
encontré con un palmero,
romero atan gentil,
5 ¡ay!, dígasme tú, el palmero,
romero atan gentil,
nuevas de mi enamorada
si me las sabrás dezir.
Respondióme con nobleza,
10 él me fabló y dixo así:
—«¿Dónde vas el escudero,
triste, cuidado *(sic)* de ti?
Muerta es tu enamorada,
muerta es, que yo la vi,
15 ataút lleva de oro,
y las andas de un marfil,
la mortaja que llevava
es de un paño de París,
las antorchas que le lleban,
20 triste yo les encendí.
Yo estuve a la muerte della,
triste, cuidado de mí,
y de ti lleva mayor pena
que de la muerte de sí.»
25 Aquesto oí yo cuitado,
a cavallo iba y caí,
una visión espantable
delante de mis ojos vi,
hablóme por conortarme,
30 hablóme y dixo así:
—«No temas el escudero,
non hayas miedo de mí,
yo soy la tu enamorada,
la que penava por ti;

35   ojos con que te mirava,
      vida, non los traigo aquí,
      braços con que te abraçava,
      so la tierra los metí.»
      —«Muéstresme tu sepoltura
40   y enterrarme yo con ti.»
      —«Biváis vos, el cavallero,
      biváis vos, pues yo morí,
      de los algos deste mundo
      fagáis algún bien por mí:
45   tomad luego otra amiga
      y no me olvidedes a mí,
      que no podíes hazer vida,
      señor, sin estar así.»

G. S. Morley, «El romance del palmero», p. 299, apud *Cancionero* manuscrito del British Museum de fines del siglo XV publicado por Rennert.

De este romance existen varias versiones diferentes del siglo XVI. Para su estudio y comparación, vid. S. G. Morley, art. cit.; son tres versiones de pliegos y una de Sepúlveda que con variantes «pertenecen a la misma familia» y difieren mucho de ésta. Morley da también los fragmentos introducidos en tres comedias del siglo XVII.

Los pliegos 658, 675 del *DPS*, son los de Morley y en el *DPS* hay dos más de Londres: 668, 784 no conocidos por Morley, y mención de otro (240) en el *Regestrum* de Colón.

El *incipit* de los romances impresos:

En el (los) tiempo(s) que me vi
más alegre y plazentero...

parece un añadido, ya que no está asonantado en *-i* como los demás versos.

La versión del *Cancionero* más larga que las impresas y muy diferente, se asemeja en cambio a las modernas, lo que le permite a Morley recordar y apoyar la tesis de Pidal de la ininterrumpida tradición oral y también la de la anterioridad de las versiones largas, respecto a las abreviadas.

Para las versiones modernas, vid. bibliografía en Morley, art. cit., pp. 308-309 y en *Cat. Ind.*, I, J 2, pp. 351-354.

Esta versión presenta dos diálogos: uno con el misterioso palmero, otro con la «visión» (la sombra de la amada difunta), pero en muchas versiones antiguas y modernas, desaparece uno de los dos.

Es tema folklórico el del encuentro con la amada difunta (del amor con la muerte). Aquí se le unen otros motivos: la ausencia del amante (que puede ser reinterpretada como causa de la muerte); el encuentro con un intermediario («el palmero» aquí) que anuncia la muerte; la descripción de las galas del entierro y, en contraposición, la corrupción del cuerpo.

En cuanto al amor más allá de la muerte se manifiesta aquí de otra forma que en el *Conde Niño* (ya que se rechaza la proposición del amante «enterrarme yo con ti»). La enamorada quiere seguir viviendo por medio de un sustituto. Apunta a un doble plano del amor: amor físico imposible por la degradación del cuerpo, por lo cual ella le aconseja a él «buscar otra amiga»; amor fiel y eterno «no me olvidedes a mi». La tradición ha entendido este mensaje y en muchas versiones modernas se insiste en el parentesco de nombre, etc.... que tendrá la «otra» o la hija que nazca (así en *Ant. Lír. Cast.*, IX, p. 300: versión andaluza).

Nótese el relato en primera persona y la palabra «escudero», indicio de antigüedad (*RH*, II, p. 14).

Se sabe que este romance se ha reactualizado por similitud de situación con ocasión de la muerte de la reina Mercedes en 1878 (*RH*, II, p. 386) y que «¿Dónde vas, Alfonso XII / dónde vas triste de ti?» se ha convertido en canto de niñas para jugar al corro en España y en América. Muestra la popularidad del romance, capaz de amoldarse a otro contexto. Ya pasada la actualidad, el mismo romance de Alfonso XII entró en el circuito tradicional y a su vez se acortó, se cambió, etc....

Así, por ejemplo, en *REC*, pp. 376-380, con el *incipit*:

«¿Dónde vas Alfonso López...?»

70. ROMANCE DE LA MUERTE OCULTADA

   Levantóse Bueso   lunes de mañana;
2 tomara sus armas   y a la caça iría.
   En un prado verde   se sentó a almorzare;
4 vido estar al Huerco,   las armas tomare.

---

2. Cambia la asonancia; variante del *Catálogo* de Pidal: fué-rase a la caza.

Hirió Bueso al Huerco   en el carcañale;
6 hirió el Huerco a Bueso   en su voluntade.
Ya llevan a Bueso   en ca de su madre.
8 En ca de Alda   tañen tañedores;
en ca de Bueso   hazían guijdore.
10 —«Suegra, la mi suegra,   mi suegra garrida,
las que paren niño,   ¿cuándo van a missa?»
12 —«Unas van al mes,   otras a cuarenta días;
y tú, la mi nuera,   cuando te convenía.»
14 —«Suegra, la mi suegra,   mi suegra garrida,
las que paren niño,   ¿de qué iban vestidas?»
16 —«Unas van de verde,   y otras en grana fina,
y tú, la mi nuera, como te convenía.»
18 Vistióse de verde   y de grana fina;
todos la dezían   la viuda garrida.
20 —«Suegra, la mi suegra,   mi suegra garrida,
¿qué son essas vozes   que van por la villa?»
22 —«Muerto se le ha, muerto,   el bien de su vida.»
Como esso oyó Alda   muerta quedaría.

Bénichou, *RJEM*, p. 187.
Es una de las versiones marroquíes, representativa de una rama de la tradición.
No fue editado este romance en la tradición antigua; en cambio está muy difundido en la tradición oral moderna y se recogió ya en el siglo XIX (Milá; Juan Menéndez Pidal).
Es tema del folklore europeo que habría pasado a España por el intermediario de la canción francesa *Le Roi Renaut*, pero en contra de los esquemas de filiación simplistas del crítico francés Doncieux, Pidal alega argumentos que apuntan hacia una mayor complejidad de los problemas de orígenes (*RH*, I, pp. 320-323). A pesar de un indudable parentesco, las canciones francesas y los romances españoles de la *Muerte ocultada* difieren mucho.
Para la bibliografía de versiones orales, vid. *Cat. Ind.*, II, V ₁, páginas 240-245. Es de sumo interés la tesis de Beatriz Mariscal de Reth, *La balada occidental moderna ante el mito. Análisis semiótico del romance de «La muerte ocultada»*, de la cual manejo fotocopia y resumiré algunos puntos esenciales. Vid. también observaciones de Pidal, *RH*, II, p. 316, p. 367, p. 381, p. 396, y las anotaciones de Bénichou a esta versión (*RJEM*, pp. 188-191).

9. *guijdor(e):* señal de dolor.

Este romance se presenta bajo dos formas métricas: octosílabos asonantados (Norte de Portugal y de España); hexasílabos con tendencia a los pareados (España del Sur, Marruecos, Oriente). Se diferencian también tres grupos con modalidades distintas:

1.º) El grupo de las versiones octosílabas que se centran en la ocultación de la muerte del marido —ocurrida al regresar de caza— a su joven esposa recién parida;

2.º) el grupo de las versiones hexasílabas del Sur en las que el esposo muere al volver herido de la guerra, la suegra oculta su muerte y la esposa, al enterarse, muere (a veces se suicida);

3.º) el grupo de las versiones hexasílabas sefardíes y catalanas (más algunas versiones sueltas de Extremadura), más arcaizantes, que empiezan por el combate del esposo que ha salido de caza con el Huerco (latino, *Orcus*=muerte), siguen con la ocultación por parte de la suegra y la muerte de la esposa. Esta versión corresponde a este último grupo.

El encuentro con el Huerco parece ser recuerdo de supersticiones que atribuían la muerte del caballero a una venganza de la hija del rey de los elfos (leyenda escandinava de Olaf).

Nótense: el «lunes», día fatídico en el romancero; el «prado verde», lugar de encuentros amorosos (aquí de la muerte), «el verde y la grana», símbolos de la alegría de la «viuda garrida» por ignorancia y la muerte instantánea al descubrir la verdad, la estructuración del romance en torno a oposiciones binarias (vida / muerte, mentira / verdad) manifestadas en las formas paralelísticas.

No puedo desarrollar aquí todos los niveles de análisis (discurso, intriga, fábula, estructura actancial, mito) del interesantísimo estudio de B. Mariscal de Reth, que es de desear que se publique rápidamente.

IX. ESPOSA DESGRACIADA

71. ROMANCE DEL CONDE ALARCOS

Retraída está la infanta,
bien assí como solía,
biviendo muy descontenta
de la vida que tenía,
5   viendo que ya se passava
toda la flor de su vida
y qu'el rey no la casava
ni tal cuidado tenía.
Entre sí estava pensando
10 a quién se descubriría;
acordó llamar al rey
como otras vezes solía
por dezirle su secreto
y la intención que tenía.
15 Vino el rey siendo llamado,
que no tardó su venida;
vídola estar apartada,
sola está sin compañía;
su lindo gesto mostrava
20 ser más triste que solía.
Conociera luego el rey
el enojo que tenía.
—«¿Qu'es aquesto, la infanta,
qu'es aquesto, hija mía?
25 Contadme vuestros enojos,
no toméis malenconía;

que sabiendo la verdad
todo se remediaría.»
—«Menester será, buen rey,
30 remediar la vida mía,
que a vos quedé encomendada
de la madre que tenía:
dédesme, buen rey, marido,
que mi edad ya lo pedía;
35 con vergüença os lo demando,
no con ganas que tenía,
que aquestos cuidados tales
a vos, rey, pertenecían.»
Escuchada su demanda
40 el buen rey le respondía:
—«Essa culpa, la infanta,
vuestra era que no mía,
que ya fuérades casada
con el príncipe de Ungría;
45 no quesistes escuchar
la embaxada que os venía.
Pues acá en las nuestras cortes,
hija, mal recaudo havía
porque en todos los mis reinos
50 vuestro par igual no havía
sino era el conde Alarcos,
hijos y muger tenía.»
—«Combidaldo vos, el rey,
al conde Alarcos, un día,
55 y después que hayáis comido
dezilde de parte mía,
dezilde que se acuerde
de la fe que dél tenía,
la cual él me prometió,
60 que yo no se la pedía,
de ser siempre mi marido,
e yo que su muger sería;
yo fui dello muy contenta
y que no me arepentía;
65 si casó con la condessa
que mirasse lo que hazía,

que por él no me casé
con el príncipe de Ungría;
si casó con la condessa
70   dél es culpa, que no mía.»
Perdiera el rey en oirlo
el sentido que tenía;
mas después en sí tornado,
con enojo respondía:
75   —«No son éstos los consejos
que vuestra madre os dezía.
Muy mal mirastes, infanta,
do estava la honra mía.
Si verdad es todo esso
80   vuestra honra ya es perdida:
no podéis vos ser casada,
siendo la condessa biva;
si se haze el casamiento
por razón o por justicia,
85   en el dezir de las gentes
por mala seréis tenida.
Dadme vos, hija, consejo
qu'el mío no bastaría,
que ya es muerta vuestra madre
90   a quien consejo pedía.»
—«Yo os lo daré, buen rey,
deste poco que tenía:
mate el conde a la condessa
que nadie no lo sabía,
95   y eche fama qu'ella es muerta
de un cierto mal que tenía,
y tratarse ha el casamiento
como cosa no sabida:
desta manera, buen rey,
100   mi honra se guardaría.»
De allí se salía el rey
no con plazer que tenía;
lleno va de pensamiento
con la nueva que sabía;
105   vido estar el conde Alarcos
entre muchos que dezía:

—«Qué aprovecha, cavalleros,
amar y servir amiga?
que son servicios perdidos
110   donde firmeza no havía.
No pueden por mí dezir
aquesto que yo dezía
qu'en el tiempo que yo serví
una que tanto quería,
115   si muy bien la quise entonces
agora más la quería;
mas por mí pueden dezir
quien bien ama tarde olvida.»
Estas palabras diziendo
120   vido al buen rey que venía,
y hablando con el rey
d'entre todos se s[a]lía.
Dixo el buen rey al conde,
hablando con cortesía:
125   —«Combidaros quiero, conde,
por mañana en aquel día,
que queráis comer comigo
por tenerme compañía.»
—«Que se haga de buen grado
130   lo que su alteza dezía.
Beso sus reales manos
por la buena cortesía
de tenerme aquí mañana,
aunque estava de partida,
135   que la condessa me espera
según la carta me embía.»
Otro día de mañana
el rey de missa salía;
assentóse luego a comer
140   no por gana que tenía
sino por hablar al conde
lo que hablar le quería.
Allí fueron bien servidos
como a rey pertenecía;
145   después que huvieron comido,
toda la gente salida,

quedóse el rey con el conde
en la tabla do comía.
Empeçó de hablar el rey
150 la embaxada que traía:
—«Unas nuevas traigo, conde,
que dellas no me plazía,
por las cuales yo me quexo
de vuestra descortesía:
155 prometistes a la infanta
lo qu'ella no vos pedía,
de siempre ser su marido
y a ella que le plazía.
Si otras cosas passastes
160 no entro en essa porfía.
Otra cosa os digo, conde,
de que más os pesaría:
que matéis a la condessa
que cumple a la honra mía;
165 echéis fama qu'ella es muerta
de cierto mal que tenía,
y tratarse ha el casamiento
como cosa no sabida,
porque no sea desonrada
170 hija que tanto quería.»
Oídas estas razones,
el buen conde respondía:
—«No puedo negar, el rey,
lo que la infanta dezía
175 sino que otorgo ser verdad
todo cuanto me pedía.
Por miedo de vos, el rey,
no casé con quien devía:
no pensé que vuestra alteza
180 en ello consintería (sic).
De casar con la infanta
yo, señor, bien casaría;
mas matar a la condessa
señor rey, no lo haría
185 porque no deve morir
la que mal no merecía.»

—«De morir tiene, el buen conde,
por salvar la honra mía,
pues no mirastes primero
190 lo que mirar se devía.
Si no muere la condessa,
a vos costará la vida,
por la honra de los reyes
muchos sin culpa morían;
195 porque muera la condessa
no es mucha maravilla.»
—«Yo la mataré, buen rey,
mas no será la culpa mía:
vos os avendréis con Dios
200 en fin de vuestra vida.
Y prometo a vuestra alteza,
a fe de cavallería,
que me tengan por traidor
si lo dicho no complía
205 de matar a la condessa,
aunque mal no merecía.
Buen rey, si me dáis licencia,
yo luego me partiría.»
—«Vayáis con Dios, el buen conde,
210 ordenad vuestra partida.
Llorando se parte el conde,
llorando sin alegría,
llorando por la condessa
que más que a sí la quería.
215 Llorava también el conde
por tres hijos que tenía:
el uno era de teta
que la condessa lo cría,
que no quería mamar,
220 de tres amas que tenía
sino era de su madre
porque bien la conocía;
los otros eran pequeños,
poco sentido tenían.»
225 Antes que llegasse el conde
estas razones dezía:

—«¿Quién podrá mirar, condessa,
vuestra cara de alegría?
que saldréis a recebirme
230 a la fin de vuestra vida.
Yo soy el triste culpado,
esta culpa toda mía.»
En diziendo estas palabras,
la condessa ya salía,
235 que un paje le havía dicho
cómo el conde ya venía.
Vido la condessa al conde
la tristeza que tenía,
vióle los ojos llorosos,
240 que hinchados los tenía
de llorar por el camino,
mirando el bien que perdía
Dixo la condessa al conde:
—«Bien vengáis, bien de mi vida.
245 ¿Qué havéis, el conde Alarcos?
¿por qué lloráis, vida mía?
que venís tan demudado,
que cierto n'os conocía;
no parece vuestra cara
250 ni el gesto que ser solía.
Dadme parte del enojo,
como dáis del alegría;
dezídmelo luego, conde,
no matéis la vida mía.»
255 —«Yo vos lo diré, condessa,
cuando la hora sería.»
—«Si no me lo dezís, conde,
cierto yo rebentaría.»
—«No me fatig[u]éis, señora,
260 que no es la hora venida.
Cenemos luego, condessa,
d'aquesso qu'en casa havía.»
—«Aparejado está, conde,
como otras vezes solía.»
265 Sentóse el conde a la mesa,
no cenava ni podía,

con sus hijos al costado
que muy mucho los quería.
Echóse sobre los hombros,
270　hizo como que dormía,
de lágrimas de sus ojos
toda la mesa cubría.
Mirándolo la condessa
que la causa no sabía
275　no le preguntava nada,
que no osava ni podía.
Levantóse luego el conde,
dixo que dormir quería;
dixo también la condessa
280　qu'ella también dormiría;
mas entr'ellos no havía sueño
si la verdad se dezía.
Vanse el conde y la condessa
a dormir donde solían;
285　dexan los niños de fuera,
qu'el conde no los quería;
lleváronse el más chequito,
el que la condessa cría.
Cierra el conde la puerta,
290　lo que hazer no solía.
Empeçó hablar el conde
con dolor y con manzilla:
—«¡O desdichada condessa,
grande fue la tu desdicha!»
295　—«No so desdichada, el conde,
por dichosa me tenía.
Sólo en ser vuestra muger,
ésta fue gran dicha mía.»
—«Si bien lo sabéis, condessa,
300　essa fue vuestra desdicha.
Sabed qu'en tiempo passado
yo amé a quien servía,
la cual era la infanta;
por desdicha vuestra y mía,
305　prometí casar con ella
y a ella que le plazía;

demándame por marido
por la fe que me tenía,
puédelo muy bien hazer
310 de razón y de justicia:
dixómelo el rey su padre
porque della lo sabía.
Otra cosa manda el rey
que toca en el alma mía:
315 manda que muráis, condessa,
a la fin de vuestra vida,
que no puede tener honra,
siendo vos, condessa, biva.»
Desque esto oyó la condessa,
320 cayó en tierra amortecida;
mas después en sí tornada,
estas palabras dezía:
—«Pagos son de mis servicios,
conde, con que yo os servía.
325 Si no me matáis, el conde,
yo bien os consejaría:
embiédesme a mis tierras,
que mi padre me ternía.
Yo criaré vuestros hijos
330 mejor que la que vernía
y os mantendré castidad
como siempre os mantenía.»
—«De morir havéis, condessa,
en antes que venga el día.»
335 —«Bien parece, el conde Alarcos,
yo ser sola en esta vida,
porque tengo el padre viejo,
mi madre ya es fallecida,
y mataron a mi hermano,
340 el buen conde don García,
qu'el rey lo mandó matar
por miedo que dél tenía.
No me pesa de mi muerte
porque yo morir tenía,
345 mas pésame de mis hijos,
que pierden mi compañía.

Hazémelos venir, conde,
y verán mi despedida.»
—«No los veréis más, condessa,
350 en días de vuestra vida.
Abraçad este chequito,
que aqueste es el que os perdía.
Pésame de vos, condessa,
cuanto pesar me podía;
355 no os puedo valer, señora,
que más me va que la vida.
Encomendaos a Dios,
qu'esto hazer se tenía.»
—«Dexéisme dezir, buen conde,
360 una oración que sabía.»
—«Dezilda presto, condessa,
en antes que venga el día.»
— «Presto la havré dicho, conde.
no estaré un Ave María.»
365 Hincó las rodillas en tierra,
esta oración dezía:
—«En las tus manos, Señor,
encomiendo el alma mía.
No me juzgues mis pecados
370 según que yo merecía
mas según tu gran piedad
y la tu gracia infinita.
Acabada es ya, buen conde,
la oración que sabía.
375 Encomiend'os essos hijos,
que entre vos y mí havía,
y rogad a Dios por mí
mientra tuvierdes vida,
que a ello sois obligado
380 pues que sin culpa moría.
Dédesme acá esse hijo,
mamará por despedida.»
—«No lo despertéis, condessa,
dexaldo estar que dormía
385 sino que os demando perdón
porque ya viene el día.»

—«A vos yo perdono, conde,
por el amor que os tenía;
mas yo no perdono al rey
390 ni a la infanta su hija,
sino que queden citados
delante la alta justicia,
que allá vayan a juizio
dentro de los treinta días.»
395 Estas palabras diziendo,
el conde se apercebía.

Echóle por la garganta
una toca que tenía;
apretó con las dos manos
400 con la fuerça que podía;
no le afloxó la garganta
mientra que vida tenía.

Cuando ya la vido el conde
traspassada y fallecida,
405 desnudóle los vestidos
y las ropas que tenía;
echóla encima la cama,
cubrióla como solía.

Desnudóse a su costado,
410 obra de un Ave María,
levantóse dando bozes
a la gente que tenía:
—«Socorré, mis escuderos,
que la condessa se fina.»
415 Hallan la condessa muerta
los que socorrer venían.

Assí murió la condessa
sin razón y sin justicia,
mas también todos murieron
420 dentro de los treinta días;
los doze días passados
la infanta ya moría,
el rey a los veinte cinco,
el conde al treinteno día.

425   Allá fueron a dar cuenta
      a la justicia divina.
      Acá nos dé Dios su gracia
      y allá la gloria cumplida.

Canc. s. a., fol. 107 v. (*Primav.*, 163.)
También en *Canc. 1550* y *Silva II.*
Los pliegos 483 a 486 del *DPS* tienen la mención: «hecho por Pedro de Riaño». Otro con glosa de Baltasar Díaz (163 del *DPS*) está en el catálogo de libros prohibidos (1559 y 1583); hay mención en el *Abecedarium* de Colón (945 del *DPS*), y por fin está en dos pliegos de Londres y Oporto (1015, 1016 del *DPS*).

Es un largo romance juglaresco que sería antiguo (siglo xv) ya que Carvajal imita el *incipit* en el romance de la reina de Nápoles en 1454 (vid. 38). Se pueden ver aquí las características de los romances juglarescos: relato pormenorizado, trabazones lógicas y cronológicas explícitas, v. gr.

> en diciendo estas palabras
> la condesa ya salía,
> que un paje le había dicho
> cómo el conde ya venía,

entre los diferentes momentos y lugares. Sin embargo, llama la atención la importancia del diálogo, el enfoque trágico, la lógica inexorable de los acontecimientos: no es de extrañar que haya dado lugar a muchas obras de teatro (Lope de Vega, Guillén de Castro, Mira de Amescua en el siglo xvii, el alemán Schlegel y el cubano Milanés en el siglo xix, y J. Grau en el xx. Vid. *RH*, I, páginas 356-361 para los comentarios de Pidal). Habría que hacer un análisis del romance que aquí sólo se puede esbozar: el secreto, el conflicto (conde entre dos mujeres), la razón de estado, la justicia divina, la imagen de la madre. No creo que haya que confundir épocas y calificarlo de «calderoniano» *avant la lettre* como hace Pidal (*RH*, p. 360). El poder real sale malparado (cf. Por la honra de los reyes... no es mucha maravilla, vv. 193-196) y se acude al emplazamiento ante la justicia divina que, castigando a los culpables, restablece el orden; habría que saber en qué época se enfocó así este romance juglaresco, sin añadidos de ropaje carolingio.

Fue muy reimpreso en pliegos en los siglos xviii y xix (J. Marco, *Literatura popular...*, 1, pp. 198-208) y se halla también conservado en la tradición oral que suele desarrollar la situación trágica de la madre y de los hijos y que, a veces, para salvarlos, inventa un milagro (v. gr., *Flor Mar.*, I, 231, pp. 236-237). Para las versiones modernas vid. *Cat. Ind.*, II, L ₁, pp. 7-12 y *Ant. Lír. Cast.*, IX, páginas 239-241.

72. ROMANCE DE LA MALA SUEGRA

Paseábase Marbella—de la sala al ventanal,
2 con los dolores de parto—que le hacen arrodillar.
—«¡Si yo estuviera allá arriba,—allá arriba en Valledal,
4 al lado del rey mi padre,—alguno me había aliviar!»
La pícara de la suegra—que siempre la quiso mal:
6 —«Ve parir allá, le dijo,—non te lo puedo quitar.»
—«¿Y si mi Don Boyso viene,—quién le dará de cenar?»
8 —«Yo le daré de mi vino,—yo le daré de mi pan,
cebada para el caballo,—carne para el gavilán.—»
10 Apenas salir Arbola,—Don Boyso entró en el portal.
—«¿Dónde está el espejo, madre,—en que me suelo mi-
[rar»?
12 —«¿Quieres el de plata fina,—o quieres el de cristal;
o lo quieres de marfil,—también te lo puedo dar?»
14 —«No quiero el de plata fina,—ni tampoco el de cristal,
ni tampoco el de marfil,—que bien me lo podéis dar;
16 quiero la mi esposa Arbola,—que ella es mi espejo real.»
—«La tu esposa fué a parir,—fué a parir al Valledal,
18 como si yo no tuviera—pan y vino, que le dar:
fué preñada de un judío—y a ti te quiere engañar.
20 si no me la matas, hijo,—¡oh, que mal hijo serás;
ni conmigo has de vivir—ni mis rentas has gozar!»
22 —«¿Cómo he de matarla, madre,—en sin saber la verdad?»
—«Es tan verdad hijo mío,—como Cristo está en el altar.»
24 Posa la mula en que vienes;—monta en otra, y vete allá.»
Por donde le ve la gente,—poquito a poco se va;
26 por donde no le ve nadie,—corre como un gavilán.

Siete vueltas dió al palacio—sin una puerta encontrar;
28 al cabo de las diez vueltas,—un portero vino a hallar.
—«Albricias vos doy, Don Boyso;—que ya tien un ma-
[yoral.»
30 —«Nunca el mayoral se críe—ni la madre coma pan.»
Sube para el aposento—donde Doña Arbola está.
32 —«Levántate, Doña Arbola,—levántate sin tardar;
y si no lo faces presto,—tus cabellos lo dirán.»
34 Doncellas que la vestían—no cesaban de llorar,
doncellas que la calzaban—no cesaban de rezar.
36 —«¡Ay, pobre de mí cuitada,—vecina de tanto mal;
mujer parida de un hora—y la mandan caminar!»
38 Puso la madre a las ancas—y el niño puso al petral:
el camino por donde iban—todo ensangrentado está.
40 Siete leguas anduvieron—en sin palabras hablar:
de las siete pa las ocho—Arbola comienza a hablar.
42 —«Pídote por Dios, Don Boyso,—que me dejes descansar;
mira este inocente niño—que finando se nos va;
44 las patas de tu caballo—echan fuego de alquitrán,
y el freno que las sujeta—revuelto con sangre va.
46 No me mates en el monte,—que águilas me comerán;
matárasme en el camino,—que la gente me verá;
48 llamárasme un confesor,—que me quiero confesar.»
—«Allá arriba hay una ermita—que la llama de San Juan,
50 y dentro hay un ermitaño—que al niño bautizará;
te bajaré del caballo,—dejaréte descansar.»
52 Allegaron a la ermita—y él se comienza a apear;
y al posarla del caballo—ella principia a espirar.
54 Por la gracia de Dios Padre—el niño se puso a hablar:
«Dichosina de mi madre,—que al cielo sin culpa va:
56 desgraciada de mi abuela,—que en los infiernos está:
yo me voy al limbo oscuro,—mi padre lo pagará.»
58 Juramento hizo el Conde—sobre el vino y sobre el pan,
de no comer a manteles—sin a su madre matar:
60 dentro de un barril de pinchos—mandarála prisionar
y echarla po 'l monte abajo, por peor muerte le dar.

Ant. Lír. Cast., IX, pp. 222-223 apud Juan Menéndez Pidal, *Poesía
Popular...*

No fue recogido en las colecciones y pliegos antiguos pero es probablemente antiguo. Se conoce por lo menos una versión oriental (de Rodas) del siglo XVIII (Armistead y Silverman, *Tres calas...*, A₇, pp. 54-56).

Muy difundido en todas las ramas de la tradición. Así en *Ant. Lír. Cast.*, IX, versiones asturianas, ésta y otra, pp. 221-222; andaluza, p. 299; castellana, pp. 326-327; aragonesa, pp. 330-331; catalana, pp. 364-365; sefardí (Levante), p. 404. Vid. bibliografía *Cat. Ind.*, II, L₄, pp. 18-23 y *Yoná*, 14, pp. 185-190.

Se relaciona con el tema folklórico de gran difusión de los sufrimientos impuestos por una madrastra, pero aquí se reestructura en torno a un conflicto familiar: madre/hijo/nuera, que puede interpretarse a varios niveles: social (conflicto de generaciones y de familias, de posesión de hacienda: «mi vino, mi pan»); psíquico (relación madre/hijo, de nutrición y dependencia, y padre/hija: dificultad de superarla y socializarla para fundar nueva familia). El mensaje aquí inequívoco es de castigo al hijo que no sabe ser padre.

Se agregan otros muchos tópicos folklóricos: la esposa como espejo, el niño que habla milagrosamente para descubrir la verdad (y en algunas versiones, lo mismo que en algunas del *Conde Alarcos*, la madre que da de mamar a su hijo antes de morir, lo que muestra la conciencia de la función alimenticia de la madre).

En el plano discursivo, véanse los versos paralelísticos (25//26; 34//35) y contrapuestos 12-13/14-15), característicos del estilo tradicional. Para el famoso verso «De las siete pa las ocho», vid. el estudio de D. Devoto, «Entre las siete y las ocho».

Esta versión acaba con el castigo de la mala suegra (deseo de ejemplaridad), no así en otras versiones en que las palabras del niño impiden la muerte de la madre (desenlace feliz) y en que le sirven de aviso al padre para que rectifique su conducta.

En muchas versiones, la mala suegra acusa a la nuera de haberla llamado «puta» y al marido «hijo de mal padre». Aquí la variante es que la suegra introduce la duda sobre la paternidad de su hijo:

> fue preñada de un judío
> y a ti te quiere engañar.

73. ROMANCE DE LA BELLA MALMARIDADA

—«La bella malmaridada
de las más lindas que yo ví.
Véote triste, enojada
la verdad dila tú a mí.
5 Si has de tratar amores,
vida, no dexes a mí,
que a tu marido, señora,
con otras damas le ví
besándolas y abrazando,
10 mucho mal dize de ti,
que jurava y perjurava
que te havía de ferir.»
Allí habló la señora,
allí habló y dixo assí:
15 —«Sácame tú el cavallero,
sacássesme tú de aquí.
Por las tierras donde fueres
te sabré muy bien servir,
que yo te haré la cama
20 en que hayamos de dormir,
yo te quisaré la cena
como a cavallero gentil,
de gallinas y capones
y otras cosas más de mil.»

Pliegos Praga, II, LVIII, p. 140.

Viene con glosa de Quesada (686 del *DPS*). Se encuentra igualmente en un pliego de Madrid (685 del *DPS*) y en varios otros pliegos sueltos, algunos desaparecidos, casi siempre con glosa (240, 271, 629, 677, 685, 686, 689, 712, 718, 804 del *DPS*).

Estaba en el *Cancionero* de Velázquez Dávila (vid. Rodríguez Moñino, *Silva 1561*, p. 66) y Sepúlveda fue el único en acogerlo en su compilación.

Este romance es una de las modalidades hispánicas del tema muy difundido en Europa de la mal casada. Era muy conocido y apreciado, como se comprueba por las glosas que de él se hicieron. Se conocen también muchas coplas líricas sobre la malmaridada que podrían remontarse a las canciones de mayo y, quizá, en España a las jarchas mozárabes (en que se encuentra el «hilos» derivado del provenzal «*gilos*»=marido celoso), y puede que el romance acompañado de la glosa cortesana haya nacido de estas canciones líricas en que se manifiesta la alianza de «lo popular y lo culto» (vid. Martínez Torner, *Lírica hispánica*).

Esta versión sacada de la glosa de Quesada es más corta que la de *Primav.* 142 que procede de Durán II, 1459 (es un arreglo hecho por Durán de dos versiones, la de Sepúlveda y la de este pliego). Mientras ésta se trunca después de las ofertas de la dama, la de Durán sigue con la llegada del marido que castiga un desliz que ni siquiera se ha cometido. En ninguna versión se encuentra la revancha tomada con el fino amante contra el burdo marido. En efecto, mientras que en otros países, en Francia sobre todo, el marido engañado es objeto de burlas, en España es tema trágico (vid. *RH* I, p. 331).

Nótese aquí: 1) caballero gentil, que tiene visos cultos; 2) el apóstrofe inicial tan común en el Romancero; 3) la fórmula de introducción al diálogo, únicos versos que no son de discurso directo; 4) el «saber callar a tiempo» del final que queda abierto a todas las soluciones.

Vid. D. Lucero de Padrón, «En torno al romance de *La bella malmaridada*».

Muchos romances orales versan sobre ese tema de la malcasada. Vid. *Cat. Ind.* II, L, «Esposa desgraciada» y *Romancero rústico (Rom. Trad.* IX), *La mujer del pastor* y *La Malcasada del pastor* con el motivo tópico de la prueba de la fidelidad de la esposa.

X. MUJER ADÚLTERA

74. Romance de Blanca Niña

«Blanca sois, señora mía,
más que el rayo del sol,
si la dormiré esta noche
desarmada y sin pavor,
5 que siete años havía, siete,
que no me desarmo no.
Más negras tengo mis carnes
que un tiznado carbón.»
—«Dormilda señor, dormilda,
10 desarmado, sin temor,
que el conde es ido a la caça
a los montes de León.
Ravia le mate los perros
y águilas el su halcón
15 y del monte hasta casa
a él arrastre el morón.»
Ellos en aquesto estando
su marido que llegó:
—«¿Qué hazéis la Blanca niña,
20 hija de padre traidor?»
—«Señor, peino mis cabellos,
péinolos con gran dolor,
que me dexéis a mí sola
y a los montes os vais vos.»

---

16. *morón:* montecillo de tierra (que se desmorona).

25 —«Essa palabra, la niña,
no era sino traición.
¿Cúyo es aquel cavallo
que allá baxo relinchó?»
—«Señor, era de mi padre
30 y embió'slo para vos.»
—«Cúyas son aquellas armas
que están en el corredor?»
—«Señor, eran de mi hermano
y hoy os las embió.»
35 —«¿Cúya es aquella lança?
desde [aquí]la veo yo.»
—«Tomalda, conde, tomalda,
matadme con ella vos,
que aquesta muerte, buen conde,
40 bien os la merezco yo.

Canc. 1550, p. 317. (*Primav.*, 136.)

Es uno de los textos añadidos por Martín Nucio en 1550 al *Canc. s. a.* y Rodríguez Moñino («Introducción» a su edición) no logra encontrar origen ni pliegos en que figure.

Otra versión

¡Ay cuán linda que eres Alba,
más linda que no la flor! (*Primav.* 136 *a*)

con muchas variantes, algunos versos tradicionales y otros que parecen añadidos cultos está en Timoneda, *Rosa de amores* y en el *Canc. Flor de enamorados*.

Es uno de los romances más difundidos por todas partes, y el tema de la adúltera sorprendida por el marido se documenta en muchos países de Europa (vid. W. J. Enwistle, «Blancaniña»).

Se parece sobre todo mucho a un cuento *(fabliau)* francés en que el marido descubre al amante por su capa colorada colgada.

Para más bibliografía vid. también *Yoná*, pp. 109-110, nota 11.

La gran diferencia en España (como ya se dijo para el anterior, 73) es el castigo final de la adúltera, mientras que las demás tradiciones europeas hacen burla del marido (excepto la griega).

Esta versión es sólo diálogo salvo los versos formulaicos 17-18 (vid. romance anterior 73) con dos diálogos: esposa/amante, esposa/esposo.

Nótese la carga simbólica: los primeros versos implícitamente
se refieren al juramento tópico de no peinarse/afeitarse/desves-
tirse... hasta que se consiga el fin deseado (cf. 19 *a* «Helo, helo por
do viene...»), pero también hay clara connotación sexual en «des-
armar», cómo en «caballo», «armas», «lanza al final»; véanse también la ida del marido a los montes de León a cazar (caza y amor
no pueden convivir; vid. Devoto, «El mal cazador»), que es como
abandonar a la mujer, motivo explícito en los versos 21-24 (a veces
en la tradición oral, la caza es sustituida por la guerra, que viene
a ser lo mismo); la maldición que tiende a despojar al marido
de sus atributos de cazador; el germen de la traición ya presente
en la Blanca niña por herencia (en su ser antes que en su
hacer); la serie de preguntas/contestaciones paralelísticas (que se
puede alargar en las versiones orales: redundancia del discurso
que no hace más que repetir la «traición» ya conocida); por fin la
petición de castigo por parte de la esposa que subraya su conciencia de la infracción a la ley. En *Primav.* 136 *a*, muere de susto,
final más flojo y en varias versiones modernas es repudiada por
el esposo, quien la manda a su padre a que la castigue.

Hay una hermosa versión marroquí en Bénichou, *RJEM*, p. 142,
y la bibliografía viene en *Cat. Ind.*, II, M₁, pp. 48-53.

El *incipit* de las versiones judías:

> Yo me levantara un lunes
> un lunes antes de albor

es antiguo, ya que Lope de Vega lo insertó en *La locura por la
honra* (*RH*, II, p. 177).

75. ROMANCE DE LANDARICO

> Para ir el rey a caça,
> de mañana ha madrugado;
> entró donde está la reina
> sin la aver avisado;
> 5 por holgarse iva con ella,
> que no iva sobre pensado.

Hallóla lavando el rostro
que ya se havía levantado,
mirándose está a un espejo,
10 el cavello destrançado.
El rey con una varilla
por detrás le havía picado,
la reina que lo sintiera
pensó que era su querido:
15 —«Está quedo, Landarico»
le dixo muy requebrado.
El buen rey, cuando lo oyera,
malamente se ha turbado.
La reina bolvió el rostro,
20 la sangre se le ha cuajado.
Salido se ha el rey
que palabra no ha fablado,
a su caça se ha ido,
aunque en al tiene cuidado.
25 La reina a Landarico
dixo lo que ha passado:
—«Mira lo que hazer conviene,
que hoy es nuestro fin llegado.»
Landarico que esto oyera
30 mucho se ha cuitado.
—«En mal punto y en mal hora
mis ojos te han mirado.
¡Nunca yo te conociera
pues tan cara me has costado!
35 que ni a ti hallo remedio
ni para mí lo he hallado.»
Allí hablara la reina
desque lo vio tan penado:
—«Calla, calla, Landarico;
40 calla, hombre apocado.
Déxame tú hazer a mí
que yo lo habré remediado.»
Llama a un criado suyo,
hombre de muy baxo estado;
45 que mate al rey le dize,
en haviéndose apeado,

que sería a boca de noche,
cuando oviesse tornado.
Házele grandes promesas
50   y ellos lo han aceptado.
En bolviendo el rey dezía,
de aquello muy descuidado;
al punto que se apeava
de estocadas le han dado.
55   —«¡Traición!», dize el buen rey.
y luego ha espirado.
Luego los traidores mesmos
muy grandes bozes han dado,
criados de su sobrino
60   havían al rey matado.
La reina hizo gran duelo
y muy gran llanto han tomado,
aunque en su coraçón dentro
otra cosa le ha quedado.

Pliegos Praga, I, XXXVIII, p. 331.

Es el 655 del *DPS* y parece el único texto antiguo conservado
de este romance, muy común en la tradición sefardí, pero también
conocido en la Península (*RH*, II, p. 340, nota 74), lo que muestra
la facilidad con la cual han podido desaparecer los testimonios
escritos antiguos, cuando no eran temas favoritos de los editores.

Menéndez Pelayo en el *Tratado* (*Ant. Lír. Cast.*, VII, pp. 372-374)
comprueba el origen erudito de este romance: *Gesta Francorum*,
historia (en latín) del rey merovingio Chilperico y de su esposa
Fredegunda que lo manda matar al volver de caza (después de
haberle revelado sin querer sus amores con Landaricus), y que
acusa al sobrino del rey de su asesinato. (Es, con variantes, la
historia de Agamemnón y Clitemnestra.)

Se ve que esta versión se ciñe a la historia francesa, y que es
una torpe redacción escrita: rima consonante en -*ado* con descui-
dos («querido»); sintaxis enrevesada (vv. 45-49) con nexos lógico-
temporales explícitos («desque», «luego», «aunque»). Los diálogos
en cambio revelan una elaboración tradicional («calla, calla»), y
parece que haya mezcla de dos planos de expresión. ¿Será, como
dice Bénichou, «un caso de romance erudito entrado en la tradición y retocado por ella»? (*RJEM*, p. 104). Vid. la versión que

publica (*RJEM*, p. 103) y su comentario que explica muy atinadamente los cambios sufridos en el paso por la tradición oral.

El mayor es el acortamiento, fácilmente explicable por lo chocante de la muerte del rey y la impunidad de la reina: ahora el romance acaba sea por la huida de Landarico que deja a la reina resolver sola su problema, o sea por el castigo o amenaza de castigo, por parte del rey, al descubrirse la traición. También las versiones modernas incluyen más revelaciones de la reina cuando cree hablar con Landarico: los hijos habidos con él y con el rey, y la diferencia de trato entre ellos, motivo éste que parece antiguo, ya que se encuentra en todas las ramas de la tradición. También se insiste en la coquetería de la reina, sólo apuntada aquí en los vv. 7 y 9-10. En fin cambia profundamente el mensaje: viene a ser un caso más de castigo del adulterio y no el insoportable triunfo de la mujer traidora.

Tenemos aquí también el motivo de la caza aliado al amor fracasado (vid. 74) y es de notar el arrojo de la reina frente al apocamiento de Landarico (que es lo más logrado de esta versión).

Vid. *Cat. Ind.*, II, M₈, pp. 64-73 y *Tres calas...*, A₆, pp. 50-53 y B₄, páginas 93-94.

76 a.   ROMANCE DE BERNAL FRANCÉS

```
     Tan! tan! llaman en la puerta,
     Hierbabuena baja a abrir.
     «¿Quién es ese caballero,
     que en mi puerta llama así?»
 5   «Es el Señor don Francisco
     que te solía servir,
     de noche para la cama,
     de día para el jardín.»
     Al tiempo de abrir la puerta
10   se me ha matado el candil.
     Quien el candil me ha matado
     así me matará a mí.
     Ya tengo tres hombres muertos
     y otros tres para morir,
```

15 les he lavado su cuerpo
con agua de toronjil.
Les quité camisas sucias
de holanda se la *pusí*.
Me lo pillé de la mano,
20 pá arriba me lo subí,
me lo senté en silla nueva
que tenía para mí.
Me lo pillé de la mano,
me lo acosté al *lao* de mí,
25 a eso de la media noche
ay! ella decía así:
«¿Qué hacéis ahí, mi Don Francisco
que no os volvéis para mí?
Si teméis a mis criados
30 os han puesto mal de mí.»
«Ni yo temo a tus criados
ni me han puesto mal de ti.
Solo temo a tu marido
no venga y me mate aquí.»
35 «Mi marido está en la guerra
trescientas leguas de aquí.»
«Mañana por la mañana
le escribirás al de allí,
le digas a Don Francisco
40 que diga misas por ti.
Les dirás a tus hermanas
que rueguen a Dios por ti
y a la puta de tu madre,
que venga a verte morir.
45 Que tengo una espada nueva
y con ella has de morir:»
Me la senté en silla nueva
y allí la acabé morir.

K. Schindler, *Folk Music.*, 25, p. 66. Versión de Sarnago (Soria) con el título: «Venganza del marido».
Vid. 76 *b*.

76 b. OTRO ROMANCE DE BERNAL FRANCÉS

«Elena, abríme la puerta,   si no te da desconfianza;
2 si soy Fernando el Francés,   que acabo de llegar de
[Francia.»
Elena le abrió la puerta   para acostarlo a dormir.
4 Y en el quicio de la puerta,   le apagaron el candil.
«Si sois Fernando el Francés,   ¿porqué no me hablas
[a mí?
6 ¿Tenéis amores en Francia,   queréis a otra más que
[a mí?»
«No tengo amores en Francia,   ni quiero a otra más
[que a ti;
8 me temo de tu marido,   que está muy cerca de ti.»
«¡Perdón, ah, marido mío,   perdona mi desventura!,
10 no hagas tanto por mí,   hacedlo por esta criatura.»
«De mí no alcanzas perdón,   de mí no alcanzas
[ventura,
12 que te perdone el Francés,   que gozó de su hermosura.»
«Toma, María, este niño,   y llevárselo a la abuela;
14 y preguntan por Elena,   diles que no sabes d'ella.»
Siete balas de revolver   que su marido le dió.
16 Le sacó la carne humana   y el cuerpo le embalsamó.
Todas las mujeres casadas   vivan bien con sus maridos,
18 que no les suceda el caso,   que (a) Elena le ha sucedido.

G. Beutler, *REC*, 142, p. 361. Versión de Ituango (Antioquia, Colombia) con el título «La esposa infiel (Bernal Francés)».

Adrede se dan dos versiones para que se puedan comparar dos ramas de la tradición y para que se pueda apreciar la labor de taracea realizada por Menéndez Pidal, al reconstruir con versos tradicionales la versión de *Flor nueva* (pp. 122-124), más lograda poéticamente que cuantas se puedan recoger. No se incluye aquí por ser muy conocida y estar fácilmente al alcance de todos.

El *incipit* lo reelaboró Pidal a partir de la tradición sefardí oriental (cf. yo estando en la mi casa/laborando mi cuxín. Versión de Sarajevo recogida por Manrique de Lara en 1911; *Cat. Ind.*, II, página 75).

Efectivamente de este romance se conocen versiones de casi todas las áreas pero ninguna tan completa como la que recompuso Pidal. En los siglos XVI y XVII, no se recogió —que se sepa— pero parece que era popular ya que aluden a él Góngora, Lope de Vega, Calderón. Vid. los comentarios de Pidal, *Flor nueva* (páginas 124-125) y *RH*, I, pp. 160, 362-363; II, pp. 244-245; 348-349; página 407; y *Cat. Ind.*, II, M₉, pp. 74-76 para la bibliografía y versiones inéditas sefardíes.

Una canción muy parecida está documentada en Italia y en Metz (Francia), con el mismo asonante en *-í*, prueba para Pidal de que procede del romance castellano (además son tierras que pertenecieron a España). También se conserva a menudo el recuerdo del nombre Bernal Francés (Re-Inardi que procede de Bernardino en una versión piamontesa), como se conserva en la tradición hispánica de forma más o menos adulterada (Francisco de 76 *a*); y precisamente el nombre es crucial en la historia de este romance, ya que fue el nombre de un capitán de las guerras de Granada «tan valiente en armas como odioso a sus soldados a causa de la avaricia que para con ellos mostraba» (*Flor nueva*, página 124). Un artículo de J. B. Avalle Arce, «Bernal Francés y su romance», muy documentado, subraya la impopularidad del Bernal Francés histórico y sugiere que el romance puede haber nacido «para crear un embarazoso nimbo alrededor de B. Francés» (art. cit., p. 337), y esto, en la región de Vélez Málaga, donde se ilustraba a su manera B. Francés, a finales del siglo XV, en la época de gran hervor romancístico. Ahora bien, alrededor de la figura de Bernal Francés presentado aquí como raptor de mujeres (y por lo tanto con connotación negativa), se plasmó una serie de motivos folklóricos muy comunes (como el del marido que pone a prueba la fidelidad de su esposa, vid. 66, *Señas del Marido*) y de tópicos discursivos (apagar el candil=matar). Lo que no se sabe es si ya existía un romance parecido, que se habría aplicado a B. Francés o si se elaboró éste a propósito contra él.

En cuanto a estas dos versiones, las dos tienen un final flojo, desarrollando 76 *a* la amenaza de muerte y contaminándose 76 *b* con el corrido de Elena, lo que es muy común en América (de ahí en 76 *b* la forma estrófica en cuartetas y el cambio de asonante). Es más logrado el anuncio metafórico de la muerte por degollación que se da en ciertas versiones:

«te cortaré manto y nagua
y mantón de carnesí *(sic)*
gargantilla colorada
que te pertenece a ti» *(Flor Mar.*, I, p. 138).

Véase en 76 *a* la alternancia primera/tercera persona (cambio brusco vv. 23-26) y el enfoque narrativo de los versos finales (del discurso directo se pasa a la narración en primera persona).

Parece también haber contaminación en los versos 14-15 con un romance de mujer matadora (del tipo de *la Gallarda*, vid. 78), al estar estos versos en boca de la mujer cuando, más lógicamente, forman parte en otras versiones del ardid del hombre.

Para la conservación de Francia/Francés, se sabe que Francia es por antonomasia, en el romancero, tierra de las aventuras amorosas desde los romances carolingios.

Véase también cómo el romance se presenta como un enigma por resolver, al no corresponder el nivel lógico-temporal de la fábula con el de la intriga y nótense, en el plano del discurso, las repeticiones paralelísticas.

XI. MUJERES MATADORAS

77. ROMANCE DEL VENENO DE MORIANA

«Vengo brindado, Mariana,—para una boda el domingo.»
2 «Esa boda, Don Alonso,—debiera de ser conmigo.»
«Non es conmigo, Mariana;—es con un hermano mío.»
4 «Siéntate aquí, Don Alonso,—en este escaño florido;
que me lo dejó mi padre—para el que case conmigo.»
6 Se sentara Don Alonso,—presto se quedó dormido;
Mariana, como discreta—se fué a su jardín florido.
8 Tres onzas de solimán—cuatro de acero molido,
la sangre de tres culebras,—la piel de un lagarto vivo,
10 y la espinilla del sapo,—todo se lo echó en el vino.
«Bebe vino, Don Alonso,—Don Alonso, bebe vino.»
12 «Bebe primero, Mariana,—que así está puesto en estilo.»
Mariana, como discreta,—por el pecho lo ha vertido;
14 Don Alonso, como joven,—todo el vino se ha bebido:
con la fuerza del veneno,—los dientes se le han caído.
16 «¿Qué es esto, Mariana;—qué es esto que tiene el vino?»
«Tres onzas de solimán,—cuatro de acero molido,
18 la sangre de tres culebras,—la piel de un lagarto vivo,
y la espinilla del sapo,—para robarte el sentido.»
20 «Sáname, buena Mariana,—que me casaré contigo.»
«No puede ser, Don Alonso,—que el corazón te ha
[partido.»
22 «Adiós, esposa del alma,—presto quedas sin marido:
adiós, padres de mi vida,—presto quedaron sin hijo.
24 Cuando salí de mi casa,—salí en un caballo pío,
y ahora voy para la iglesia—en una caja de pino.»

Ant. Lír. Cast., IX, pp. 224-225 apud Juan Menéndez Pidal, *Poesía popular...*

De este romance, como del anterior, sólo se conocen algunos testimonios antiguos.

Vid. *RH*, II, pp. 411-412. No es de extrañar que no se recogiera, ya que, probablemente, en su forma primitiva era de cuartetas paralelísticas con cambio de asonante, lo que explica los asonantes varios de algunas versiones (vid. la de Bénichou, *RJEM*, p. 156). En cambio ésta se ha regularizado en *i-o* (se sabe que la tendencia es a uniformar en la época moderna).

Es difícil darle a este romance una filiación precisa aunque tenga congéneres en otras tradiciones (vid. *Ant. Lír. Cast.*, VII, páginas 392-393), pero parece ser una modalidad de una historia de motivos muy conocidos: envenenadora/hechicera; el filtro de amor que se vuelve bebida mortífera; la amante abandonada que procura vengarse.

Su reunión y particular estructuración es propia de este romance. El punto crucial viene a ser el anuncio de una boda que desencadena el proceso de venganza, oculto en un principio, y la mejor arma de Mariana es su astucia («como discreta»), frente a la ingenuidad de Alonso. Es la mujer mala, peligrosa para el hombre, en forma de bruja (ya que los ingredientes de la pócima son los consabidos de las brujas). El final aquí es de autocompasión y todo está hecho para provocar la lástima hacia el hombre víctima. No es así en las versiones sefardíes que se centran más en Mariana como mujer abandonada. Vid. los comentarios de Bénichou, *RJEM*, pp. 158-159 (en su versión se inventa que las bodas habían de ser con ella, aprovechando la ambigüedad del convite).

Nótese aquí la preponderancia del diálogo, por el cual nos enteramos al principio de los antecedentes.

Vid. *Cat. Ind.*, II, N₁, pp. 92-97.

78. ROMANCE DE LA GALLARDA MATADORA

   Calle de San Rafael,—calle de Santa María,
2 paseaba un caballero,—calle abajo y calle arriba.
   «¿Qué hace la *señá* Gallarda—sentadita en una silla?»
4 «Esperando a un caballero—que me ha dicho que venía.
   Sube, sube, caballero,—sube, si quieres, arriba.»

6 Y al subir por la escalera—se ha fijado en una viga:
   había cien cabezas de hombre—allí en la viga tendidas.
8 Conoció la de su padre—por la barba encanecida.
   Conoció la de su abuelo—por el rostro que tenía.
10 «¿Qué tienes aquí, Gallarda,—con toda tu gallardía?»
   «Son cabezas de lechón—criadas con buena harina.»
12 Gallarda pone la mesa—con toda su gallardía.
   Ya se ponen a cenar;—caballero no comía.
14 «Come, come, caballero.»—Caballero no comía.
   Se mete para la alcoba;—caballero to lo vía.
16 Gallarda hace la cama—con toda su gallardía.
   Entre sábana y colchón—puñal de oro metía.
18 A eso de la media noche—Gallarda se rebullía.
   «¿Qué te rebulles, Gallarda,—con toda tu gallardía?»
20 «Busco mi puñal dorado—para quitarte la vida.»
   No lo había muy bien dicho—ya en la mano le tenía.
22 Siete puñalás la dio,—de las menos moriría.
   «Portero, ábreme la puerta,—portero del alma mía.»
24 «Esta puerta no se abre—en lo que no sea de día,
   que si Gallarda lo sabe—la vida me quitaría.»
26 «Si por Gallarda lo haces—en el suelo está tendida.»
   «Vaya con Dios, caballero,—¡qué madre te pariría!
28 De cien hombres que han entrado—tú solo sales con vida.»

García Matos, *Cancionero Popular de la Provincia de Madrid*, 80, p. 45. Versión de Cadalso de los Vidrios (Madrid).

De este romance hay únicamente versiones modernas; es muy común en el Noroeste (Asturias, Galicia, León) y en Portugal, no faltando en Castilla, como lo atestigua este texto. Se pueden ver en *Ant. Lír. Cast.*, IX, pp. 245-246, tres versiones asturianas que se parecen mucho a ésta.

Se ha estudiado poco este tema interesantísimo de la mujer matadora de hombres vencida con sus propias armas; tiene que ver con la *Serrana de la Vera*, resurgencia de la mujer salvaje («*selvática*»), romance muy popular también, y con la *Gallarda envenenadora* conocido sólo en Oriente (*Cat. Ind.*, II, N₃ y *RJEO*, páginas 133-138). Pero si tienen los tres romances en común la presencia de una mujer matadora, no por eso se confunden y cada uno debe ser estudiado en su especificidad.

Según R. Benmayor (*RJEO*, p. 137), el próximo tomo del *Ro-*

mancero tradicional a cargo de J. A. Cid recogerá todos los textos de los tres romances con sendo estudio, y entonces se podrán tener a mano más documentos.

De momento, en esta versión se pueden notar: la localización previa, aquí urbana; el enfoque en el caballero (las versiones asturianas presentan a la Gallarda esperando y llamando al caballero), quien aquí toma la iniciativa de acercarse a la Gallarda: ésta no tiene el papel activo de otras versiones en que atrae al caballero con promesas de buena comida, etc....; las cien cabezas en la viga, que es el motivo más estable en todas las versiones, son trofeos de caza ostentados y premonitorios (quizá una modalidad degradada del mito de la mujer guerrera, que destruye a los hombres, cf. Amazonas); el caballero que vence a la Gallarda astuta con su sagacidad, negándose a comer (la comida se vuelve instrumento de aniquilación del hombre) y haciéndose el desentendido y que mata a la Gallarda con su propia arma, es inversión de la situación inicial, el poder masculino ha sustituido al femenino mortífero, y se le agradece al caballero su intervención libertadora. Es evidente que detrás de eso se oculta todo un haz de temores primitivos, que cada versión reinterpreta y estructura de modo diferente. El mensaje final inequívoco es comprendido por los sucesivos recitadores como hazaña libertadora de un inquietante poder femenino, sean las que fueren las raíces complejas de éste.

79. ROMANCE DE RICO FRANCO

A caça ivan, a caça,
los caçadores del rey,
ni fallavan ellos caça,
ni fallavan qué traer;
5   perdido havían los halcones,
mal los amenaza el rey.
Arrimáranse a un castillo
que se llamava Mainés;
dentro estava una donzella,
10 muy fermosa y muy cortés,
siete condes la demandan
y assí fazen tres reyes;
robárala Rico Franco
Rico Franco Aragonés.
15 Llorando iva la donzella
de sus ojos tan cortés,
falágala Rico Franco,
Rico Franco Aragonés.
—«Si lloras tu padre o madre,
20 nunca más vos los veréis,
si lloras los tus hermanos,
yo los maté todos tres.»
—«Ni lloro padre o madre
ni hermanos todos tres,
25 mas lloro la mi ventura
que no sé cual ha de ser.

Prestédesme Rico Franco
vuestro cuchillo lugués,
cortaré fitas al manto
30 que no son para traer.»
Rico Franco de cortese
por las [c]achas lo fue tender,
la donzella que era artera
por los pechos se lo fue a meter.
35 —«Ansí vengo padre y madre
y a[u]n hermanos todos tres.»

Canc. 1550, p. 253. (*Primav.*, 119.)

Se toma de *Canc. s. a.* con la adición de los versos 5 y 6 y una variante en el verso 12. Menéndez Pidal en la «Introducción» a su edición del *Canc. s. a.* (pp. XXXII-XXXIII) piensa que este romance como los cuatro siguientes del *Canc. s. a.* —entre ellos 88 de esta edición—, proceden de un manuscrito del siglo XV (f inicial conservada).

Rodríguez Moñino no parece conocer tampoco texto impreso anterior. Es muy interesante la edición de *Canc. 1550* ya que la mención de los «halcones» se halla también en algunos textos modernos. ¿De dónde sacaría Martín Nucio esa enmienda? ¿De otro texto o de una recitación oral?

Este romance tiene pues antecedentes conocidos y está también muy bien representado en la tradición moderna. Se conserva un texto oriental del siglo XVIII (*Bosnia* A₂, p. 17) prueba, si fuera necesaria, de la persistencia del romancero aun en los siglos en que hay pocos testimonios escritos. Bibliografía en *Cat. Ind.*, II, O₂, pp. 112-118; véase Bénichou, *RJEM*, pp. 160-163; *Bosnia*, A₂ y B₁₅; *Tres calas...*, A₉ y C₇; y *Yoná*, 18, pp. 241-254 (con amplio estudio). Vid. también *RH*, I, p. 330 y II, p. 316.

Otra vez nos encontramos con un tema (raptor/seductor de mujeres y asesino, matado por una de sus víctimas) presente en una infinidad de baladas de toda Europa. Pero la particularidad de los romances españoles desde antiguo es que la doncella, al matar a Rico Franco, no sólo se defiende, sino que venga a toda su familia ultrajada por él. Bastante bien recordada es la historia en las versiones modernas; en todas Rico Franco es matado por su propia arma (vid. 78), y la cortesía de tender el cuchillo por las cachas que permite la muerte del caballero indefenso se conserva a menudo:

él se lo dió al derecho,
ella lo tomó al revés...

probablemente por ser modalidad discursiva de la inversión de papeles característica de este romance.

Para este principio y el motivo de la caza, remito una vez más a Devoto, «El mal cazador» y para las citas de motivos y versos similares a *Yoná*, pp. 244-250, notas 3 y 4. Otro *incipit* muy común en la tradición peninsular, y también oriental, presenta a la muchacha ganada en un juego de azar («ajedrez» o «la flor del treinta y tres») por Rico Franco.

¿Será variante antigua o contaminación con otra historia parecida? Habría que estudiar de cerca esta familia de versiones en que el rapto es sustituido por la conquista en el juego. En cuanto al pretexto aducido por la muchacha para obtener el cuchillo, puede revestirse de modalidades discursivas muy diversas: cortar el vestido, los cabellos, una pera por tener sed, etc...., y lo mismo la serie enumerativa de las penas (muerte, cautiverio) sufridas por la familia.

Es romance del repertorio infantil.

En esta sección de «Raptos y forzadores» muy bien se podrían incluir el romance de *Reina Elena* (55) y el de *Virgilios* (56) que se incluyen en otra para seguir el orden del *Cat. Ind.*

Otro caso de conde forzador de doncella y castigado es *El Conde preso* (vid. D. Catalán, *Por campos...*, cap. V).

XIII. INCESTO

80. Romance de Silvana

Se paseaba la Silvana
por su huerta la florida,
con su guitarra en la mano;
firmemente la tañía.
5   Su padre la estaba viendo
por una alta celosía:
«Si tú quieres ser, Silvana,
por una noche mi amiga.»
«¿Y las penas del infierno,
10   padre, quién las pagaría?»
«El Padre Santo está en Roma,
todo lo dispensaría.»
«Pero Dios está en los Cielos,
que aquél nada se le olvida.»
15   Ya se encuentra con su madre,
muy triste y muy afligida.
«¿Qué tienes, Silvana mía?
¿Qué tienes, prenda querida?»
«¿Qué quiere Usted que yo tenga?
20   ¿Qué quieres, madre querida?
Váyase Usted por mi alcoba,
por mi alcoba la florida,
que yo me voy a mudar
con una blanca camisa,
25   que para dormir con Rey
es menester ir muy limpia.

Póngase Usted mis vestidos,
yo los sayos me pondría.
Se eche Usté un velo a la cara
30   para no ser conocida.»
A eso de la media noche
el pícaro le decía:
«Tú no estás, Silvana, virgen,
tú no estás, prenda querida.»
35   «¿Cómo quieres que esté virgen
si soy tu mujer querida?
He paridito a don Juan
y también doña María,
y también tu hija Silvana,
40   que deshonrarla querías.»
«Dispense, prenda querida,
dispense los buenos días,
que los ensueños de noche
se estudian en breves días.»

K. Schindler, *Folk Music...*, 12, p. 59. Versión de Olvega (Soria).
No se recogió en el siglo XVI este romance de incesto, pero existía y se conocía (primer verso inserto en una comedia del portugués Francisco Manuel de Mello:

Paseávase Silvana
por hum corredor hum dia, *RH*, II, p. 408).

Se conserva un texto judeo-español del siglo XVIII (*Bosnia* A₃), y desde el siglo XIX se han recogido muchas versiones en España, en Marruecos, en Oriente, en Portugal y en América (muchas veces contaminadas las de las dos últimas áreas por el otro romance de incesto: *Delgadina*).
He aquí una versión castellana bastante completa. Se trata de una tentativa de incesto, frustrada gracias a la alianza de la hija y de la madre contra el padre. Como se sabe, el tema del incesto es universal y lo que interesa es ver su particular enfoque en cada una de sus manifestaciones. En el Romancero son cuatro romances, los que tienen como tema céntrico el incesto: *Tamar* (54), *Blancaflor y Filomena* (57), *Silvana y Delgadina* (81). *Silvana y Delgadina* pueden confundirse a veces por tratar de la misma modalidad: incesto padre/hija, aunque en un principio son muy diferentes.

El eje aquí es la sustitución de la madre por la hija más joven (versos de introducción que siempre describen a la atractiva Silvana), invertida luego en sustitución de la hija por la madre en su papel de amante del padre. El tabú del incesto está aquí claramente cristianizado («las penas del infierno», la dispensa del padre santo) y la contestación de Silvana siempre se centra en la ley religiosa. (En otras versiones parece que Silvana aceptaría gustosa si no fuera la condena eterna y sólo el miedo al castigo impide el cumplimiento del incesto.) Para salir del paso, la hija inventa la sustitución de apariencias con la madre. La madre sustituye a la hija en el parecer, no en el ser; hay que notar que aquí el ser es el sexo que permite a la madre afirmar su identidad de madre. El desenlace como siempre, es muy diverso según las versiones: aquí el rey pide perdón, alegando que ha confundido el «ensueño» con la realidad; algunas versiones orientales por eufemismo quedan inconclusas con las palabras de la madre:

«Mandalde vos a dezir
que non asyenda Kandelería» (*Yoná*, p. 268),

lo que los editores de *Yoná* llaman «saber callar a tiempo».
Vid. *Cat. Ind.*, II, P₁, pp. 131-136 y sobre todo, *Yoná*, 20, pp. 267-271 y el estudio muy sugestivo de M. Gutiérrez Esteve, «Sobre el sentido de cuatro romances de incesto». Los cuatro romances son los mentados anteriormente; hay que leer ese estudio basado en el método estructural de Lévi-Strauss pero resumiré las conclusiones a las que llega para *Silvana:* oposición naturaleza/cultura y conflicto que se resuelve con la mediación de los atuendos corporales, la cual permite «en el orden narrativo evitar la situación causante del conflicto, y en el orden simbólico, la creación de un ámbito de conciliación y compromiso entre identidad y sociedad, deseo y ley» (página 563). Este análisis, que se sitúa a nivel del mito, revela el mensaje del romance, comprendido implícitamente por los sucesivos transmisores.

81. Romance de Delgadina

El buen Rey tenía tres hijas—muy hermosas y galanas;
2 la más chiquita de todas—Delgadina se llamaba.
Un día, sentado a la mesa,—su padre la reparara.
4 «Delgadina, Delgadina;—tú has de ser mi enamorada.»
«No lo quiera Dios del cielo,—ni su Madre soberana,
6 que de amores me rindiera—al padre que me
                                                  [engendrara.»
La madre qu' atal oyó,—n'un castillo la encerrara;
8 el pan le daban por onzas—y la carne muy salada,
y el agua para beber—de los pies de una llamarga,
10 donde canta la culebra,—donde la rana cantaba.
Delgadina por la sed,—se arrimara a una ventana,
12 y a sus dos hermanas viera—labrando paños de grana.
«¡Por Dios vos pido, Infantinas,—que hermanas non vos
                                                  [llamaba,
14 por una de las doncellas—unviayme una jarra de agua;
que el corazón se me endulza—y el ánima se me aparta!»
16 «Quítate allá, Delgadina;—quítate, perra malvada:
un cuchillo que tuviera—te tiraría a la cara.»
18 Delgadina, por la sed,—se arrimara a otra ventana;
viera a los dos hermanos—jugando lanzas y espadas.
20 «Por Dios vos pido, Infantinos,—que hermanos non vos
                                                  [llamaba,
por uno de vuestros pajes—unviayme una jarra de agua,
22 que el corazón se me endulza—y el ánima se me aparta.»
«Quítate allá, Delgadina;—quítate, perra malvada;
24 que una lanza que tuviera—yo contra ti la arrojara.»
Delgadina, por la sed,—se arrimara a otra ventana,
26 viera a su madre la Reina—en silla de oro sentada.
«Por Dios vos pido, la Reina,—que madre non vos
                                                  [llamaba;
28 por una de esas doncellas—unviayme una jarra de agua;
que el corazón se me endulza—y el ánima se me aparta.»

30 «Quítate allá, Delgadina,—quítate, perra malvada,
que ha siete años por tu culpa,—que yo vivo mal casada.»
32 Delgadina, por la sed,—se arrimara a otra ventana,
y vio a su padre que enbajo—paseaba en una sala.
34 «Mi padre, por ser mi padre,—púrrame una jarra
[de agua,
porque me muero de sed,—y a Dios quiero dar mi alma.»
36 «Darétela, Delgadina,—si me cumples la palabra.»
«La palabra cumpliréla—aunque sea de mala gana.»
38 «Acorred, mis pajecicos,—a Delgadina dad agua:
el primero que llegase,—con Delgadina se casa;
40 el que llegare postrero,—su vida será juzgada.»
Unos van con jarros de oro,—otros con jarros de plata;
42 las campanas de la iglesia—por Delgadina tocaban.
El primero que llegó—Delgadina era finada.
44 La Virgen la sostenía,—anxeles la amortayaban;
en la cama de su padre—los degorrios se asentaban,
46 y a los pies de Delgadina—una fuente fría estaba,
porque apagase la sede—que aquel cadáver pasaba.

Ant. Lír. Cast., IX, pp. 248-249 apud Juan Menéndez Pidal, *Poesía popular...*
Se dice que es el romance de más difusión por todo el ámbito del Romancero y forma parte, a pesar de su tema, del repertorio infantil.
Se ha escogido esta versión —entre tantísimas— por ser representativa del romance en su estado más completo. Léase el anterior *(Silvana)* y luego éste: las diferencias saltan a la vista, aunque los dos versan sobre el mismo tema del incesto del padre con la hija. Mucho más trágico es éste ya que acaba siempre con la muerte de Delgadina y la correlativa condenación eterna del padre.
En esta versión, pues, tenemos un relato completo que no se salta ninguna etapa: situación inicial, un padre (rey/rey moro) con tres hijas; el rey se fija en la más pequeña y le confiesa su deseo; la hija se niega (no por temor a la ley divina como en *Silvana*), sino por no infringir la ley básica de toda sociedad («padre que me engendrara»; en otras versiones por no ser «madrastra de [sus] hermanos»); castigo inmediato, aquí de parte de la madre, en la mayoría de las versiones de parte del padre: reclusión en un castillo (torre-cárcel) y pena de sed (comida salada y agua no

potable); petición de agua de Delgadina a toda la familia que se la niega; nótese aquí la progresión hasta el padre que se la promete a Delgadina contra el cumplimiento del incesto; aceptación de Delgadina «aunque sea de mala gana»; el padre ofrece a Delgadina en premio al primero que llegue con agua; la muerte de Delgadina hace brotar el agua; acompañamiento celestial para ella, demoníaco para el padre. Una u otra de esas secuencias puede faltar (finales truncos orientales, v. gr.). Ahora bien, a nivel discursivo, pueden realizarse cada una de ellas de muy diversas formas. Por ejemplo, se ve muy bien aquí cómo se construye la petición de agua de Delgadina por repeticiones íntegras de versos, series paralelísticas, etc... (Además en esta versión, Delgadina rechaza los parentescos «que... non vos llamaba», salvo en el caso del padre, a quien se dirige «por ser padre», recordándole su papel social para con ella). Esta versión enfatiza así la desintegración de los lazos familiares, estamos en una situación asocial insoportable y el orden se restablece al final con la ayuda divina: premio a los buenos, castigo a los malos. Es propio de una sociedad determinada —cristiana aquí—, dar esta solución al incesto, a veces con tono moralizante. Si se pasa a un nivel más abstracto, como hace M. Gutiérrez Esteve, se ve que aquí el mediador es el agua «a la vez terrestre y celestial», la cual «elimina la dramática disyunción que había originado la proposición de incesto» («El sentido de cuatro romances de incesto», p. 558). Pero el agua que nace de la muerte de Delgadina no aparece en todas las versiones (no está en las de Canarias, ni en América, ni en Oriente), lo que puede significar que existe un mensaje a otro nivel simbólico: también se podría hacer un análisis psicoanalítico de este romance y de la sed de Delgadina, del conflicto básico apuntado admirablemente en esta versión por la «culebra que canta», fórmula cuya presencia señala en el romancero el peligro ligado a la violación de un tabú (vid. Devoto, «Un no aprehendido canto», pp. 22-44).

Vid. *Cat. Ind.*, II, P₈, pp. 136-141; Bénichou *RJEM*, pp. 252-253; *Nahón*, pp. 143-144; Benmayor, *RJEO*, pp. 139-146, donde se encontrará más bibliografía. No hay casi colección de romances modernos sin, por lo menos, una versión de *Delgadina*.

XIV. MUJERES SEDUCTORAS

82 a. ROMANCE DE GIRINELDOS

Levantóse Girineldos,
el rey dexava dormido,
fuérase para la Infanta
a do estava en el castillo,
5 los çapatos en la mano
porque no fuesse sentido.
—«Abrasme, dixo, señora,
ábrasme, cuerpo garrido.»
—«¿Quién sois vos, el cavallero,
10 que llamáis a mi postigo?»
—«Girineldos soy, señora,
vuestro tan querido amigo.»
Tomáralo por la mano,
a un palacio lo ha metido;
15 besándolo y abraçando,
Girineldos se ha dormido.
Recordando havía el rey,
recordó muy pavorido.
—«Girineldos, Girineldos,
20 diéssesme tú del vestido.»
Tres vezes lo ha llamado
y nunca ha respondido.
—«Girineldos, Girineldos,
mi camarero polido,
25 si me andas en traición,
házeslo como enemigo,

que dormías con la infanta
o me has vendido el castillo.»
Toma la espada en la mano,
30 fuérase para el castillo,
las puertas halló cerradas
no hallava como abrillo;
por una ventana pequeña
entrado havía en el castillo.
35 Fuérase para la cama
donde a Girineldos vido;
él lo quisiera matar
mas criólo de chiquito,
sacara luego la espada
40 y entre entramos la ha metido,
porque desque recordasse
viesse como era sentido.
Recordado havía la Infanta,
la espada havía conoscido.
45 —«Girineldos, Girineldos,
que ya érades sentido,
que la espada de mi padre
yo me la he bien conoscido.
¿Qué será de ti Girineldos?
50 ¿Qué serán de tus servicios?»
—«Lo que ha de ser, señora,
que nos casemos yo y tigo.»

Silva III, p. 470.

Es una de las versiones antiguas del romance de Gerineldo que aparece también en un pliego de Madrid de 1527 (836 del *DPS*) reeditado por Durán y por Wolf (*Primav.*, 161) y en otro que vio y editó Durán y luego Wolf (*Primav.*, 161 a), de paradero desconocido hoy (875 del *DPS*). Se siguió imprimiendo en pliegos modernos. Se pueden ver algunas versiones de pliegos en *Rom. Trad.*, VI, páginas 25-43.

Si el romance de Gerineldo es el más difundido por todas partes en la tradición moderna, es sobre todo el más editado y estudiado. Se sabe que le sirvió a Pidal para ejemplificar el método geográfico («Sobre geografía folklórica. Ensayo de un método», 1.ª ed. *RFE*, 1920, reimpreso en *Estudios*, pp. 219-323 y reeditado con el estudio de D. Catalán y A. Galmés, «La vida de un romance en el espacio y el tiempo» (1950) en *Cómo vive un romance*). Se editaron todas las versiones (impresas o inéditas del Archivo M. Pidal en los tomos VI, VII, VIII del *Rom. Trad.*; los tomos VI y VII recogen las versiones autónomas y el tomo VIII el romance de tema doble *Gerineldo* y *la Condesita* (o *el Conde Sol*, vid. 65 antes). Hay que añadir que desde la fecha de edición (1975-1976) se siguen recogiendo versiones y que en la actualidad es el romance que más fácilmente se encuentra en las encuestas.

En esta versión de la Tercera parte de la *Silva*, se notan muchas variantes respecto al pliego de 1537; se han añadido los dos últimos versos que no estaban en el pliego (final trunco en el pliego, aquí deseo de redondear el desenlace, paso de un «romance-escena» a un «romance-cuento»). El deseo de finalizar la historia ha llevado en el otro pliego perdido a la elaboración novelesca de una fuga a Tartaria, transformándose el rey en Sultán, la infanta en Enildas que al final se bautiza y luego se casa con Gerineldo. Ésta fue básicamente la versión que se siguió divulgando en los pliegos del siglo XVIII y XIX con refundiciones y alteraciones, pero no influyó casi en las versiones transmitidas oralmente. Las versiones de los dos pliegos antiguos difieren también bastante, en otros puntos, y se recuerdan los motivos propios de cada una de ellas (sueño del rey en una, encuentro con el rey en el jardín en otra), en las diferentes ramas de la tradición oral; la diversidad de los dos pliegos es prueba para Pidal de la vida tradicional en variantes desde el siglo XVI.

Se sabe que esta historia deriva lejanamente de la leyenda medieval de los amores de la hija de Carlomagno con su secretario Eginardo (deformado aquí en Gerineldo), origen también del romance de Melisenda (aunque con muy diversa modalidad. Vid. 26 antes). Se amolda al esquema de los amores juveniles sorprendidos por el padre (la espada manifiesta la intromisión del padre) y, a partir de ahí, se introduce la vacilación del desenlace.

Sigue el análisis de Gerineldo en 82 *b*.

82 b. Otro romance de Gerineldo

«Gerineldo, Gerineldo, paje del rey muy querido,
2 ¡cuántas damas y doncellas desean dormir contigo!
Y yo también Gerineldo, quiero que seas mi marido.»
4 «Como soy vuestro criado, señora, os burláis
          [conmigo.»
«No te lo digo por burla, que de veras te lo digo.»
6 «Si me lo dices de veras ¿a qué hora vendré al
          [castillo?»
«Entre las diez o las once cuando el rey esté
          [dormido.»
8 Entre las diez o las once a su puerta dio un suspiro.
«Quién es ese esvergonzado que a mi puerta dio un
          [suspiro?»
10 «Gerineldo soy, señora, que vengo a lo prometido.»
«Si no fueses Gerineldo, no fueses muy recibido.»
12 El rey ha soñado un sueño que de veras le ha salido;
o le gozan la infantica o le roban el castillo.
14 Para quitarse de dudas para la cama se ha ido;
los halló cara con cara como mujer y marido.
16 «Ahora si mato a Gerineldo lo he criado desde niño,
y si mato a la infantica queda mi reino perdido.
18 Les pondré la espada en medio por que sirva de
          [testigo.»
Y despertó la infantica con el sueño espavorido.
20 «Levántate, Gerineldo, que tu padre nos ha visto;
ha puesto la espada en medio por que sirva de
          [testigo.»
22 «No te asustes, infantica, que espada yo la he traido.»
«No es la tuya, Gerineldo, que yo bien la he conocido,
24 la de mi padre es de oro, la tuya es de plata en fino.
Levántate, Gerineldo, lleva a mi padre el vestido,
26 no te mudes la color porque serás conocido.»
Y al subir las escaleras la color se le ha torcido.

28 «¿Dónde vienes, Gerineldo,   que vienes descolorido?»
   «Vengo de correr los moros   que robaban el castillo.»
30 «Bien te sabes disculpar   para ser pequeño y niño,
   mi infanta perdió una rosa,   dicen que tú la has
                                        [cogido;
32 que la cojas que la dejes   yo os velaré el domingo.»

Variantes: —2b desearían; —3 y yo te desearía | de que fueras
mi m.; —4b hace usted burla c.; —6b vengo; —7a a las doce de la
noche —8 a eso de la media noche | vino a picar al castillo;
—9b quién será el atrevido; *Entre 9 y 10 añade:* que a las doce
de la noche | viene a picar al castillo; —11 si eres tú G. | serás
muy bien r.; —12 a eso de la media noche | al rey mal sueño le
vino; —13 que le quitaban la infanta | o le robaba el c.; —14 Se ha
levantado el rey | y se fue para castillo; —15a Les; *Invierte el
orden de los versos* 16 *y* 17: —16 y si mato a Gerineldo | le crié
desde muy crico; —17a Y si mato yo mi hija infanta; —18a por
medio; —20 Despierta tú G. | despierta si estás dormido; —21 La
espada del rey mi padre | entre los dos ha dormido; —22 Mientes,
mientes, la infantica, | que la traje yo conmigo —23b yo ya la
he c.; —24a que la; —25 se levantó G. | y marchó por el camino;
—29a de escurrir; —31a Mi hija perdió un clavel; —32b el domingo
os velaré. *La recitación que ofrece estas variantes omite los versos:* —19, 26, 27 y 30.

Rom. Trad., VI, pp. 135-136.
Versión I 102 bis de Herreruela de Castillería (p. j., Cervera
de Pisuerga, Palencia), dictada por Encarnación Cenera, chica
joven. Recogido en Brañosera (p. j. Cervera de Pisuerga, Palencia)
por Diego Catalán, septiembre 1951.
Esta versión se reproduce tal como está editada en *Rom. Trad.,*
con las variantes escrupulosamente recogidas que suelen acompañar toda recitación y manifiestan la gran variabilidad de todo texto
de romance, aun cuando lo repite una misma persona.
Puede tomarse esta versión como representativa del tipo Noroeste, entre otras muchas entre las cuales es difícil escoger.
Efectivamente, para resumir más que brevemente las conclusiones del estudio de Pidal, se distinguen dos grandes áreas:
Noroeste y Sureste por la presencia de ciertos motivos privativos
de cada una de ellas. (Véase el estudio citado para más precisiones.) Otro punto clave que parece una de las aportaciones de
Pidal menos discutidas es que cada motivo («variante» en la termi-

nología pidalina) tiene una fuerza de propagación propia (vid.
El método geográfico, p. 60, para la discusión del método y de sus
conclusiones).

Si consideramos esta versión, vemos: 1.º) situación inicial: la
infanta requiere a Gerineldos y la burla sospechada por éste nos
aprende que es un criado; cita por la noche (secreto); llegada e
identificación de Gerineldo; sueño présago del rey que descubre
y nos descubre a la vez lo que no ha sido contado («como mujer
y marido»); dudas del rey motivadas por razones sentimentales
poco claras (Gerineldo) y razones de estado (la infanta, «el reino
perdido», conservación de la herencia ante todo); la espada como
testigo; despertar y miedo de la infanta al comprender lo que
significa la espada (el verso 20 *b* «tu padre» es equivocación manifiesta corregida en la segunda recitación; cf. variantes); disputa
sobre la pertenencia de la espada (vid. *Cómo vive un romance*,
páginas 31-32); consejo de la infanta a Gerineldo de volver a su
papel de paje del rey (intento de seguir con el secreto) y de borrar
las señales de la verdad (color torcido); encuentro con el rey (no
contado); disculpa falsa de Gerineldo: «correr los moros» (cf. *Cómo
vive un romance*, p. 39); el rey revela que sabe la verdad de forma
alegórica (coger la rosa o el clavel) y propone el casamiento. Uno
de los ejes semánticos profundos de estructuración —a través de
esta manifestación discursiva— parece ser aquí la oposición men-
tira/verdad, con la que juega el romance desde el principio (burla)
y la solución final del casamiento no es más que ocultación de
una verdad: el paje Gerineldo ya ha dormido con la infanta e
instauración social de una nueva verdad (un nuevo orden): el paje
Gerineldo va a dormir con la infanta. Cf. final de algunas versiones: «serás yerno mío».

82 c. OTRO ROMANCE DE GERINELDO

«Gerineldo, Gerineldo,   Gerineldito pulido,
2 ¡quién pudiera en esta noche   gozar de tus albedridos!
  A las diez se acuesta el rey,   a las once está dormido,
4 a las doce, Gerineldo,   puedes rondar mi castillo.»
  Tres vuelta le dio al palacio   y otras tres le dio al
                                                [castillo
6 y a la última que ha dado   por la escalera ha subido;
  cada escalón que subía   a él le cuesta un suspiro,

8   pero al último escalón   la princesita ha salido:
    «¿Quién será ese sinvergüenza,   quién será el atrevido?»
10 «Soy Gerineldo, señora,   que vengo a lo prometido.»
    La ha agarrado de la mano,   pa la sala la ha metido,
12 jugando al juego de amores   los dos quedaron
                                        [dormidos.
    Por la mañana temprano   el rey la ropa ha pedido.
14 «Me la suba Gerineldo   como mi criado antiguo.»
    Unos dicen que no está,   otros dicen: «Ha salido.»
16 Ha cogido el rey la ropa   y él solito se ha vestido;
    se ha ido para la alcoba   y ha visto a los dos dormidos.
18 «¡Ay, qué hago yo ahora,   ay, qué hago yo, Dios mío!
    Y si mato a Gerineldo   ¡si lo crié desde niño!
20 si mato a la princesita   mi reino queda perdido;
    pondré mi espada en el medio   pa que sirva de testigo,
22 pa que no puedan negarme   lo que mis ojos han
                                        [visto.»
    Pero al frío de la espada   la princesa dio un suspiro:
24 «Levántate, Gerineldo,   que estamos los dos perdidos,
    que la espada de mi padre   está sirviendo de testigo.»
26 «¡Ay, qué hago yo ahora,   ay, qué hago yo, Dios mío!»
    «Vete por esos jardines   cortando rosas y lirios.»
28 El rey se lo ha maginado   y al encuentro le ha salido:
    «¿De dónde vienes, Gerineldo,   tan triste y
                                        [descolorido?»
30 «Vengo por esos jardines   cortando rosas y lirios,
    y es que el valor de una rosa   mis colores se han
                                        [comido.»
32 «No me niegues, Gerineldo,   con la princesa has
                                        [dormido.»
    «Me mate usted, mi buen rey,   ella la culpa ha tenido.»
34 «Si te mato, Gerineldo,   ¡si te crié desde niño!
    si mato a la princesita   mi reino queda perdido.
36 Yo os pondré una cama aparte   como mujer y marido.»
    «Tengo hecho juramento   a la Virgen de la Estrella
38 de no casarme con dama   que haya dormido con ella.»

Versión I 397 de Garganta la Olla (p. j. Plasencia, Cáceres)
cantada por Fidela Nieto Gómez, de unos treinta y cinco años,

acompañada con el rabel por Isidoro Collado. Recogida por Jesús Antonio Cid, con Julio Caro Baroja, Teresa Cid, José María Gasalla y Bárbara Pina Kindelán, 18 marzo 1973. (Con transcripción musical de Álvaro Marías Franco, no reproducida aquí.)

Esta versión —reciente— es característica de la zona Sureste. Apuntaremos sólo las diferencias con la anterior: la princesa sugiere la cita y expresa su deseo de modo más velado si no menos explícito (nótense la ultracorrección «albedrido» por no entenderse la palabra «albedrío» y la falsa interpretación semántica del verso que era primitivamente:

> «Quien te tuviera esta noche
> tres horas a mi albedrío»);

el castillo al que se llega con escalera, símbolo de la dama por alcanzar en situación alta y protegida; la mención explícita —aunque con eufemismo— del «juego de amores» (en otras versiones parecidas «lucha»); el rey que se da cuenta de la ausencia del paje sólo por la mañana al llamarlo para vestirse; el despertar de la princesa al sentir el «frío de la espada»; la disculpa del paseo por el jardín, que está ya en el pliego desaparecido del XVI, y que puede haber nacido como explicación por antelación de las palabras alegóricas del rey (rosa, clavel, vid. versión anterior); Gerineldo acepta el castigo que cree corresponderle, pero culpa a la infanta; el rey propone el casamiento; Gerineldo se niega con la disculpa del juramento a la Virgen de la Estrella.

Este final cuya expansionismo invasor han mostrado los estudiosos de Pidal, y sobre todo de Catalán y Galmés, cambia profundamente el sentido del romance. Que sea un pegote «estrambótico» con su asonante diferente no impide que, si ha arraigado por todas partes, es que debía tener una significación comprendida por los transmisores. Es moralizante, es verdad, en acuerdo con cierta moral de la castidad antes del matrimonio, y es señal de represión de la libertad sexual de la infanta, pero quizá no sea eso lo esencial ya que el desplante de Gerineldo manifiesta cierto irrespecto ante los poderosos, aun reconociendo su poder (Usted puede matarme pero no obligarme a hacer lo que no quiero), y efectivamente en algunas versiones el rey mata a Gerineldo.

Se trata más bien aquí, a mi parecer, de un conflicto poder/no poder, y el final es como un desquite simbólico que se vale de un poder superior (juramento a la Virgen) para vengarse del rey y de la infanta, representantes de cierto poder discrecional.

Para un caso de transformación más radical del romance en romance de adulterio, aunque con ilogismos, vid. Bénichou, *RJEM*, páginas 85-88 y pp. 330-333.

83. ROMANCE DE UNA GENTIL DAMA Y UN RÚSTICO PASTOR

Estáse la gentil dama
passeando en su vergel,
los pies tenía descalços,
que era maravilla ver.
5   Hablárame desde lexos,
no le quise responder,
respondíle con gran saña:
—«¿Qué mandáis, gentil muger?»
Con una boz amorosa
10 començó de responder:
—«Ven açá, el pastorcito,
si quieres tomar plazer:
siesta es de medio día
y ya es hora de comer,
15 si querrás tomar posada
todo es a tu plazer.»
—«No era tiempo, señora,
que me haya de detener,
que tengo muger y hijos
20 y casa de mantener,
y mi ganado en la sierra
que se me iva a perder,
y aquellos que lo guardan
no tenían qué comer.»
25 —«Vete con Dios, pastorcillo,
no te sabes entender.
Hermosuras de mi cuerpo
yo te las hiziera ver:
delgadita en la cintura,
30 blanca so como el papel;
la color tengo mezclada
como rosa en el rosel;

las teticas agudicas
qu'el brial quieren hender;
35   el cuello tengo de garça
los ojos d'un esparver;
pues lo que tengo encubiert[o]
maravilla es de lo ver.»
—«Ni aunque más tengáis, señora,
40   no me puedo detener.»

A. Rodríguez Moñino, *Cancionerillos góticos castellanos*, páginas 59-60 apud pliego suelto de Madrid (658 del *DPS*).

Venerable es este romance ya que, como es sabido, es el más antiguo, conservado por escrito, en un manuscrito de 1421, del mallorquín Jaume de Olesa.

Se pueden ver el texto de Jaume de Olesa y los de los diferentes pliegos (muy parecidos con variantes) reproducidos con sus glosas, cuando las tienen, en *Rom. Trad.*, X, pp. 23-41. Remito a esa edición para todos los datos bibliográficos. Fue editado en una versión parecida por Wolf, *Primav.*, 145.

Se ha conservado el romance en la tradición oral sefardí (*Rom. Trad.*, X, pp. 42-56) pero no en otras ramas. Sin embargo ha dejado recuerdos: el *incipit* (dama sentada en un lugar ameno) se ha transportado al romance de las *Señas del marido* en muchas regiones sobre el modelo más o menos cambiado:

Estando la Catalina
sentadita en el laurel,
con los pies a la frescura
mirando el agua correr,

y se conserva sobre todo en forma de villancico editado, en todas sus manifestaciones escritas y orales conocidas, en los tomos X y XI del *Rom. Trad.* (sobre el modelo:

Llamávalo la donzella
dixo el vil
«al ganado tengo dir»

con variaciones). Vid. *RH*, I, pp. 339-343 para el origen, la difusión y la transformación del tema que Pidal considera «pastorela vuelta del revés» (ofertas de la dama al pastor y no del caballero a la pastora, como ocurre en las pastorelas).

Spitzer («Notas sobre el Romancero español», pp. 153-158), encuentra en la seducción de la dama un recuerdo de las serranillas al estilo cortesano; en efecto, la dama con sus «pies descalços» y sus atractivas prendas le parece participar del hechizo de los seres naturales al cual resiste el hombre civilizado; se trataría del triunfo de la civilización sobre las fuerzas indómitas —y malas— de la naturaleza, representadas aquí por «la gentil dama».

En Oriente se conservan el romance y por otra parte el villancico en forma estrófica bajo el título de «El villano vil».

Vid. R. Benmayor, *RJEO*, 21, pp. 165-171 y *Yoná*, 26, pp. 340-351.

84.   ROMANCE DE LA BASTARDA Y EL SEGADOR

El emperador de Roma
tiene una hija bastarda
que la quiere meter monja,
y ella quiere ser casada.
5   La han metido en un convento
pa que sea mejor cristiana.
Un día de gran calor
se ha asomado a una ventana
y ha visto a tres segadores
10   segando en una cebada.
Se enamoró del más joven
al ver tirar la manada.
Ha mandado de llamarle
con una de sus criadas.
15   «Oiga Vd, buen segador,
le manda llamar mi ama.»
«No conozco a esa señora
ni tampoco a la que habla.»
«Yo me llamo Teresita
20   y mi ama Doña Juana.
Si la quiere conocer
vé allí, está en la ventana.»
Ha echado la calle arriba
hasta llegar a la casa.
25   «¿Qué me quiere la señora?
¿qué me quiere, que me llama?»

«Le quiero, buen segador,
si quiere segar mi cebada.»
«Y esa cebada, señora,
30 ¿dónde la tiene sembrada?»
«No es tan alto ni tan bajo
ni en umbría ni en solana,
está entre dos columnas
debajo de mis enaguas.»
35 «Esa cebada, señora,
no está para mí el segarla,
que es para condes y marqueses,
caballeros de alta fama.»
«Siéguela Vd, segador,
40 si Vd se atreve a segarla.»
«Sí señora, yo me atrevo
si la señora lo manda.»
Le ha agarrado de la mano,
le llevó para la cama.
45 Y a eso de la media noche
le pregunta la bastarda:
«¿Qué tal va Vd, segador?
¿qué tal vá Vd de manada?»
«Ya llevo siete gavillas
50 y vuelvo para otras tantas.»
Entre las doce y la una
el segador se desmaya.
«Levanta, buen segador,
paséate por esa sala,
55 beberás buen vino tinto,
comerás buena tajada.»
Su padre que esto oyó
que con su hija hablaban:
«¿Qué te pasa, hija mía?»
60 «Padre, no me pasa nada.
Es que estoy hablando
con una de las criadas.»
El segador que esto oyó
se fué a echar por la ventana,

---

31. Parece errata de transcripción por «No está 'nalto...

65   «Venga Vd, buen segador,
     que le pague su jornada.
     ¿Qué dirán sus compañeros
     que Vd no ha ganado nada?
     Y ha ganado Vd más
70   que ellos en la temporada.»
     Le ha dado dos mil doblones
     y un pañuelito de Holanda
     que valía más el pañuelo
     que lo que dentro llevaba.
75   Le dijo: «Buen segador,
     vuelva por aquí mañana.»
     «Sí señora, volveré,
     pero serán las espaldas.»
     Tiró la calle abajo
80   y hacia atrás no miraba.
     Al otro día siguiente
     por el segador doblaban.
     «Quién se ha muerto? quién se ha muerto?»
     «El segador de bastarda.»

Kurt Schindler, *Folk Music...*, pp. 64-65. Versión de Navarre-
visca (Ávila).

Para una bibliografía completa de las versiones de este romance
vid. *Bosnia*, p. 108, nota 43.

Tiene una amplia zona de difusión (vid. *Bosnia*, p. 108). En
Oriente servía de cantar de boda y en la Península de canto de
segada tanto en España (Ávila, Cáceres), como en Portugal (*RH*, II,
página 373). No se le conoce, que se sepa, antecedentes antiguos
aunque probablemente hayan existido. ¿No será, como sugiere
el primer verso, otra modalidad de la adaptación de los amores
de la hija del emperador? (Vid. 82 *a.*) ¿O más bien tema folklórico de la dama de alto linaje (sea la que fuere la categoría de su
padre; vid. la graciosa modalidad argentina de darle como padre
a la hija el presidente de Chile o de Perú, *RH*, II, p. 353, nota 103)
que, descaradamente, llama a un segador para una faena metafó-
ricamente expresada, tema apoyado en el comodín romancístico
de «la hija del emperador»? Nótese que se trata de una hija bastarda, ya marcada negativamente por su nacimiento. En cuanto a
las metáforas agrícolas de claro doble sentido sexual, tienen
correspondencias en todas las tradiciones europeas (vid. *Bosnia*,

página 110). Este aspecto a veces censurado por los colectores (*Bosnia*, p. 109, nota 44) o por los mismos cantores (vid. Braulio do Nascimento, «Eufemismo e Criacão poetica no Romanceiro Tradicional», pp. 267-274, y véase la abreviación de muchas versiones orientales que se cortan en el convite de la segadora), aunque aquí está ligado estructuralmente al romance por tratarse de un segador, no pasa de una manifestación discursiva. En un plano más profundo, se puede ver otra vez (cf. *Gerineldo*, 82 c) el conflicto de dos posiciones sociales desiguales, y lleva esta versión al máximo el cinismo de la dama que se sirve del segador como de un instrumento, hasta hacerlo pasar de vida a muerte. Puede ser que este desenlace sea una advertencia contra los excesos y que una rebelión en forma de burla se manifieste contra ese poder terrible —que puede ser el poder de la mujer, si se pasa del plano social al plano simbólico— en el juego de palabras:

«Sí, señora, volveré
pero serán las espaldas».

Todos estos romances de mujeres seductoras (siempre de posición social más alta respecto al hombre que intentan seducir) contienen seguramente una gran carga simbólica a nivel psíquico. Es de notar que este romance es difícil de recoger, por no querer cantarlo muchas veces los que lo conocen.

85. Romance de Galiarda

—«Galiarda, Galiarda
¡oh quién contigo holgase,
y otro día de mañana
con los mil moros lidiase!
5 Si a todos no los venciesse,
luego matarme mandases,
porque con tan gran sabor
muy gran esfuerzo ternía.»
—«De dormir con vos, Florencios,
10 de dormir sí, dormiría,
pero eres muchacho y niño,
en cortes te alabarías.»
Miró al cielo Florencios,
su espada empuñado había:
15 —«Con ésta muera, señora,
con ésta muera, mi vida,
si jamás por pensamiento
tal cosa me passaría.»
Aquella noche Florencios
20 cuanto quisiera hacía,
y otro día de mañana
a todos se lo decía:
—«Esta noche, caballeros,
dormí con una doncella,
25 que en los días de mi vida
no ví yo cosa más bella.»

Todos dicen a una voz:
—«Cierto, Galiarda es ella.»
Oídolo ha su hermano,
30 tomado ha en sí la querella:
—«Por Dios te ruego, Florencios
que te casases con ella.»
—«No quiero hacer, caballeros,
por mí, cosa tan fea,
35 que es tomar yo por mujer
la que tuve por manceba.»
Aun no acabara Florencios
de decir aquella nueva,
cuando todos a una voz
40 luego dicen: «muera, muera»
Galiarda, que lo supo,
¡oh qué dolor recibiera!
—«Pésame, mis caballeros,
hagáis cosa atan mal hecha;
45 lo que aquel loco dezía
no era cosa creedera;
hasta sabello de cierto
no le havíades de dar pena.»

Ant. Lír. Cast., IX, p. 456 apud Bonilla y San Martín, *Anales de literatura española* (1904) en que reproduce dieciséis romances viejos contenidos en *El Principado del Orbe,* de Alonso Téllez de Meneses.

Esta versión reúne dos romances que estaban separados en un pliego de Praga (711 del *DPS*), de donde los tomó Wolf (*Primav.,* 138 y 139). Se ve que formaban una unidad narrativa (aunque con diverso asonante, quizá recuerdo de un origen estrófico. Vid. *RH,* I, p. 135) y la disgregación de los dos hubo de obedecer al gusto por el fragmentismo. La *Tercera parte de la Silva* que no sigue el gusto dominante por los romances truncos, y procura redondear los textos (vid. 82 a) editó tres romances de Galiarda (pp. 449-450), uno tras otro de modo que, aunque separados, forman una historia completa. Esta versión hizo lo mismo con los dos romances de Galiarda seducida (tenemos un «romance-cuento», donde había dos «romances-escena» separados en los pliegos).

En cuanto al primer romance que se halla en la *Silva* es el romance de *Galiarda enamorada en misa* (con asonante *a - o*) en que Galiarda-seductora llama a un «donzel», Florencios. No se sabe si era originariamente el principio de un romance largo que sería el de la seductora seducida. Esta versión no recuerda este episodio previo; pero las versiones tradicionales, sí lo recuerdan (vid. *Ant. Lír. Cast.*, IX, el romance asturiano de Tenderina, páginas 182-183 y sobre estos problemas Bénichou, *RJEM*, pp. 151-155; vid. también *Nahón*, 44, pp. 147-148 y *Cat. Ind.*, II, R₁, pp. 159-160).

En esta versión nótense: 1) la irregularidad del asonante en los veintidós primeros versos *(a - e ; i - a)* y la regularidad *e - a* de la segunda parte. El principio (en *a - e*) recuerda versos de *El Conde Claros* (en *a*) en la persión de *Primav.*, 190 (principio del 29 *supra*) que son:

> «si yo os tuviese esta noche,
> señora, a mi mandar,
> otro día a la mañana
> con cient moros pelear,
> si a todos no los venciesse
> que me mandasse matar»

con la contestación de la dama:

> «calledes, Conde, calledes,
> y no os queráis alabar»

Además de la similitud de situación, parece haber inequívocos recuerdos textuales; los versos añadidos aquí —vv. 7-8— son una superflua explicación, y ahí empieza el asonante en *i - a*; 2) la actitud de Florencios el alabancioso que, por alabarse, no sabe silencio guardar, por lo cual le vendrá el castigo; 3) los vv. 35-36 iguales a los finales de *Gerineldo*, 82 *c*, actitud masculina de viejo abolengo, pues, en el Romancero; 4) la reacción final de Galiarda de gran astucia para poner a salvo su honra.

Las versiones modernas, o se cortan con las palabras de Florencios de no casarse con tal mujer que tuvo por «manceba» (cf. *Gerineldo*, 82 *c*) o inventan una boda para arreglar el caso (cf. *Gerineldo*, 82 *a* y *b*).

86. Romance de la infanta burlada

«Tiempo es, el cavallero,
tiempo es de andar de aquí,
que me cresce la barriga
y se me acorta el vestir,
5   que no puedo estar en pie
ni al emperador servir.
Vergüença he de mis donzellas,
las que me dan el bestir:
míranse unas a otras,
10   no hazen sino reír.
Si tienes algún castillo
donde nos podamos ir.»
«Parildo, infanta, parildo,
que assí hizieron a mí;
15   hijo soy de un labrador
que de cavar es su bivir.»
«¡Maldita sea yo, princesa,
y la hora en que nascí!
¡Ante rebentasses, vientre,
20   que de tal hombre parir!»
«Calléis, infanta, calléis,
no nos queráis maldezir,
que hijo soy del rey de Francia
y de la reina emperatriz;
25   villas y castillos tengo
donde vos pueda encobrir.»

Pliegos Praga, II, LXXVI, p. 281.
   Este romance fue recogido en el *Cancionero musical de palacio* con la variante «Tiempo es, el escudero» (vid. *RH*, II, p. 14) y luego en *Canc. 1550* (*Primav.*, 158).

Se halla en pliegos con glosa (772, 773, 774, 784, 846, 847, 1089 del *DPS*).

La versión de *Canc. 1550* se aparta bastante de la de los pliegos (vid. Rodríguez Moñino, *Silva 1561*, p. 93).

Parece que este romance era muy conocido y muy apreciado como lo comprueban las numerosas glosas y su presencia en el *Cancionero musical de palacio* (*RH*, II, p. 26). Otro testimonio de su popularidad, en la época de la conquista del Perú, es el empleo del primer verso para avisar a Almagro de la emboscada que le había preparado Pizarro (*RH*, II, p. 230).

Se pasa en este romance de la etapa primera de la seducción a los resultados de ésta; es de notar que no hay ningún verso narrativo sino únicamente diálogo entre la infanta y su seductor; que se hace burla de la infanta (de parte de las doncellas pero sobre todo del caballero que se finge hijo de un labrador); que su vergüenza no pasa del plano social (el qué dirán; el casamiento desigual) y se remedia luego por la revelación de la identidad del seductor, después de su desparpajado y grosero desplante. Es una prueba de lo que señala C. Smith, «On the Ethos of the "Romancero viejo"» (p. 23): Los romances antiguos más difundidos —según lo que se puede saber, añadiré—, manifiestan «a cheerful disregard of Catholic teaching and a powerful sexual drive wholesome and triumphant», faceta ésta muchas veces olvidada u ocultada por la crítica.

En la tradición sefardí queda el recuerdo fragmentario del romance (*Tres calas*, p. 48) y algunas versiones de Sarajevo completadas por *El falso hortelano* —de tema similar— (como la que está editada en la «Antología», *Cat. Ind.*, III, p. 45, o la que está en Catalán *¡Alça la voz, pregonero!*, p. 142) cambian completamente el enfoque al dejar a la infanta en su apurada situación: se pasa de la burla a la tragedia de la mujer seducida.

87. Romance del caballero burlado

Yo me iba para Francia
do padre y madre tenía;
errado había el camino,
errado había la vía;
5   arriméme a un castillo
por atender compañía.
Por y viene un escudero,
cabalgando a la su guisa.
—«¿Qué faces ahí, donzella
10   tan sola y sin compañía?»
—«Yo me iba para Francia
do padre y madre tenía,
errado había el camino,
errado había la vía;
15   Si te plaze, el escudero,
llévesme en tu compañía.»
—«Plázeme, dijo, señora,
sí faré por cortesía.»
Y a las ancas de un caballo
20   él tomado la había.
Allá en los Montes Claros,
de amores la requería.
—«Tate, tate, el escudero,
no fagáis descortesía;
25   fija soy de un malato,
lleno es de malatía,

> y si vos a mí llegades,
> luego se vos pegaría.
> Andando jornadas çiertas
> 30 a Francia llegado había.
> Allí fabló la doncella,
> bien oirés lo que diría:
> —«Es cobarde el escudero,
> bien lleno de cobardía,
> 35 tuvo la niña en sus braços
> pero no supo servilla.»

Ant. Lír. Cast., IX, p. 455 apud *Cancionero de Londres* (donde está atribuido a Rodríguez del Padrón) en la edición de Rennert. Hay otra versión ampliada en el *Canc. s. a.* (y luego *Canc. 1550* y *Silva I*) con el *incipit*

> De Francia partió la niña
> de Francia la bien guarnida

que presenta muchas variantes y cuya procedencia indica Pidal con prudente duda: «¿de tradición oral?» Se conoce también otra versión que andaba en pliegos antes de 1540 (ya que está en el *Abecedarium* de Colón y también en un pliego de Madrid, 669 del *DPS*) y que está contaminada al final con la *Infantina encantada* (vid. 88). También está en un pliego de Rodrigo de Reinosa, 474 del *DPS*, de donde lo tomó Durán y luego Wolf (*Primav.*, 154 a).

Hay, pues, pluralidad de versiones de los siglos xv y xvi.

Devoto en «Un ejemplo de la labor tradicional en el romancero viejo», tomando apoyo en esta diversidad de versiones estudia la «romancerización» del romance, el paso de esta versión a las del siglo xvi ya tradicionalizadas: sistematización de las fórmulas paralelísticas del tipo de las de los versos 3 y 4; uso de fórmulas como «Tate, tate», utilizado aquí para rechazar los requerimientos amorosos; localización en la Francia prototípica de los romances carolingios y de las aventuras amorosas (cf. *Rico Franco*, 79 antes).

En cuanto a esta versión, se sabe que es problema discutido la autoría de Rodríguez del Padrón; se da por seguro que él no inventó el tema (difundido en toda Europa y precisamente en Francia bajo el título «L'occasion manquée»), pero lo adaptó al modo de las composiciones trovadorescas.

Nótense aquí: 1) el paso del relato en primera persona al relato en tercera que produce un efecto de distanciamiento de la voz narrativa (en los primeros versos el «yo» no cuenta sólo su pasado sino su presente «por y viene un escudero», pero en los versos 19 a 22 el enfoque se vuelve exterior a los dos personajes). Este uso de la primera persona puede ser un recuerdo del «yo» de la poesía cancioneril imitado luego por otro tipo de romances (vid. 36 *a* y 39), y no a la inversa como sugiere Pidal (*RH*, I, p. 70); 2) la prueba probatoria a la que la doncella somete al escudero (para el paso de «escudero» a «caballero» de las versiones posteriores, vid. *RH*, II, p. 14) y el fracaso de éste, menos ducho en amores que ella: «no supo servilla»; 3) la ósmosis en los últimos versos de dos voces narrativas: la doncella que, alejándose definitivamente del escudero, habla de él pero no le habla, y el narrador que señala con la fórmula «bien oiréis lo que diría» la moraleja que hay que sacar; 4) el corte del relato en ese momento ya que todo está dicho, mientras que las versiones posteriores —quizá al dejar de entenderse la teoría del servicio de amor subyacente— procuran subsanar el fracaso del caballero (éste inventa en vano la treta de haber olvidado algo: «vuelta, vuelta...» pero no es posible desandar lo andado y la doncella le pone un impedimento social mayor que la tara inventada de la «malatía»: ser hija del rey de Francia). Las versiones modernas se han fijado mucho en esa tara y la han desarrollado y cada una busca una solución, como la del comodín romancístico de las «ricas bodas» en la tradición sefardí, vid. *Nahón*, 54, pp. 162-165. Vid. también *Cat. Ind.*, II, T₆, pp. 220-223 y Bénichou, *RJEM*, p. 120.

88. Romance de la infantina

A caçar va el cavallero,
a caçar como solía:
los perros lleva cansados,
el falcón perdido havía,
5 arrimárase a un roble,
alto es a maravilla.
En una rama más alta
vira estar una infantina,
cabellos de su cabeça
10 todo el roble cobrían.

—«No te espantes, cavallero,
ni tengas tamaña grima,
fija soy yo del buen rey,
y de la reina de Castilla.
15 Siete fadas me fadaren
en braços de una ama mía,
que andasse los siete años
sola en esta montina;
hoy se cumplían los siete años,
20 o mañana en aquel día.
Por Dios te ruego, cavallero,
llévesme en tu compañía,
si quisieres por muger
sino sea por amiga.»
25 —«Esperéisme vos, señora,
fasta mañana aquel día.
Iré yo tomar consejo
de una madre que tenía.»
La niña le respondiera
30 y estas palabras dezía:
—«¡O mal haya el cavallero
que sola dexa la niña!
El se va a tomar consejo
y ella queda en la montina.»
35 Aconsejóle su madre
que la tomasse por amiga.
Cuando bolvió el cavallero
no hallara la montina,
vídola que la llevavan
40 con muy gran cavallería.
El cavallero, desque la vido,
en el suelo se caía.
Desque en sí uvo tornado,
estas palabras dezía:
45 —«Cavallero que tal pierde
muy gran pena merescía:
yo mesmo seré el alcalde,
yo me seré la justicia,
que le corten pies y manos
50 y lo arrastren por la villa.»

Canc. 1550, p. 254.

Está tomado de *Canc. s. a.* con adición de dieciséis versos al final (véase lo que, anteriormente en 79, se dice de su procedencia, ya que es el mismo caso).

Este romance llamado de la *Infantina* se ha confundido muchas veces con el anterior del *Caballero burlado* por similitud de situaciones: oportunidad amorosa perdida por culpa del caballero. Vid. al respecto Bénichou, *RJEM*, p. 120 y *Ant. Lír. Cast.*, VII, página 400.

Sin embargo, difieren en el tratamiento del mismo tema, y este romance se considera como uno de los pocos ejemplos (con el *Conde Niño*, 67 o el *Conde Arnaldos*, 62) de empleo de elementos maravillosos en el Romancero. No se le conoce antecedentes directos, que yo sepa, pero es posible que se formara a partir del mismo origen baladístico que el *Caballero burlado*, reelaborando el tema con toda una serie de viejas creencias paganas para manifestar la inaccesibilidad de la doncella.

En esta versión, lo maravilloso está sólo apuntado en algunos indicios: «alto es a maravilla», «cabellos de su cabeça/todo el roble cobrían» (¿recuerdo de una divinidad de los árboles?) y en la secuencia de fábula, lógicamente anterior del encantamiento por «siete años» de parte de las «siete fadas», motivo éste tópico de cuento de hadas precisamente. Las versiones modernas suelen explayarse mucho más en la descripción de la infantina y de su entorno (véase un ejemplo en Menéndez Pidal, «El romancero», *Estudios...*, p. 80). Por eso, Pidal toma este romance para ejemplificar la imperfección de ciertas versiones antiguas subsanada por las versiones modernas. Y lo que está por detrás es la nostalgia del arquetipo primero inalcanzable, recordado por la tradición moderna. Pero se puede enfocar de modo diferente el problema. No creo como Pidal que se deba a la flaqueza de la memoria del transmisor antiguo el olvido de más detalles, sino que es muestra de lo que Pidal llama otras veces «concentrada brevedad»; hay elementos suficientes aquí para orientar hacia cierta lectura que la tradición ha entendido y ha expresado discursivamente con más redundancia de modo formulaico: así el tronco de oro y las ramas de plata fina como en la nave de Arnaldos; así la luz de los ojos que el monte esclarece, cf. *Rocafrida*, 27; así la oscura montiña, la culebra que canta, la leona, motivos relacionados acertadamente por Devoto con una situación peligrosa («Un no aprehendido canto»).

En efecto, más allá de lo maravilloso que se podría llamar de primer nivel (por tener un referente que se considera «irreal»= =hadas, v. gr.) y que escasea en los romances españoles (pero no tanto como se dice; cf. romances citados antes), el Romancero rebosa de elementos maravillosos de segundo nivel: situaciones tópicas con su consabida expresión discursiva que apuntan a una realidad simbólica.

En este romance se trata del temor ante la aventura amorosa, que puede ser el temor ante el mundo desconocido de un amor desconocido (y de ahí lo maravilloso), y del recurso a la madre cuyo aleccionamiento para guiar al hijo llega tarde. Es una prueba fallida de entrada en un nuevo mundo social y psíquico.

La versión antigua encierra indicios suficientes: los primeros versos de la caza fallida, premonitorios (vid. Devoto, «El mal cazador», y vid. todos los romances de tragedias o frustraciones que empiezan por el motivo de la caza: 11-79 antes), los siete años fatídicos a punto de acabarse (vid. Armistead y Silverman, «Siete vueltas dio al castillo», y Devoto, «Entre las siete y las ocho») situación de transición que el caballero no supo aprovechar...

Es de notar aquí el final con la mezcla de dos voces narrativas que expresa, magníficamente a mi parecer, la disyunción entre una instancia represiva («yo mismo») y el «otro» el «me» de «yo me seré la justicia», que se vuelve «él» al final: el otro rechazado y mutilado (con castigo tópico); y las ediciones posteriores a *Canc. 1550*, que han restablecido «me» en los últimos versos me parecen más flojas.

Bibliografía en *Cat. Ind.*, II, X₁, pp. 256-260; *RJEM*, pp. 119-122, y *Nahón*, 60 *a* y 60 *b*, pp. 175-177.

89. ROMANCE DE LA DONCELLA GUERRERA

Estaba un día un buen viejo—sentado en un campo al sol.
2 —«Pregonadas son las guerras—de Francia con Aragón...
¿Cómo las haré yo, triste—viejo, cano y pecador?»
4 De allí fué para su casa—echando una maldición.
—«¡Reventáres tú, María,—por medio del corazón;
6 que pariste siete hijas—y entre ellas ningun varón.»
La más chiquita de ellas—salió con buena razón.
8 —«No la maldigáis, mi padre,—no la maldigades, non;
que yo iré a servir al Rey—en hábitos de varón.

10 Compraráisme vos, mi padre,—calcetas y buen jubón;
    daréisme las vuestras armas,—vuestro caballo trotón.»
12 «Conoccránte en los ojos,—hija, que muy bellos son.»
    Yo los bajaré a la tierra—cuando pase algun varón.»
14 «Conocránte en los pechos—que asoman por el jubón.»
    «Esconderélos, mi padre;—al par de mi corazón.»
16 «Conocránte en los pies,—que muy menudinos son.»
    «Pondréme las vuestras botas—bien rellenas de algodón...
18 ¿Cómo me he de llamar, padre,—cómo me he de
                                llamar yo?»
    «Don Martinos, hija mía,—que así me llamaba yo.»
20 Yera en palacio del Rey,—y nadie la conoció,
    sino es el hijo del Rey—que della se namoró.
22 «Tal caballero, mi madre,—doncella me pareció.»
    «En qué lo conocéis, hijo;—en qué lo conocéis vos?»
24 «En poner el su sombrero—y en abrochar el jubón,
    y en poner de las calcetas,—¡mi Dios, como ellas las pon!»
26 «Brindaréisla vos, mi hijo,—para en las tiendas mercar;
    si el caballero era hembra—corales querrá llevar.»
28 El caballero es discreto—y un puñal tomó en la man.
    «Los ojos de Don Martinos—roban el alma al mirar.»
30 «Brindaréisla vos, mi hijo,—al par de vos acostar;
    si el caballero era hembra,—tal convite non quedrá.»
32 El caballero es discreto—y echóse sin desnudar.
    «Los ojos de Don Martinos—roban el alma al mirar.»
34 «Brindaréisla vos, mi hijo,—a dir con vos a la mar.
    Si el caballero era hembra,—él se habrá de acobardar.»
36 El caballero es discreto,—luego empezara a llorar.
    «¿Tú que tienes, Don Martinos,—que te pones a llorar?»
38 «Que se me ha muerto mi padre,—y mi madre en eso va:
    si me dieran la licencia—fuérala yo a visitar.»
40 «Esa licencia, Martinos,—de tuyo la tienes ya.»
    Ensilla un caballo blanco,—y en él luego vé a montar.
42 Por unas vegas arriba—corre como un gavilán,
    por otras vegas abajo—corre sin le divisar.
44 «Adiós, adiós, el buen Rey,—y su palacio real;
    que siete años le serví—doncella de Portugal,
46 y otros siete le sirviera—si non fuese el desnudar.»
    Oyólo el hijo del Rey—de altas torres donde está.
48 reventó siete caballos—para poderla alcanzar.

Allegando ella a su casa,—todos la van abrazar.
50 Pidió la rueca a su madre—a ver si sabía filar.
«Deja la rueca, Martinos,—non te pongas a filar;
52 que si de la guerra vienes,—a la guerra has de tornar.
Ya están aquí tus amores,—los que te quieren llevar.»

Ant. Lír. Cast., IX, p. 242, apud J. Menéndez Pidal, *Poesía popular.* Se le da en esa edición el título de *Don Martinos.*

Aunque no recogido en el siglo XVI, hay testimonios de que era conocido este romance, ya que Jorge Ferreria de Vasconcelos en su comedia *Aulegraphia* cita los primeros versos (*Ant. Lír. Cast.*, IX, p. 243). Está bien representado en todas las ramas de la tradición moderna: es un tema favorito en muchos países europeos y hasta en un poema chino antiguo (vid. Bénichou, *RJEM*, p. 178), el de la doncella que va a la guerra vestida de varón para suplir a su padre. Lo que parece propio del romance, si se le compara con otras baladas de tema similar, es la insistencia en el disfraz de la doncella para ocultar su feminidad y la enumeración de las pruebas que le sugiere la madre a su hijo, enamorado de la doncella vestida de varón para que ésta se descubra. Se trata en los dos casos de series abiertas que manifiestan discursivamente una misma secuencia: disfraz en el primer caso, pruebas en el segundo.

En última instancia se trata de un conflicto entre el ser y el parecer, acabando siempre el ser por triunfar sobre el parecer. Habría que estudiar la modalidad hispánica de este tema cargado de simbolismo: se puede conocer a la joven, bien porque se le cae el sombrero y quedan al descubierto sus cabellos (prenda femenina puesta de manifiesto), bien porque se le cae la espada (prenda masculina-claramente alusiva-perdida), bien porque no se quiere desnudar (última prueba en que no caben los engaños de las apariencias).

Para las diferentes modalidades, su estudio y su bibliografía vid. *Cat. Índ.*, II, X₁, pp. 269-275; Bénichou, *RJEM*, pp. 175-179; *Nahón*, 62, pp. 179-180; Benmayor, *RJEO*, 19, pp. 147-154; *Bosnia*, páginas 97-98; y también *Flor Nueva*, p. 203.

Nótense en esta versión el cambio de asonante *(o-a)*, que es muy frecuente en este romance; las series paralelísticas; los versos formulaicos (vv. 42-46); el final que implica el cašamiento de modo alusivo (en otras versiones, explícito).

90. ROMANCE DE LA BELLA EN MISA

En Sevilla está una hermita,
cual dizen de San Simón,
adonde todas las damas
ivan a hazer oración.
5 Allá va la mi señora,
sobre todas la mejor.
Saya lleva sobre saya,
mantilla de un tornasol;
en la su boca muy linda
10 lleva un poco de dulçor;
en la su cara muy blanca
lleva un poco de color,
y en los sus ojuelos garços
lleva un poco de alcohol,
15 a la entrada de la hermita
relumbrando como un sol.
El abad que dize la missa
no la puede dezir, non;
monazillos que le ayudan
20 no aciertan responder, non;
por dezir «amén, amén»
dezían «amor, amor».

Pliegos Praga, II, LXXIV, pp. 268-270. (*Primav.*, 143.)
Este pliego es el 500 del *DPS*, donde está incluido el romance
con glosa de Antonio Ruiz de Santillana; está también en un
pliego de Madrid (499 del *DPS*); Wolf lo tomó del pliego de Praga.
El romance de la *Bella en misa* es uno de los romances en que
más se ha estudiado el origen y entronque con otras tradiciones
europeas. Es muy similar el romance catalán de la *Dama d'Aragó*
que Milá creía fuente del romance castellano. Los amplios estu-

dios de Enwistle sobre la balada europea (y «La Dama de Aragón» más precisamente) testimonian la difusión del tema (cree Enwistle en el origen griego de la balada). Para todos estos problemas de filiación y comparación de textos vid. M. R. Lida, «El romance de la misa de amor», y *Yoná*, pp. 319-334, donde se encontrará páginas 331-334, amplia bibliografía.

Escasea el romance en la tradición peninsular castellana (Cáceces, Salamanca y Segovia según Pidal, *Flor nueva*, p. 208), pero abundan las versiones catalanas y orientales. Éstas cuentan una historia más completa y más complicada también, enfocada desde el punto de vista de un admirador de la dama (que puede ser su hermano en Cataluña con atisbos de incestuosa pasión). La versión castellana sería pues un truncamiento acertado (como en el caso del *Arnaldos*, 62 *a*) que convierte un «romance-cuento» en un «romance-escena».

Al mismo tiempo se ha producido un reenfoque sobre la descripción de la belleza de la dama —debida a artificios (los afeites)— y su efecto sobre los asistentes en la misa; y estos motivos como lo demuestra magníficamente María Rosa Lida en el estudio citado no son «notas primitivas sino agregados de una redacción enriquecida» (art. cit., p. 35), que ella considera como temas pertenecientes «a la poesía y a la creencia popular» (ibid.). Es interesante el cotejo que hace entre los efectos perturbadores de la dama en misa y los restos de paganismo (danzas de San Juan en sagrado) combatidos por la Iglesia, con el trastrueque a veces de las palabras sacras por palabras de amor («Duélete de mí, dulce enamorada» en vez de «Dominus vobiscum»): de ahí el acierto poético de convertir «amén, amén», en «amor, amor». Se trata en este caso de una verdadera reelaboración o creación poética a partir de elementos dispares.

Nótese también aquí el enfoque narrativo, apenas apuntado una vez («la mi señora), en un narrador «yo» que se esfumina detrás de la narración admirativa de los encantos de la dama.

XVII. ROMANCES RELIGIOSOS

Algunas aclaraciones sobre el romancero religioso

Habiendo rechazado M. Nucio los romances religiosos, aunque ya se imprimían en pliegos, aparecen por primera vez editados en libro en las *Silvas* de E. de Nájera. Revelan estos romances religiosos antiguos una composición culta y reciente, aunque a veces son transposiciones a lo divino de romances conocidos, y aunque puedan tener comienzos tradicionales:

> Helo, helo, por do viene
> con muestra dissimulada
> Satanás hecho hermitaño (*Silva III*, p. 420).

o

> Retraída está la reina
> madre de Dios eternal (*Silva II*, p. 288).

Fueron desechados por los editores del siglo XIX, pero aparecen en las colecciones de romances de tradición oral desde Amador de los Ríos y Juan Menéndez Pidal. Sin embargo, no se les suele prestar mucha atención y, según palabras de Cossío, en su artículo «Observaciones sobre el romancero religioso tradicional», «ni su número, ni el número de sus temas, ni sobre todo la importancia que les han concedido recopiladores y comentaristas es proporcionado a su interés y a su belleza poética» (art. cit., p. 166). Para Cossío su interés es doble: 1.°) son parodias de romances «viejos», pueden ayudar a reconstruir el texto de un romance mal recordado o

mutilado» (art. cit., p. 167); 2.º) el proceso de su formación
es interesante en sí, ya que se valen muchas veces de fórmulas y motivos sacados de otros romances. En la actualidad,
muchas veces son los que más se recuerdan por haber estado —o seguir— vinculados a las fiestas religiosas.

Aquí se darán sólo dos muestras de ellos, por razones obvias de limitación material y no por desprecio ya que puede ser de tanto interés su estudio como el de cualquier otro
romance.

91. ROMANCE DE LA VIRGEN

La Virgen se está peinando
debajo de una arboleda.
Los cabellos son de oro,
la cinta de primavera.
5 Pasó por allí San Juan
diciendo de esta manera:
«¿Cómo no cantas, la blanca?
¿Cómo no cantas, la bella?»
«¿Cómo quieres que yo cante?
10 Estoy en tierra ajena.
Un hijo que Dios me ha dado
más blanco que una azucena,
me le están crucificando
en una cruz de madera.
15 Si me lo queréis bajar
yo os diré de qué manera:
Subiremos al Calvario,
pondremos las escaleras,
con un letrero que dice:
20 Aquí murió el que muriera;
aquí murió el Redentor
de los cielos y la tierra.»

K. Schindler, *Folk Music...*, p. 84. Versión de Hoyocasero (Ávila).
Se encuentra otra versión del mismo romance en *Ant. Lír. Cast.*,
IX, p. 321.

En esta versión de «La Virgen se está peinando» son muy evidentes las influencias: 1.°) el *incipit* recuerda el romance de la linda infanta (*Primav.*, 118) y retoma una situación muy común de comienzo de narración: una dama situada en un cuadro variable cuando llega un caballero; 2.°) el motivo de la dama que no canta (vid. Bénichou, «La belle qui ne saurait chanter»), aquí readaptado a la situación (la Virgen no canta porque crucifican a su hijo).

Es de notar también cómo el descendimiento se enfoca bajo una perspectiva humana, y cómo los últimos versos puramente narrativos que no se amoldan a patrones tradicionales son mucho más flojos.

La colección de Kurt Schindler incluye muchos romances religiosos.

92. ROMANCE DE SANTA IRENE

Estando una niña
bordando corbatas,
aguja de oro
y dedal de plata,
5 pasó un caballero
pidiendo posada.
«Si mi madre quiere,
yo sí se la daba.»
Le puso la mesa
10 en medio la sala:
cuchara de oro,
tenedor de plata;
le puso la cama
en medio la sala,
15 colchones de pluma,
almohadas de lana.
A la media noche
él se levantó;

de las tres hermanas
20 a Elena cogió.
La montó a caballo
y se la llevó.
Al medio el camino
fué y le preguntó:
25 «Di, ¿cuál es tu nombre,
niña enamorada?»
«En mi casa, Elena,
aquí desgraciada.»
El sacó un cuchillo
30 y la degolló,
y al pie de un árbol,
allí la enterró.
Al cabo de un año
por allí pasó;
35 tiró de una mata
y Elena salió.

José Pérez Vidal, «Santa Irene...», p. 555. Versión de Tenerife.

El romance de Santa Irene es sólo una muestra, entre otras muchas que se podrían dar (romances de Santa Catalina, de San Alejo), de las historias de santos vertidas en romances.

El romance de Santa Irene está muy bien documentado gracias a J. Pérez Vidal que estudia en «Santa Irene...» sus diferentes realizaciones. El origen es la leyenda portuguesa de Santa Irene (cuyo nombre transformado ha dado el de la ciudad de Santarem), que se ha simplificado en la tradición romancesca. Las versiones octosílabas actuales son versiones que han sufrido el proceso de regularización a partir de versiones hexasílabas de asonante vario. Las versiones canarias recogidas por Pérez Vidal o sus amigos, han sufrido influencia portuguesa y española.

Véase en esta versión cómo la leyenda hagiográfica de Santa Irene se adapta a los moldes tradicionales: es una historia de rapto de doncella (como *Rico Franco*, 79, antes —con la participación involuntaria de la madre— y que termina por la muerte, pues Irene no cede al caballero; sólo está aquí esbozada la situación escabrosa «niña enamorada»). Nótese la situación inicial de la niña bordadora con versos formulaicos («aguja de oro/y dedal de plata») en la que irrumpe el caballero; las precisiones desarrolladas en el plano del discurso sobre el lujoso servicio que se le da al caballero; la milagrosa resurrección final en la que no se insiste.

Otras versiones presentan un desenlace más moralizador: Irene está en el cielo «en silla de oro» y el caballero en los infiernos. El elemento más constante en las versiones españolas es la respuesta de la niña, sobre su nombre: «En mi casa Elena (o cualquier nombre)/aquí desgraciada».

En esta versión hay cambio de asonante *(a - a, o)* y versos hexasílabos.

Es muy popular este romance en las Islas Canarias; en España sólo es conocido en el Noroeste y presenta una tradición distinta de la de Portugal (para el cotejo de las dos, vid. Pérez Vidal, art. cit., pp. 549-550).

ÍNDICE DE TÍTULOS

II. ROMANCES CAROLINGIOS Y CABALLERESCOS

III. ROMANCES HISTÓRICOS

IV. ROMANCES BÍBLICOS

V. ROMANCES CLÁSICOS

VI. CAUTIVOS Y PRESOS

VII. VUELTA DEL ESPOSO

ROMANCERO

424

Pág.

VIII. AMOR FIEL Y AMOR MÁS ALLÁ DE LA MUERTE

67. Romance del conde Niño *   338
68. Romance de Fontefrida   340
69. Romance del palmero   342
70. Romance de la muerte ocultada *   344

IX. ESPOSA DESGRACIADA

71. Romance del conde Alarcos   347
72. Romance de la mala suegra *   359
73. Romance de la bella malmaridada   362

X. MUJER ADÚLTERA

74. Romance de Blanca Niña   364
75. Romance de Landarico   366
76 a. Romance de Bernal Francés *   369
76 b. Otro romance de Bernal Francés *   371

XI. MUJERES MATADORAS

77. Romance del veneno de Moriana *   374
78. Romance de la Gallarda matadora *   375

XII. RAPTOS Y FORZADORES

79. Romance de Rico Franco   378

XIII. INCESTO

80. Romance de Silvana *   381
81. Romance de Delgadina *   384

XIV. MUJERES SEDUCTORAS

82 a. Romance de Girineldos   387
82 b. Otro romance de Gerineldo *   390

---

* Señala los romances de procedencia oral.

ÍNDICE DE PRIMEROS VERSOS

* Señala los romances de procedencia oral.

OTROS TÍTULOS PUBLICADOS

COLECCIÓN CLÁSICOS

Núm. 1

Miguel Hernández

Perito en lunas.
El rayo que no cesa
Edición, estudio y notas:
Agustín Sánchez Vidal

Núm. 2

Juan de Mena

Laberinto de Fortuna
Edición, estudio y notas:
Louise Vasvari Fainberg

Núm. 3

Juan del Encina

Teatro
(Segunda producción dramática)
Edición, estudio y notas:
Rosalie Gimeno

Núm. 4

Juan Valera

Pepita Jiménez
Edición, estudio y notas:
Luciano García Lorenzo

Núm. 5

Alejandro Sawa

Iluminaciones en la sombra
Edición, estudio y notas:
Iris M. Zavala

Núm. 6

José M.ª de Pereda

Sotileza
Edición, estudio y notas:
Enrique Miralles

Núms. 7 y 8

Pero López de Ayala

Libro rimado del Palaçio
Edición, estudio y notas:
Jacques Joset

Núm. 9

Antonio García Gutiérrez

El Trovador.
Los hijos del tío Tronera
Edición, estudio y notas:
Jean-Louis Picoche y
colaboradores

Núm. 10

Juan Meléndez Valdés

Poesías
Edición, estudio y notas:
Emilio Palacios

Núms. 11 y 12

Miguel de Cervantes

Don Quijote de la Mancha
Edición, estudio y notas:
Juan Bautista Avalle-Arce

Núm. 13

León Felipe

Versos y oraciones de caminante
(I y II). Drop a Star
Edición, estudio y notas:
José Paulino Ayuso

Núm. 14

Juan de Mena

Obra lírica
Edición, estudio y notas:
Miguel Angel Pérez Priego

Núm. 15

San Juan de la Cruz

Cántico espiritual. Poesías
Edición, estudio y notas:
Cristóbal Cuevas García

Núm. 16

Juan Eugenio Hartzenbusch

Los amantes de Teruel
Edición, estudio y notas:
Jean-Louis Picoche